羊城学术文库·岭南研究专题

岭南哲学概论

An Introduction to Lingnan Philosophy

李权时　主编

羊城学术文库学术委员会

主　　任　曾伟玉

委　　员　（按姓名笔画排序）

　　　　　丁旭光　马　曙　马卫平

　　　　　王志雄　朱名宏　张　强

　　　　　吴如清　邵国良　周成华

　　　　　柳宏秋　黄远飞　谢博能

编辑部主任　陈伟民　金迎九

羊城学术文库
总　序

　　学术文化作为文化的一个门类，是其他文化的核心、灵魂和根基。纵观国际上的知名城市，大多离不开发达的学术文化的支撑——高等院校众多、科研机构林立、学术成果丰厚、学术人才济济，有的还产生了特有的学术派别，对所在城市乃至世界的发展都产生了重要的影响。学术文化的主要价值在于其社会价值、人文价值和精神价值，学术文化对于推动社会进步、提高人的素质、提升社会文明水平具有重要的意义和影响。但是，学术文化难以产生直接的经济效益，因此，发展学术文化主要靠政府的资助和社会的支持。

　　广州作为岭南文化的中心地，因其得天独厚的地理环境和人文环境，其文化博采众家之长，汲中原之精粹，纳四海之新风，内涵丰富，特色鲜明，独树一帜，在中华文化之林中占有重要的地位。改革开放以来，广州成为我国改革开放的试验区和前沿地，岭南文化也以一种崭新的姿态出现在世人面前，新思想、新观念、新理论层出不穷。我国改革开放的许多理论和经验就出自岭南，特别是广州。

　　在广州建设国家中心城市、培育世界文化名城的新的历史进程中，在"文化论输赢"的城市未来发展竞争中，需要学术文化发挥应有的重要作用。为推动广州的文化特别是学术文化的繁荣发展，广州市社会科学界联合会组织出版了"羊城学术文库"。

　　"羊城学术文库"是资助广州地区社会科学工作者的理论性学术著作出版的一个系列出版项目，每年都将通过作者申报和专家评审程序出版若干部优秀学术著作。"羊城学术文库"的著作涵盖整个人文社会科学，将按内容分为经济与管理类，文史哲类，政治、法律、社会、教育及其他等三个系列，要求进入文库的学术著作具有较高的学术品位，以期通过我们持之以恒的组织出版，将"羊城学术文库"打造成既在学界有一定影响力的学术品牌，推动广州地区学术文化的繁荣发展，也能为广州增强文化软实力、培育世界文化名城发挥社会科学界的积极作用。

广州市社会科学界联合会
2016 年 6 月 13 日

目 录
CONTENTS

第一章　岭南哲学的本质与特征 ················· 001
　第一节　岭南哲学形成和发展的自然社会历史基础 ········ 001
　第二节　岭南哲学的含义、本质和特征 ············· 009
　第三节　岭南哲学的要素、范畴和体系 ············· 022
　第四节　岭南哲学与中原哲学、外国哲学 ············ 031
　第五节　岭南哲学的历史地位 ·················· 035

第二章　岭南哲学的历程与贡献 ················· 039
　第一节　岭南哲学的引进期 ···················· 039
　第二节　岭南哲学的创新期 ···················· 046
　第三节　中西哲学的融汇期 ···················· 075

第三章　本体论 ·························· 105
　第一节　岭南哲学本体论概论 ·················· 105
　第二节　岭南哲学本体论的特征 ················· 124
　第三节　岭南哲学本体论的历史价值 ··············· 136

第四章　辩证思想 ························ 142
　第一节　岭南辩证思想源流 ···················· 142
　第二节　近代岭南辩证思想 ···················· 152
　第三节　近代岭南辩证思想的意义 ················ 169

第五章　价值论 ·························· 171
　第一节　实用主义的价值理念 ·················· 171
　第二节　功利主义的价值判断 ·················· 181

001

第三节　机会主义的价值心态 …………………… 188

第六章　认识论 …………………………………… 198
第一节　岭南认识论的特点 …………………… 198
第二节　岭南古代认识论思想 ………………… 201
第三节　岭南近代认识论思想 ………………… 210

第七章　伦理道德观 ……………………………… 218
第一节　岭南伦理道德观的面相与界定 ……… 218
第二节　岭南伦理道德观的具象与特质 ……… 227
第三节　快乐主义在岭南的传承与趋新 ……… 239

第八章　审美观 …………………………………… 252
第一节　以自然为本的审美观 ………………… 252
第二节　道教与"纯任自然"审美观 ………… 260
第三节　禅宗与自然主义 ……………………… 272
第四节　岭南学派与自然主义审美观 ………… 280

第九章　科技观 …………………………………… 287
第一节　岭南道教与科学精神的萌芽 ………… 287
第二节　岭南经验主义科学观和技术观 ……… 295
第三节　近代岭南的方法论科学观 …………… 300
第四节　近代岭南科学的哲学 ………………… 302
第五节　岭南功利主义科学观 ………………… 306

第十章　人本观 …………………………………… 313
第一节　人的地位的曲折反映 ………………… 313
第二节　民本立场的不息坚守 ………………… 322
第三节　自我意识的尽情表露 ………………… 334
第四节　实际利益的大胆追求 ………………… 342

第十一章　宗教观 ………………………………… 354
第一节　先秦时期岭南原始宗教与民间信仰 … 354

第二节　岭南哲学宗教观之经典形态及其理论特色 ……… 355
  第三节　岭南哲学宗教观之近代化 …………………………… 365
  第四节　岭南哲学宗教观之特色与现代性 …………………… 371

第十二章　社会历史观 …………………………………………… 373
  第一节　社会发展的观点 ……………………………………… 373
  第二节　社会理想模式 ………………………………………… 379
  第三节　社会改革思潮 ………………………………………… 385

主要参考文献 ……………………………………………………… 389

后　记 ……………………………………………………………… 398

第一章
岭南哲学的本质与特征

岭南哲学是岭南文化的理论基础，是岭南文化的重要组成部分，也是中国哲学的重要组成部分。加强岭南哲学的研究，科学地把握岭南哲学的含义、本质和特征，不仅对于全面深刻了解岭南哲学，发展岭南哲学，促进岭南文化发展有着重大意义，而且对于促进中国哲学的发展，弘扬中华民族的优秀文化传统，建设社会主义先进文化，实现中华民族的伟大复兴，都有着重大意义。

第一节 岭南哲学形成和发展的自然社会历史基础

一 岭南哲学形成的自然条件

任何一种文化都根植于一定的自然环境中，在一定的自然环境中产生和发展，同自然环境有密切关系。黑格尔在《历史哲学》一书中，提出"历史的地理基础"概念，并按地理特征把世界区分为三种类型，第一种是高地和草原，第二种是平原，第三种是海岸区域，三种不同的地理环境产生三种不同的文化和三种不同的文明。他还把海洋文明和农业文明做了比较，指出，"大海给了我们茫茫无定、浩浩无际和渺渺无限的观念；人类在大海的无限里感到他自己的无限的时候，他就被激起了勇气，要去超越那有限的一切。大海邀请人类从事征服，从事掠夺，但是同时也鼓励人类追求利润，从事商业。平凡的土地，平凡的平原流域把人类束缚在土壤上，把他卷入无穷的依赖性里边，但是大海却挟着人类超越了那些思想和行动的有限的圈子"。[①] 不同的地理环境对文化的产生和发展有着

---

① 黑格尔：《历史哲学》，北京：生活·读书·新知三联书店，1956，第134页。

重大作用。

岭南哲学产生于我国岭南地区，深受岭南自然环境影响，深深烙上了岭南印记。岭南的自然环境是岭南哲学产生和形成的自然基础。

岭南亦称岭表、岭外、岭海等，指中国五岭（大庾岭、骑田岭、萌渚岭、都庞岭、越城岭）以南地区。在中国历史上，最早述及岭南这块土地的，是《史记·五帝本纪第一》和《尚书·尧典》。《史记·五帝本纪第一》说帝颛顼时疆域南至交趾。《尚书·尧典》说："申命羲叔，宅南交。"这里讲的交趾在空间概念上没有指出它的具体位置，但指出了当时中国最南方的领域直到交趾（即今越南红河三角洲一带）。

岭南位于中国的最南端，地处我国南疆边陲，北枕南岭，南临南海，西连云贵，东接福建。南岭是岭南地区最主要的山脉，横亘在粤北和湖南、江西两省之间，以及广西的东北部。由于南岭万山重叠，在古代交通落后的条件下，要跨越五岭，非常困难。这样的地理环境，把岭南与中原几乎隔绝开来，中原人很难了解岭南的真实面貌，岭南也因交通阻隔，无法与中原交往，无法学习中原的先进经验，而影响经济社会发展，处于长期落后状态。直到唐代，岭南还被看作"化外"之地，被称为"瘴疠"之乡，其居民也被称为"蛮夷"。

岭南境内的地形复杂，有山地、丘陵、平原、台地等，以山地和丘陵为主。珠江三角洲和韩江三角洲是岭南主要平原地区，地势北高南低。岭南属于热带、亚热带季风气候，北回归线横贯广东和广西的中部，年平均气温 $19℃—20℃$，日照长，阳光足，太阳辐射热量大，受海洋暖风气流的调节，气候温暖，夏长冬短，雨量充沛，大多数地区平均年降水量在1500毫米以上，宜于农作物生长。远古的岭南，原始森林茂密，蚊虫飞舞，蛇兽横行，疟疾、伤寒、皮肤病等疾病成为岭南的地方性流行病、多发病，被人称为"瘴疠病毒"。

岭南雨量充足，地下水位高，河流纵横。珠江是岭南最大的河流，流长2214公里，年径流量仅次于长江，居全国江河水系第二位。岭南海岸线长，仅广东大陆海岸线就长达3368.1公里，居全国首位。海洋岛海岸线长达1649.5公里，居全国第二位。加上海南岛、南海诸岛和广西的漫长海岸线，海上交通十分便利。

岭南哲学产生和发展在岭南这片土地上，不能不受这片土地的影响。一方水土，养一方人，出一方思想。我们不是地理环境决定论者，但一定的地理环境对包括哲学在内的思想文化有重大影响。就岭南自然环境对岭南哲学影响而言是多方面的。

第一，古代岭南相对封闭的地理环境有利于形成和发展岭南本根文化，有利于民族文化的沉淀、积累和继承，有利于形成地域文化特色。岭南这种地理环境，对岭南文化的本根性、主体性、创造性、继承性和地域性等特性的形成和发展，都有不少影响。几千年来，岭南文化能保持自己的特色，并有强大生命力，同这种地理环境和历史传统有很大关系。

第二，岭南地貌多元复杂有利于形成多元的散发性的思维。岭南"崎岖山海间"，其状为"梯形""网状"，北高南低，呈梯形，北为山地，中为丘陵，南为台地和平原，河流溪水纵横交错，海岛多，海岸线长。这样多元复杂的地形地貌，形成了岭南人不同的民系文化和思维方式。多元的散发性的思维方式，对于岭南哲学的创新及其多元性、兼容性等都有很大影响。

第三，热带、亚热带的生态环境形成了岭南人与中原人不尽相同的生产方式、生活方式和不同的文化特征。岭南阳光充足，高温炎热，寒暑交替，变化异常，风雨雾瘴交加，森林茂密，蛇兽横行，是古代中国著名的"瘴疠病毒"之地，古代岭外人望而生畏。就岭南哲学思想而言，其务实精神、易变思维、价值理念、认知方式、伦理道德、审美情趣，以及宗教迷信、社会心理等，都不同程度地受到岭南地区生态环境的影响，与岭南地区生态环境有直接或间接的关系。

第四，岛屿众多，海岸线长，便于走向世界，同世界各地进行交流，吸取海外先进文化。岭南南面与越南、菲律宾、印度尼西亚、马来西亚等东南亚各国相邻或相望，是我国通往东南亚、大洋洲、中近东和非洲等地区的最近出海处。自汉代以来，广东的徐闻、合浦（今属广西）就是通往海外的要道，在东吴至南朝期间，中国对外贸易的中心逐步转移到广州。海洋给岭南带来开放的优势，使岭南成为我国对外文化交流的窗口。中国优秀文化通过这个窗口传到世界各地，世界各国的科学技术和先进文化通过这个窗口传入中国。近现代岭南与世界各地的交流更加频繁。这样的一种海洋环境，无疑有助于海洋文化的孕育和生长，岭南哲学的广阔视野、时代精神及其创新、兼容等特征，无不受海洋环境和海洋文化的影响。

二 岭南哲学形成的社会历史基础

岭南历史悠久，早在十多万年前，我们的祖先就在岭南这块土地上生息、繁衍、劳动。1958年，考古学家在广东省曲江县马坝镇发现的"马坝人"，经测定距今约13万年，证明岭南的历史可以上溯到原始社会的原始群时代。后来考古学家又发现了岭南"新人"的遗迹，进一步揭示了岭南历史发展的面貌。史料证明，岭南先民在一万多年前与中原地区的居民差不多同时进入母系氏族社会。

5000年前，黄河、长江一带的社区，由母系氏族社会进入父系氏族社会。岭南地区率先进入父系氏族社会的是粤北、粤中的社区，时间在4500年前；较晚进入父系氏族社会的地区是雷州半岛、海南岛和腹地个别山区，大约在2000年前。中原地约于公元前2100年的夏代，父系氏族社会就全面解体，进入以青铜文化为标志的奴隶社会，经历了1600年左右的时间，于春秋时代的晚期开始进入封建社会。岭南地区父系氏族社会解体比较缓慢，从春秋时代中晚期才逐步过渡到极不发达的奴隶社会。古代岭南由母系氏族公社过渡到父系氏族公社同长江、黄河流域的氏族部落相比，迟了500年，说明古代岭南经济社会发展比较落后。

岭南正式列入国家行政建制是在秦始皇统一六国之后。公元前214年，秦朝在岭南设置桂林、象、南海三个郡。南海郡治所在番禺（今广州）。秦朝灭亡后，在行政区域划分方面，"汉承秦制"，仍推行郡县制，岭南分为南海、苍梧、郁林、合浦、交趾、九真、日南、儋耳、珠崖九个郡。西汉末，撤销儋耳、珠崖二郡，辖地并入合浦郡。东吴时期，分合浦以北为广州，合浦以南为交州。广州统辖南海、苍梧、郁林、合浦等郡，交州统辖交趾、九真、日南等郡。广州的州治设在番禺，广州由此得名。往后各朝代的行政建制有所不同，岭南建制的划分和称谓也有很大变化。广东省三个字相连，作为行政单位的名称，是从清朝开始的，一直相沿至今。岭南在政治制度方面与中国其他地区没有什么本质区别，但由于岭南远离政治中心和多元一体的物质生产格局，以及对外贸易、对外文化交流的影响，岭南在政治生活方面相对比较宽松，特别是近现代这种较宽松环境又得到了新的发展，因而一些新的文化因素在岭南较易萌发、生长。

古代岭南经济社会发展起步较晚，比较落后，是著名的"蛮夷之地""病毒之乡"。先秦时期，岭南地区虽有一些标志文明的东西，但就整体社会状态而言，此时岭南还没有进入文明时代。岭南自进入文明时代后，就开始了长足的发展和惊人的进步，实现跨越式的发展，使岭南从边缘走向前沿。特别是从明代中叶后，岭南地区一直是我国经济社会率先发展的地区之一。

岭南地区的物质生产源于采摘、渔猎和农耕，后逐步发展起手工业、交通运输业、商贸业、工业。相对于我国其他地域物质生产来说，岭南地区的物质生产有自己的特色。首先，物质生产的多元一体化的格局，其中最有特色的是：由种植业、渔业、畜牧业、养殖业等多层次组成的农业架构；多样化发展的手工业；四通八达的陆、水、空立体交通运输业；久盛不衰的商贸业；门类较齐全的近现代工业。其次，物质生产开放度高，自汉代以来，岭南一直是我国对外交流的通道，商业贸易非常发达，我国的茶叶、陶瓷、工艺品等不断输出国外，外国的产品也源源不断进入我国。特别需要指出的是，岭南在对外贸易中引进了大量国外的农业良种，粮食中的黏米、玉米、番薯等；蔬菜中的辣椒、番茄、荷兰豆等；水果中的菠萝、香芒、番荔枝、木瓜等；药材中的诃子、藿香、龙蜊叶等；花卉中的茉莉、郁金香、素馨等；其他作物如烟草等，还引进了许多工艺品和科学技术。再次，物质生产兼收众长，益以创新。古代中国，盛行"重农抑商"，而岭南却是"重农不抑商""重农兼商"，北方往往是"重农全农"，单一经营，而岭南却是"重农非全农"，多种经营。珠三角一带的"桑基鱼塘""果基鱼塘"，以及"食在广州"的粥、汤、凉茶、工夫茶、药膳等美食，都是岭南人的创造。近代岭南还创造了许多全国第一，如制造了第一架飞机，生产了第一部照相机，开办了第一家西医院等。此外，物质生产注重品质，讲究品牌。"广货"品种繁多，质优工巧，素与"京货"齐名。"广绣"是全国四大名绣之一；"广钟"是我国最早制造的

时钟;"广铁"享有"铁莫良于广铁"的美誉;"广雕"手艺高超,品种齐全;"广药"以疗效好而被称著……

岭南经济社会发展的另一特点就是移民。历史上,岭南有四次大移民,第一次是秦始皇进军岭南,第二次是两汉至南北朝汉民移入高潮,第三次是两宋时期的移民高潮,第四次是明末的移民高潮。这四次中原人南迁,除秦始皇和汉武帝时因南征而遣成大量军人占籍岭南,其余都是由于北方战乱纷扰,黄河流域一带社会动荡,士民为避免战祸而被迫南下,这些军人和士民将中原文化带到岭南,促进中原文化与岭南文化的融合,对岭南文化的发展产生了巨大影响。此外,历代朝廷将一些"罪官"流放岭南,对岭南文化的发展也起到了很大作用。

经济是社会基础,物质生产方式是人类社会存在和发展的前提,它决定上层建筑和意识形态。岭南地区的经济社会发展状况,对岭南的思想文化的发展有着决定的意义,包括哲学在内的岭南思想文化都是岭南地区经济社会在思想文化中的反映、折射和摹写,其文化特征是生产方式效应在思想文化中的延续,有几个方面是非常明显的。

第一,古代岭南经济社会的进化和发展比较落后,但相对独立,自成体系,呈现出一个比较单纯、自然的历史发展过程。这对岭南文化的本根(土)性、系统性、地域性的形成和发展有重大影响。

第二,岭南地区物质生产的多元一体、开放度高、兼收众长、益于创新等特色,无疑有助于形成岭南文化的多元、开放、兼容、创新等特征。

第三,远离政治中心,有一个比较宽松的政治环境,受束缚较少,思想发展空间较大,自由度较高,这就为岭南文化的自主、包容创新的发展提供了氛围和空间。

三 岭南哲学形成的文化环境

任何哲学都在一定文化的基础上产生和发展,同其他文化形态有密切关系。岭南哲学是岭南文化重要的内容和形态,它受岭南文化影响,又与岭南文化其他的内容和形态,相互联系、相互促进。

岭南文化历史悠久,内容丰富,结构复杂,是一个巨大的文化体系。从文化要素、发展历史、地域空间等方面做些考察，寻求岭南哲学与岭南文化的关系，通过对文化背景与渊源的分析，有利于更好地把握岭南哲学的本质及其产生和发展的规律。

不同的地域文化有不同的文化要素，同一地域的文化在不同的历史时期，其文化要素也不尽相同。岭南文化构成的要素主要有四个方面。一是岭南本根文化，也称为岭南原生型文化。岭南本根文化是在岭南本土上孕育出来的，在接受外来文化影响之前，岭南文化就独立发展了十多万年，这是以后岭南文化区别于其他地域文化的坚实历史基础。即使在接受百越文化、中原汉文化和海外文化时，岭南的本根文化仍有不同程度的发展。二是百越文化。岭南文化在原始社会末期开始较明显地接受其他越族文化的影响，同时又相对独立地发展早期的海洋文化。三是中原汉文化。岭南文化接受外来文化影响，先是百越文化，后是中原华夏文化，秦汉以降的汉越文化融合期，中原汉文化逐渐成为岭南文化的主要因素，在近现代它也深深影响着岭南文化。四是海外文化。岭南是中国最早最广泛接受外来文化影响的地区。岭南文化中的海外文化要素，在明代之前，以南亚、东南亚、北非和中东的各种文化为主，佛教文化和伊斯兰教文化比基督教等文化更早进入岭南，清中后期海外文化的进入，主要是西方文化，包括科学技术。岭南文化的构成是多元的，多元的文化的并存本身就是一种兼容，而多元兼容文化必然进行交流、碰撞、融合，产生一种具有新质的文化。岭南文化就是在本根文化、百越文化、中原汉文化和海外文化这四种文化要素互相交流、碰撞、融合中不断发展。

岭南文化历史悠久，其历史发展经历了独立发展期、百越文化圈期、汉越文化融合期、中西文化碰撞期、走向现代化等五个历史时期。独立发展期大体从原始文化诞生至商代。此期的典型器物是石器、几何印纹陶和骨器。百越文化圈期大体从商代至战国晚期使用青铜器时代。此时的典型器物是青铜器、几何印纹陶和干栏式巢居建筑。汉越文化融合期大体从秦统一岭南到清中叶，这一时期又分不同的三个历史阶段，每个阶段有不同的文化特点。中西文化碰撞期大体从清中叶至20世纪中叶，这一时期的中西文化碰撞大体经历三个不同阶段。走向现代化时期，其典型历史阶段是改革开放时期。岭南文化这样一条发展线索，反映出岭南文化发展与中国其

他地域文化发展所具有的独特性：第一，岭南文化与中国其他地域文化发展轨迹不同。岭南文化是通过其本根文化先与其他百越文化融合，进而与汉文化融合、与西方文化交流而发展起来的。同属百越文化圈的其他古越族接受中原文化的途径和程度，均不同于岭南越族，特别是与西方文化交流方面，无论深度和广度，岭南文化都优于其他地域文化，交流的时间也早得多。岭南既不同于其他古越族文化，也异于中原汉文化，尽管它们同属中华民族文化，但它们的差异明显。第二，岭南文化是在多种文化融合的基础上形成和发展的一种地域文化，中原文化由于地理环境的影响，其率先发展起来的先进农业文化，纯粹但往往保守、封闭，不易接受他种文化，而多元的岭南文化较具有开放和兼容的特征。第三，古代岭南文化发展较慢，但接受外来文化较早，又远离政治中心和文化内核，受传统文化的影响和束缚较轻，非正统性、非规范性的特点较浓，它始终以多元文化的面貌区别于正统汉文化。

　　文化的存在和发展总是在一定的空间范围内。岭南文化生长在特定的岭南地区，由于岭南地区的地形地貌的复杂性、多样性和历史发展的多样性、曲折性，岭南地区形成多样的民系文化和地区文化，主要有广府文化、客家文化、潮汕文化、桂系文化和海南文化等。广府文化是生活在岭南以广州话方言为主体的族群所创造的民系文化。广府地区是一块风水宝地，它位于粤中、粤南、粤东南、粤西和粤北部分地区。区内地形复杂，有平原、丘陵、山地、台地等，珠江三角洲是其主要平原，是该区的核心地带。广府地区的文化主体是岭南土著人与中原南下的汉人融合而成的汉人及其后裔，统称"广府人"，据不完全统计（20 世纪 90 年代初期的数据），分布在广东和桂东南一带的广府人，约有 5100 万人，其中广东约 3800 万人，广西约 1300 万人，香港、澳门两个特别行政区的广府人也是广府文化的主体。广府地区开发较晚，但后来居上，明末清初就率先由农业文明向工业文明转变，并一直处于领先地位。客家文化是指岭南地域范围内客家民系文化，主要以客家方言为界定标准。客家方言是汉民族中最具稳定性的语言，梅县话是客家方言的标准方音。客家人无论走到哪里，都不会改变自己的方言，祖传谚语："宁卖祖宗田，莫忘祖宗言。"客家民系分布范围很广，遍布广东、广西、江西、福建、四川、湖南、贵州、台湾、海南等 10 个省 180 多个县市。其中纯客家人的县有 34 个，广东全省就有纯客家人的县市 15 个，客主混合县市 50 多个，是全国客家民系居民最密集的地方。客家人在国内外人数共约 6562.429 万人（1994 年统计数据），其中国内（含台、港、澳）6107.8 万人，国外 454.629 万人。潮汕文化是指潮州方言区的文化，潮汕方言区经历史多次演变，现为汕头、潮州、揭阳三个市。潮汕民系主要居住在韩江三角洲地区，有 1000 多万人。潮汕人移居海外特别普遍，世界有 40 多个国家和地区有潮汕移民，约有 1000 万人。在外的潮人 80% 主要分布在东南亚，以泰国为最多，目前泰国潮籍华人在 500 万人以上，约全泰国人口的 8.8%。桂系文化是指在广西地区内岭南文化的一种亚文化。广西在先秦时期为百越地，公元前 214 年秦统一岭南，其地大部分属秦设的桂林郡和象郡，"桂"的简称由此而来。桂系文化地区有 75 个县（市），约 5000 万人，少数民族众多，有壮族、瑶族、苗族、侗族、仫佬族、毛南族、回族、京族、彝族、水族等，其中以壮族、苗族、瑶族的风情最为奇特丰富，与岭南古百越文化最有渊源关系。由于文化主体众多和风情景观独特，桂系文化富有特色。海南文化是指海南方言区文化，是岭南文化的一种亚文化，也是岭南文化中离政治中心最远、在中原正统儒家文化圈之外的一种非规范性文化。海南地区是一个以汉族为主体，黎族次之，多民族聚居的地区。由于海南文化生长在海岛上，受海岛自然环境和人文环境的影响，其海岛文化风情的特色非常明显。上述五种文化形态各有特色，它们相互区别，又相互联系、相互促进。

第二节　岭南哲学的含义、本质和特征

一　岭南哲学的命题

在讨论岭南哲学的含义之前，首先要讨论岭南哲学的命题。因为命题是否科学、正确，关系到整个研究是否有必要，是否有意义。

岭南哲学不是一个新的哲学范畴，也不是一个新的命题。但对这一命题有不同的看法：首先对这一命题是否存在存有异议，即对这一命题是真命题，还是伪命题；是科学命题，还是错误命题；是客观存在的命题，还是人们的主观杜撰出来的命题，有不同看法。

有一种意见认为,岭南地区有哲学和哲学家,属于中国哲学,但没有一个独立的、具有科学含义的"岭南哲学",更没有一个结构严密、自成体系的岭南哲学,因而"岭南哲学"这一命题不能成立。这个问题很值得研究,它涉及岭南哲学的含义,岭南哲学的研究对象,岭南哲学的产生和发展,岭南哲学的概念、范畴和体系,岭南哲学与中国哲学、中国其他地域哲学以及外国哲学的关系等许多理论问题。

我们认为,岭南哲学这个命题是成立的,岭南哲学是一个客观存在的科学范畴。岭南哲学属于中国哲学,是中国哲学的一部分,但又是相对独立的一部分,是具有岭南特色的、自成一体的一部分。我们提出岭南哲学的范畴,并把它作为一个学术概念、一种哲学理论体系来研究,主要依据如下。

第一,相对封闭地理环境,容易形成相对独立的包括哲学理论在内的思想体系。古代岭南地区北山南海,交通不便,要与外界联系,绝非易事。这种相对封闭的地理环境,有利于文化的土生土长,有利于本根文化的孕育、产生和发展。包括岭南哲学在内的岭南文化是一种原生型文化,是在岭南这块土地上土生土长起来的文化,它在产生和发展中尽管受到中原文化和海外文化的影响,但其原生性的特征、自成体系的特征始终非常鲜明,就是今天,岭南文化的原生特点也非常突出,还有"土"味。

第二,岭南发展起步晚,但后来居上。古代岭南比较落后,就观念文化而言,其出现是战国之后的事情,大大落后于中原地区,但后来居上,实现跨越发展,明朝中叶后一直居于领先地位。岭南这样的一种历史发展过程,一方面,表明前一历史发展阶段,岭南文化同中原文化的发展极不同步,尽管岭南文化接受中原文化辐射、影响,但由于两种文化反差大,两种文化交融中,岭南文化原生性未被根本动摇。另一方面,后一历史发展阶段,岭南地区首先萌发资本主义生产关系,开始社会转型,中国文化发展的路向在岭南地区开始转轨,岭南文化包括岭南哲学走在全国前列,出现许多新思想新理论。岭南发展史表明,岭南文化包括岭南哲学的发展,自成一体的特征没有改变,岭南本根文化一直未中断,呈现出一个比较自然的自我发展过程。

第三,岭南哲学有自己的研究对象、研究方法,有自己特殊的本质和特征，有自己的概念、范畴和体系。岭南许多哲学家对岭南地区的哲学问题的思考，聚焦往往相同，诸如人本问题、价值问题、认知问题、伦理问题、审美问题等，趋同性较强，传承性也突出，因而岭南哲学的发展在空间和时间上，都有其内在联系。

第四，岭南哲学有自己的哲学家、哲学著作和哲学派别。葛洪、惠能、陈献章、湛若水、朱次琦、陈澧、康有为、梁启超、孙中山等都是岭南著名的思想家、哲学家。葛洪的道教神仙论、惠能的南宗顿教、陈献章的江门学派、朱次琦的九江学派、康梁的进化论、孙中山的三民主义，都自成一派，独树一帜，在中国思想文化发展史上居于重要地位，产生重大影响。

岭南哲学，作为中国哲学的一个组成部分的地域性的哲学，能否概括为具有科学含义的一种理论体系，不仅要看它是否相对独立、自成一体，而且要看它是否有自己的概念、范畴和体系，是否有自己的特殊本质和特征，是否有代表人物和代表著作。岭南哲学具备了这些条件，岭南哲学这个命题是个科学命题，是个科学范畴。

二 岭南哲学的含义

研究岭南哲学的含义，要弄清哲学的含义。哲学是什么？古今中外，众说纷纭，莫衷一是。在当代，哲学观发生了很大变化，其中哲学发展路向不断由本体论、知识论、认识论转向存在论、生存论、实践论。20世纪不断兴起的分析哲学、语言哲学、科技哲学、解释学、现象学和文化人类学、后现代主义等的转向，表明哲学内部的变革，其主要特征是：哲学的至高无上地位受质疑和批判，"小写的哲学"要代替"大写的哲学"；庞大体系的认识论哲学被消解，取而代之的是存在论哲学、解释学哲学和实践哲学；规范论哲学转向生活哲学。随着哲学发展路向不断发展变化，哲学的含义也不断发展变化。但不管这些哲学观如何五颜六色，马克思主义的实践哲学更加显示其强大的生命力。界定岭南哲学，要坚持马克思主义哲学为指导，同时又要随着实践的发展不断丰富与发展马克思主义哲学。

马克思主义哲学教科书都把哲学定义为关于自然界、社会和思维一般规律的学问。学术界对这一哲学定义在总体上是认同的。我们认为，哲学是关于世界观和方法论的学问，人是客观世界的一部

分，是客观世界的主体，是世界观、方法论的主体，哲学应该及物又及人，见物又见人。研究岭南哲学含义，应该突出人，要把"物"与"人"结合起来。

依据这一思路来规范岭南哲学的含义，岭南哲学是一个标志着岭南人本质力量发展水平的哲学范畴，是岭南人在社会实践中形成的关于自然界、社会和人及其思维一般规律的学问，是岭南人关于人的生存方式、活动方式的哲学知识。根据马克思主义实践哲学，遵循从物到感觉、思维的原则，来规范岭南哲学的含义。这一定义从不同的三个方面去诠释和把握岭南哲学的含义。

第一，从人的本质力量方面去界定岭南哲学。任何思想文化都是人的产物，都是人的本质力量的对象化，这是思想文化最本质的东西。岭南哲学是岭南人本质力量在人的哲学观念中的显现。人的本质力量对象化的凝结物是多方面的，有物质的，有精神的，有社会的，一切烙上人的印记的"第二性的存在"，都是人的本质力量对象化的产物。但不是所有人的本质力量对象化产物都属于哲学，只有那些属于哲学范畴的观念文化，才是哲学。岭南哲学就是岭南人本质力量及其发展水平在哲学范畴中的抽象、概括、升华的一种理论体系。

第二，从人的实践方面去界定岭南哲学。承认岭南哲学是岭南人的本质力量的对象化，必然承认岭南哲学是岭南人社会实践的产物。因为人的本质和本质力量只有通过社会实践才能表现出来，人们在社会实践中获得的关于自然、社会、人以及人的思维的理论，都是实践的结果，但不是所有在实践中获得的这些理论都是哲学，哲学是关于客观世界一般规律的学问，只有在实践中获得的关于世界观和方法论的学问才是哲学。因此，我们将岭南哲学界定为岭南人在社会实践中形成的关于自然、社会、人及人的思维产生和发展的一般规律的学问。

第三，从人的生存方式、活动方式去界定岭南哲学。岭南哲学是岭南人的生存方式、活动方式的一种理论升华、哲学抽象，是岭南人生存方式、活动方式的哲学知识。人类的生存方式、活动方式是多种多样的，就活动方式而言，包括行为活动方式和精神活动方式，行为活动方式包括生产活动方式、生活活动方式，诸如经济活动方式，政治活动方式，文化活动方式以及家庭、婚姻和社会等活动方式。精神活动方式包括心理活动方式和意识活动方式。这些活动方式包括"类"的活动方式，又包括群体的活动方式和个体、单个人的活动方式。岭南人这些活动方式抽象出的哲学范畴，都是岭南哲学。

我们从上述三个方面去揭示岭南哲学的含义，体现马克思主义实践哲学的基本要求，其主要特点是：着力从人的方面去揭示岭南哲学的含义。人是世界的主体，是认识世界和改造世界的主体。包括哲学在内的思想文化都是人的作品、写照和创造，反过来又为人服务，没有人就没有哲学。岭南哲学是岭南人的作品，只有科学地把握岭南人的本质和特征及其活动规律，才能科学揭示岭南哲学的含义，其意义在于以下几点。

一是突出了人。突出了主体和主体性，从人的方面去解读哲学，哲学就不会是空洞无物、贫乏无味的教条，而是同人息息相关、有血有肉、活生生的科学知识。

二是见物更见人。传统的马克思主义哲学教科书，尽管强调人的主观能动性，但没有把人摆在中心位置上，对客观世界（自然、社会、思维）是什么、怎么样，回答得很详尽，但对人是什么，人与客观世界的相互关系怎么样，涉及不多。从人的方面去揭示哲学的含义，并充分揭示人与客观世界的相互关系，既见物更见人。

三是强调人的多样性。人是多样的，有类的人、群体的人、个体的人。人的多样性，人的本质和本质力量的多样性，人的生存方式、活动方式的多样性，必然导致哲学的多样性和层次性。过去的哲学往往强调哲学的普遍性、绝对性、规律性、系统性、规范性，而往往忽略了人的生存和生活，特别是忽视单个人的生存和生活。因而往往忽略了哲学的层次性、多样性、特殊性。我们揭示岭南哲学的含义时，既强调"类"中的人、群体中的"人"、大写中的"人"，又重视个体中的"人"、小写中的"人"，既注意普遍性的"大写的哲学""规范的哲学"，又注意多元的、异质的、开放的、实现与发展个体存在方式和生活方式的个体生活哲学。

三　岭南哲学的本质

岭南哲学是中国哲学的组成部分，其性质无疑属中国哲学。但把岭南哲学仅定性为中国哲学，显然过于笼统，是不恰当的，因为

它没有揭示岭南哲学的特殊本质。我们要科学地把握岭南哲学的特殊本质，必须科学把握岭南哲学形成和发展的经济社会基础。古代岭南开发较晚，长期处于落后状态，但进入文明社会之后，发展迅速，实现跨越发展，从边沿走向了前沿，特别是明朝中叶后，一直成为我国首发地区，走在全国的前列。由于这一地区多元一体的经济格局，经济社会开放度较高，兼收众长，发展较快，较早萌发了资本主义因素，由农业文明向工业文明过渡，开始了社会转型。在社会转型中，岭南地区形成了既不同于传统的农业文明，又不同于工业文明的市井社会。特别是珠江三角洲等比较发达的地区，城镇众多，交通方便，产业多元，贸易频繁，商业发达，经济繁荣，生活富裕，社会祥和，是一个比较典型的市井社会。这种市井社会的生产方式和生活方式孕育出的文化是世俗文化，其哲学思想的属性应是世俗哲学。

世俗哲学在不同的国家和地区，在同一国家和地区的不同历史时期，有不同的形态、类型、内容和特征，要科学把握岭南哲学的特殊本质，还要考察岭南世俗哲学的具体形态和内容。岭南哲学是一种原生型、以人为本、多元性、感性化、重功利、非规范的世俗哲学。

岭南哲学是一种原生型世俗哲学。作为观念文化的哲学理论，岭南哲学产生较晚。岭南学术思想的出现是汉代以后的事情，但不能因此否认岭南哲学的原生性、本根性。岭南哲学深受中原哲学思想的影响，岭南最早出现的哲学思想是从岭外引进的，其代表人物是广信人"三陈"（陈钦、陈元、陈坚祖孙三代）、"四士"（士燮、士壹、士䵋、士武兄弟四人）。这些哲学思想进入岭南后，同岭南本根文化交融，在岭南古代哲学意识的基础上，逐渐形成、创新了有岭南特色的岭南哲学思想，由于岭南特殊的地理环境和文化传统，岭南文化在接受外来文化时从未动摇其本根文化的根基。岭南哲学一出现就充满岭南特色，有别于其他地域的哲学。岭南哲学的根在岭南，是在岭南这块土地上孕育出来的，而不是外来的。岭南文化在接受外来文化影响之前，已独立发展了十多万年，这是以后岭南文化一直区别于其他地域文化的坚实基础。即使在接受百越文化、中原文化和海外文化时，其本根文化仍有不同程度的发展，就是今天岭南文化还保持着不少"土"味。

第一章 岭南哲学的本质与特征

岭南哲学是一种以人为本的世俗哲学。人一直是中国哲学的一个永恒的主题。几千年来，中国出现了许多哲学形态、哲学派别和哲学家，它们讲了许多哲学问题，但人的问题始终是它们关注的重要内容。人本性是中国哲学的根本特性。岭南哲学继承和发展了中国哲学以人为本的思想，其积极贡献是岭南哲学人本思想讲的人更多的是大众之人、普通之人、现实之人、有血有肉之人，更具有人民性、现实性、实践性和深刻性，更贴近实际生活，更有人情味。惠能的人人有佛性，人人皆可成佛的思想，陈献章的人人皆可成尧舜的思想，孙中山的天下为公的思想等，无不闪烁着以人为本思想之光，在一定意义上说，岭南哲学是人之学，人本之学。

岭南哲学是一种多元性的世俗哲学。在中国传统的地域文化中，再也没有像岭南文化那样多种多样多元了。岭南文化的多元性导致了岭南哲学的多元性。岭南哲学的多元性表现在多方面：在空间方面，有各地区不同的哲学；在时间方面，有古代哲学、近代哲学、当代哲学等；在部类方面，有经济哲学、政治哲学、科学哲学、生态哲学、道德哲学等；在政治方面，有官方哲学与非官方（民间）哲学等；在功能方面，有实用主义哲学、功利主义哲学、工具主义哲学等；在认知方式方面，有感觉主义哲学、经验主义哲学、理性主义哲学等；在宗教信仰方面，有佛教哲学、道教哲学、伊斯兰教哲学、基督教哲学等。岭南哲学的多种性质、多种类型、多种层次并存的现象，丰富多样。

岭南哲学是一种感性化的世俗哲学。哲学是一种比较理论化抽象化的学科，大凡哲学都有自己的概念、范畴以至理论体系，都是理论思维抽象的结果。但不同哲学的认知方式则不尽相同，岭南哲学的认知理论基础是感觉论、经验论，相对于我国北方哲学而言，它没有那么多的理论抽象，却非常重视感觉经验，往往重感觉，轻思维；重感性，轻理性；重直观，轻思辨。葛洪、惠能、陈献章、康有为、梁启超、孙中山等思想家的认知方式基本上都属这一认识论范畴。感觉论、经验论强调感性经验，这是一种认识论的形态，并不是说它没有抽象，没有理论。感觉论、经验论本身就是一种哲学理论。

岭南哲学是一种重功利的世俗哲学。功利与世俗往往是一对孪生兄弟。开化后的岭南地区经济社会发展比较快，特别是明中叶

后，商品经济较为发达，是一个比较典型的市井社会。这样的地区形成的价值哲学，必然重功利。岭南人自古以来就讲实惠，不薄利。宋代就有"广南可耕之地少，民多种柑橘以图利"①的记载。明清以来，广东人抛弃"以农为本"的信条，选择"以商致富"道路，其因是"贪财重利"。"富者以稻田利薄，每以花果取饶"②。在"趋利"意识支配下，岭南人不再恪守"君子不言利"的信条，不再鄙视"为利"的商人。湛若水曾大声疾呼："欲我当欲，与人同欲"③，他斥责"无欲之说"为"惑人之谈"，指出"理欲只是一念"，用世俗的"理欲合一论"，代替"存理去欲论"。杨起元强调"人心欲望"的"自然性"和"合理性"，主张学问求仁，不离日用。何启、胡礼垣则直言"人之能利于己，必能利于人，不能利于己，必致累于世"。功利是岭南价值哲学的重要内容，在功利的价值导向下，岭南哲学的功利主义、实用主义、工具主义非常突出。

岭南哲学是一种非规范的世俗哲学。非规范性是对正统的、不合时宜的、陈旧落后的文化规范的反叛。在传统的岭南社会中，非规范性的文化心理有深厚的社会基础。一是商品经济较发达。商业活动讲求等价交换，平等竞争和私有权的保护，商业精神必然与封建的等级专制相对抗。在儒家文化里，"士农工商"，天然合理，但在岭南却把商居于四民之首。二是岭南远离政治中心和文化中心，较少受王权政治和强制性规范的束缚，三纲五常等道德意识也较淡薄。三是古代岭南是"化外"之地，"罪官"流放之地，移民之地，"流民"意识较重，不愿规范束缚。岭南人对正统的、规范化的、意识形态化的儒家文化往往持蔑视和反叛的态度。这种社会心理，在岭南哲学中也有鲜明的体现。

四 岭南哲学的特征

哲学特征是哲学本质的显现。要科学把握岭南哲学的本质，不仅要把握其内在的本质属性，还要把握其外部的显著表征。岭南哲学的主要特征有以下几个。

---

① 庄绰：《养柑蚁》，《古典的中国》，北京：北京师范大学出版社，2006。
② 屈大均：《广东新语》卷二十五，北京：中华书局，1985。
③ 黄宗羲：《明儒学案》卷四十二《甘泉学案六》，北京：中华书局，1985。

第一，岭南哲学的人本性。岭南哲学突出了人，见物更见人，强调人的本体地位。其人本内容非常丰富、突出，崔与之的"宽民"说、丘濬的"养民"说、惠能的"佛性"说、陈献章的"救民"说、湛若水的"畏民"说、海瑞的"惜民"说、康有为的"公民"说、梁启超的"新民"说、孙中山"三民主义""天下为公"的理论等，无不闪烁着人本思想的光辉。

第二，岭南哲学的务实性。古代岭南，生存环境比较恶劣，古越人第一要务是学会生存的本领。同时，岭南开发比较晚，处于中国政治、经济、文化的边缘，没有什么经济社会资源。这样的自然环境和人文环境，逼迫他们不得不脚踏实地，从实际出发，获得生活资料，从而形成了面对现实，实事求是的价值取向和人文精神。他们重实际，重实效，重实利，重实惠。这种务实的现实取向的思维方式，一直贯穿岭南哲学发展的始终。惠能主张众生平等，自心即净，自心即佛的理论，全面肯定现实日常事务，使平民百姓日常的、平庸的、繁杂的生活与行为获得价值论的意义。陈献章倡导的"以自然为宗"的"自得"之学，要求独立思考，不受圣贤经传教条和程朱烦琐的注经束缚，经他弟子湛若水的延伸，形成了独具一格注重日常感性，不为教条所拘的新学派。朱次琦提倡经世致用，反对脱离实际，"明理以处事""不为无用之空谈高论"。郑观应则提出以"合于时宜"为言论是否正确的标准，他说："今使天下之大，凡有心口，各竭其知，各腾其说……不必谓言出于谁某，而但问合于时宜与否。"① "士夫宜实践，经世耻空言"②，他要求"崇事实，去浮文"，"博通古今，审时度势"。这种务实的学风与唯古、唯书，不越先人雷池的传统迥然不同。在近代中国，这种实用性的追求，显现为务实的政治行动，康有为、梁启超等率先走出传统士子读书仕进的窠臼，成为中国著名改革家。孙中山终生致力于改造中国的政治革命。他们的理论和学说，始终以务实精神，围绕近代中国的实际问题，以有用于世为目标。

第三，岭南哲学的多元性。岭南文化的多元性导致了岭南哲学的多元性。岭南哲学有多种性质、多种类型、多种层次。岭南哲学

---

① 《郑观应志》编辑部：《郑观应志》，广州：广东人民出版社，2009。
② 邓景滨编《郑观应诗选》，澳门：澳门中华诗词学会，1995，第11页。

多元性的表现是多方面的，既表现为不同质的哲学领域的多元性，又表现为同质的哲学领域的多元性，还表现为同一哲学、同一学派、同一哲学家的哲学思想的多元性。在我国地域哲学的多元性方面，再也没有像岭南哲学那样丰富多彩了。岭南哲学的多元性，促进了岭南哲学的繁荣和发展。

第四，岭南哲学的兼容性。岭南哲学是个多元、开放的体系。兼容是多元、开放的前提，也是多元、开放的结果。岭南哲学的多元性、开放性，必然导致岭南哲学的兼容性。岭南哲学的产生就是岭南文化多种元素、多种成分、多种形态兼容的产物。兼容性在岭南哲学的发展中时时处处都可以找到痕迹。在时间上，兼容一直伴随着岭南哲学的产生和发展，贯穿其整个历史过程。在空间上，兼容覆盖了岭南哲学的方方面面。从岭南哲学宏观层面考察，其兼容性既体现在同质的不同哲学形态，又体现在异质的不同哲学形态和不同的外国哲学形态，儒、释、道的哲学并存并茂；经济哲学、政治哲学、科技哲学、生态哲学、道德哲学等共生共长，唯物论、唯心论、进化论、经验论、唯理论以及中国哲学与外国哲学和谐发展。从岭南哲学的微观层面考察，兼容性既体现在各个哲学派和各个哲学家上，又体现在它们的许多理论的具体概念和范畴上。牟子是岭南早期的思想家，他的《理惑论》是我国早期的一种宣讲佛学的著作，它以道家的观念去理解与说明佛教，企图以汉人固有观念融入佛教，宣讲佛教，把道教与佛教糅合起来。康僧会把佛教思想与儒家思想论糅合起来，以图借助佛教的理论框架去弘扬儒家的思想。惠能顿教既受佛教禅宗五祖弘忍和印宗法师的影响，继承了佛教的传统，又大量吸纳孔孟的理论和民间的思想，创立了新的教派。葛洪吸纳了两汉的元气本源论，为道教神仙论奠定了理论基础并走向宗教神学。陈献章的岭南心学作为儒家的正宗学派，但不排斥佛道，接受了禅宗南派惠能顿悟心中佛性的启迪，更融通了老庄的"道生万物"，以及"天地一体"的理念，兼容了张载的"气论"，吸纳了周敦颐的"主静"，二程"静坐之说"。它融汇了儒、释、道，吸取了宋代理学诸家之长，创建了岭南心学的新学派。康有为借助西方自然科学新理，接受西方进化论科学成果，运用进化论改造三世循环说和形而上学"不变论"，形成了具有非爆发式飞跃的进化论。孙中山哲学是时代精神的精华，它既吸收了传统中国哲学大量的精华，又接纳了西方19世纪哲学在突破近代机械论所获得的重要思想——辩证法，糅合了东西方哲学的硕果，建构了富于东方特色的哲学体系。

第五，岭南哲学的创新性。兼容是通向创新的大道，文化兼容的结果必然导致文化的创新。文化在兼容中，各种文化因素在碰撞、交融，势必产生新的文化因素，以至新的文化形态，新的文化学派。岭南哲学就是在不断的兼容中不断创新的结果。其创新是多方面的：命题创新、概念创新、范畴创新、体系创新以及思维方式、认知方法的创新等。纵观岭南哲学发展的历史过程，可以看到自汉代后特别是唐代之后，岭南许多思想家提出了很多闪光的哲学思想，特别是在我国社会转型时期尤为突出。在我国思想文化史上有划时期历史意义的岭南哲学的创新就出现过多次。惠能创立的禅宗顿教是佛教史上重大的创新和变革，在中国乃至在世界的佛教发展史上具有重大的意义。它在什么是佛以及在如何成佛的修行途径上和具体修行方法上，都焕然一新，把佛教中国化了，这是了不起的成就。汤用彤在评价惠能的《坛经》时指出："此经影响巨大，实于达摩禅学有重大发展，为中华佛学之创造也。"陈献章创立的岭南心学是中国哲学发展的重大创新，黄明同教授在《岭南心学》的专著中指出："陈献章创立岭南心学时的创新，主要体现在发明了'静养端倪'，用简易而便捷的涵养与认知方法，取代了朱熹那繁杂而难以奏效的'格物致知'，并一改压抑人性的理论路向，开启了思想解放，以及人性解放的新路向，打破了朱熹理学独尊，学界一片寂静，无人敢改错的禁锢格局，体现了岭南人'敢为天下先'的文化品格。"陈献章岭南心学创新的重大贡献，就是冲破了儒学的藩篱，开始偏离儒家发展轨道，改变了岭南文化乃至中华文化发展的路向，率先向近现代文化转向，以适应中国经济社会的转型和发展。孙中山是近代中国哲学思想的代表人物之一，是中国传统哲学向近代哲学转换的重要代表人物。他的哲学思想的创新，不仅体现在他的革命哲学，为三民主义提供理论基础，而且在他的建设哲学中，也有许多突破。黄明同教授在《孙中山建设哲学》专著中，对孙中山建设哲学做了全面且深刻的分析和高度评价。中国哲学史表明，惠能创立顿教，使佛教中国化。陈白沙创立岭南心学，改变了岭南乃至中国文化发展路向。孙中山哲学促使中国传统哲

向近代哲学转换。这些成果在我国思想文化发展史上，无疑具有划时代的历史意义。

第六，岭南哲学的平民性。平民性是相对于传统社会的贵族文化而言的。古代岭南文化就已显露出平民性的特征。岭南历史上少有世袭贵族，其开发后，商业又较发达，正统的封建意识较为淡薄，官本位思想不浓，"田可耕不可置，书可读不可试"，入仕做官并非主要生活出路，人们甚至宁可出钱请人做吏，也不愿出仕。这样的经济社会环境，人们较少受封建体制下土地、家庭和礼教的束缚，比较追求平等的人际关系，人性的自然性和俗世生活的享乐和情趣，产生了早期的"平民阶层""平民社会""平民文化"。随着商品经济发展，岭南文化的平民性色彩日益浓厚。它没有什么官方哲学，也很少有达官贵人的政治说教和文人雅士的风花雪月，它更多的是对平民生活的真实写照。它通过市民日常生活或消费行为展示其价值观念、伦理道德和审美情趣。这种平民性的文化特征在岭南哲学中也鲜明显露出来。惠能关于人人皆可成佛，把百姓的日常生活赋予佛教意义的思想；陈献章关于"人皆可为尧舜"的平等观；湛若水关于"畏民""重民""爱民""为民"的治国理念和"立大公以普天下"的理想人格；康有为提出的自然人性论，认为人人独立，人人平等，人人自主，人人不相侵犯，人人交相亲爱，此为人类之公理；孙中山的三民主义……无不着眼于广大百姓众生，它们高扬人的主体精神，高举着人本、启蒙、世俗、现代的旗帜，引领时代风骚。平民化一直是岭南地区发展的一条主线，它贯穿岭南发展的始终，不断促使岭南文化的转型和发展。它是民主、平等、公平、正义等现代意识的基石。包括岭南哲学在内的岭南文化沿着平民化的路向发展，有力引导和推动岭南地区由传统向近现代的转换。

五　岭南哲学的时代精神

哲学是时代精神的精华，任何一种哲学理论都是一定时代的产物，一定时代精华的集中体现。岭南哲学不仅集中反映了岭南的时代精神风貌，也在很大程度上凸显了中国历史特别是明清以来发展的时代精神。

古代中国，经济政治文化的中心在北方，岭南文化接受中原文化的辐射和影响。明代陈献章创立了岭南心学，开始了中国传统文化意义深远的重要转向，岭南从此逐渐成为中国文化的中心，走在时代的前面。从陈献章的"江门学派"，到朱次琦的"九江学派"、陈澧的岭南儒学，到洪仁玕、郑观应的实业救国论与张之洞、容闳的洋务思想，再到康有为梁启超的变法维新思想、孙中山的三民主义思想等。我们不难看出岭南思想文化发展的内在逻辑，更可以看到它们的思想理论洋溢着时代精神，具有先导性，对中国的发展起着引领作用。特别是惠能哲学、陈献章哲学和孙中山哲学都是他们所处历史阶段的时代精神的精华。

哲学反映时代精神是哲学的本质规定。黑格尔说过："每一哲学都是时代的哲学，它是精神发展的全部锁链里面的一环，因此，它只是满足那适合它的时代的要求或兴趣。"[1] 马克思指出："任何真正的哲学都是自己时代精神的精华，所以必然会出现这样的时代：那时哲学不仅从内部就其内容来说，而且从外部即就其表现来说，都要和自己的时代的现实世界接触并相互作用。"[2] 岭南哲学之所以能成为中国该历史阶段的时代精神的精华，根本原因是它们能及时准确地抓住当时社会发展的时代问题，并回答了这些问题。马克思说过，问题是时代的呼声。每一个重要的时代，都会提出或产生属于那个时代的一系列重要问题，为理论的创新提供强大的动力和土壤。

惠能创新的顿教，特别是其"人人皆有佛性""人人皆可成佛"的平等观，把佛教中国化，成为平民化的宗教，这是我国唐代佛教的时代精华的集中体现，也是佛教在中国发展史上的精华。惠能平民化、平等观的思想继承了中国古代平等的理念，又大大超越过它们，更比欧洲大陆"第三等级"的代表人物提出的平等观早许多世纪，成为当时的一面旗帜。惠能这些成就与其个人经历、努力有关，但根本的是，它是当时社会问题呼声的结果。惠能的学说产生于唐代，一方面，当时社会是中古时代一个鼎盛时期，农业、手工业空前发展，给城乡带来勃勃生机，底层平民要求改变自己的社会地位；另一方面，当时佛教比较消沉，要求改革佛教呼声四起，惠

---

[1] 黑格尔：《哲学史讲演录》，北京：商务印书馆，1978。
[2] 《马克思恩格斯全集》（第一卷），北京：人民出版社，1979，第121页。

能这种思想便顺应而生,这是唐代社会问题的呼声的结果。时代的主题,产生了时代精神,惠能顿教正是时代的骄子。

  明代是中国历史发展的重要历史阶段。明代中叶后,中国的资本主义生产关系首先在珠江三角洲等比较发达地区萌发,这是一种具有新质的经济因素。新的经济关系要求新的文化同其相适应,新的历史时代呼唤新的时代精神,陈献章的岭南心学正是这一时代呼唤的产物,是中国经济中心南移的产物,也是中国文化中心南移的产物。陈献章岭南心学的创立,其时代意义集中表现在两个"标志"、两个"转变"上:一是它标志着中国由农业社会向近现代社会转变,二是它标志着中国主流文化的中心由北向南的转变。这一文化的转变不仅仅是文化中心的转变,更为重要的是中国文化发展路向的转变,它改变了岭南文化乃至中华文化发展的路向。明代中叶之前,我国传统文化的发展,是沿着儒家的轨道前行的,一千多年来,儒学尽管有很大发展,做出了很大贡献,但一直未能改变其发展的路向。岭南心学的诞生,出现了许多新的文化因素,诸如它的人文性、启蒙性、现代性的思想,冲破了儒学的藩篱,开始偏离儒家发展轨道,改变了中国传统文化的发展路向,率先向近现代文化转向,以适应中国经济社会的转型和发展。遗憾的是陈白沙的思想和地位长期被忽视、被误读、被遗忘。

  鸦片战争后,中国逐步沦为半封建半殖民地社会。中国向何处去的问题,成为中国近代社会的中心问题。孙中山作为近代向西方寻求救国救民真理的先进人物的代表,继承了中国传统文化的优秀成果,吸收了西方文化的积极成分,站在中国历史发展的前沿和时代的高度,创立了资产阶级的革命哲学和革命纲领,回答了当时中国向何处去的问题,为资产阶级民主革命提供了理论基础和思想武器,有力地推动历史发展和社会进步。

第三节 岭南哲学的要素、范畴和体系

一 岭南哲学要素

  岭南哲学作为中国哲学的组成部分,其构成的要素同其他地域哲学构成的要素,都深受中国哲学的影响,都有中国哲学的要素,

这是我国各地域哲学的共性。但岭南哲学作为地域哲学，又有地域的特征。由于各地域哲学的自然环境不同、人文环境不同和发展过程不同，实践主体与客体不同，构成地域哲学的要素也不尽相同，这是各地域哲学的个性。岭南哲学的要素同岭南观念文化的要素大体相同，作为理论形态的岭南哲学的出现要比岭南观念文化的出现晚得多，但就其元素、要素来说，它们的出现基本上是同步的。构成岭南哲学的要素主要有以下几个。

第一，岭南先民、古越族的哲学意识。岭南思想的发端，可以上溯到秦汉之前，古越族的时代。远在秦汉之前，我国中原地区思想观念已有很大发展。早在殷商朝（公元前17世纪至前11世纪），中原人已有典有册，有思想信仰——上帝。降及西周，周人讲"天"，也讲"德"，讲"以德配天命"，人们的思想观念又有进一步发展。春秋战国时期，中原出现了思想文化的繁荣局面，哲学也有较高水平。岭南开发较晚，在战国时期，古南越各族还处在未开化的状态，"人如禽兽，长幼无别""不识父子之性，夫妇之道""各因淫好，无适对匹""风俗脆薄，不识学义"，更未形成观念形态的哲学理论，但岭南先民在实践中，努力创造历史，创造文化，形成具有哲学思维和哲学意识的文化现象和事物，诸如原始宗教、图腾崇拜、灵魂不灭的观念，印纹、音乐、歌舞等的审美观念，把性器官掩藏起来"羞耻感"的道德意识等。所有这些，都是岭南哲学形成和发展的要素，为岭南哲学形成和发展提供了很好的基础和素材，也是岭南哲学保持本根性的所在。

第二，中原哲学思想。在统一的汉文化形成前，岭南哲学接受外来哲学的影响，主要是来自临近岭南的百越文化圈哲学的影响。秦汉以降的汉越文化融合期以及后来中原哲学逐渐成为影响岭南哲学的主要因素。秦汉之后，随着岭南"士"的阶层的形成和学校的创立，中原哲学大量传入岭南，并与岭南原有的哲学意识结合。岭南哲学的形成和发展，同中原哲学有密切关系。但由于岭南的自然环境、人文环境的特殊性和岭南先民形成的本根文化以及百越文化、海外文化的影响，包括岭南哲学在内的岭南文化，始终保持其鲜明的个性，多元、开放、兼容、远儒、非规范等特性一直延续下来。它以自己的鲜明特点，同我国其他地域文化、地域哲学区别开来，始终保持自己的个性和特色。

第三，外国哲学思想。岭南是我国最早、最广泛接受外国哲学、外国文化的地区。自秦统一中国以来，岭南不仅从海外引进了众多的花果和农作物品种，而且为佛教、伊斯兰教、基督教和科学技术、人文科学的传入打开了大门，各种哲学思想也随之而入。在明代之前，以南亚、东南亚、北非和中东的各种哲学思潮为主，佛教、伊斯兰教的宗教哲学比基督教哲学等西方哲学更早进入岭南。清代中期后，外国哲学的传入，主要是西方哲学以及西方的科学精神和人文精神。西方哲学对岭南哲学影响很大，特别是近代前后，西方哲学和科学技术的大量传入，对岭南发生广泛而深刻的影响。正是岭南文化与外国文化的相互碰撞、兼容中，铸造了自己的特色，不断实现文化创新与文化转型，实现了由非主流文化到主流文化的转变。

岭南哲学上述要素在岭南哲学的形成和发展过程中，在不同的时期有着不同的地位和作用。在古代，中原哲学对岭南哲学的渗透和影响比较大，而在近现代，西方哲学对岭南哲学的渗透和影响则是巨大的。由于岭南的自然环境、人文环境、实践主体，以及历史过程不同于我国其他的地域，具有一定的特殊性，使岭南哲学一直保持自己的特色。

二 岭南哲学范畴

岭南哲学是个庞大的哲学宝库，它的范畴非常丰富。岭南哲学是本体之学、价值之学、认知之学、伦理之学、审美之学、科技之学、人本之学、宗教之学等。由于岭南哲学空间跨度大，时间跨度长，内容又极为丰富，有众多的哲学派别和哲学家，多元并包，纵横交汇，其哲学范畴难以抽象为一两个具体的概念，去统领岭南哲学，我们尽力将它们分类、归纳、提升，疏忽、遗漏在所难免。

岭南哲学是本体之学。本体范畴是哲学的基本范畴。本体论研究的是世界本原的问题，它要回答的是，世界是什么，这是哲学的根本任务。对于这个哲学的根本问题，古今中外众多哲学和哲学家做出了众多不同的回答。哲学教科书大多归于两种回答，唯物论与唯心论，有些简单化。事实上，哲学史上对世界是什么的回答是多种多样的，比较复杂。岭南哲学和哲学家们的回答，总体而言继承了中国哲学的传统，但有所创新和突破。岭南第一部有学术价值的著作是东汉杨孚的《异物志》,讲的植物、动物和矿物"异品"和世俗风情,没有讲述世界本原的问题,但其哲学基础无疑是唯物论。岭南较早明确从本体论回答世界本原问题的是葛洪,他继承了王充元气论的思想,认为"元气"是世界的本原。佛学家牟子在《理惑论》中把"道"作为修炼的方法和途径,也把"道"作为最高实体。康僧会则把"心"作为万有本原,在岭南以至全国都有较大的学术影响。唐代惠能的"心性本体论",张九龄的"神道观",宋代余靖朴素唯物主义自然观等,从不同方面回答了世界本原问题。明代陈献章的"道与气为体"的本体论、湛若水的"宇宙一体"论等,内容更为丰富,颇有影响。清代以来,岭南涌现了一批思想家哲学家,他们对世界本原问题都做出了自己的回答。康有为的进化论、梁启超的"境由心造"论、孙中山的唯物论等,直接或间接对哲学这一根本问题都做出了不同回答。岭南哲学的本体论,特别是岭南近代哲学的本体论,吸收了当时自然科学成果,把哲学思想建立在自然科学的基础上,这是岭南哲学一大特点。

岭南哲学是价值之学。价值范畴是岭南哲学的重要范畴,而且是很有特色的范畴。岭南哲学同中原地区的哲学的差别,其中的一个很大的不同点,就是价值哲学。中国中原古代哲学有较多的超世俗的非实利的精神规范,追求内心平衡与满足,着重精神境界的价值,轻物质利益,道德规范成为生活最高标准和价值取向。岭南哲学则具有浓厚的务实性、世俗性和功利性,"崇实事,去浮文",比较重实际、重实利、重实惠、重结果。这种价值观突出表现在岭南哲学的实用主义、功利主义、工具主义上。惠能主张众生平等,全面肯定百姓众生的现实日常生活,使平民百姓的日常生活具有价值论意义。"岭南四杰之一"的丘濬的通经致用,济世安民的思想,对商品交换的市场功能和价值作了充分的肯定。陈献章的"自得"之学,经他弟子湛若水的发扬延伸,形成注重日常生活,不为教条束缚的学风。陈建的"实学"思想,提倡知本务实。黄佐的"知本务实"的思想,要求知本要落实到行动上。清代"九江先生"朱次琦提倡经世致用学风,反对脱离实际。陈澧提倡通经致用,认为治学要着眼效益和实用。康有为、孙中山的理论,其救国救民的实用功利性更为明显。岭南哲学这种价值理论,对于岭南以至全国的发展,特别是由农业文明向工业文明的转化和发展,由传

统社会向近现代社会的转换和发展,起到重大作用。

　　岭南哲学是认知之学。认知范畴是中国哲学的重要范畴。岭南哲学的认知理论继承和丰富了中国哲学的知行观,内容非常丰富。葛洪继承了王充"重效验"的朴素唯物主义认识论思想,又利用了邹衍的类推法,并把它们两者结合起来,形成了道教哲学的认识论,提出了"校其小验,则知其大效,睹其已然,则明其未观"的认识论原则。惠能在知行观上,把"定"和"慧"结合起来,视作统一的整体。余靖的认知思想,曾提出"朽本腐草皆有光"的唯物主义思想,但他认为在感情经验之上有个先验的认识本原。这个本原通过"幻寄""寂然不动"或"虚灵照鉴"的活动而产生的"神秘自觉",这是一种先验认识论。陈献章的"顿悟"说,提出"静中悟出端倪"。湛若水继承陈献章的"静养端倪"的思想,创立了"随处体认天理"的"知行合一"论。郑观应的"名副其实"、行而后知的认识论,主张"各擅所长,名副其实",学以致用,行而后知,反对"务虚名而不求实效"。康有为的认识论,总体上属于唯心主义,但有唯物主义因素。梁启超的"慧观出真理"强调"慧观"唯心主义认识论。孙中山则有"行之非艰,知之惟艰"的"知难行易"说等。以上都是岭南哲学认识论的重要内容,它们体现了岭南特色,其一个重要特点,就是重感知,感觉主义、经验主义的色彩比较浓厚。

　　岭南哲学是伦理之学。中国是伦理之邦,历史上每个哲学家和哲学派别无不讲伦理道德,岭南哲学亦然。葛洪的"宗世""利世"的修道思想,是一种道学道德观。惠能的伦理思想无疑属于佛学伦理范畴,佛学是一种人生哲学,又是伦理学,惠能的贡献是使禅学伦理化,成为伦理型佛学。陈献章的"静养端倪"的道德涵养观,倡导人的道德自觉,高扬人的主体精神,完成"作圣之功"。湛若水继承了陈献章"静养端倪"的思想,提出"随处体认"的道德涵养观,揭示了涵养的含义,论述了涵养必要性、形式多样性和实践操作性。康有为的"世界大同"道德观,认为历史发展标准是人类道德的进步,社会循序发展是道德的循进。梁启超的"重铸民众道德论",认为当务之急是发明一种新道德,重建道德体系,每个人既要个性,更要群性。新型的国民群体必须有合群思想,是善群的群体。孙中山"替众人服务"的"为公"道德观,继承和改造了中国古代"八德""三达德"的优良传统，认为"替众人服务"是"世界道德新潮流"，"真理和名誉"是"比生命还要贵的东西"。岭南哲学这些伦理范畴，丰富和发展了中国哲学的伦理思想。

岭南哲学是审美之学。岭南地区独特的自然风貌和人文环境，成就了以自然为本的审美观。岭南哲学的审美观主要体现为崇尚自然的自然主义。岭南道教的自然主义审美思想非常丰富，葛洪的"纯任自然""美之本在于道"的美学思想；禅宗六祖惠能的"法尔自然""直指人心，见性成佛"的审美思想；陈献章的"学宗自然""就衷于自然""悠乐于自然""自得于自然"的审美观；湛若水的"天理"审美说等，都是岭南美学思想的亮点。岭南哲学的审美观对岭南文化的发展有着重要影响。

岭南哲学是科技之学。岭南科技观历经道教文化、西方文化等的范畴与转型，从经验主义科技观、方法论科学观和科学精神发展到科学功利主义。岭南科技起步较晚，但起步后发展较快，取得很大成就，无论科技发明，还是科技著述，在我国都有一定影响，葛洪的"炼丹术"和医学、余靖的"潮汐"理论、屈大均的"广东新语"、邹伯奇的"实验科学"、康有为的"实验证明"、梁启超的"科学方法"、孙中山的"科学哲学"等，在我国科技史上有重要地位。岭南在科技创新方面有不少第一。岭南哲学的科技观对岭南科技与经济社会发展产生着巨大的影响。

岭南哲学是人本之学。人本范畴是中国哲学的重要范畴，也是岭南哲学的重要范畴。中华民族有5000年文明的历史，有着丰富的人本思想。早在商朝，由于生产力低下，"自然力人格化"的原始神的观念在人们思想中占统治地位，"神性至尊"。周朝建立后，周公提出"天命靡常，惟德是辅"的观点，主张"以德配天""敬德保民"，制定了"周礼"作为人们行为规范，社会从尊重"神意"变为依靠"人德"。春秋战国时期，"礼崩乐坏"，社会开始注意人事和人的作用，出现了中国历史上第一次人文主义思潮，大量有关人的理论和学说涌现出来，孔子的仁礼思想，孟子的性善论，老子的"域中四大"说，墨子的力命之议和兼爱说，庄子的逍遥论、养生论，荀子的性恶说、能群说以及《易传》的文明说、三才说等，无不涉及人、重视人，其中有不少理论讲述"人为邦本"的民本思想，中国古人把中国的传统学问概括为"天人之学"。岭南

哲学继承了中国古代民本思想的传统，对民本问题做了大量研究和论述，惠能的"'本性是佛'的人性本善论"，"'直指人心，见性成佛'的心性合一论"的思想，主张人人皆有佛，人人能成佛的平等观。陈献章的"人人皆可成尧舜"的思想，湛若水以"畏民"为基点的"民本"治国理念，要求人君做到"重民""爱民""为民"。康有为主张"世界大同"理论，孙中山倡导"天下为公""三民主义"。这些思想理论，大大丰富和发展了中国古代民本思想，在中国思想史上有重要地位，特别是岭南近代的一些思想家哲学家讲的"民"，更多讲的是下层的劳苦大众，其意义更为深刻。

岭南哲学是宗教之学。岭南宗教文化比较发达，远在原始社会时期，岭南古越族就形成与岭南特殊的生活环境相联系的一些原始宗教观念，诸如"断发文身""雕题黑齿""俗信鬼""而以鸡卜"。古越人的这些观念没有发展为系统的理论架构，没有衍生为宗教组织。岭南地区有理论、有组织、有系统的宗教是从外地传入的。道教是在汉晋之际由中原传来，佛教则在汉吴时期从东南亚与中原两地输入，伊斯兰教在唐初从波斯东渡而来，天主教、基督教的传入始于明清时期。岭南宗教门类众多，内容丰富，在我国有影响的、在宗教发展史上有重大地位的主要有两个，一是葛洪的道教神仙论，二是惠能的禅宗顿悟说。葛洪是中国道教神仙论的理论奠基人，他修道但不忘儒学，道儒相兼，在政治思想方面又吸纳了法家的思想，带有浓郁的法家色彩，其理论是兼容创新的结果。惠能创立的禅宗顿教，实现了佛教的改革，做出了很大贡献，其贡献集中在"两化"上：一是推进了佛教中国化，把舶来品变成中国品，将外来的佛教变成中国文化可以接受的东西，融进中国文化，成为中国文化的一部分；二是促进了佛教平民化，佛教本属贵族文化，经惠能改革，把贵族文化变成平民文化，成为人民的宗教。岭南宗教哲学的产生和发展又一次体现了岭南文化多元、兼容、创新的特点。

三　岭南哲学体系

岭南哲学是个庞大的系统，它由众多的元素、概念、范畴和体系构成。由于岭南哲学涉及空间广阔，跨度大；时间远久，跨度长，涉及众多哲学家和哲学派别，很难从具体方面作细致分析，把握其体系。我们试图从总体方面对其做些描述、概括，勾画出一个轮廓。

岭南哲学体系是以人为中心，以人的生存和发展为主要内容，以中国哲学为主线，融儒、释、道于一体，融中国古代哲学、近现代哲学于一体，融中国哲学与西方哲学于一体的富有岭南特色的哲学体系。

岭南哲学体系以人为中心。从一定意义上说，岭南哲学是人本哲学。人的范畴是岭南哲学最核心的范畴，是岭南哲学整个体系的理论逻辑起点。岭南众多的哲学形态、哲学理论和哲学派别，无不以人为中心，围绕着人而展开。古代先民形成的原始宗教、审美观念、道德观念等的哲学意识，岭南较早形成哲学体系的葛洪道教哲学和惠能的禅宗顿教、陈献章的江门学派、朱次琦的九江学派，以及近代的康梁哲学、孙中山哲学，人的范畴始终处于核心地位，它们的理论直接或间接地从人的范畴中派生，并服务于这一核心范畴。

岭南哲学以人的生存和发展为主要内容。人的生存和发展是岭南哲学的出发点和归宿点。岭南哲学内容十分丰富，讲天讲地，讲神讲鬼，讲物质也讲精神，讲自然也讲社会，但讲这些东西，其终极点是讲人，是讲人的需要，讲人的生存和发展。岭南古代先民面对恶劣的生活环境，第一要务就是获得生活物质资料，生存下来，生存的理念是先民们首要的理念。生存哲学、生活哲学自然成为古代岭南人对哲学选择的首项。岭南开化后，人的生存和发展仍然是岭南人生活的主题。生存哲学、生活哲学仍然是岭南人的首选。岭南哲学的人本、世俗、重利、实用、多元、兼容、创新、享乐、平民等特征，都是岭南人的需要，岭南人求生存、求发展在不同哲学领域的反映和表现，都是岭南人生存方式、生活方式的写照。岭南哲学家们关注人的生存和发展，不仅在理论上去说明论证，而且在实践上积极行动，这一点在近代尤为突出，康有为、梁启超、孙中山等既是思想家、哲学家，又是革新家、革命家、实践者。

岭南哲学以中国哲学为主线。岭南哲学是中国哲学的一个组成部分，中国哲学贯串其始终。但这条主线在不同历史阶段，其内容和形态却不同。在古代，中国哲学主线以儒学为代表，属中国古代哲学，岭南哲学依附中原哲学。明代中叶后，中国哲学主线的发展，冲破了儒学藩篱，其发展轨迹开始发生偏移，向近现代哲学转

型,其代表之一是岭南哲学。岭南哲学发展主线从以儒学为代表的古代哲学转变为以岭南哲学为代表的近现代哲学。

融儒、释、道于一体。岭南哲学是多元哲学、兼容哲学。多元性、兼容性是岭南哲学重要特性。岭南古代哲学深受儒学影响,但儒学在岭南从未形成"独尊"地位,就是汉代实行"罢黜百家,独尊儒术"后,岭南仍是"百家"天下,儒、释、道等各家共存、共生、共长、共荣,并融为一体,这是岭南学术的一大奇观。古代岭南,最早以理论形态出现的哲学体系不是儒学,而是道学,是葛洪的道教哲学,可见道学在岭南的影响。佛学等其他学说,在岭南也非常丰富、发达。儒、释、道等融于岭南哲学一体,不仅体现在宏观的岭南哲学体系上,而且体现在各个具体学派上,葛洪道学就吸取、兼容了儒家和法家的思想。惠能创立的禅宗顿教就吸取、兼容了儒学和道学的内容。有"活孟子"美誉的大儒陈献章创立的岭南心学也不是纯儒,它是"一个糅合宋代理学诸家,熔儒、释、道于一炉"[1]的学派。岭南思想史表明,岭南哲学是在继承、兼容了儒、释、道等中国哲学各种元素基础上创新的结果。

融古代哲学、近现代哲学于一体。岭南哲学是在漫长的历史长河中积累发展起来的,它经历了岭南文化发展的独立发展期、百越文化圈期、汉越文化融合期、中西文化碰撞期、走向现代化期等五个历史时期。每个历史时期,都留下了许多哲学的优秀颗粒,给岭南哲学的发展输送了大量养分,形成了岭南的古代哲学、近现代哲学。这些不同的哲学形态无不传承了以往岭南哲学、中国哲学的优秀传统和积极成果,并融于一身。岭南哲学这种连续性和兼容性非常强,岭南传统哲学的最高成就是孙中山哲学,它是岭南哲学、中国古代哲学、近代哲学的集大成者。

融中国哲学与外国哲学于一体。岭南哲学以中国哲学为主要内容和发展主线,属于中国哲学,但岭南哲学非但不排斥外国哲学,反而大量吸取外国哲学,拿来为我所用。岭南是中国最早对外开放的地区之一,特别是近代以来,岭南是中国同外国交往最多、最频繁、最受外国影响的地区。岭南哲学是我国同外国哲学发生碰撞和交融最多、最剧烈、最迅速、最深刻的地域哲学,也是受外国哲学

---

[1] 黄明同:《岭南心学》,上海:上海辞书出版社,2015,第6页。

影响最大、最深的地域哲学。岭南哲学在发展中，特别是在近现代哲学的发展中，大量吸纳了西方哲学和科学技术的积极成果，甚至直接引用其概念、范畴和方法论，极大地促进了西方哲学、科学技术同岭南哲学、岭南文化的融合。岭南哲学正是不断兼容了西方哲学的积极成果，才使其不断丰富、发展、壮大，保持旺盛的生命力。

上述三个"于一体"不是孤立的，而是相互联系、相互促进、相互交融、融于一体的，岭南哲学正是由儒、释、道和中国哲学，外国哲学等多元哲学要素兼容、创新而形成的有机整体，构成富有岭南特色的哲学体系。

第四节　岭南哲学与中原哲学、外国哲学

一　岭南哲学与中原哲学

岭南哲学是中国哲学的组成部分。岭南哲学与中国哲学的关系是局部与整体的关系。岭南哲学从中国哲学特别是从中原哲学中吸取养分，丰富自己、壮大自己、发展自己。中原哲学也从岭南哲学等地域文化中不断吸取积极成果，使自己不断得到发展和壮大。它们相互依存、相互促进。

"北人南传"是岭南学术生成的模式。古代岭南开发较晚，一直处于落后状态。在秦汉之前，岭南地区还处于原始社会末期、奴隶社会早期的蒙昧状态，"人如禽兽，长幼无别"，"不识父子之性，夫妇之道"就是说人们还没有摆脱自然、血缘性，而真正进入社会，没有跨入社会文明。两汉之际，随着岭南的逐渐开化，中土思想文化与士人的不断南移，岭南士的阶层的形成和壮大，原来在中原地区流行的儒、道、释、法等各种不同价值取向的思潮被移入并得到发展，由此岭南思想和文化才进入观念形态层面。随着岭南观念文化和学术思想的出现，岭南哲学也应运而生。岭南哲学的形成同中原哲学有很大关系，岭南人正是在社会实践中，不断吸取中原哲学的积极成果，才创造出岭南哲学。葛洪创立的神仙道家哲学，既继承了庄子的哲学理论，又吸收了儒家和法家的思想。惠能创立的禅宗顿教，既传承了其师父的教义，又接受了儒家的积极成果。陈献章创立的岭南心学，糅合了宋代理学诸家，熔儒、释、道

于一炉。康有为、梁启超和孙中山的哲学思想也深受中原哲学的影响，有许多内容也从中原哲学而来。中国哲学史表明，岭南哲学的产生和发展深受中原哲学影响，同中国哲学密切相关。在岭南先有中原（中国）哲学，后才有岭南哲学，这是不争的事实。但不能因此断言，岭南哲学是外来哲学，否认岭南哲学的本根性。

由于岭南的自然环境和人文环境的影响，岭南哲学一出现，就显示出其独特的个性，富有岭南特色，葛洪的道教哲学、惠能的佛教哲学焕然一新，给人一种别样的感觉，特别是陈献章岭南心学的出现，对中国哲学发展有重大影响，具有历史性的意义。岭南心学的诞生，改变了中国文化发展的路向，标志着岭南学术走在全国的前面，起着引领作用。

岭南哲学和岭南文化最鼎盛的时期是在近代。近代的岭南既是我国的经济中心，又是新文化中心。近代的岭南思想活跃，成果累累，大师云集，涌现出大量的新观点、新思想、新理论，出现了大批思想家、哲学家和革命家。郑观应的商战理论，容闳、何启、胡礼垣的新政思想，黄遵宪的爱国主义，康有为的大同理想，梁启超的新民学说，孙中山的三民主义，朱执信的新文化主张，刘师复的无政府主义等。这些思想理论不全是哲学，但有的属哲学范畴，有的同哲学有直接或间接关系。它们同中国哲学关系密切，既继承了中国哲学的传统，又丰富和发展了中国哲学，是当时中国哲学的佼佼者，起着引领作用。毛泽东赞扬的我国近代的四位思想家，其中三位思想家来自岭南。近代的岭南确实是近代中国思想文化的高地。

岭南哲学是一个地域性的哲学。它的产生和发展离不开原哲学、中国哲学，没有中国哲学就没有岭南哲学。但岭南哲学在中国哲学的发展中有着重要地位，起着重大作用。明代中叶前，包括哲学在内的岭南文化比较落后，接受中原哲学、中原文化的辐射、影响，属非主流文化。明代中叶后，中国文化的中心由北向南转移，岭南文化由非主流文化变得越来越强大，岭南哲学对中原哲学、中国哲学产生深刻影响，做出很大贡献。

二 岭南哲学与外国哲学

岭南哲学与外国哲学的关系密切。随着中国对外贸易和对外经济关系、政治关系的发展，中国与外国的文化关系也不断发展。岭南处于我国南疆，位于我国南方沿海地区，是我国对外交流的重要窗口。广州是我国历史上最早且规模最大的重要对外通商口岸。自汉代以来，广州就已是中国海上丝绸之路的起点，到唐代已成为世界著名商埠。宋、元、明、清时期，岭南对外经济关系和来往更为密切。随着岭南对外关系的发展，岭南哲学与外国哲学的互动也更加频繁。

在古代，外国哲学较早传入岭南、对岭南影响较大的是外国的宗教哲学。佛教传入岭南，始在两汉时期，东汉桓帝时，已有天竺使臣"频从日南徼外来献"（《后汉书·西域传》），带来佛教文化和印度文化。伊斯兰教为穆罕默德（570—632年）于7世纪创立，何时传入中国，尚未定论，但传入岭南，当在唐初。据传，唐太宗贞观年间，穆罕默德近臣阿布·宛葛索已从海道抵广州传教，建有怀圣寺和光塔作穆斯林祈祷与礼拜用。伊斯兰教的传入，伊斯兰的哲学和文化也随之传入。基督教传入中国较早，但大规模传入岭南并对岭南文化产生较大影响的，是明清时期，最早被耶稣会派来广东传教的是方济各·沙勿略（1506—1552年）。他于明世宗嘉靖三十一年（1552年）意图入内地传教，未被允许，不久客死于上川岛。30年后，耶稣会远东巡视员范安记派年青教士利玛窦来粤，获得成功。1582年，利玛窦到澳门，第二年同罗明坚上广州，后到肇庆，建起了他们进入中国的首座教堂，名仙花寺。利玛窦与他在肇庆的汉语老师合译了《天主实录》，此书成为我国出版的第一本天主教教理书。罗明坚、利玛窦在自己的教堂里展出从欧洲带来的或自制的自鸣钟、天球仪、地球仪、象限仪、光谱仪、浑仪、日晷等设备，展出西方精美的图书，还利用各种机会向士大夫们介绍西方的天文、地理、数学、历法等各种科学知识。利玛窦来华，为中西文化交流开创了新局面。基督新教传入中国较晚，第一个以新教牧师来华的是英国人罗伯特·马礼逊（1782—1834年），他受伦敦布道会的派遣，于1807年5月抵澳门，9月7日进入广州。广州的印刷工人蔡高为马礼逊接收的第一个基督教徒，广东高明人梁发为新教的第一个本土牧师。梁发编写了《救世录撮略解》《熟学圣理略论》《真道问答浅解》《圣书日课》《劝世良言》等小册子，为宣传西方文化和科学知识起到一定作用。

西方哲学和西方文化大量传入岭南是鸦片战争之后。鸦片战争

打开了中国大门,广东成为外国资本侵华的前沿,也成为中西文化交汇的前沿。"西学东渐"最先由广东的思想家给予传播,并通过中西文化的碰撞而产生向西方寻找真理的新思想、新观念。它是中国近代思想产生的策源地,对促进近代文化战线上的"新学对旧学""西学对中学""学校对科举"的斗争起到了思想启蒙的历史作用。西方自然科学和社会科学的传入,成为改造传统哲学,进行哲学变革的科学基础。岭南一批思想家在寻找救国救民的真理中,积极主动学习、接纳、宣传西方文化,西方哲学思想也随之大量涌入。西方哲学自然科学基础、进化论、德国哲学,以及卢梭的《社会契约论》、孟德斯鸠的《论法的精神》等知识和著作对岭南的近代哲学和近代思想的形成和发展起了重大作用。容闳的《西学东渐记》,何启、胡礼垣的《新政真诠》,郑观应的《救时揭要》《易言》《盛世危言》,康有为的《大同书》,梁启超的《新民说》,孙中山的《三民主义》,以及刘师复的无政府主义思潮等思想和著作,都不同程度地受到西方哲学、西方文化的影响。就哲学史而言,可以说郑观应哲学是中国资产阶级哲学发展的始端,他首先提出了带有近代自然科学色彩的最高范畴"道",并把"道"作为归结为物质性实体。郑观应的哲学思想无疑受西方科学文化的影响。康有为的哲学思想也深受西方哲学、西方文化影响,他经常使用西方自然科学和哲学的概念,如质、力、电、声、光、星云等概念说明事物,并借助西方自然科学理论,以牛顿力学和康德星云说演绎元气说。他在哲学上糅合经学与西学,提出中西结合的"元气星云说"。在进化论上,以细胞学说阐发人类生命起源以及社会发展中各有自身的"道",说明事物和社会的发展,"知时从变""用新去陈",突破了传统的天不变道亦不变的形而上学局限。孙中山的进化论,也是在吸收和运用西方现代化学、物理学、康德的星云说、19世纪的细胞学说和达尔文进化论以及中国古代的宇宙生成说的基础上创立的。孙中山哲学思想的许多重要概念,如"以太""生元""物竞天择"等,来自当时西方的自然科学,即使某些中国传统哲学中常用的概念如"气""理""道"等,也被注入西方文化新的内涵。岭南近代哲学深受西方哲学的影响,但它们在吸收西方哲学过程中,始终保留着中国传统文化的根,并在中国传统文化的基础上去诠释、吸收和运用。

文化交流往往不是单向的，而是双向互动的。近代岭南在与西方文化交流中，在吸收外国哲学、外国文化的同时，也向外国传播、输出中国哲学和中国文化。岭南近代哲学和思想文化，特别是康、梁思想，孙中山思想在国外，特别是在日本、东南亚和海外华人、华侨中有深刻的影响。

岭南近代哲学和近代思想是一种新的哲学形态和思想形态。它的诞生标志着中国古代社会进入近代社会，中国古代哲学进入近代哲学，中国古代文化进入近代文化，具有划时代的历史意义。它的产生和发展同西方哲学、西方文化的传入关系密切，是岭南对外开放的结果。没有岭南的对外开放，没有岭南一批思想家睁开眼睛看世界，学习西方先进文化，寻找真理，就不会有岭南近代哲学、岭南近代思想，也就没有中国哲学、中国思想文化由古代到近代的历史飞跃。

第五节　岭南哲学的历史地位

一　岭南哲学率先实现中国古代哲学向近现代哲学的转变，引领中国哲学的发展

"北人南传"是岭南学术生成的模式。古代岭南开发较晚，一直处于落后状态。随着岭南经济社会的发展，岭南观念文化和学术思想的出现，岭南哲学也应运而生。岭南哲学的形成同中原哲学和外国哲学有很大关系，岭南人正是在社会实践中，不断吸取中原哲学的积极成果和外国哲学的积极成果，才创造出岭南哲学。中国哲学史表明，岭南哲学的产生和发展深受中原哲学影响，同中国哲学密切相关，没有中国哲学，就没有岭南哲学。但是，由于岭南的自然环境和人文环境的影响，岭南哲学一出现，就显示出独特的个性，给人一种别样的感觉，凸显其历史地位。

岭南哲学在发展过程中，在多方面做出了重要贡献，其中最主要的最根本的贡献是率先实现了我国古代哲学向近现代哲学的转变。我国是文明古国，有几千年文明史，出现了众多的哲学家、哲学派别、哲学思想和哲学形态。在明朝中叶前，我国古代哲学取得巨大成就，有了很大发展，但都属于古代哲学，是古代哲学量的扩

张，是古代哲学内部的变化和发展，而不是质的飞跃。我国古代哲学向近现代转变是明朝中叶以后的事情，其代表人物是陈献章。陈献章创立的岭南心学继承了我国古代哲学的优良传统，又突破了历史传统，提出了具有启蒙性、人文性、现代性的等观点，突破了古代哲学的范畴，开始了哲学形态的转变和飞跃，开始了我国古代哲学向近现代哲学的转变。诚然，这一转变和飞跃的最终完成者是康梁哲学，特别是孙中山哲学，是岭南哲学实现了我国古代哲学向近现代哲学的转变和飞跃。这是我国哲学发展的一次大的创新、一次大的飞跃，是岭南哲学的一个大的贡献。

岭南哲学实现了历史转型后，一直走在全国前列，引领中国哲学的发展。随着岭南哲学的转型，中国文化的中心也由北向南转移，岭南文化由非主流文化变为主流文化，岭南哲学对中原哲学、中国哲学产生深刻影响，做出很大贡献。首先，改变了中国传统文化发展的路向，开辟了与儒学不同的发展道路；其次，率先提出文化转型，促进农业文明向近现代文明转换；再次，打开国门，特别是在近代，率先接受西方先进文化的影响和辐射、转移，促进了我国对外文化的交流和合作，促进了我国文化的发展。

二 岭南哲学率先传播、实现"西学东渐"，促进中国近现代哲学和近现代思想的形成和发展

在古代，外国哲学和外国文化较早传入岭南。西方哲学和西方文化大量传入中国、传入岭南是鸦片战争以后的事情。鸦片战争打开了中国大门，广东成为外国资本侵华的通道和前沿，也成为中西文化碰撞、交融和发展的通道和前沿。"西学东渐"首先在广东发生，广东成为向西方学习，寻找救国救民的近代思想策源地，诞生了一批哲学家、思想家和哲学学派、哲学理论和近代思想文化，有力地促进了中西文化的交流和合作，促进中国近现代哲学和近现代文化的形成和发展。

三 惠能创新佛教哲学，实现了佛教的中国化和平民化

佛教于汉代传入中国，但在中国发生较大影响和作用是惠能改革佛教之后的事情。惠能在改革佛教中，将儒学融入佛教，创新了佛教哲学。惠能创新的禅宗顿教，在佛教发展史上有划时代意义，

其主要贡献是实现了佛教的"两化"：一是佛教中国化。佛教是从外国传入的，是舶来品，经过惠能改革后，变成中国人能接受的宗教。二是佛教平民化。佛教原是贵族宗教，经过惠能改革后，成为中国百姓群众之宗教，对中国和亚洲以至世界产生广泛而深刻的影响。惠能没有上什么学，文化水平不高，却创造出如此辉煌的学说，在思想文化史上留下浓浓的一笔，实属罕见。

四 陈白沙创立岭南心学，改变了中国传统文化的发展路向

陈献章创立的岭南心学，是我国哲学发展史上的大事，对中国哲学发展有重大影响，具有重要的历史地位和划时代的历史意义。黄明同教授在《岭南心学》一书中指出："岭南心学的历史地位和历史作用集中体现在两个'标志'、两个'转变'上。一是标志着中国由传统农业社会，向近现代社会转变。二是标志着中国主流文化的中心由北向南转变。在古代，中国的经济、政治、文化的中心在北方，岭南的经济开发较晚，文化比较落后，中国文化由北方向岭南辐射、转移。明代中叶后，中国文化发展态势发生了根本变化，岭南成为中国文化的中心，主流文化由岭南向北方辐射、转移。""古代北方文化向岭南辐射、转移，是农业文化内部的转移，是同一性质文化的转移，是量变；而明代中叶后，岭南文化向北方的辐射、转移，是不同质的文化辐射、转移，是质变，是文化发展的飞跃，是一种文化形态向另一种文化形态的跨越。"显然，岭南文化向北辐射、转移，其意义更为重大。同时需要指出的是，岭南心学的诞生，改变了中国文化发展的路向，标志着岭南学术走在全国的前列，起着引领作用。过去中国文化是沿着儒学的轨迹前行的，岭南心学的诞生，出现了许多新的文化因素，诸如有别于过去传统文化的人文性、启蒙性、现代性，冲破了儒学的藩篱，开始偏离儒学发展的轨道，改变了岭南文化以至中华文化的发展路向，率先向近现代文化转向，以适应中国经济社会的发展。

五 孙中山创立革命哲学，为资产阶级民主革命奠定了理论基础

孙中山革命哲学是中国传统哲学的集大成。它的诞生，意义重大，在历史上，它是一座丰碑，标志着我国古代哲学向近现代哲学

的转变，实现了中国哲学的历史飞跃，使中国哲学进入了一个新的发展阶段，具有划时代的意义。在理论上，它是一种新的哲学形态，不仅吸收继承了中国古代哲学的优秀成果，而且吸收了外国哲学的优秀成果，并结合中国的革命实践，进行了创新，创造了中国革命哲学和建设哲学，丰富和发展了中国哲学，使中国哲学不仅有量的增加、发展，更为重要的是质的飞跃，是哲学形态的发展，是当时中国哲学的最高成就，具有十分重要的思想理论地位。在实践上，它为我国资产阶级民主革命奠定了哲学理论基础，提供了锐利思想武器，指导革命实践，有力地促进了我国资产阶级民主革命的发展。

第二章
岭南哲学的历程与贡献

岭南哲学，是岭南文化的深处，其发展集中体现了岭南文化发展的历程。岭南哲学，其贡献在于因其地域环境的优势，得风气之先，而产生了开放、兼容与创新的文化精神，又由此而创立新的学说流派，带来学术新气息，能引领中国的主流文化。岭南哲学的发展，大致可概括为三个阶段：引进期、创新期和融汇期。

第一节 岭南哲学的引进期

一 岭外儒学的引进

先秦时期，诸子百家中，儒墨为显学。秦汉时期，岭南由中原地区引进了儒学。当时岭南的政治、经济、文化中心广信，率先诞生了岭南的第一代文化精英——"士人"，他们研读、讲授和传播儒家经典，代表人物是汉代的"三陈"和"四士"。

广信，即今广西梧州与广东封开一带。汉武帝元封五年（公元前106年），交州的州治设在苍梧广信。广信位于桂江、浔江和西江的交汇处，在汉代是中原到岭南的主要通道口。广信特有的地理环境，以及政治、经济、文化背景，使之成为中原文化南传的第一个入口处和基地。从出土的资料看，梧州馆藏文物有80%以上是汉代墓葬的出土文物，各种器皿十分丰富多彩，且档次比较高，从一个侧面反映了汉代在广信居住了不少有一定身份的富裕人家，反映出当时广信的生产与生活水平。文化教育方面，广信是岭南早期私人办学的一片热土。东汉时期，北海郡人刘熙、南海人士黄豪，即在广信收徒教授，往来讲学的人颇多。西汉时期，自汉武帝设五经博士之后，中国儒学进入经学化时代，但当时的岭南还没有专门从

事儒学经典研究的学者。迄至王莽制定地方官学制度之后，在广信有陈钦、陈元、陈坚卿祖孙三代研习儒家经典《春秋》《易》《尚书》，在岭南出现了一股经学热，其影响又反射于中原。

陈钦（约公元前34—公元15年），字子佚，交州苍梧郡广信县（今广西梧州市）人。"得黎阳贾护之传"①，有"粤人文之大宗"之誉，与古文经学家刘歆同样精通《左氏春秋》；刘歆是古文经学博士，是"国师"。陈钦也曾给王莽讲授《左氏春秋》，自名为《陈氏春秋》，并被任命为厌难将军，驻守塞北云中。刘陈二人共同倡导古文经学，开创古文经学流派。陈钦之子陈元，字长孙。"少传父学，为之训诂，锐精覃思"，著有《左氏训诂》（已佚）。汉光武帝建武初年，与当时的经学家桓谭、杜林、郑兴齐名，"俱为学者所宗"。陈元向朝廷提议设"左氏春秋"博士，经争辩后，光武帝刘秀决定设立"左氏学"博士，陈元为首位博士。陈元对古文经学的再次推动，是对中原文化的反哺，同时也促进了岭南哲学的发展。戴璟曾赞曰："陈元独能以经学振起一时，诚岭南之儒宗也。"②屈大均也称道："然则文其以汉之陈元为始乎。其请立左氏一疏，大有功圣经"③；又称他"笃好著书，属辞此事，多以《春秋》为名"④。陈元之子陈坚，在经学方面也有所成就。

继"三陈"之后，在广信地区有"四士"，即"士"家四兄弟：士燮、士壹、士䵋、士武。四人分别任交趾、合浦、九真、南海太守，史称其"并为列郡，雄长一州，偏在万里，为尊无上"⑤。四士皆以治经著名，其中士燮尤为突出，他在从政、治学与为人方面，均有建树。史称，他少时游学京城，受业于颍川名儒刘陶，被誉为"学问优博"，其《春秋左氏传》"简练精微，皆有师说"⑥。他撰有《春秋经注》十三卷，《士燮集》五卷，均佚。兄弟四人对

---

① 屈大均：《广东新语》，北京：中华书局，1985，第321页。
② 欧大任：《百越先贤志》卷四（两淮盐政采进本）。
③ 屈大均：《广东新语》卷十一，北京：中华书局，1985。
④ 屈大均：《广东新语》卷十一，北京：中华书局，1985。
⑤ 陈寿：《三国志·吴书》，载《二十五史》，上海：上海古籍出版社，1986，第144页。
⑥ 陈寿：《三国志·吴书》，载《二十五史》，上海：上海古籍出版社，1986，第144页。

岭南传播儒学功不可没。从"三陈"到"四士",岭南引进了中原的儒学,为岭南哲学的产生播下了种子。

二 印度佛学的引进

东汉末年,岭南交趾已是南方中外文化交流中心,一方面是中原避乱而南迁的学者到了交趾;另一方面,外国与中国的交往,常常取道交趾。据史料记载,东汉桓帝初年,有天竺"频从日南徼外来献",佛教由此传入岭南。岭南出现中国最早"锐志于佛道"的学者牟子,以及稍后的康僧会,二人成为在岭南佛学传播比较有影响的思想家。

1. 牟子以儒道释佛

牟子(170—?),名融,字子博,苍梧广信(今广西梧州市)人。幼年丧父,随母长大,勤奋好学,"书无大小,靡不好之"。从小习儒,也喜读《老子》,并涉及诸子百家,常与道家术士畅游论辩,体现出坚定的儒家立场。后学佛,隐居后则锐志于佛道。他以"生不问达于权贵,死不留名于后世"为信条,一生不仕,虽多次被举荐,都一一婉谢。

牟子生活在颇具文化底蕴的广信,受到浓郁的文化氛围的熏陶,著有《理惑论》,因他由儒而转入佛、道,故引起士人的非议,撰写《理惑论》的本意,是回应儒道对佛的诘难,但客观上是中国最早一部阐述佛理的著作,是一部用中国传统儒家与道家思想去阐述佛学的著作。《理惑论》共39篇,前有"序",后有"跋"。牟子引用儒家与道家的论述说明佛学的道理。如关于"佛"的界定,即运用儒家圣贤的说法,曰:"佛者谥号也,犹名三皇神、五帝圣也。佛乃道德之元祖,神明之宗绪。"① 其本体论的基本范畴,即道家的"道",曰:"道之言,导也,导人至于无为。牵之无前,引之无后,举之无上,抑之无下,视之无形,听之无声。四表为大,蜿蜒其外,毫厘为细,间关其内,故谓之道。"② 这一阐述,或许是要揭示佛教"应取的修炼方法和途径",以及"修炼后达到的最高境

---

① 牟子:《理惑论》。
② 牟子:《理惑论》。

界"——"无为"①,事实上在这一阐述中,不仅以中国的道家解释印度的佛教,用本土的哲学范畴解读印度佛教的主要内容,而且揭示了"道"的无形、无声、无内外、无高下等的属性,为岭南哲学引进了道家的重要范畴。牟子阐述了印度佛教的另一重要内容——神不灭三世轮回,曰:"魂神固不灭,但身自朽烂耳。"② 书中,牟子还为沙门"不孝"作辩解,曰:"苟有大德,不拘于小德。沙门捐家财,弃妻子,不听音,不视色,可谓让之至也。何违圣语,不合孝哉?"③

牟子作《理惑论》,其贡献如下:其一,既把岭北的儒家与道家思想引进岭南,又把印度的佛教引进岭南;其二,顺应了印度佛教进入中国后,与本土文化儒道相融合的历史潮流,并从理论层面,以及哲学高度进行阐述,开启了佛教中国化的路向;其三,引进了哲学的重要范畴"道",并具体揭示道的属性,为岭南哲学确立了本体论的基本范畴,展示了岭南哲学的道家导向;其四,牟子在其著作中,彰显了岭南文化的开放、兼容、创新的文化精神。

2. 康僧会以儒释佛

康僧会(？—280 年),祖籍康居(今新疆境内),世居天竺,幼年随父经商移居交趾。十多岁时丧父,之后出家。在建业(今南京)设像传道,孙权为他修建初寺,史称此寺为江南佛寺之首。康僧会居留建初寺中数十年,从事佛经的译编与注释工作,其译编的佛经有《六度集经》《小品般若》等,注释的经书有《安般守意经》《法镜经》等。其注释方面的影响大于翻译方面,为外来佛教的传播做出了贡献。

康僧会把"心"作为宇宙的本原,作为佛教修炼的依归;把仁心作为人的本性,把实施仁政作为当权者应有的作为。他说:"夫心者,众法之源,臧否之根,同出异名,祸福分流"④,万有的本原便是心,因而"专心涤垢,神与道",并认为"教化愚冥,灭众

---

① 李锦全、吴熙钊、冯达文编著《岭南思想史》,广州:广东人民出版社,1993,第 117~118 页。
② 牟子:《理惑论》。
③ 牟子:《理惑论》。
④ 康僧会:《法镜经·序》。

邪心""教吾子孙，以佛明法，正心治国"①。从"心"为本原出发，康僧会强调，"诸佛以仁道为三界上宝，吾宁殒躯命，不去仁道也""为天牧民，当以仁道""王道以仁，化民以恕"②。显然，他以孟子的"仁心"与"仁政"说来阐发佛教思想，是"借佛教的经典，宣扬儒家的道理"③，这同样是佛学与儒学的交融。

尽管康僧会的祖籍并非岭南，传道也不在岭南，但学界关于岭南思想史的著作大都说到康僧会的贡献，人们都关注他曾在岭南生活这段经历。岭南给幼年的他究竟有什么影响，已经无法考证，但他提出了"心"的范畴，注重"心"，并明确认为涵养的路向是向内求诸心等，这些思想无疑与后来的惠能禅宗南派以及岭南心学很是相近。

三　岭外道教与道家思想的引进

岭南地处边远，"山高皇帝远"，思想禁锢比较少，人民的文化情趣与崇尚自然的老庄道家思想比较接近，故岭南人自古多钟爱道教。道家在岭南的传播，首先以道教作先导，这同儒学一样源于中原。

相传秦汉时的安期生与李少君从中原南下罗浮山，二人为罗浮山的开山之祖，而罗浮则为岭南道教的源生地。西晋时期，士人南海太守鲍靓，"学兼内外，明天文河洛书"，神仙论方面颇有造诣，是岭南道教的开创者。道教神仙论的奠基人是葛洪，他原籍丹阳句容（今江苏），居岭南期间，以鲍靓为师，长期在岭南罗湖山炼丹。

葛洪（约282—343年），字雅川，号抱朴子，丹阳句容（今属江苏）人。出身于高贵的士族家庭，祖父与父亲均曾任吴国高官。13岁丧父后，家道中落，生活陷于困顿。史称"洪少好学，家贫，躬自伐薪以贸纸笔。夜辄写书诵读"；青年时期，开始研读儒家典籍，并旁涉诸史，对养生修仙尤其感兴趣。自诩："余少好方术，负步请问，不惮险远。"④ 他的一位先祖葛玄，曾学道得仙，传弟子郑

---

① 康僧会译《魔调王·明度无极章》。
② 康僧会译《六度集经·戒度无极章》。
③ 李锦全：《岭南学术与流派》，载《中华文化通志　岭南文化志》，上海：上海人民出版社，1998，第48页。
④ 葛洪：《抱朴子·内篇》。

隐，葛洪又拜郑隐为师，郑甚是关照。21岁从军，但不久即解甲。为避乱到了南方，师事南海太守鲍靓，学修道养生之学，得鲍靓赏识，以女嫁配给他。葛洪在岭南5年期间，还远行至日南（今越南顺化）、扶南（今越南与柬埔寨南部）寻找仙丹。后返乡，虽被赐官位，但葛洪无心仕途，而致力著述，完成《抱朴子》。书中称，"至建武中，乃定凡著内篇二十卷，外篇五十卷，碑颂诗赋百卷，军书檄移章笺记三十卷，又撰俗所不列者，为神仙传十卷，又撰高尚不仕者、为隐逸者传十卷，又抄五经七史百家之言、兵事方伎短杂奇要三百一十卷"；书中《抱朴子·外篇》"言人间得失，世事臧否，属儒家"，《抱朴子·内篇》"言神仙方药，鬼怪变化，养生延年，禳邪却祸之事"[①]。48岁再到岭南，在罗浮山一住13年，"优游闲养，著述不息"，一面炼丹，一面写作。其《金匮药方》《肘后备急方》等，均在此时完成，在化学、医学、养生等方面贡献卓著，影响极大。获得2015年诺贝尔生理学或医学奖的中国药学家屠呦呦，便是从《肘后备急方》中得到以青蒿素治疗疟疾的启示。

葛洪博览诸子百家典籍，又有亲身炼丹的实践经验，其著作内容广博而精微。《晋书·葛洪传》称道："博文深洽，江左绝伦，著述篇章，富于班马，又精辟玄颐，析理入微。"从中国文化，以及岭南哲学的发展史的视角审视，葛洪贡献主要有如下方面。

其一，葛洪思想，熔先秦儒、墨、道、法、名诸家以及魏晋时期的玄学于一炉，而建构其政治哲学与神仙伦，开岭南文化新风。葛洪检讨百家，评述诸子，而后选择自己的学术取向，确有学术大家的风范。他认为，"儒者博而寡要，劳而少功；墨者俭而难遵，不可偏循；法者严而少恩，伤破仁义"，故他推崇道家，认定"唯道家之教，使人精神专一，动合无形，包儒墨之善，总名法之要，与时迁移，应物变化，指约而易明，事少而功多，务在存大宗之朴，守真正之源者也"[②]。这是一种开放、兼容的文化精神，在岭南地区开启文化之新风，影响岭南哲学的发展路向。在唐代，有惠能熔佛儒于一炉，兼收外之文化，创建中国化的禅宗南派；在明代，有陈献章熔儒道佛于一炉，构建别具特色的岭南心学，开创明

---

① 葛洪：《抱朴子·内篇》。
② 葛洪：《抱朴子·内篇》。

代启蒙之学；在近代，有孙中山熔古今中外文化于一炉，构建既富于民族特色，又具有时代精神的三民主义学说，足见葛洪的文化取向，为后人所传承。

其二，葛洪思想，虽儒道兼容，但更有重"道"的倾向，在学术层面上开启了岭南哲学的多元性导向。岭南特有的地理位置，以及远离中央的管辖，社会环境与文化生态比较宽松，学术上有"北儒南道"的态势。就人文思想的发展的内在原因而言，"北儒南道"的文化取向，与葛洪思想的影响密切相关。葛洪在《抱朴子·自叙》中称，该书分内外两篇，外篇言世间事属儒家；在《抱朴子·外篇》中又强调"欲求仙者，要当以忠孝和顺仁信为本。若德行不修，而但务方术，皆不得长生"①，主张"必当竞尚儒术"，"精六经之正道"②，应该承认他有比较明显的儒家立场。有学者指出，"葛洪抨击老庄，主张以六经为正道，提倡'竞尚儒术'，无疑确实属儒家"③。然而，葛洪在《抱朴子·内篇》却说，"道者，儒之本也；儒者，道之末也"④，在儒道关系上，其以道为本，以儒为末，便是重道而轻儒，这明显与《抱朴子·外篇》的学术取向相悖。客观地说，葛洪在兼容诸子百家之时，重道的倾向是主导方面，正是这种导向，直接为岭南人所接受，并直接影响了岭南心学。陈献章的道家情结，以及湛若水与道教的关系，无不说明葛洪对岭南哲学发展的导向性影响。

其三，"道"与"气"范畴的使用，"气"为宇宙本体论的提出，为岭南心学的本体论预设了基调。"道"是道家的核心范畴，在岭南哲学中，主张儒道兼容的牟子和葛洪都首先使用这一范畴，葛洪使用的频率更高。葛洪不仅讲"仙道""玄道"等，把道视作"道理"，而且把"道"升格到本体的高度，提出"道者涵乾括坤，其本无名"⑤，视"道"为涵括天地，无名无形的本体，是与老庄的道家堪相一致。与道家的本体论不尽相同的是，葛洪又认为"气"

---

① 葛洪：《抱朴子·内篇》卷三《对俗》。
② 葛洪：《抱朴子·外篇》卷四《崇教》。
③ 李锦全：《岭南学术与流派》，载《中华文化通志 岭南文化志》，上海：上海人民出版社，1998，第105页。
④ 葛洪：《抱朴子·内篇》卷十《明本》。
⑤ 葛洪：《抱朴子·内篇》卷九《道意》。

是宇宙的本原，把"道"与"气"同样作为宇宙本原。他说："夫人在气中，气在人中，自天地至于万物，无不须气以生者也。善行气者，内以养身，外以却恶，然百姓日用而不知焉。"① 道教讲养生，外丹是服药，内丹则是练气，葛洪虽也讲"金丹炼养"，但他更注重"房中术"，即以"气"养生，其理论基础便是人与天地万物无不"须气以生"，"气"便是宇宙的本原。把"道"与"气"都视作宇宙本原，是对道家本体论与荀子以来的汉代"气"论的继承，而把两者结合一起，则是葛洪在继承前人学说中创新，并为后来陈湛心学的"道气同为体"的本体论开了先河。

在岭南哲学发展的第一阶段上，主要是引进中原的、海外的思想学说，但其中不乏创新，凸显岭南哲学的兼容与多元特色。

第二节 岭南哲学的创新期

一 惠能的"顿悟"说

惠能（636—713 年），俗姓卢，原籍范阳（在今河北涿州一带），父行瑫因贬官岭南，定居广东新州（今广东新兴）。3 岁丧父，小时家境清贫，靠砍柴维持家用。24 岁那年在卖柴时，听人念《金刚经》，"惠能一闻经语，心即开悟"，于是离开家乡，到湖北黄梅，拜禅宗五祖弘忍学佛法并成为六祖传人。见面时，弘忍问惠能："你是何等人，欲求何物？"惠能答："弟子是岭南新州百姓，远来礼师，唯求作佛，不求余物。"弘忍说："你是岭南人，又是獦獠，那里能够作佛？"惠能说："人有南北，佛性无南北。獦獠身与和尚不同，佛性有何差别？"② 初显其佛性平等理念。因地方歧视，弘忍留下他在寺里当杂役，没让他当和尚，他却能利用工作之余，听讲佛经。

五祖弘忍要选拔衣钵继承人，让众生徒作偈。大弟子神秀的偈称："身是菩提树，心是明镜台。时时勤拂拭，勿使惹尘埃。"惠能听了觉得神秀这偈悟道未彻，于是自念一偈，请人写在墙上。其偈

---

① 葛洪：《抱朴子·内篇》卷五《至理》。
② 《坛经·自序品第一》（法海录），曹溪原本。

称:"菩提本无树,明镜亦非台,佛性常清静,何处惹尘埃。"① 强调世界就是空,从本性上看,什么都是不存在的,哪有什么菩提树、明镜;菩提本来就不是树,明镜也不是台,佛性本来就清静,哪有什么尘埃可染。其境界更高,体悟佛理更深。弘忍看后,觉得惠能确有佛根,有悟性,就悄悄地把衣钵传给了他,亲自为他讲授《金刚经》,因担心有人加害惠能,便令他"速去",期待他在南方弘扬佛法。弘忍"送至九江驿",惠能乘船回岭南,一路上"数百人来欲夺衣钵"②。

惠能抵岭南后,不敢透露身份,过着普通百姓的生活,历时16年。直至弘忍去世两年后,惠能估计形势已变,便到了广州法性寺(今光孝寺)。在寺中,见二僧争论风幡何动,"一曰风动""一曰幡动",惠能则曰:"不是风动,不是幡动,仁者心动。"③ 印宗法师宴请惠能,并为他削发受戒,他也出示他的信物,成为禅宗六祖。在法性寺说法一年后,北上到曹溪宝林寺(今广东韶关南华寺)传法、讲经。至今寺内仍保留惠能真身,供世人瞻仰。

惠能不识字,没有著作,其弟子将其讲学内容整理成《坛经》。现存的版本有四种:一是《南宗顿教最上大乘摩诃般若经六祖大师大梵寺施法坛经》,由大弟子法海于五代时所编,故简称《法海本坛经》,因在敦煌发现,又称《敦煌本坛经》,是现存《坛经》中最早的版本;二是《六祖坛经》,由惠进禅院沙门惠昕改编而成,故简称"惠昕本";三是《六祖大师法宝坛经曹溪原本》,是北宋的高僧契嵩改编而成,故称"契嵩本";四是《六祖大法师法宝坛经》,是元代的比丘宗宝所编,故简称"宗宝本"④。

《坛经》中,蕴含着惠能丰富的哲学思想,主要有以下几个。

1. 世界虚空论

惠能认为,宇宙统一于"虚空",虚空便是"无有边畔,亦无方圆大小,亦非青黄赤白,亦无上下长短,亦无嗔无喜,无是无非,无善无恶,无有头尾"⑤。惠能强调宇宙的统一性,"一切即

---

① 《坛经·自序品第一》(法海录),曹溪原本。
② 《坛经·自序品第一》(法海录),曹溪原本。
③ 《坛经·自序品第一》(法海录),曹溪原本。
④ 丁宝兰主编《岭南历代思想家评传》,广州:广东人民出版社,1985,第7页。
⑤ 《坛经·般若品第二》(法海录),曹溪原本。

一，一即一切"①，他要坚持的是"不二之法"②。他认为，佛性，便是"无二之性"；佛法，是"不二之法"③。惠能的世界虚空论，实质是否定世界的客观存在，这是对佛学的本体论的坚守。

2. 真如缘起论

真如，梵文是 tathatā，本意是"如是呈现的状态"。"真如缘起"论，是大乘教的纲领，在著名的经典《大乘起信论》中有精辟的阐述。真如缘起论认为，"心真如门"，是宇宙的本原，是众生的佛性，成佛的依据。这一理论观点，对中国佛学以及中国哲学曾产生深远的影响，惠能的真如缘起论，也源于此。惠能认为，宇宙的统一缘起于"真如"。他说："自真如性"④ "真性自用"⑤，认为每个人心中都有一个"真如"，那是自己的本性，即佛性，而宇宙间的一切，无不由这"真如"产生，"万法皆在人性中"⑥，故强调真如缘起。

3. 顿悟成佛论

惠能的"顿悟成佛"论认定人人有佛性，反悟心中佛性即可成佛，无须外求。他说："见性成佛"⑦ "佛向性中作，莫向身外求" "自性觉，即是佛"⑧。惠能把对心性的反观与感悟作为认知与涵养的方法，为岭南哲学开创了新的认知路向。

4. 无念为宗论

无念为宗论，是惠能的顿悟成佛论的具体展开。其理论既然认定，成佛是对自身佛性的感悟，便是要"悟"。如何悟"悟"？"悟"，即"无念"，故提出"此法门，立无念为宗"⑨。"心不染着，是为无念"⑩。无念，便是"念念不住" "不染万境，而真性常在"⑪。这

---

① 《坛经·般若品第二》（法海录），曹溪原本。
② 《坛经·自序品第一》（法海录），曹溪原本。
③ 《坛经·自序品第一》（法海录），曹溪原本。
④ 《坛经·般若品第二》（法海录），曹溪原本。
⑤ 《坛经·般若品第二》（法海录），曹溪原本。
⑥ 《坛经·般若品第二》（法海录），曹溪原本。
⑦ 《坛经·般若品第二》（法海录），曹溪原本。
⑧ 《坛经·决疑品第三》（法海录），曹溪原本。
⑨ 《坛经·定慧品第四》（法海录），曹溪原本。
⑩ 《坛经·般若品第二》（法海录），曹溪原本。
⑪ 《坛经·定慧品第四》（法海录），曹溪原本。

一理论观点，客观上影响明代岭南心学的"无欲"论。

5. 愚智无别论

惠能认为，人有南北之别，智力也可能有差异，但每个人心中的佛性，则毫无差异。在后来传法中，他仍然宣扬"平等性智心"①，他提出："当知愚人智人，佛性本无差别"，"所以有愚有智""只缘迷悟不同"而已②。惠能认为，即使是愚者，"忽然悟解心开，即与智者无别"③。惠能的智愚无别论，强调"众生是佛""佛是众生"④，人的佛性平等，人自悟佛性而成佛也平等。

惠能的哲学思想称得上岭南文化的第一个亮点，也是中华文化的一个亮点。在岭南还处于大大落后于中原地区的唐代，他便敢于挑战权威，敢于把外来的佛学与中国传统的儒学进行融会，创立新的宗教理论，极大地丰富了中华文化。他在文化发展中的创新与贡献，不仅在哲学方面，更多的是在佛学理论上，可从如下两大方面进行审视。

其一，惠能融会了印度的佛教和中国的儒学，变革了印度佛教的修炼方法，创新了佛学的认知论，实现了佛教的世俗化。惠能的贡献集中是对宗教的改革和创新，而首先是宗教理论的创新。他融合中国传统心性论，突出人人心中都有佛性，向内顿悟自身的佛性，即可成佛。这样的成佛路向和修炼方法，符合中国儒家修养方法。先秦孟子的"尽心"说，讲"天生烝民有物有则"，"则"便是天理，是人本性——善端，故人们的涵养修炼，便是尽心而知性，知性而知天，把自身的道德本性悟出来。"反求诸心"，是儒家涵养的传统方法，惠能主张向内感悟，不须外求的修炼方法，变革了印度佛以教读经与坐禅的修炼方法，而同中国儒家的涵养方法堪相一致，使佛教的修炼既符合中国人的习惯，又简便而易于操作。在哲学层面上，惠能弘扬了先秦的反求诸身的认知方法，把人内在的本性作为认知与涵养的对象，强调认知与涵养无须外求。这一认知方法，客观上影响了明代心学，从陈献章的"静养端倪"，到湛若水的"随处体认天理"，再到王阳明的"致良知"，无不是"内

---

① 《坛经·机缘品第七》（法海录），曹溪原本。
② 《坛经·般若品第二》（法海录），曹溪原本。
③ 《坛经·般若品第二》（法海录），曹溪原本。
④ 《坛经·付嘱品第十》（法海录），曹溪原本。

求""感悟"的认知与涵养方法,成为岭南哲学所特有的认知与涵养方法。

惠能并非一概否定念经与坐禅,只是强调"悟"—"无修"—"无念"。他年轻时在家乡,听人诵《金刚经》而有所感悟,决心出家学佛;在黄梅寺庙做行者期间,虽不识字,但常常听人诵经,故佛性才得以大悟;在获得继承五祖衣钵南归之前,五祖亲自为他讲解《金刚金》。他向弟子说:"吾传佛心印,安敢违于佛经"①,在他看来,修行者不仅不能违背佛经,而且感悟佛性还须诵经,故说:"若欲入甚深法界,及般若三昧者,须修般若行,持诵《金刚般若经》,即见佛性。当知此经功德,无量无边""闻说《金刚经》,心开悟解"②。可见惠能不否定佛经之重要,也不反对诵经,他只是强调,"本性只有般若之智,自用智慧常观照,故不假文字"③。这是说,成佛之路不在如何读经,而是对自身固有的般若佛性的感悟,"悟"才是至关重要的。鉴于此,在认知论上,突出了求诸心的、内省的认知方法;鉴于此,在成佛路径上,人人自"悟"即可成佛,不识字的芸芸众生也能成佛,于是原来被上层社会所垄断的佛教,可以转向民众,由是佛教实现了世俗化。

坐禅,本是印度禅宗以及佛教修炼的主要方式。惠能对坐禅有精辟的解读,他明确指出,"外于一切善恶境界,心念不起,名为坐""内见自性不动,名为禅"④。在他看来,坐禅本应是对外界不起念,而见自身的本性而不动,坐禅也是自悟佛性,然而,他却发现坐禅中的毛病,或是"不着心""不着净""不是不动",或是"身虽不动,开口便说他人是非长短好恶"⑤。他要强调的是,"须从自性中起,于一切时,念念自净其心,自修其行,见自己法身,见自心佛,自度自戒",这也就是自悟、顿悟,他甚至说:"若欲修行,在家亦得,不由在寺,在家能行。"⑥ 惠能检讨了印度佛教的坐禅,并寻求简化了修炼方法,使广大的信徒都能简便地进行修

---

① 《坛经·顿渐品第八》(法海本)。
② 《坛经·般若品第二》(法海本)。
③ 《坛经·般若品第二》(法海本)。
④ 《坛经·妙行品第五》(法海本)。
⑤ 《坛经·妙行品第五》(法海本)。
⑥ 《坛经·决疑品第三》(法海本)。

炼,这就更推进了佛教的世俗化。

其二,惠能变革印度佛教不忠君,不孝敬父母的状况,而把中国传统的伦理精神融入,创立富于中国特色的宗教伦理观,彰显出岭南哲学的重道德的特色。印度佛教徒,不讲忠孝,但中国的传统文化则十分注重道德伦常——在家,要须讲孝悌,在国,要讲忠。当佛教传入之初,教徒与世俗便因此而产生冲突,惠能却十分注重道德伦常,在往黄梅出家之前,他先安置好老母亲的生活;后来在传道中,也非常注重宣扬中国的道德伦常思想。他说:"恩则亲养父母,义则上下相怜。让则尊卑和睦,忍则众恶无喧。"① 这是惠能对教徒们在忠孝仁义的道德品格的要求,矫正了在佛教传进时所出现的教徒不忠不孝,从而使佛教更合乎中国国情以及中国民众的心理取向。特别需要指出的是,惠能提出修行在家亦可以成佛,这一成佛方式,一改印度佛教的做派。有学者指出,"在家修行,并不妨碍世间事业,既修习出世佛法,又不违俗世之规,既全身,也全家,尽了世俗之孝,又可尽忠。居士佛教可以解决传统治国社会认为的佛教与世俗礼法的冲突问题"②。惠能给印度佛教注入中国本土的道德伦常,故能使之实现世俗化和中国化。

惠能以其理论与实践创立了中国禅宗南派,并开创了岭南哲学的新格局。中国化的禅宗,传播很快,传到东南亚、日本,又传到美国,成为世界性宗教。美国人以为禅宗是日本的,华人学者陈荣捷教授撰文,说明美国流传的禅宗是从日本过去的,但日本的禅宗是从中国传过去的,充分肯定了惠能禅宗对世界文化的影响。惠能的宗教革命,对岭南哲学乃至中国哲学所产生的影响,至为深远。

二 陈献章的"静养端倪"说

陈献章(1428—1500年),字公甫,号石斋,出生于广东新会,少时迁居江门白沙村。哲学家、诗人、书法家,世人称之"白沙先生",其创立的学说流派称为"江门学派"。他是广东唯一入祀孔庙的硕儒。

---

① 《坛经·决疑品第三》(法海录),曹溪原本。
② 董群:《惠能禅学的创新及其对和谐社会建设的意义》,载《六祖惠能思想研究(三)》,香港:香港出版社,2007,第294页。

陈献章生活在明代宣德三年至弘治十三年，是仁宗和宣宗的升平向动乱转换、由盛而衰的历史年代。明代，是汉族主政的最后一个封建王朝，出身低微的朱元璋，开国以来，顺应宋代以来工商业发展的大势，而采取了一系列政策与措施，发展社会经济，如改革官制、兴水利、移民垦荒、轻赋税、工匠制度改革、币制改革等，不仅农业获得发展，工商业也得到恢复与发展，工匠的人身自由得到改善。这不仅为封建大一统的巩固奠定了物质基础，而且，带来了商品经济的发展，特别是陈献章的家乡广东珠江三角洲，经济的发展势头更为快速。岭南自古以来，重农而不抑商，在中央政策的感召下，更有弃农而从商的趋势。广东的农村，出现"桑基鱼塘"与"果基鱼塘"新的农业生产模式，广东的农业因此率先走上了商品化道路；进而，促进了手工业与流通领域的发展，以及对外贸易的发展。在陈献章生长的年代，广东显现商品化的倾向，社会经济渐由落后而迈向先进。

陈献章出生在广东新会一个南迁的家庭。祖上由河南迁至广东南雄，后因避乱再南迁，定居新会，经几代人的经营，已是殷实之家。祖父永盛，崇尚自然，"不省世事，好读老氏书"，向往道家境界。父亲琮，少年聪慧过人，"读书一目数行"，尤其善于赋诗，不喜仕途而过着隐居生活。他英年早逝，在陈献章出生前即离开人世，去世时才27岁。陈献章是遗腹子，在母亲林氏的呵护下成长。孩儿时代的他便受着崇尚自然的道家氛围的熏陶，但他又毕竟是生活在"独尊儒术"的年代，故从村塾的蒙学，到赴江西求学，都不得不认真诵读儒家经典，并走科举之路。

正统十一年（1446年），陈献章进县学，次年参加乡试，名列第九。正统十三年（1448年），第一次进京参加会试，仅中副榜，获得进国子监就读资格。景泰二年（1451年），会试再次落第。景泰五年（1454年）往江西临川，师从理学家吴与弼，将近一年时光，书读了不少，但"未知入处"。于是返乡，闭门读书，又筑春阳台，静坐十年，创立"自得之学"，即"静养端倪"的白沙心学。

（一）白沙心学的主要命题

1. "学贵自得"，揭示"自得"而"作圣"之心学宗旨

"学贵自得"是陈献章哲学的核心命题，其中体现着其学说的宗

旨。陈献章以为，为学的宗旨在于修养为圣贤——"作圣"，他在江西期间虽读了圣贤书，但"未知入处"，便是未找到进入"圣贤"之门。他通过静坐而找到"作圣"的具体途径，便是"自得"。他说："夫学贵自得也。"① 何谓"自得"？"自得者不累于外物，不累于耳目，不累于造次颠沛"，而"鸢飞鱼跃，其机在我"②。

陈献章的"自得之学"，即孔子所倡导的"为己"③，孟子所倡导的"君子深造之以道，欲其自得之也"④。这是儒家传统的一种认知与涵养的方法，就是一种反求诸心，内省而自得，最后达到圣人境界——"鸢飞鱼跃，其机在我"的自我修养。其"自得"，便是"自觉"，是一种无须通过耳目感官，不借助外力的自我内心的反省、感悟与体认，并由是而"变化气习，求至乎圣人而后已"⑤。

2. "静养端倪"，指明由静而虚的"心学之法门"

在确立心学之宗旨时，陈献章还指明了"作圣"之具体途径。他提出"从静中坐养出个端倪来"⑥。这一过程便是：静坐—胸次澄澈—涵养至虚—立本—与道合一，即完成"作圣之功"。这便是陈献章的"心学法门"，它以"静"为"门户"，以"虚"为关键，由静而无欲，而后虚，而后能见"端倪"，即"善端"，即道德本性，即本体之心。

"静养端倪"，是陈献章亲身"所经历确有实效"的涵养方法，是他的体悟与经验的总结，但并非他所首创，儒家与道家都有静坐的传统。其静坐直接渊源于"濂洛之学"，在宋代理学中，周敦颐、程子都讲静坐，"伊川先生没见人静坐，便叹其善学。此一静字，自濂溪先生主静发源，后来程门诸公递相受传"⑦。早在先秦，静坐便是道家的涵养方法。老子主张"清静无为"，认定"归根曰静，是曰复命"⑧。庄子揭示静与人的道德涵养、社会和谐、天下太平的密

---

① 《编次陈白沙先生年谱》，载《陈献章集》，北京：中华书局，1987，第807页。
② 黄宗羲：《明儒学案》卷五《白沙学案上·赠彭惠安别言》，北京：中华书局，1985，第89页。
③ 《论语·宪问》。
④ 《孟子·离娄下》。
⑤ 《古蒙古学记》，载《陈献章集》，北京：中华书局，1987，第28页。
⑥ 《与贺克恭黄门》，载《陈献章集》，北京：中华书局，1987，第133页。
⑦ 《与罗一峰》，载《陈献章集》，北京：中华书局，1987，第157页。
⑧ 老子：《道德经》第十六章、第五十五章。

切关系，认定"夫虚静恬淡寂漠无为者，天地之本而道德之至也"①。庄子的"坐忘"，对陈献章静坐的影响尤其直接。尽管陈献章曾告诫其弟子，他的静坐并非"坐忘"，但事实上，陈献章之"静坐"与庄子所称"堕肢体，黜聪明，离形去知，同于大通，此谓坐忘"②，由静而达到与天地万物一体，如此的涵养路经与境界，堪相一致。在静坐的涵养方法上，陈献章确实融会了儒、道两家，体现出岭南哲学的兼容特色。

3. "宗自然"，展示"天人合一"的心学境界

陈献章提出："此学以自然为宗者也。"③ 宇宙间的一切，各自自然而然地存在和发展。"以自然为宗"论，在承认自然的客观存在的同时，认定自然界有着自身的运行规律，那便是"道"，或称"理"，并强调人必须"会道""得理"，其"静养端倪"的涵养，便是要达到把"道心合一"作为涵养的至高境界。静中养出"端倪"——"善端"，实现道德自觉，而后成为圣贤，这样的圣贤能"与天地同体，四时以行，百物以生"④，达到了人与自然融为一体的至高境界；也即达到能超然于"山林朝市""死生常变""富贵贫贱""夷狄患难""物我两忘""物不能扰"的至高境界。

"以自然为宗"论，否定了宋代理学把"天理"作为宇宙主宰的理论取向，而接受了老子以"道"为本体的宇宙观的影响，也是对《易》的继承。陈献章在解释"天下未有不本于自然"时说："《易》曰：'天地变化草木蕃，时也。'随时屈伸，与道翱翔，故吾儒事也。"⑤ 足见其学说的儒道交融的特色。

4. "心开万世"，呈现高扬主体精神的心学本色

在本体论上，陈献章没有直接提出"以心为本"，但对心的功能却是给予高度的肯定，"君子一心足以开万世"⑥，"吾之心正，天地之心亦正"⑦。"俱万理"的心，可以主控主客观世界，具有改

---

① 《庄子·天道》。
② 《庄子·大宗师》。
③ 《与湛民泽》，载《陈献章集》，北京：中华书局，1987，第192页。
④ 《与湛民泽》，载《陈献章集》，北京：中华书局，1987，第192页。
⑤ 《题吴瑞卿采芳园记后》，载《陈献章集》，北京：中华书局，1987，第71页。
⑥ 《无后论》，载《陈献章集》，北京：中华书局，1987，第57页。
⑦ 《肇庆府城隍庙记》，载《陈献章集》，北京：中华书局，1987，第36页。

造与创造世界的能动精神。

陈献章与别的心学家不一样的是,他为心功能的发挥设定了前提条件,那便是心首先"得理""会道"①。他说:"此理干涉至大,无内外,无终始,无一处不到,无一息不运。会此则天地我立,万化我出,而宇宙在我。"②陈献章是说,在完成"作圣之功"之后,本体之心呈现,心便可居于万物之上,"无物不覆,霸柄在手"③,主体精神高扬。"君子一心,万理完备。事物虽多,莫非在我"④,不仅"君子一心足以开万世"⑤,而且实现"宇宙在我"⑥。人可主控世界,开创历史,这便是其心学本色之所在。

(二)白沙心学的理论创新

在《明儒学案》中,黄宗羲充分肯定陈献章的心学在明代的创新。他明确认定,白沙学说"可谓独开门户,超然不凡"⑦。其心学的创新,是宋明时期儒学的创新,也是岭南哲学的创新发展。其理论的创新,主要有如下方面。

1. "道与气为体"论

陈献章以"道"与"气"为宇宙的本体。这无疑是有别于宋代理学的各种本体论,他不单独以"理"或"气"或"心"为宇宙的本体,而是以"道"与"气"两者结合为宇宙的本体,这是别具岭南特色的、虚实统一的新型的本体论。

2. 以"道通于物"论

陈献章认定宇宙是虚实参半,进而揭示虚与实的关系,提出"物囿于形,道通于物,有目者不得见也"⑧。他认为,凡物必有形,而"道"作为事物的"所以然",便是贯通于有气聚而成的"物"之中;"道"与"物"密切关联,物中有道,道寓于物,物

---

① 《与林郡博》,载《陈献章集》,北京:中华书局,1987,第217页。
② 《与林郡博》,载《陈献章集》,北京:中华书局,1987,第217页。
③ 《示黄昊》,载《陈献章集》,北京:中华书局,1987,第278页。
④ 《论前辈言铢视轩冕尘视金玉》,载《陈献章集》,北京:中华书局,1987,第55页。
⑤ 《无后论》,载《陈献章集》,北京:中华书局,1987,第57页。
⑥ 《与林郡博》,载《陈献章集》,北京:中华书局,1987,第217页。
⑦ 黄宗羲:《明儒学案》,北京:中华书局,1985,第4页。
⑧ 《论前辈言铢视轩冕尘视金玉》,载《陈献章集》,北京:中华书局,1987,第56页。

外无道，道与物不可分离；道外无物，离物无道。道寓于物中，物蕴含着道，物与道不分离。"道通于物"论，是陈献章告别朱熹理学而另立门户的理论起点，它否定了朱熹高悬的"理"，以及"理先气后""气生万物"的理论构架，明确回应了自宋以来，学界所关注的道与物关系的焦点问题，构建"道通于物"的核心理念，以岭南人特有的思维方法，拓展了儒学的理论思辨空间。

3. "会道"而"宇宙在我"论

陈献章提出，作为本体的"道"，是至大，"无内外，无终始"，而"会此"，便能"天地我立，万化我出，而宇宙在我"①。这是强调把握"道"，是"宇宙在我"的前提条件；认定在唤醒道德自觉，高扬人的能动精神之时，不忘坚持"道"的客观性，主体精神的发挥必须遵循外在的规律。这无疑合理地阐述了主体与客体的辩证关系，回应了宋明以来，或过于注重客观的"理"，或过于注重主观的"心"的偏向，展示了更富理性的理论路向，凸显了明代心学对宋代理学的超越。

（三）白沙心学的历史贡献

陈献章开创明代心学，是历史发展的必然，其理论的创立，打破了学界沉寂，做出了划时代的贡献。

陈献章生活的年代，"六籍无光辉"，学术界一片寂静。明太祖朱元璋，采取了尊儒的策略，他自知"无古人之博知"，缺乏远见卓识，故欲借助儒生来治国，他接连下诏，让儒士"为武臣讲经史"，"修曲阜孔子庙，设孔、颜、孟三氏学"，"天下通祀孔子"，等等。当时，官方所倡导的儒家思想仍然是朱熹理学。由于明初整肃的政治高压，儒士们已成惊弓之鸟，他们不以"登仕为荣，罢职为耻"，守道出世成为世风，太祖虽尊儒，却未能使学术思想活跃起来。至永乐年间，原来的文化策略未变，且有更大的尊儒措施。明成祖组织儒生编纂和出版《永乐大典》《文献大成》《洪武正韵》《五经大全》《四书大全》《理性大全》等书籍，并规定各级学校必须采用朱熹传注的四书五经。由此，在南宋末已取得统治地位的朱熹理学，更具有了独尊地位。学界的状况是：朱学的门人弟子"师

---

① 《与林郡博》，载《陈献章集》，北京：中华书局，1987，第217页。

承有自，矩矱秩然"，儒生们"谨绳墨，守儒先之正传，无敢改错"①。这种墨守成规、不敢改错的文化专制局面，直至明中叶白沙学说创立，才对处于独尊地位的朱熹理学进行挑战。

尽管在和杨龟山《此日不得归》诗中，陈献章自称"吾学有宗旨，千秋朱紫阳"，尽管，在陈献章去世之后，神宗皇帝下诏建白沙家祠时，所赐的对联称"道传孔孟三千载，学绍程朱第一支"，然而，事实上，陈献章与朱熹理学的关系，并非单纯的继承，他在学习了朱熹理学之后，却进行了大胆的挑战。陈献章检讨而挑战朱熹理学，主要体现在以下几方面。

1. 对朱熹"先理后气"的理学框架的突破

黄宗羲对白沙心学如是概括："先生学宗自然，而要归于自得。自得故资深逢源，与鸢鱼同一活泼，而还以握造化之枢机。"② 这道出了白沙心学，既"宗自然"，又要"自得"，这在理学中是别开生面的新的理论路向。白沙心学的确有别于北宋以来理学的两大学派"理"一元论和"气"一元论。陈献章的"道"不再是朱熹的"理"。陈献章并不对"道"赋予人格神的品格，"天道至无心"③，道没有意志，没有目的，能成物而非主宰万物，万物在"得道"中自然而然地生成。于是，成为明代统治哲学的朱熹理学的理论构架，受到了冲击。朱熹提出，"未有天地之先，毕竟也只是理"，"有是理，后有是物"④，即"理生气，气生万物"。其宇宙基本模式为：理（道）—气—万物—（复归于）理；陈献章否定了朱熹的理论框架，代之以新的理论构架：道与气（虚而无形）—天、地、人（实而有形）—（复归于）道与气。

陈献章虽受到朱熹理学的影响，但他又恰恰是从理论体系的根本处挑战了朱熹理学，使具有独尊地位的朱熹理学自此真正被动摇，这也就拉开了宋代理学向明代心学转换的序幕。这是南宋至明代初中期，思想文化发展的必然结果，也是岭南人创新精神的彰显。陈献章对朱熹理学的否定，无疑是延续了南宋以来，继陆九渊之后，杨简、袁燮、舒璘、沈焕等人，在"哲学理论上能够独立于

---

① 张廷玉等：《明史》卷二百八十二，北京：中华书局，1974。
② 黄宗羲：《明儒学案》，北京：中华书局，1985，第4页。
③ 《陈献章集》，北京：中华书局，1987，第57页。
④ 《朱子语类·理气上》，北京：中华书局，1987，第2页。

朱熹理学"之外，另开一心学流派①的理路，敢为天下先的岭南陈献章，却并非循着陆九渊等人的心学而与朱熹理学分道扬镳，而是离开了陆九渊心学而对宋代理学的理论创新，从而实现古代中国哲学发展的一次飞跃。

2. 对朱熹"格物致知"的认知方式的修正

陈献章对朱熹理学的挑战，不仅从总体上突破了朱熹理学的理论构架，而且否定了朱熹理学支离而烦琐的认知途径和修养方式——"格物致知"。朱熹把"天理"高高悬挂在万物之外，于是教人"格物致知"，"凡一物上有一理，须是穷致其理"，"今日格一件，明日又格一件，积习既久，然后脱然自有贯通处"②，这样的认识理路，强调"欲致吾之知，在即物而穷其理"，"必至穷尽万物之理以后，心中所具之理方能显出"③。陈献章认为，像朱熹所提倡的先"格物"而后"致知"，待格尽了天地万物，才体认到天地之理，那实在既支离又烦琐，故提出"舍彼之繁，求吾之约"④，在创立自得之学时，总结出一种新的、简便的方法，便是教人"静坐中养出端倪"。他"以虚为基本，以静为门户"⑤。通过"静坐"，把寓于自己心中的"道"体认出来，这"静坐中养出端倪"便是对朱熹的"格物致知"认知方法与涵养方法的检讨与变革，由此而开出有明一代的心学。

3. 创新陆九渊心学

白沙心学是明代心学的开启，但并非陆学的继承，而恰恰是对陆学的突破。学界普遍认为，"陈献章由宗朱转而宗陆"⑥；又有学者提出，明代"陈献章才又重提陆学，并继承陆学的理论传统，从对人心的涵养中来探讨宇宙本体问题"⑦。这种传统观点，仅仅是从形式上看待心学的"心"字，而无视白沙心学的理论渊源，更是抹杀了白沙心学的创新精神。事实上，陈献章否定朱熹理学，并非

---

① 刘宗贤：《陆王心学研究》，济南：山东人民出版社，1997，第149页。
② 《甘泉文集》卷二十三，《语录》卷二十五。
③ 《语类》卷十五。
④ 《陈献章集》，北京：中华书局，1987，第145页。
⑤ 黄宗羲：《明儒学案·白沙学案上》，北京：中华书局，1985，第79页。
⑥ 《陈献章集·理学丛书出版缘起》，北京：中华书局，1987，第1页。
⑦ 刘宗贤：《陆王心学研究》，济南：山东人民出版社，1997，第180页。

第二章　岭南哲学的历程与贡献

回到陆九渊心学，白沙心学是明代心学新论，富于岭南特色，具有创新与开拓意义。

"独立门户"的白沙心学，与陆九渊心学没有直接的渊源关系，在本体论与认知论上，都大相径庭。

首先，白沙心学以"气"与"道"同为宇宙本体，而非陆九渊所言的"心"。从一般意义上说，心学所以为心学，因其学说以"心"为宇宙之本体。中国心学的创始人陆九渊，其学说鲜明地体现这一特色。他认为，"万物森严于方寸之间，满心而发，充塞宇宙，无非此理"①，"吾心即宇宙"或说"宇宙即吾心"，这便是中国心学最典型的表述。陆九渊认为，"心"是宇宙的本体，天地万物无非是方寸之心对外之"发"，是心的派生物。白沙心学虽具有高扬人的主体精神的基本品格，但并不否定在心之外，存在实实在在的自然世界，它不是心所派生而是由气的凝聚而成。

白沙心学与陆九渊心学，虽同属心学，但在宇宙本原的问题上存在根本的差异，陆九渊以"心"为宇宙的本体，把宇宙间的一切视为心的派生物，而陈献章从未把生生化化的大自然视为心的派生物。忽略两者之间的根本差异，也就无视了白沙心学的创新性，由是得出陈献章继承陆九渊的不当结论。

从现存的资料中，难以找到白沙心学与陆九渊心学的理论渊源关系的直接证据。陈献章在其诗文中，也从未言及与陆的关系，只是说过"朱子不言有象山"，而他自己为什么也"不言有象山"？是不是他本来已意识到其心学与陆九渊心学从根本上就存在差别，彼此间没什么承传关系？白沙从不言陆九渊，不言"我即宇宙，宇宙即我"。

其次，白沙心学以"道通于物"理论基点，转换了陆九渊的"心即理"。有学者认为，"陈献章把'理'和'心'视为一个东西的观点，是心学奠基人陆九渊'人皆有是心，心即理也'的观点的翻版"②。其实，陈献章在"理"与"心"的关系上，与陆九渊大相径庭。陆九渊心学的理论基点，是"心即理"。他认为"人皆有

---

① 《陆九渊集》，北京：中华书局，1980。
② 《陈献章》，载《中国古代著名哲学家评传》续编四（明清部分），济南：齐鲁书社，1982，第 69 页。

是心，心皆具是理，心即理也","此心此理实不容有二"①，又说，"此心此理，我固有之"②。这就否定了朱熹的"理"的客观性，并把"理"与"心"的内外差异抹去了。在陆九渊心学里，心与理同位，都是先验的并非外铄的。

陈献章把陆九渊的心学的理论基点——"心即理"转换为"道通于物"。他从没有在"道"与"心"之间画上等号，从来没有"把'理'和'心'视为一个东西"。陈献章取朱熹"理"的客观性，来演进自己的心学，其中的奥妙处便是"道通于物"。在陈献章看来，"道"是万事万物所以存在的依据，贯通于万物，寓于万物之中，而非飘然于万物之外。人为万物之灵，"心"中也藏有本体之"道"。基于此，陈献章没有走向"心即理"，其间的关键是，陈献章强调道与心能否"吻合"，需要有先决的条件，那就是在"心"通过静一至虚之后，"得道""会理""存诚"。既然心要"得"，要"会"，才能与道吻合，那就说明"道"与"心"并非为一体，不是"一个东西"，而是在条件出现之后才会"吻合"的两个"东西"。

再次，白沙心学兼容"尊德性"与"道问学"，纠正陆学修养途径之偏。在修养途径上，陈献章既反对朱熹支离的"格物致知"，发明了与陆学相似的简明的"静坐"，他并非采取"尊德性"单一的方法，而兼容了朱熹的"尊德性"与陆学的"道问学"。

南宋时，朱陆之争的焦点之一，是"尊德性"与"道问学"之争。陆九渊从他的"心即理"出发，认为通过静坐，存心养性，即可"发明本心"，无须如朱熹主张的通过泛观博览，以及对外物的考察，由获得知识而后进到道德修养。陈献章虽主张静坐，但不同于陆学只重道德，而轻读书求知识。在陈献章看来，虽以"虚明静一"为主，但还得"取古人紧要文字读之"，他强调，"夫学贵乎自得也。自得之然后博之以典籍，则典籍之言我之言也"③。这是对陆学的一个大纠偏。陈献章虽把静坐放在第一位，但他并不否定读书。

---

① 《陆九渊集》，北京：中华书局，1980，第149、5页。
② 《陆九渊集》，北京：中华书局，1980，第13页。
③ 《陈献章集》，北京：中华书局，1987，第879页。

陈献章主张的修养途径,既从"道问学"入手,从积累知识到德性涵养,又从道德涵养再回到读书格物,体认物理。陆九渊认为典籍的阅读,以及对外界的认知,全然无助于人们的道德涵养,因为人的道德根源就是自身固有的"本心",只有发现、扩充、完善了本心,便能达到修养的目的;读书对修养无济于事,尧舜没有可读的经典,不也能成圣贤?陈献章纠正了陆学之偏,而向儒家正统的治学和修养方法——"君子尊德性而道问学"① 回归。

　　陈献章以"静养端倪"论而构建的白沙心学,其理论贡献曾得到肯定。明末清初的著名学者黄宗羲,高度评价了白沙心学创立的历史贡献,他如是说:"有明之学,至白沙始入精微。其吃紧功夫,全在涵养。喜怒未发而非空,万感交集而不动,至阳明而后大。两先生之学,最为相近,不知阳明后来从不说起,其故何也。薛中离,阳明之高第弟子也,于正德十四年上疏请白沙从祀孔庙,是必有以知师门知学同矣。"② 在王阳明创立心学之前,还有明初陈献章所创立的白沙心学。陈献章才是明代心学第一人,翻开中国哲学新的一页,也创立了岭南地区第一个具有完全学术意义的哲学体系,实现了儒学的岭南化,是岭南哲学发展的一个高峰。

三　湛若水的"随处体认"论

　　湛若水(1466—1560年),字元明,号甘泉,广东增城(今广州市增城区)人。明代哲学家、政治家、教育家。湛若水祖籍河南,南迁福建莆田。元朝大德年间,曾任德庆路总管府治中的湛露,离任返乡路经沙贝时,认定此地不错即定居下来,传至湛若水为第七代。经几代人的辛劳,至祖父湛江时,家业殷实,有较多的田产和鱼塘,但湛江不仕,隐居乡间,与著名学者丘濬、陈献章等交往。因家庭的变故,湛若水14岁才入学,16岁进县学。弘治五年(1492年),湛若水27岁乡试中举。次年,赴京会试落第。弘治七年(1494年),29岁师从陈献章。67岁的老师,首先告诉他"此学非全放下,终难凑泊",即焚烧了部檄,放弃功名之路而专心学习。陈献章给他讲授程子学说,对他悉心指导。弘治十年(1497

---

①　《礼记·中庸》。
②　黄宗羲:《明儒学案·白沙学案上》,北京:中华书局,1985,第78页。

年），湛若水给老师的函中提出"随处体认"的看法，陈献章看后赞曰："日用间随处体认天理，何患不到古人佳处"；次年，仿效佛门，以江门钓台为衣钵赠予湛若水，并作《江门钓濑与湛民泽收管》（三首），对湛寄以"无穷之托"，嘱咐"珍重"。弘治十三年（1500年），陈献章去世，湛若水撰写《奠先师白沙先生文》，并为先师守墓三年。

弘治十八年（1505年），遵母命参加会试，举进士，授翰林院庶吉士，从此步入仕途。从40岁开始至73岁告老还乡，在漫长的仕途上，一路春风，步步高升，先后任礼部尚书、吏部尚书、兵部尚书，官至二品。在京师刚赴任不久，即结识王阳明，二人一见定交，立志"共兴圣学"，虽在学术观点不尽相同，却相互切磋，共同推进明代心学的发展。在学术上，湛若水始终恪守师说，继承与弘扬白沙心学，构建了完整、系统而精微的岭南心学体系，留下著述300余万字。他终生办学、讲学，先后创办书院近40所，弟子4000余人，在教育活动中传播岭南心学。

从陈献章到湛若水，岭南哲学进入创新阶段的巅峰，湛若水以其博大精微的学说体系，全面而系统地构建了兼容而开放的富于岭南特色的哲学大厦。其哲学思想主要有如下方面。

1. "体用一原"的本体论

湛若水完善和发展先师陈献章的哲学思想。首先，他从学说的根本处发展白沙学，尤其是在反对宋代理学的"支离"过程中，把陈献章的"虚实参半"的理论发展为"主于一"的哲学体系，他构建了富于理论色彩的岭南心学宇宙观学说——"体用一原"论，明确提出，"体用一原，显微无间，一以贯之"[1]，"人与天地万物一体"[2]。

湛若水的本体论，集中在"一"字上，强调"一原""一体""一段功夫"，致力于终结宋代理学的"支离"论。他明确提出"心包万物""气塞天地"。其代表作《心性图说》，具体诠释了"体用一原"论，继陈献章后再次回应宋明学术界至为关注的体与用、道与器、心与事等重要问题。

---

[1] 《甘泉文集》卷七《书·答阳明》。
[2] 《甘泉文集》卷七《书·答聂文蔚》。

湛若水的本体论，提出"心包万物"命题，主张天地万物统一于"心"，但同时又发挥陈献章"天地一气"的思想，明确指出，"一气充塞，流行于天地，故有屈伸升降进退相乘也，元非二物"①"上下四方之宇，古今往来之宙，宇宙间只是一气充塞，与道为体"②。他坚持了先师陈献章"道气同体"的本体论，明确地说："如曰理气为二，请于气之外更寻个理来？"③ "舍气，何处寻得道来"，"盖气与道为体者也"④。

2. "虚实同原"论

在坚持先师陈献章"道气同为体"宇宙观的同时，湛若水又依循着先师陈献章的"虚实参半"的宇宙观，深入探讨了"虚"与"实"的关系，明确提出"虚实同原"论，把"半"字推衍为"一"字。在回忆先师关于"虚实"的教导时，湛若水提出："今之学者，只怕说着一'虚'字。张子曰：'虚者，仁之原。'先师白沙先生与予题小圆图屋诗，有云：'至虚元受道。'又语予云：'虚实二字，可往来看。虚中有实，实中有虚。'予谓：太虚中都是实理充塞流行，只是虚实同原。"⑤ 湛若水则明确提出"虚实同原"，并展开了具体的阐述，旨在继承陈献章反对"支离"的理论立场，纠正宋以来学界把"理"与"气"视作绝对"虚空"的错误，着眼在宇宙的同一性，由是构建其完整的"体用一原"的"主一"论宇宙观体系。

湛若水以"一"为重要范畴，深探本体的理气与衍生的万事万物的虚实关系，在深层面上探究世界的统一性问题。他指出体与用不可分，道与万事万物不可分，形而上与形而下不可分，"天理者，吾心中正之本体而贯万事者也"⑥，在"天理"与"万事"之间用一个"贯"字，作为本体的"理"，并非孤悬在万事万物之外。他又强调那便是"道"与"器"的关系，也即形而上与形而下的关系。他说："《易》曰：'形而下者谓之器，形而上者谓之道。'道

---

① 《甘泉文集》卷七《书·答王德徵易问》。
② 《甘泉文集》卷七《书·寄阳明》。
③ 《甘泉文集》卷二十三《语录》。
④ 《甘泉文集》卷八《新泉问辩录》。
⑤ 《甘泉文集》卷二十三《语录》。
⑥ 《甘泉文集》卷七《书·复洪峻之侍御》。

器同一形字，故《易》不离形而言道，《大学》不离物而言理"①，"正是如此看，器与道非二也"②。湛若水从太虚、两仪、四象、道、理、心、性、男女之事等日用之间的种种关系，去揭示虚与实的关系，以阐明宇宙的统一性。他指出，"虚"的天理与"实"的万物，是同一的；"理"总体现在日用之间。不难看出，湛若水具体地把人们视作"虚"的"太虚"，同人们能感知的"两仪四象、男女事物之类"，画上了等号，强调看不见、摸不着的"真至之理"，必然体现在实实在在的"日用之间"。道、性、心、神等，即所谓"虚"的一切，皆与"实"的天地、万物同在，二而一。宇宙是体用、虚实不可支离的统一体。

从先师陈献章的"半"，到弟子湛若水的"一"，两者间存在一些差异，但也异曲同工，可以落到一个点上。陈献章"虚实参半"的理论，强调的是世间的一切均可"两谱开"，剖一为二，各自为半，"半"字成了他的诗眼。湛若水则把老师的"半"演化为"一"，在他的论著中处处可见"一气""一理""一道""一心""一念""一事""一体""一原""一段功夫"等概念，强调宇宙间无不"通一无二"，不可"支离"。从"半"到"一"的推进，为老师批评"支离"，建立了更为坚实的理论基础。

3. "合一"论

湛若水构建了系列的"合一论"，以展示其"体用一原"的宇宙观，反对宋儒的"支离"观。他自诩，"甘泉子五十年学圣人之道，于支离之余而得合一之要"③，这就是说他在检讨"支离"中，懂得了"合一"之真谛，由此而建构系统的"合一论"，检讨自宋以来，学界"理气之辩""理欲之辩""知行之辩"中所出现的"支离"之风，回归于原始儒家孔孟之说，从而重兴"圣学"。湛若水指出，后世儒者的"支离"，与圣学相悖。他说："自后世儒者皆坐支离之弊，分内外、本末、心事为两途，便是支而离之"，"自今诸学子，合下便要内外、本末、心事合一，乃是孔孟正派"。④湛若水认

---

① 《甘泉文集》卷九《新泉问辩续录》。
② 《泉翁大全集》卷七十三《新泉问辩续录》。
③ 《甘泉文集》卷十七《序·送方直养归齐云诗序》。
④ 《甘泉文集》卷六《大科训规》。

为,"所谓支离者,二之之谓也"①,把"一"支离为"二",或"偏内,"或"偏外",分割了本末、内外、心事,这不是的儒学的正派学理。正是从这一立场出发,他提出了系统的"合一论"。

(1)"理气合一"论

理与气,孰先孰后,这是宋明理学的重要命题,一直争论不休。岭南心学在创建阶段,陈献章的"道气同为体"论,已明确地、合理地回应了这一难题,湛若水坚守先师的理论观点,进而提出"理气合一"论,认定"一气充塞,流行于天地,故有屈伸升降进退相乘也,元非二物"②,"上下四方之宇,古今往来之宙,宇宙间只是一气充塞,与道为体"③,"如曰理气为二,请于气之外更寻个理出来"④。

湛若水的"理气合一"论,既是传承了先师的思想,又是受到张载气论的影响。陈献章的理与道同为体,是融会了张载的"气一元"论的本体论理念。张载在其著作《正蒙》中,提出了以"气"为最高范畴的自然观。他认为天地万物由气的变化所生,认为"从空虚无物的太虚到有形有状的万物,都是一气的变化,都统一于气",⑤但又认为,"气"与"理"都为"一",一个不可分离的整体,"由太虚,有天之名;由气化,有道之名;合虚与气,有性之名;合性与知觉,有心之名"⑥,"神,天德,化,天道。德,其体,

---

① 《甘泉文集》卷七《书·答阳明》。关于"支离"问题的提出,以及反对"支离",并非自湛若水始。早在南宋,发生在江西的鹅湖之会,理学家朱熹与心学家陆九渊曾就道德涵养问题,进行了激烈的论争:朱熹主"道问学",陆九渊主"尊德性",双方各持己见。会后,陆九龄与陆九渊兄弟赋诗讥讽朱熹教人的"格物"渐修工夫,是"支离"。可以说,理学与心学之争,两者的分歧焦点,便集中在"支离"二字上。这一焦点,在心学家看来,理学的涵养功夫是"支离"了"道"与"心";在本体论上,是"支离"了"理"与"气"。明代心学,从陈献章,到湛若水、王阳明,他们都同样坚持了陆九渊当年的反支离的理论立场,其中湛若水不仅明确地界定了"支离",揭示其内涵,并创立系统的"合一论",作为清理"支离论"的理论武器。
② 《甘泉文集》卷七《书·答王德徵易问》。
③ 《甘泉文集》卷七《书·寄阳明》。
④ 《甘泉文集》卷二十三《语录》。
⑤ 张岱年:《关于张载的思想和著作》,载《张载集》,北京:中华书局,1978,第2页。
⑥ 张载:《正蒙·太和篇第一》,载《张载集》,北京:中华书局,1978,第9页。

道其用，一于气而已"①。"太虚""天""气""道""性""心"等不同的称谓，其实是同一的东西，他们虽以不同的功用而出现，但无非"一于气而已"，皆统一于"气"，其中"理"或称作"道"，也不例外。湛若水继承张载的"气本体"论，并发挥其"理气不分"论，发展为"理气合一"论。

（2）"心事合一"与"心理合一"论

湛若水构建"心事合一"与"心理合一"论，回应南宋时期理学两大流派争论的焦点问题，揭示主体与客体之间的统一性。鉴于宇宙的统一性，体与用的一原性、不可分性、不可支离性，便要种种的合一性，"心事合一"，自然是题中之义了。他明确提出，"盖心与事应，然后天理见焉。天理非在外也，特因事之来，随感而应耳。故事物之来，体之者心也，心得中正则天理""人与天地万物一体，宇宙内即与人不是二物"②。湛若水认为，天理并非如朱子所说悬于人与万物之外，而是由于事物出现了，人就能感应、体悟，当心感悟得"中正"了，就能"得理""存理"。故既是"心事合一"，也是"心理合一""心物合一"。

湛若水认定，"学者必内外、本末、心事之合一也，乃为孔孟之正"③，又说："圣人之学，体用一原，心事合一，岂容有内外之间？"④ 在他看来，"圣人之学，心事合一，是故能开物而成务"⑤。他认定，儒家讲求"内圣外王"，"修身"是为了"齐家"而后达到"治国、平天下"，如不坚持"心事合一"，便不可能"开物成务"。

（3）"二业合一"论

湛若水的"二业合一"论，蕴含着湛若水的宇宙观与教育观。一方面，是"心事合一"论的理论的推衍；另一方面，是湛若水办学的最高指导思想，是其"体用一原"论在教育实践中的贯彻。

湛若水提出，"进德修业，其致一矣，即业、即德而致力焉也"⑥，认为德业与举业，是一回事，两者不可分。因宇宙间的一切，都在

---

① 张载：《正蒙·神化篇第四》，载《张载集》，北京：中华书局，1978，第15页。
② 《泉翁大全集》卷九《文集·答聂文蔚侍御》。
③ 《泉翁大全集》卷四《二业合一训》。
④ 《泉翁大全集》卷六十七《新泉问辩续录》。
⑤ 《泉翁大全集》卷六《雍语·辨志第十二》。
⑥ 《泉翁大全集》卷四《二业合一训·教肆》。

于"合",在于"一","道无内外,内外一道","心无动静,动静一心";所以"知动静之皆心,则内外一",既然"内外一""合内外,混动静",进入"澄然无事"的境界,德业与举业也就"合而兼得"了。① 通俗地比喻,今天"读书"是为了"明事理",体悟"实事",因而"举业"也就"在其中"了,就如"树木",有了"根",那么"枝叶""花实",便"自然而成"。他反复告诫弟子,"舍业则无以立德"②,并针对当时社会的主要偏向强调指出:"吾之教人也,不外科举,致理也存焉,德性存焉,是故合一。吾独忧夫学者之堕于一偏也,于举业焉而立命,是不喻吾之志也。吾唯欲人读书焉,作文焉,不失本体,就根本之中,发其枝叶耳。"③

湛若水倡导"二业合一"论,旨在坚持"发合一之说,挽狂澜以还先圣之道",以协调的整体观指导教育,"以举业为德业之发,以德业为举业之本,易其志而不易其业,合本末,兼体用,一以贯之,而无遗也。其所以扩前贤所未发,开来学之迷途,一洗支离之习,而归之于大同之道"④,把"德业"作为为学之本,把"举业"看作"德业"的体现,强调"易其志而不易其业,合本末,兼体用,一以贯之",由此而洗涤"支离"的习气,培育新人。湛若水自认为,"学圣人之道"历时50年,极重要的收获是"得合一之要"⑤,其"二业合一论",不仅在理论层面展示其"体用一原""主于一"的本体论,深化其辩证思维的阐述,而且在实践的层面上,确立了教育的指导思想,为纠正重举业、轻德业的社会风气,为培育德才兼备的可用之才。这是教育理念的创新,是哲学理论服务于现实社会的开创,体现了岭南哲学务实与创新的理论特色。

(4)"知行合一"论

湛若水的"合一论",不仅在本体论上揭示了宇宙的统一性,而且在认知论上揭示了理论与实践的统一性。他明确地把"知行合一"论作为"体用一原"论的具体体现。他说:"内外合一谓之至

---

① 《泉翁大全集》卷四《二业合一训·胜心》。
② 《泉翁大全集》卷四《二业合一训·辩惑》。
③ 《泉翁大全集》卷四《二业合一训·教肆》。
④ 《泉翁大全集》卷四《泉翁二业合一训序》。
⑤ 《泉翁大全集》卷四《二业合一训·辩惑》。

道，知行合一谓之至学，如是则天地乾坤君臣父子夫妇之道在我矣。"① 又明确地说："即知即行，知行并进，非今日知明日行也。"②

湛若水提出"随处体认天理"的重要命题，视"涵养"与"致知"为"一段工夫"。他如是说："所谓致知涵养者，察见天理而存之也，非二事也。"③ 他把人的认知与日用间的践履，看作一个不可分的过程，故提出"知行并造"，即"知行合一"的命题。具体说便是，"知行并造，博学、审问、慎思、明辨、笃行，皆所以造道也。读书、亲师友、应酬，随时随处皆求体认天理，而涵养之，无非造道之功。意、身、心一齐俱造，皆一段工夫，更无二事"④。湛若水认为，儒家所说的"博学、审问、慎思、明辨、笃行"的过程，是"造道"的过程，即"随时随处体认天理"的过程，在这一过程中，人的"意、身、心"都同时投入，是"知"与"行"同时进行、不可分割的完整过程，故说"体认兼知行也"⑤。

湛若水的"知行合一"论，与王阳明的理论不完全相同，他明确提出知行为"一"，又认为"夫学不过知行，知行不可离，又不可混"⑥。此说，是针对王阳明"知"与"行"为"一念"，没有质的区别的说法而提出。王阳明认为，"行之明觉精察处便是知，知之真切笃实处便是行"⑦；"一念发动处，便即是行了"⑧。有学者指出，王阳明所说的"知行合一"，虽没有完全否定社会实践，但"那是把意识活动也叫作行"⑨。湛若水却认为知与行两者，"不可离"，也"不可混"，两者既合二为一，又存在差异。他举出儒家经典以为证：如《中庸》，"必先学、问、思、辩，而后笃行"；《论语》，"先博文，而后约礼"；《孟子》，"知性，而后养性"；等等。他既区分主观意念与客观践履，但又注意到彼此之间的关联性与统一

---

① 《甘泉文集》卷十《问疑录》。
② 《泉翁大全集》卷十二《讲章·天泉书院讲章》。
③ 黄宗羲：《明儒学案》卷三十七《甘泉学案一·论学书》，北京：中华书局，1985，第881页。
④ 《泉翁大全集》卷八《文集·答阳明》。
⑤ 《甘泉文集》卷七《书·答聂蔚文侍御》。
⑥ 《泉翁大全集》卷八《文集·答顾箬溪佥宪》。
⑦ 《王阳明全集》卷六《文录三·书三·答友人》，第208页。
⑧ 《王阳明全集》卷三《语录三·传习录下》，第96页。
⑨ 蒙培元：《理学的演变——从朱熹到王夫之戴震》，第244页。

性。湛若水的"知行合一"论，检讨了自先秦以来的知行观，指出传统的"先知后行"与"行后乃知"，都是"各执一端"。

湛若水的"知行合一"论，是一种朦胧的知行统一观。它强调人的实践活动与认知活动具有统一性，尽管湛若水还不能明确提出"实践"这一概念，也未能揭示实践在认知中的地位与作用，以及实践与认知的辩证运动，但他毕竟朦胧地意识到，人的认知离不开读书、酬酢、功业、劳作等践履，人的践履的种种"行"产生了"知"，而"知"又指导着人的种种"行"。"知行合一"论，同样在反对分割知与行的种种"支离"论。

（5）"理欲合一"理念

"理"与"欲"的关系，是宋明时期的理论热点，宋明时代的理学家与心学家们，他们肩负着维护道德纲常的历史使命，湛若水更因为身处高位，维系社会道德纲常是不可含糊的官方立场。他与其先师陈献章一样，在理欲关系上，往往也有着与朱熹同样的看法，强调理欲的消长，也有期求"无欲"的说法。湛若水既有坚持宋儒立场的一面，也有主张"理欲合一论"的一面。在给弟子答疑时，他说："敬者一也，一者无欲也，无欲则洒然而乐也"①，认定"无欲"便能"洒然"，而"无欲"，就是"一"，也就是"敬"。但是，他又曾明确指出："人有此性，自然有此喜怒爱恶之欲。欲亦性也，何故有不善哉？"②讲"欲亦性"，何有"不善"的说法，显然与朱熹不同。

在湛若水的学说里，"道""理""性"是同一的概念，因而"欲亦性"，便是强调"欲"与"性"，即与"理"的统一性，也就挑战了朱熹"存天理去人欲"，支离"欲"与"理"的观点。在湛若水看来，"性"即"理"，而"欲"亦即"性"，都是自然而生，皆为一体不可区分。尽管湛若水没有明确概括"理欲合一"的说法，但其言谈显然便是"理欲合一"的理念。"理"与"欲"不可分，两者相互依存，主张"天理日明而人欲日隐，天理日长而人欲日消，是之谓克"，在"天理"与"人欲"的消长中克除人欲，"唯仁可以胜不仁""见大可以忘小"；他认定，"今夫人之起念于

---

① 《泉翁大全集》卷六《雍语·问学》。
② 《甘泉文集》卷二十三《语录》。

躯壳也，即无往而非私；知物我之同体，则公矣。公也者，其天理乎"，针砭当时人们出于物质欲望而产生私欲的弊端，提出解决的办法便是从"体用一原""物我同体"的原则出发，确立"公"的理念，"公"便是"天理"。

湛若水正是以岭南心学的良方来诊治社会顽疾，已改宋儒的理论路向。宋代理学主张的"存天理去人欲"，是要人们"克尽"人欲而保存天理，"饿死事小，失节事大"，也就是要压抑人性而维系社会的道德纲常。湛若水与现实一样，是要倡导一种"体认天理"的办法，通过唤醒人的道德本性，而人人自觉维系社会道德纲常，在阐述理欲关系时，同样是强调通过"体认天理"，去唤醒人内在的道德自觉，树立公心，而后能应对社会上的物欲诱惑，这就纠正了宋儒们的偏颇，突出道德涵养的重要意义。

湛若水的"理欲合一"，无疑是在压抑人性以维系纲常的宋明时期，发出了时代强音，显然是由岭南哲学所开启的早期启蒙的体现，是宋以来理欲之辩的真理性回答。它从理论基点上动摇了宋代理学的核心价值理念——理与欲不两立，是对宋儒们支离理欲、"以理杀人"的有力抨击。这一学说，顺应时代的发展潮流，敢于大声疾呼：人的合理情欲应得到满足，给人以生存的权利，体现了当时的商品经济发展对人性解放的时代要求，因而成为明代思想启蒙的较早萌芽，成为近代中国自然人性论的较早的思想渊源。这一学说，是对陈献章的理欲观的发展，是湛若水为岭南哲学的一大创新，为中国哲学有传统社会向商品经济社会转换的奠下坚实的理论基础。

4."随处体认天理"论

"随处体认天理"，是湛若水哲学的重要命题，也是核心命题。"随处体认天理"的提出，湛若水成为陈献章的衣钵继承人，而他又以这一命题完善了陈献章的"静养端倪"的认知论，对岭南哲学的感悟认知方法进行了大步的推进。

湛若水十分肯定，陈献章的"静养端倪"是儒家的正宗，而非禅，称"石翁养出端倪之说，正孟子扩充四端之意"[1]。他坚定地对"静养端倪"进行继承：同样把"至虚""无欲"和体认心中的

---

[1] 《泉翁大全集》卷七十四《新泉问辩续录》。

"理"（或称"道"）作为涵养所必经的过程，涵养是向内的感悟，是"体认天理"；"盖心与事应，然后天理见焉，天理非在外也。特因事之来，随感而应耳，故事物之来，体之者心也。心得中正，则天理矣"①；认定"天理"在内，是人所固有，向内用"心"把"理"感悟出来，便是"作圣之功"，即涵养。这都是对陈献章认知论传承。湛若水进一步完善和发展陈献章的认知观，主要体现在以下几方面。

其一，认为"静坐"是涵养的一种方式，而非唯一的方式。陈献章提出"静中坐养出个端倪来"，是把"静坐"作为替代"格物"的认知的途径，湛若水作为其弟子，目睹老师的生活与教学的一切，深切地体会到，老师的认知并非局限在"静坐"一种方式，或一个时段上，于是提出"随处体认天理"，把老师尚未道明的认知时间与方式进行更完善的概括。他扩展的时间、空间与方式，强调人们对天理的体认，"随心、随意、随身、随家、随国、随天下"，无处不可以体认天理。具体是说，"随未发已发，随动随静"②，不受时空的限制，也不论什么状态。"随其所寂所感时"，随动时或静时，无时不可以体认天理。③ 在湛若水看来，静坐、读书，以及应酬日常事务，如"耕田凿井，百官万物，金革百万之众"等，与人交往的种种活动，或者闲暇"无事时不得不居处恭"，进行"静坐"④，都一样可以体认天理。

湛若水的"随处体认天理"，对先师陈献章体认方法的不受时空限制的更完善的概括。陈献章倡导"静坐"，本意是由"静坐"可以"无欲"，而后达到"自得""自乐"，但他坐春阳台的实践，却非单一的"静坐"，而是参有用不同时间、不同地点的种种方式去获取"自得""自乐"。在以后漫长的岁月里，他的涵养、认知与教学，都从来没有只讲"静坐"。他常常带着酒，与弟子一同登山，席地而坐，仰望长空，感悟大自然之奥秘，尽享人生之真乐；常常邀弟子同往乘船垂钓，师生一起或品茶，或咏诗唱和，或抚琴

---

① 《甘泉文集》卷七《书·答聂文蔚侍御》。
② 《甘泉文集》卷七《书·孟生津》。
③ 《甘泉文集》卷二十一《杂著·求放心》。
④ 黄宗羲：《明儒学案》卷三十七《甘泉学案一·语录》，北京：中华书局，1985，第894页。

而歌，或观赏美景，或仰望天空，或高歌呼啸……由是而进入与自然的交融，体悟自得、自乐境界。至此，湛若水的"随处体认"来概括，则更完善。

其二，对"静养端倪"的检讨。湛若水"随处体认天理"的提出，即对创新合作"静养端倪"的继承与完善，又是对先师的检讨与批评。湛若水指出"静坐"虽渊源于程氏，但并非儒家的正统，"古之论学，未有以静坐为言者""以静为言者，皆禅也"，而"程氏言之，非其定论，乃欲补小学之缺，急时弊""后之儒者，遂以静坐求之，过矣"①。湛若水认为，佛教禅宗，讲"静"，追求的是"荒忽寂灭"，而儒家，讲"敬""义"，讲"动静混"，动静兼之，追求"复天地之心"，"天理"存，故"孔门之教，皆欲事上求仁，动时着力"，"静不可以致力，才致力即已非静"②。湛若水告诫人们，只讲"静坐"，当心偏离儒学的正统。

湛若水并没有否定陈献章的"静坐"，而使陈献章变革朱熹所创新的认知与涵养方法，更为全面与完善，使岭南哲学更为精微。在实证科学产生之前，哲学处于朴素的观念状态，人们往往以自己的切身经验升华哲学思想。"随处体认天理"这一理论，固然是其更严谨的理论思维结出的智慧之果，也是其社会实践的理论升华。身居高位的湛若水，不可能像没能进入官场的陈献章那样，日日夜夜地在家中"静坐"，他要体认天理，只能在日常繁忙的"应酬、读书"中进行。师徒二人理论差异，亦源于彼此不同的社会经历，有学者指出："陈、湛二人在修养或为学方法上的差异，是因为他们具有不同的生活经历，因而具有不同的修养经验和理论需要所造成的。陈献章生平仕路塞塞，乃一蛰居学者，故多追求个人的精神超脱；而湛若水宦海半生，为一代学官，当然每思索贯彻封建伦理道德。"③

5．"畏民"与"为民"的政治哲学

早在典籍《尚书》中，便已提出"民惟邦本，本固邦宁"④

---

① 《甘泉文集》卷七《书·答余督学》。
② 《甘泉文集》卷七《书·答余督学》。
③ 侯外庐、邱汉生、张岂之主编《宋明理学史（下）》，北京：人民出版社，1987，第190页。
④ 《尚书·夏书·五子之歌》。

"天聪明自我民聪明，天明畏自我民明畏"①"畏于民嵒"②。孟子则说："民为贵，社稷次之，君为轻。"③湛若水撰写《圣学格物通》，对传统"民本"治国理念的继承与弘扬，他确立"畏民"为"民为邦本"的理论基点，并在君民关系上，阐述人君为何必须"畏民"，以及如何由"畏民"出发，而做到"重民"—"爱民"—"为民"。他指出"民惟邦本"，是说"民者国之本，本固而后国安"④，并形象地比喻："譬如草木必先有根，而后有干，而后有枝叶。"⑤是说"民"是"根"，是"本"，"君"不过是由这"根"生长出来的"干"与"枝叶"，无根本又何来干与枝叶？故"为人主者，不可不存畏民之心"⑥。

湛若水依据其"体用一原"论，提出"宇宙一气"，则"君民一体"。他指出"宇宙一气也，君民一体也。故君为心，民为体，心与体一也"⑦，故国家应"上下一心同济圣治"⑧。生活在等级森严时代的湛若水，不可能完全摆脱尊卑观念，故说"君之于民，以势而言，则尊卑殊分"；但他却又认为，"以情而言，则一体相须"，而"君民一体相须"，是因为"君非民泽孤立于上，谁与为君者？""民固不可无君，而君又不可无民"⑨。可见，君与民有尊卑之别，但两者却是一体的。

湛若水认为，"君"必须"畏民"，还因为"民"代表着"上天"。他指出"天人同气，上下一理，通达流行，更不分别"，故"民心所存即天心所在"⑩，"圣人之心，即百姓之心，百姓之心即天地之心"⑪。"民心即天地之心"，民心的背向，关乎社稷的存亡，故民不可不畏。《尚书》已经把民与天链接起来，认为天的意愿体

---

① 《尚书·虞书·皋陶谟》。
② 《尚书·周书》。
③ 《孟子》卷十四《尽心下》。
④ 《圣学格物通》卷十六《畏民上》。
⑤ 《圣学格物通》卷十六《畏民上》。
⑥ 《圣学格物通》卷十六《畏民上》。
⑦ 《圣学格物通》卷十六《畏民上》。
⑧ 《湛子约言》卷一《戒逸第一皆献纳之言》。
⑨ 《圣学格物通》卷十六《畏民上》。
⑩ 《圣学格物通》卷十六《畏民上》。
⑪ 《泉翁大全集》卷三十二《非老子·右四十八章》。

现于民,"天视自我民视,天听自我民听"。鉴于此,湛若水推理,作为天子的人君,民心的得失便至关重要,它关乎社稷、天下的存亡。故说,"君失人心,则为独夫","君之存亡,以民心之存亡也","得其心则得天下,失其心则失天下","民心怨背","可畏之甚!"① 他的结论是"明君不畏万张之强敌,而畏不可见之民心!"② 湛若水还用了荀子的"民为水,君为舟,水可载舟,也可覆舟"的比喻,说明统治者必须"畏民"。富于"贵疑"精神的湛若水,大胆地改写了传统社会"君""民"与"社稷"的关系,提出,"恒人之情,莫不以君为贵,民为轻也。殊不知社稷所以为社稷,君所以为君者,以有民也。故无民斯无君矣,无君斯无社稷也"③。他具体阐述了孟子的"君轻民重,社稷次之"的说法,把"民"的地位升格到至高的位上,强调有"民"才有"君",有"君"才有"社稷"。湛若水的"民本"思想,已超越了传统,而呈现时代的民主新精神。

在湛若水的"民本"治国理念中,他并非一般性地宣扬什么"爱民""恤民",而把"民本"建立在"畏民"的基点上,由"畏民"而"重民",而"爱民",而"恤民",而"为民",强调须落实"民本"的一系列措施。他具体提出:

"畏民",须实施"仁政"。湛若水认定,"唯仁君,然后能畏民","君当道志于仁,以不忍人之心,行不忍人之政"④,"仁,则民安"⑤。仁政,是"以民之利为利","以民之命为命","其利其命无非为民"⑥。不推行仁政,"畏民"将是一句空话。畏民,须"薄敛轻徭"。湛若水认为,人君须关心民众疾苦,"视民之饥寒如疾痛之在身,视民之伤如伤己"⑦,只有视民之伤痛为己之伤痛,才能解决民之疾苦。他认定,民之疾苦产生于赋税,"民之为盗,非天性也,饥寒迫之也。民之饥寒,非自致也,赋税迫之也"⑧,

---

① 《圣学格物通》卷十六《畏民上》。
② 《圣学格物通》卷十六《畏民上》。
③ 《圣学格物通》卷十六《畏民上》。
④ 《圣学格物通》卷十七《畏民下》。
⑤ 《圣学格物通》卷十六《畏民上》。
⑥ 《圣学格物通》卷十七《畏民下》。
⑦ 《圣学格物通》卷十七《畏民下》。
⑧ 《圣学格物通》卷十七《畏民下》。

故"慈保惠怀,薄敛轻徭,亲民之谓也"①,减赋税便是实施仁政的重要内容。畏民,须"戒逸豫"。在湛若水看来,实施惠民政策,可以为民众带来实实在在的利益,但同时人君还须"戒逸豫"。他反复阐述,要做到"恤民",人君绝不可"游逸",强调"为人君者,先戒逸豫,然后能尽心,能尽心然后能视民如伤,视民如伤然后能保难保之民,而天命归之矣"②。

湛若水的民本治国理念,有其时代局限与理论偏颇。如他借助天的威力来论证君民关系,今人难免觉得可笑。人们抹去天人感应的神秘色彩后,则可发现其民本的治国理念的现代价值。如下几点值得借鉴:民是国之基础,有民才有君,有君才有国,君民为一体,君须视民之疾苦为己的肌肤之痛;民心背向,关乎国家存亡,君须"畏民",而"畏民"须"爱民""惠民""恤民""为民";"爱民"则须扩充"仁心",推行仁政,对民要"薄敛轻徭",对己要"戒逸豫"。当政者应正确认识人民在社会发展中的地位与作用,应真正落实"以民为本"的国策。湛若水建立在其本体论基础上的政治哲学,在古代中国极富创新意义。

唐至明代,以惠能禅学与陈湛心学为代表的哲学思想,彰显了岭南哲学已经从引进期进入了创新期,是岭南哲学发展的第一个辉煌时期。这一时期的岭南哲学家,或是兼容了先秦的诸子百家,或是吸取了印度佛学,而大胆创新了中国的传统哲学,在本体论、认知论,以及辩证思维方面君有重大突破,创立了完整的哲学体系,引领着中国哲学发展的新路向,昭示着中国即将社会由自然经济向商品经济转型的新文化发展趋向。这是岭南哲学在中华文化发展史上的重大贡献。

第三节　中西哲学的融汇期

一　中西交融文化观的提出

清末民初,中国社会进入急剧变革时期,岭南哲学随着时代的发展,也呈现新的特色。由于西方国家的对外扩张,他们需要寻找

---

① 《圣学格物通》卷十七《畏民下》。
② 《圣学格物通》卷十六《畏民上》。

商品与资本的国外市场，16世纪中叶，葡萄牙人强租了澳门，国门从此被打开，西方的商品与文化潮水般地涌进中国。有五千年文明的中国，其大国地位受到挑战，其传统的价值体系受到了冲击，于是发生了旷日持久的文化论争。当时面对中华文化向何处去的时代问题，岭南人提出了中西文化交融的主张，并由此而结出硕果，岭南哲学也在此时，进入新的发展阶段——中西哲学交融期。

在文化论争中，虽有多种的主张提出，但主要是"国粹主义"与"全盘西化"之间的激烈论战。一者从"华夏中心论"的立场出发，认定中国固有的文化，是"我国之有国是，乃经无数先民之经营缔造而成"，是"先民精神上之产物，为吾国文化之结晶体"[①]，故只能弘扬；另一者从"欧洲中心论"立场出发，认定"欧洲近代文化是世界的趋势，无论喜欢与否，想在这个世界上生存下去，就只有适应这一趋势，否则只有束手待毙"[②]。他们或是忽略了文化的时代性，或是忽略了文化的民族性。善于辩证思维的岭南人却提出了比较合理的主张，那便是梁启超的"亦中亦西"论与孙中山的"兼收众长，益以创新"论。

1. 梁启超的"亦中亦西"论

岭南自古即有与外国交往的传统，人们有着比岭北人更鲜明的开放观，对外来的物质与思想意识的"舶来品"，均持欢迎态度。特别是在澳门开埠以来，岭南与海外的交流更为密切。澳门是南中国对外的重要窗口，"西学东渐"，西方的思想文化大潮首先涌入岭南。面对汹涌的历史大潮，岭南人既坚决维护中华文化之根，又欢迎外来的先进文化，主张两者的交融。明治维新期间，梁启超反复宣传"远达三代，近采泰西"，首先举起了"中西兼容"的文化大旗，为岭南哲学与人文科学的发展，提出了新的理论路向。

梁启超（1873—1929年），字卓如，号任公。出生于广东新会茶坑村，自称"余实中国极南之一岛民"。自幼受儒家的传统教育，熟读四书五经，12岁为秀才，后入读学海堂书院，16岁中举后曾入读康有为举办的万木草堂，先后学习汉学、今文经学，师从康有为开始研究西学。戊戌维新期间，曾组建大同译书局，编著《西学

---

① 伦父：《迷乱之现代人心》，原载《东方杂志》第十五卷，第4号。
② 《新月》第二卷，第10号。

书目表》《西政丛书》，赴日期间广泛阅读海外著述，使"西学大进"，思想观念也有比较大的变化。梁启超学贯中西，为日后文化观的形成提供了知识背景，特别是在他游历了欧洲之后，对西方文明有了直接的感悟，并做了和中西文化的比较研究，撰写了《欧游心影录》，而后提出他的"亦中亦西"的文化综合论。其文化主张可概括为如下方面。

其一，文化在继承中发展。梁启超提出，"文化之所以进展，恒由后人承袭前人智识之遗产，继长增高"，"先将其遗产整理一番，再图向上"①。他认定文化是在发展进步，而文化的进步与发展，便是后人对前人的文化遗产进行整理，而后推进，也就是在继承中发展，民族文化具有继承性，本民族文化的遗产务须保存方可发展。

其二，文化在融合中发展。梁启超提出，"当一面尽量吸收外来之新文化，一面仍万不可妄自菲薄，蔑弃其遗产"②。他认定，本土文化必须与外来的新文化相交融而后才能发展。在"西学东渐"的大氛围下，他把握了中西文化交汇的历史大势。尽管他曾对西方文化十分崇信，但在他游历了西方之后，有了理性认识，故对当时文化论争中"全盘西化论"与"国粹主义"的主张，皆予以否定，而提出比较合理的中西文化融合论。

其三，融合而后产生出新文化。梁启超提出，"拿西方的文明来扩充我的文明，又拿我的文明去补助西洋的文明，叫他化合起来成一种新文明"，是发生一种"特质化合，自然会产生出第三种更好的特质来"③。在他看来，异质文化的交融，并非简单的1+1，而是彼此间发生一种"化合"，在化合中产生出新的文化来。他还构想创新文化的化合过程："第一步，要人人存一个尊重爱护本国文化的诚意"；"第二步，要用那西洋人研究学问的方法去研究他，得他的真相"；"第三步，把自己的文化综合起来，还拿别人的补助他，叫他起一种化合作用，成了一个新文化系统"；"第四步，把这

---

① 梁启超著，夏晓虹点校《清代学术概论》卷三十二，北京：中国人民大学出版社，2004，第223页。
② 梁启超著，夏晓虹点校《清代学术概论》卷三十二，北京：中国人民大学出版社，2004，第223页。
③ 梁启超：《欧游心影录》，北京：商务印书馆，2014。

新系统往外扩充，叫人类全体都得他好处"①。他便希冀，这样构建出一种"不中不西亦中亦西"的新学派来。

梁启超的亦中亦西的中西文化融合的文化观，在当时是一种具有正确导向的主张。他未能实践其自身的主张而构建出新学的体系，后来孙中山不仅把其主张深化了，而且以自身的实践，创立出新的学说体系来。

2. 孙中山的"兼收众长，益以新创"论

孙中山继梁启超之后，积极寻找中华文化发展的出路，他不仅提出了"兼收众长，益以新创"的文化主张，回应了文化论争所提出的时代问题，还创立了三民主义，融古今中外文化，而创新中华文化，展示了民族文化在新的历史条件下如何转型与发展的具体路向。

孙中山生活在国门已被打开，西学东渐的时代。他目睹"欧美文化东渐"②，在激烈的文化论争中，他响亮地提出："内审中国之情势，外察世界之潮流，兼收众长，益以新创。"③ 他纠正了"华夏中心"论者提出的"国粹主义"，以及"西方文化中心"论者提出的"全盘西化"这两个方面的错误倾向，既从中国的国情出发，又顺应世界潮流，既兼收古今中外的文化养分，又进行文化创新。

一方面，孙中山认为，民族文化的发展，必须"兼收众长"。他提出："发扬吾固有之文化，且吸收世界之文化而光大，以期与诸民族并驱于世界，以驯致于大同。"④ 即通过"学习外国之所长"，"迎头赶上去"，"后来居上"，"跟上世界潮流"。他认为，文化开放创新，不仅为了民族平等、政治平等，而且为了"建设世界上最新最进步的国家"⑤，使中国尽快进入强国之列，以至"驾乎欧美之上"⑥。他主张以兼容各种文化为构建新文化的基础，但必

---

① 梁启超：《欧游心影录》，北京：商务印书馆，2014。
② 《三民主义·民权主义》，载《孙中山全集》第九卷，北京：中华书局，1986，第289页。
③ 《中国国民党宣言》，载《孙中山全集》第七卷，北京：中华书局，1985，第1页。
④ 《中国革命史》，载《孙中山全集》第七卷，北京：中华书局，1985，第60页。
⑤ 《三民主义·民权主义》，载《孙中山全集》第九卷，北京：中华书局，1986，第242页。
⑥ 《三民主义·民权主义》，载《孙中山全集》第九卷，北京：中华书局，1986，第344页。

须保留文化的民族性；要伸开臂膀去欢迎一切合乎国情，而又顺乎世界潮流的种种文化。人类的知识，不论是古的还是今的，不论是中的还是外的，只要对中国的发展，对民族的振兴能有积极的帮助，都要兼而收之。"将取欧美之民主以为模范，同时仍取数千年就有文化而融贯之"①，融贯古今中外一切于我有用之文化，为振兴中华之大业服务。

另一方面，孙中山认为，"兼收众长"要落脚到"益以新创"。他强调，文化的兼容，旨在创新，在推进民族文化的发展。三民主义，是孙中山践履"兼收众长，益以新创"文化发展观的典范。孙中山曾自诩："余之谋中国革命，其所持主义，有因袭吾国固有之思想者，有规抚欧洲之学说事迹者，有吾所独见而创获者。"② 三民主义既是对中国"固有"的传统优秀思想文化的承传，又是对西方学说和现实社会生活养分的吸取，还有他本人的创新和发展。其兼收的内容十分宽广，在"因袭吾国固有之思想"方面，有儒家的"天下为公""大同""民本""民胞物与""均衡""中庸"，道家的辩证思维、"老子之术"，墨家的"兼爱"，传统心学的"心为万事之本"，兵家的"攻心为上，攻城为下"，佛家的"普渡众生"等思想；在"规抚欧洲之学说事迹"方面，有西方的理、工、农、医等自然科学、民主思想、经济思想和哲学思想，如西方的间接民权与直接民权，大卫·李嘉图、亚当·斯密的古典经济学，欧文、傅立叶的空想社会主义，乔治·亨利、泰勒的平均地权，马克思的"资本公有"，俾斯麦的国家社会主义，俄国列宁的"人民独裁""新经济政策"，达尔文的进化论，克鲁泡特金的互助论，现代系统理论，等等。

三民主义对东西方文化的兼容，具体而言：民族主义，早期的"恢复中华"，是对儒家"夷夏之辩"的继承，民国初年的"五族共和"，则是对儒家的"天下一统"的继承，晚年的"大亚洲主义"，则是对儒家的天下大同的继承。西方现代民族主义思想的影响，那便是近代西方以独立、平等为核心理念的民族观；民权主

---

① 《在欧洲的演说》，载《孙中山全集》第一卷，北京：中华书局，1981，第560页。
② 《中国革命史》，载《孙中山全集》第七卷，北京：中华书局，1985，第60页。

义,其核心理念与制度构架,主要源于西方,但其中"民为邦本"思想,以及考试制度、监察制度,则是因袭了儒家思想,以及在儒家思想影响下的"大一统"的行政设置。从其民权主义的产生与发展中,特别是其"主权在民"、革命程序论中的"贤者治国"论,则是因袭儒家的"选贤与能"与墨家的"尚贤";民生主义,以"均富"为民生主义的基本内涵,凸显了孙中山对儒学均富治国理念的继承,其"平均地权"与"节制资本"为解决社会不公的措施,虽是对西方社会主义"资本公有"与"土地单一税"的借鉴,同时也是对儒家孟子的"制民之产",为民众提供必要的生活资料的"仁爱"与"仁政"思路的继承。

孙中山的文化主张,与梁启超的主张一样,既强调"兼收"而反对两种偏向,又强调"创新",认定只有创新民族文化才能发展。孙中山不仅有主张,还有实践,他创立了三民主义理论体系,展示出中华文化的现代形态,推进了中华文化的现代转型,展示了岭南文化在民族文化发展进程中的关键性的、引领作用。明清以来的岭南哲学,正是沿着兼容于创新的路向发展,呈现出中西哲学交融的特色。

二 康有为的变革哲学

晚清时期,在西学东渐的大氛围下,康有为首先把西方的进化论引入中国哲学,提出了新型的本体论与发展观,在岭南构建了中西哲学交融的哲学体系。

康有为(1858—1927年),字广厦,号长素,广东南海人。出生于名门书香之家,祖上十三代皆为士人,代代为官,高祖康辉官至广西布政使,曾祖康健昌官至福建按察使,祖父康赞修为连州训导,父亲康达初曾任江西候补知县,其家族在当地有较高的社会地位与较富裕的经济生活[①]。康有为饱读诗书,聪明过人,少年敬仰名人,有建功立业之抱负。18岁应乡试失败后,师从广东名儒朱次琦,发奋攻读,但又具有叛逆精神,忧国忧民,"有澄清天下"之志。青年时代,在国难当头,国民欲求自强的时代大氛围下,他为寻求救国之道,大量阅读经世致用的书籍,以及海外的著作,并

---

① 钟贤培主编《康有为研究》,广州:广东高等教育出版社,1988,第1页。

设法收集有关西方的书籍。据史料称，上海江南制造局译印出售的西学新书，在30年间，不过13000册，而康有为即购有3000余册，约为该局售书的1/4①，又曾委托到日本的粤商购买书籍。

在《康南海自编年谱》中，多处记述了康有为购西书，以及考察国外的情况：十七岁，"始见《瀛环志略》《地球图》，知万国之故，地球之理"；二十二岁，"薄游香港，览喜人宫室之瑰丽，道路之整洁，巡捕之严密，乃知西人治国有法度"；"购《地球图》，渐收西学之书，为讲西学之基"；二十五岁，"道经上海，见其繁盛，益知西人治术之有本，舟车行路，大购西书以归讲求焉"，"自是大讲西学，始尽释故见"；二十六岁，"购万国公报，大攻西学书，声、光、化、电、重学及各国史志，诸人游记皆涉焉"②。康有为生活在"西学东渐"的年代，岭南又得风气之先，他又有渴求西学的愿望，能大量阅读西方的书籍，海绵般地吸取书中所涵括的政治、经济、历史，以及自然科学各个方面的内容。这无疑大大地拓展了他的知识，为其创立中西交融的哲学体系，做了必备的理论准备，而哲学思想的创新，又为其领导的维新运动提供了有力的思想武器。

康有为哲学思想自成体系，体现岭南文化兼容、开放与创新的特色。在1877年以前，康有为撰写了《阖辟篇》《未济篇》《理学篇》《爱恶篇》《性学篇》《性学篇》《知言篇》《湿热篇》《觉识篇》等多篇哲学短文，其《孟子微》《中庸注》《礼运注》和《春秋董氏学》等著作，以及后人编成的《康子内外》，均蕴含其丰富的哲学思想。在后来的万木草堂讲学，以及他许多的奏折中，都不乏哲学的陈述。其哲学思想突出体现中西合特色的内容，主要有如下方面。

1. 兼容西方自然科学的宇宙本体论

康有为认为，"元"即"元气"，元气是宇宙的本原，天地间的一切，不论形状的大小，皆由元气的运动变化而产生与存在。他说："元为万物之本"③，又具体说："太一者，太极也，即元也。无形以起，有形以分，造起天地，天地之始，《易》所谓乾元统天

---

① 张伯桢：《万木草堂始末记》，转引自钟贤培主编《康有为研究》，广州：广东高等教育出版社，1988，第6页。
② 康有为：《康南海自编年谱》，载《戊戌变法》四。
③ 康有为：《春秋董氏学》卷六上。

者也。天地阴阳，四时鬼神，皆元气之分转变化，万物资始也。"①

康有为以元气为宇宙的本体，其所说的"元气"，既是对中国古代哲学的继承，又借鉴了西方哲学与自然科学的思想。从继承中国传统思想方面看，他首先是继承了荀子与张载的元气说，采用了元气产生天地万物的说法，但同时又把儒家、道家的其他一些说法衔接起来。他认定他的"元"，便是孔子的"元"，并具体解释说："孔子之道，运本于元，以统天地。故谓为万物本，终始天地。孔子本所从来，以发育万物，穷极混茫，如繁果之本于一核，萌芽未启，如群鸡之本于一卵，元黄已具，而核卵之本，尚有本焉，属万物而贯于一，合诸始而言其大，无臭无声，至精至奥。"②康有为又认为，孔子的"元"，也就是"老子所谓道"③。可见康有为本体论的中国色调。

从融入西方以及佛教思想方面看，康有为首先认定其"元"，也与"婆罗门所谓大梵天王，耶教所谓耶和华近之"④。康有为在其元气论中融进了西方的近代科学。他认为其"元"是"魂"，也就是"电气""知气"等，他说："知气者，灵魂也，略同电气也，物皆有之"⑤"无物无电，无物无神"⑥，显然，是以西学诠释中学，力图熔中西哲学于一炉，这一特色尤其体现在他关于元气如何演化出万物的解说中。他如是说："夫天之始，吾不得而知也。若积气而成为天，摩励之久，热重之力生矣，光电生矣，原质变化而成焉，于是生日，日生地，地生物"⑦；又说："盖万物之生，皆由热力，有热点故生诸人，有热点故生太阳"，"能生地""能生万物"，"凡物热则生，热则荣，热则涨，热则运动"⑧。这无疑是用近代物

---

① 康有为：《礼运注》，载《孟子微　中庸注　礼运注》，北京：中华书局，1987，第259页。
② 康有为：《春秋董氏学》卷六上。
③ 康有为：《春秋董氏学》卷六上。
④ 康有为：《春秋董氏学》卷六上。
⑤ 康有为：《礼运注》，载《孟子微　中庸注　礼运注》，第246页。
⑥ 康有为：《大同书·绪言　人有不忍之心》，郑州：中州古籍出版社，1998，第35页。
⑦ 康有为：《康子内外篇·理气篇》，北京：中华书局，1988，第28页。
⑧ 《京师保国会第一集演说》，载《康有为政论集》上册，北京：中华书局，1981，第240~241页。

理学的热、力、光、电的知识，来推演天地万物的生成与变化。

影响康有为的西方科学，除了物理学，还有天文学、化学、生物学、地质学医学等，在其哲学著作里，西学的说法处处可见。这标志着"敢为天下先"的岭南人，大胆地引进西方科学去发展中国传统哲学的元气说理论，由是而昭示了岭南近代哲学的新路向与新特色。

2. 融会西方进化论的社会发展观

康有为的元气本体论认为，天地万物是在不断地变化发展，人类社会也在不断地发展。他一方面继承了中国古代的易变思想，另一方面，又吸取了西方近代进化论的思想，由是而构建其社会发展观，并以此去批判"天不变，道亦不变"的传统观念，营造其维新改革的思想武器。

康有为提出人是宇宙进化某阶段上的产物，而非神创物。他依据考古学与生物进化学的实物证据与相关知识，而认定宇宙的进化链条是："介层、虫层、大草大木层、大鸟大兽层而后至于人层。"[1] 他认为"人自猿猴变出"[2]，而当宇宙出现了人类之后，人类社会则按照自身特有的规律进化，社会的发展，有着自身的"势"和"理"，"势者，人事之祖""势生理，理生道，道生义，义生礼"[3]。他明确指出，"人类进化，皆有定位，自族制而为部落，而成国家，由国家而成大统；由独任而渐立酋长，由酋长而渐进君臣，由君臣而渐进立宪，由立宪而渐至共和""盖自据乱至为升平，升平进为天平，进化有渐因革有由，验万国莫不同风"[4]。这是一个从野蛮、混乱、无组织，到文明、太平、安乐，由低级到高级的进化过程，是任何国家不可避免的、普遍性的发展规律。

康有为的社会发展观揭示了人类社会发展三阶段的过程，展示了据乱世—升平世—太平世的连续发展，指出"据乱之后，易以升平、太平，小康之后进以大同"[5]，揭示"三世"的具体的状况。

---

[1] 康有为：《万木草堂口说·学术源流》。
[2] 康有为：《日本书目志》。
[3] 康有为：《康子内外篇·势祖篇》，第25~26页。
[4] 康有为：《论语注》卷二。
[5] 康有为：《大同书·绪言 人有不忍之心》，郑州：中州古籍出版社，1988，第39页。

尽管在其著作的阐述不尽相同，但基调则是相同的，其中在《大同书》中阐述得最为详尽。康有为在《大同书》中列有"人类进化表"，对三世进行了比较："据乱世"，"人类多分级"，"有帝，有王，有君长""有爵，有官"，"官之等级极多""族分贵贱，职业各有限制""一夫多妻，以男为主"；"升平世"，"人类少级""无帝王、君长，改为民主统领""无爵有官""有统领、大夫、士三等""虽有贵贱之族而渐平等""职业无限，得相通""一夫一妻""族虽有贵贱而少级，婚姻渐通"；"太平世"，"人类齐同无级""无帝王、君长，亦无统领，但有民举议员""无贵族、贱族之别，人人平等""官级极少，只有大夫、士二等""无皇族""无贵贱之族，皆为平民""男女平等"[①]。人类社会进程中的"三世"，是三个不同等级的社会形态，在政治、道德、人伦各个方面有着不同的文明程度，这体现了康有为关注社会的质的区别，关注社会的递升，是一种发展的、辩证的社会历史观，它冲破了中国传统的"三世循环"或"治乱循环"的藩篱。康有为的"三世论"，是近代历史进化观的完整体系，是中国哲学思想史上的一大创新、大飞跃。

康有为的社会发展观，关注了所有制与物质基础对社会发展的影响。尽管他还没有提出明确的概念，但是他没有停留在政治、道德、人伦方面去界定社会的质的区别，而已经懂得从人类赖以生存的农、工、商的发展程度，去审视社会的发展。在《大同书》中，他明确指出，近世即升平世，"奖劝日加，讲求日精，凡农工商皆有学校，农耕皆用机器化料，若工事之精，制造之奇，气球登天，铁轨缩地，无线之电渡海，比之中古，有若新世界矣。商运之大，轮船纷驰，物品交通，遍于五洲，皆创数千年未有之异境。文明日进，胜过畴昔"[②]。康有为从当时西方社会的物质文明中，看到了建立在工业化基础上的"新世界"，它与过去数千年的"中古"时代相异，这无疑折射出康有为已经意识到，升平世与据乱世在物质文明方面有着巨大的差异，也就意识到了物质生产对于人类社会的推动作用。

---

① 康有为：《大同书·去种界同人类》，郑州：中州古籍出版社，1988，第160~161页。
② 康有为：《大同书·去产界公生业》，郑州：中州古籍出版社，1988，第279页。

康有为在审视西方社会的时候，不仅看到了物质生产的重要，更是洞察到，升平世的物质文明未能消除人间的贫富对立，以及道德的缺失，指出应着眼于在所有制上改革。他认为，西方社会"新业虽瑰玮，不过世界之外观，于民生独人之困苦，公德之缺失，未能略有补救"①。康有为明智地提出太平世在经济上需要实施公有制，他说，"今欲致大同，必去人之私产而后可以；凡农工商之业，必归之公，举天下之田皆为公有，人无得私买卖之"②。

康有为的社会发展观有许多新的突破。从社会历史观的层面上考察，康有为尽管没有明确使用"生产力"与"生产关系""经济基础"与"上层建筑"等概念，也没有明确揭示这两对概念的相互关系，可以肯定，他已经清晰地表述了在社会发展的进程中这些概念所蕴含的内容之间存在密切的关系，把物质生产、所有制对社会性质的决定意义提到了一定的高度，使其对社会发展的探讨达到新的高度。

关于"三世"的说法，古已有之，但康有为作为其社会发展观的"三世说"，则是时代的产物，是中西文化交融的产物，是儒家经典与西方的进化论、社会主义思潮相融合的硕果。康有为是本着"合经子之奥言，探儒佛之微旨，詹中西之新理，穷天人之变赜""剖析今古，穷察后来"的原则，而进行理论创新。对此，梁启超如此评价："夫三世之义，自何劭公（休）以来，久闇忽焉。南海志倡此，在达尔文之输入中国以前，不可谓非一大发明也。"③ 在《康有为传》中，梁启超又说："先生发明《春秋》三世之义，以为文明世界在于他日，日进而日盛，盖中国自创言进化学者，以此为嚆矢焉。"④ 梁启超认为，康有为的三世说是中国自创的进化论，它一方面是对中国古代三世说的继承与弘扬，但另一方面，也不能说没有受到西方思想的影响，事实上，这恰恰是中西文化交汇的硕果。

在中国思想渊源方面，康有为的三世说，是《易》"专明变义"与《春秋公羊传》的"发三世之义"两者的结合，也是清代今文经学的影响。他曾在讲学时陈述其思想来源，"《春秋》分三

---

① 康有为：《大同书·去产界公生业》，郑州：中州古籍出版社，1988，第279页。
② 康有为：《大同书·去产界公生业》，郑州：中州古籍出版社，1988，第290页。
③ 梁启超：《论中国学术思想变迁之大势》，载《饮冰室文集》上，第52页。
④ 梁启超：《康有为传》，北京：团结出版社，2004。

世,有乱世,有升平世,有天平世"①。据考证,所谓"三世"源于《春秋》所记载的鲁国历史,西汉时期董仲舒把鲁国240年12世的历史分为"三世",即"所见世""所闻世""所传闻世";东汉时期何休作《公羊解诂》,以孔子的生存时间为依据,对"三世"具体释为,"所见世"——"已与父时事","所闻世"——"祖父时事","所传闻时"——"高祖曾祖父事"。孔子作《春秋》,是依据时代的远景、恩之厚薄、义之深浅而作不同的记载。这古老的"三世说",经清代的今文学家所演绎,便有了不同的含义。龚自珍曾称"三世"为"治世""衰世"和"乱世",后来又称"三世"为"据乱""升平""太平"。康有为的"三世说"直接渊源于龚自珍,而又修正了龚自珍"万物一二立,再而反,三而如初"②的历史循环论,而创立了强调社会进化的新"三世说"。

在对西方思想吸取方面,康有为的女儿康同璧曾认为,其父之三世说"绝非《礼运》三世之进化学说,源绪千百年后之达尔文也"③。此说似是与梁启超的说法相异,二人说法有相同之处,同是认定康之三世说为近代的进化论,只是对其与达尔文的进化是否有关联,而又有不同的看法。据史料所载,康有为早已关注了达尔文进化论,并向弟子传播。学界普遍认为,严复正式介绍进化论是在19世纪七八十年代,而梁启超在1890年《与严幼陵书》中称,当年他把严复的《天演论》译稿送给康有为,康读后表示极度钦佩。梁启超又称,书中之言他在万变草堂时便已听南海先生有所讲授,可见康有为的进化论思想确实是在达尔文正式传入中国之前。

康有为创立"三世说"之时,达尔文的进化论确实没有正式传入中国,并不能说他没有受到西方近代进化论的影响,而恰恰相反。康有为生活在对外交往比较频繁的岭南,他能通过多种渠道购买西书,并大量阅读宣传西方思想的刊物与著作,如《万国公报》《申报》,以及《谈天》《地球浅释》等,能从西方的天文学、生物学等知识中领悟到宇宙的运动变化,并运用于社会发展,康有为的社会进化论的创立,确实离不开西方思想的滋养。康有为把西方的

---

① 康有为:《康南海先生口说·学术源流七》,第15页。
② 《龚自珍全集》,上海:上海人民出版社,1975,第7页。
③ 康同璧:《回忆康南海史实》,载《文史资料选辑》第23辑。

进化论思想同中国的《易》与《公羊三世说》，以及近代的今文经学论变的思想相融合，从而创立康氏"三世说"，这无疑是中国哲学发展的一次创新，是岭南哲学兼容的近代形态的鲜明体现。

3. 融会中西变易思想的社会变革论

富于历史使命的康有为，熔中西文化于一炉而创立新的哲学思想，以作为其维新变法的思想武器。他构建了社会变革论，以阐述社会变革的必然性、社会变革的全面性与彻底性、社会变革的艰巨性。

康有为认为社会变革是历史发展的必然，变革旧制旧法，不以人的意志为转移。在他看来，人类社会存在于宇宙之中，是"于一地中立世"[1]，因而它同宇宙间一切事物一样，"能变则存，不变则亡"[2]，"世运既变，治道斯转"[3]，人类社会在变革中存在和发展。康有为生活在国家民族危亡的时代，他更体会到，中国只有变法维新，变革原有的一统、闭关、拱手无为，而改行开放更新，才能与列国并立，争雄角智，而侧身于世界先进行列。

康有为认为，社会变革是变制变法，务须"全变""大变""骤变"。他认为，社会变革应"本末并举，首尾无缺，治具毕张"，"挈纲振裘，目张纲举"，在《为推行新政，请御门誓众，开制度局，以统筹大局，革旧图新，以救时艰折》中，他明确提出，"以方今不变固害，小变乃害，非大变、全变、全变，不能利国也"[4]。康有为认为，国家社会的变革，可以大变或是小变，但针对当时的中国社会，他认定"不变"不行，"小变"也不行，而必须"大变、全变、骤变"方可，犹如陋室十分破旧，已岌岌将倾，那么是"反易桁桷一二"，"粉饰补漏，糊裱丹青"，还是"改作新室"？他以为"若小小弥缝补漏，风雨既至，终至倾压，必须拆而更筑，乃可

---

[1] 康有为：《孔子改制考序》，载《康有为政论集》上，北京：中华书局，1998，第198页。

[2] 康有为：《上清帝第六书》，载《康有为政论集》上，北京：中华书局，1998，第211页。

[3] 康有为：《孔子改制考序》，载《康有为政论集》上，北京：中华书局，1998，第199页。

[4] 康有为：《杰士上书汇录·请大誓臣工，开制度局，以统筹大局，革旧图新，以救时艰折》，转引自吴熙钊、黄明同主编《康有为早期遗稿述评》，广州：中山大学出版社，1988，第285页。

庇托"①，务必进行全面的、根本性的重建。这无疑是揭示了人类社会的发展，如同任何事物一样，总是"用其新而去其陈"②，新事物替代旧事物，新制度替代旧制度，新法替代旧法。康有为正是以这样的社会发展观，去发动一场要变中国旧制度为新制度的维新运动，他解借鉴日本和俄国的经验，设计了全面改革的蓝图，希冀通过自上而下的、非暴力的改革，来实现"于大东中开一新国，于二千年成一新世"的理想。

康有为的社会变革观，是岭南人融会中西文化而创新中国哲学的具体体现，它既是对中国古代《易》思想的继承，又是对西方社会改革事实的反思与升华，以及运用西方进化论来审视社会。在《变则通通则久论》中，康有为明确提出，其变革观的理论渊源于《易》，他说"《易》取其变易，天之道备矣"③，他是"法《易》之变通"④。康有为的变革思想却又是学习国外的社会变革的史实，并进行历史的比较与总结，而后产生的思想升华。在他领导维新的过程中，他曾不断地考察国外的变法经验，在百日维新前夕，给光绪皇帝进呈了《日本明变政考》和《俄罗斯大彼得变政考》。康有为看到，日本以20余年的时间，而能"威振亚东，名施大地"，究其原因便是"尽革旧俗，大政维新"⑤；俄国"大彼得知时从变"，"数十年而文明大辟"⑥，他从中感悟到社会变革之重要意义。如果说日本与俄罗斯不能算西方国家，但相对于中国来说，也应该说是外国，那么康有为的社会变革观的产生，显然并非源于单一的中国传统的经典，而恰恰是本土的与外来的思想与事实经验的交融，这

---

① 康有为：《杰士上书汇录·请大誓臣工，开制度新政局，革旧图新，以存国祚折》，转引自吴熙钊、黄明同主编《康有为早期遗稿述评》，广州：中山大学出版社，1988，第266页。
② 康有为：《变则通通则久论》，载《康有为政论集》上，北京：中华书局，1998，第110页。
③ 康有为：《变则通通则久论》，载《康有为政论集》上，北京：中华书局，1998，第110页。
④ 康有为：《变则通通则久论》，载《康有为政论集》上，北京：中华书局，1998，第111页。
⑤ 康有为：《日本变政考序》，转引自吴熙钊、黄明同主编《康有为早期遗稿述评》，广州：中山大学出版社，1988，第105~106页。
⑥ 康有为：《进呈俄罗斯大彼得变政记序》，载《康有为政论集》上，北京：中华书局，1998，第226页。

展示了中国近代哲学以本土哲学与外来哲学相结合的发展路向,并凸显了岭南哲学的兼容、开放与创新的文化精神。

三　孙中山融会中西的革命与建设哲学

孙中山(1866—1925年),伟大的革命家、政治家和思想家,民主革命先行者与现代化先驱。他首先提出"民族振兴"的伟大号召,领导武装革命,推翻封建帝制,建立东方第一个共和国,打开了历史闸门,促使中国朝着现代社会而快速转型;在民国初年,为实现民族振兴,他制定了宏伟的建设蓝图,以及一系列的方针、政策与措施。三民主义,是其融中西方思想而铸造的革命武器,而其世界观与方法论,则是在他特有的条件下产生的中西交融的哲学思想。

孙中山出生在广东香山翠亨的一个佃农家庭,家境清贫,童年过着中国农村孩子的贫苦生活。13岁随母亲赴夏威夷探亲,进入当地的小学与中学,接受西方文化的系统教育,与同代士人有着别样的求学之路。青年时代,在香港学医,同样是受"西式教育"。孙中山在学期间十分注重中国传统文化的研习,"于日间习读医学,夜则研究中文",他也自称,"所学多博杂不纯","于中学则独好三代两汉之文,于西学则雅癖达文之道;而格致政事,也亦常浏览"[①]。他在国外的图书馆大量阅读各种学科的书籍,特别是具有前瞻性的新思潮的读物。这些无不为其哲学学说的创立,提供了坚实的知识基础。

从实践层面看,孙中山周游列国,以及艰苦卓绝的革命活动,为其哲学的理论升华,提供了丰富的社会实践基础。孙中山大学毕业后,曾在澳门悬壶行医,是一名持证的好医师,面对中华"大厦之将倾"的民族危机,他毅然放弃"医人"的生涯,而走上"医国"的革命之路,奔走呼号。在发出"振兴中华"的第一强音后,在寻求民族复兴道路的漫长历程中,孙中山不断地向西方寻求真理,在世界的大舞台上进行实地的考察、思考和反思。孙中山曾自述:"我自那个时候(1895年)以后,便环绕地球,周游列国,一面考察各国的政治得失和古今国势强弱的道理,一面做我的革命运动。约计每二年绕地球一周,到武昌起义以前,大概绕过了地球六

[①] 《复翟理斯函》,载《孙中山全集》第一卷,北京:中华书局,1981,第48页。

七周。"同时,他领导了11次武装起义,历经艰辛,国内外的实践,为他的思想升华提供了必备的条件。

孙中山中西交融的哲学体系,是一个完整的体系,主要由如下方面构成。

1. 宇宙进化观:"三时期"论

关于宇宙的起源与进化,从来是科学与哲学关注的一个热点,孙中山在创立哲学体系时也不例外。孙中山在继承中国古代宇宙观的同时,吸取了西方自然科学,以及近代哲学的知识,而构建其"三时期"的宇宙进化论,揭示宇宙进化系统及其进化的缘由。

孙中山认为,"太极"("以太"),是宇宙的本原,宇宙是"太极"的演化的结果,其具体"进化之时期有三:其一为物质进化之时期,其二为物种进化之时期,其三为人类进化之时期"[①]。孙中山具体阐述了各个时期的发展情况:第一时期,"太极(此用以译西名以太也)动而生电子,电子凝而成元素,元素合而成物质,物质聚而成地球","地球成后以至于今,按科学家据底层之变动而推算,已有二千万年矣";第二时期:"由生元之始生而至于成人",是"物种由为而生,由简而繁,本物竞天择之原则,经几许优胜劣败,生存淘汰,新陈代谢,千百万年,而人类乃成";第三时期,"人类初出之时,亦与禽兽无异,再经几许万年之进化,而始长成人性,而人类之进化,于是乎起源"[②]。

孙中山认为,宇宙发展经历了一个漫长的过程,是由太极,即以太不断地演化,由无生命到有生命,从低级生物到高级生物,再进到人类。这样的宇宙发展观,明显是把中国的《易》的宇宙生成说与西方的达尔文进化论纽合在一起。在宇宙的本原上,把中国的"太极"与西方的"以太"完全画上等号。在宇宙的进化上,一方面依据《易·系辞》的"易有太极,是生两仪",以及"太极生两仪,两仪生四象,四象生八卦,八卦生万物"的说法;另一方面则依据西方的自然科学和进化论,给中国传统的宇宙观注入了近代科学的时代内容,把西方的"以太"与中国的"太极"作为同一概

[①] 《建国方略·心理建设》,载《孙中山全集》第六卷,北京:中华书局,1985,第195页。

[②] 《建国方略·心理建设》,载《孙中山全集》第六卷,北京:中华书局,1985,第195页。

念，并按西方的进化论推演由以太而演化为人类和宇宙万物。

"三时期"论，是孙中山的宇宙观和发展观，首先否定了西方传统的神创论，否定上帝创造人间的一切的神秘说法，也否定中国传统的太极演化世界一切的简单化说法；其次，"三时期"论揭示了宇宙具体的发展，既否定了近代机械论，也否定了中国的"天不变道亦不变"观；再次，"三时期"论是物质性的"以太"先于人类，以及人的精神，既否定了近代西方的"我思固我在"的主观唯心论，也否定了朱熹的"理先气后"的客观唯心论，比较合理地正确回答了物质与精神的关系。"三时期"论，彰显出中西文化相交融的特色，是岭南哲学开放、兼容的文化精神的突出体现，也体现了孙中山对中外哲学发展的贡献。

2. 物质与精神关系论："合一"与"相辅为用"说

孙中山首先提出物质与精神"合一"的说法，他认为，世界上的事物种类繁多，形形色色，但"总括宇宙现象，也不外物质与精神二者"①。他提出"物质与精神本为合一"，其物质与精神相统一的命题，不仅标志着中国传统哲学的旧理论形态的终结，而且标志着中国新的哲学体系的诞生。中国哲学讲"理""气""心""性"等，不直接言"物质"与"精神"。中国人使用西方的哲学范畴，直接揭示物质与精神的关系，是从近代开始，孙中山也是引进西方哲学的先驱者。

世界由物质与精神两大领域构成。中国传统哲学把世界两大领域称作"心"与"物"。在哲学发展史上，王阳明的著名的心学命题是"心外无物"，否定在"心"（精神世界）之外有"物"——物质世界的存在；在西方的近代有"二元论"哲学，把物质与精神看作宇宙的两个截然分离的本原。孙中山针对前人在物质与精神关系认识上的偏颇，明确地指出，"考从前科学未发达时代，往往以精神与物质为绝对分离，而不知二者本合为一"。②

孙中山在物质与精神合一的前提下，进而揭示物质与精神两者

---

① 《在桂林对滇赣粤军的演说》，载《孙中山全集》第六卷，北京：中华书局，1985，第12页。

② 《在桂林对滇赣粤军的演说》，载《孙中山全集》第六卷，北京：中华书局，1985，第12页。

间的相互联系。他说:"精神虽为物质之对,然实相辅为用。"① 物质与精神的合一关系,体现为彼此的相辅为用,辩证统一。孙中山认为,所谓"相辅为用",便是相互依倚、相互作用、相互影响,"全无物质亦不能表现精神,但专恃物质,则不可也"②。他指出,这种"相辅为用"并非半斤八两,各分秋色,而是以物质为"体",以精神为"用"。"在中国学者,亦恒言有体有用。何谓体?即物质。何谓用?即精神。"③ 物质是"体",精神是"用",物质是派生精神的本体,精神是物质的表现,没有物质"不能表现精神",但又不能"专恃物质"。

孙中山借用中国传统哲学"体""用"这对范畴,去揭示物质为本体、主体、实体,而精神仅为物质之"用",物质的表现,但两者相互依倚、相互作用。在孙中山看来,物质是本体,而精神是物质的派生物,是用;精神是人的本质属性,无精神即非人类。在物质与精神关系中,孙中山强调精神为人类所特有。他认为,精神是物质世界进化到一定阶段的产物,是人类所特有,是人所以成为人而不可或缺的。他说:"世界上仅有物质之体,而无精神之用者,必非人类,人类而失精神,则必非完全独立之人。虽现今科学进步,机器发明,或亦有制造之人,比生成之人,毫发无异者,然人之精神不能创造,终不得直谓之为人。"④ 孙中山明确提出,只有物质而无精神,必定不是人类。孙中山深刻揭示了人的本质属性便是精神,没有精神者则非人类,这明显是继承了儒家"人禽之辩"的说法。他生活在人类已进入科学进步的时代,他确信人类能发明制造各种机器,以至机器人,但他却十分理智地提出,精神是人所以成为人的依据,人类不能没有精神,机器、机器人绝不是人类,它不可能具有人类所特有的精神。孙中山认为,"虽现今科学进步,机器发明,或亦有制造之人,比生成之人,毫发无异者,然人之精

---

① 《在桂林对滇赣粤军的演说》,载《孙中山全集》第六卷,北京:中华书局,1985,第12页。
② 《在桂林对滇赣粤军的演说》,载《孙中山全集》第六卷,北京:中华书局,1985,第13页。
③ 《在桂林对滇赣粤军的演说》,载《孙中山全集》第六卷,北京:中华书局,1985,第12页。
④ 《在桂林对滇赣粤军的演说》,载《孙中山全集》第六卷,北京:中华书局,1985,第12页。

神不能创造",机器或机器人可能很像人,能完成各种工作,但它们都是人所创造,是有精神、有智慧的人创造出来的,而"人的精神不能制造",没有人的精神与智慧又何来它们?

孙中山强调物质与精神的辩证统一,并以物质为体,坚持以物质为第一性,但同时又过于夸大精神的作用。孙中山之所以出现夸大精神作用的倾向,首先是由于他受到中国传统心学的影响,也不懂得精神如何产生,没有科学的认识论、反映论。把"心"作为宇宙本原,也就将他原来所说的物质与精神的体用关系颠倒过来了。当他着眼于社会问题时,更多地体会到思想、意识、观念、信仰、思维方式等精神形态之重要作用。在掂量物质与精神时,就偏重于精神,认为物质与精神"两相比较,精神能力实居其九,物质能力仅得其一"[1],"物质之力量小,精神之力量大"[2]。在他看来,正因为人类有精神而区别于其他动物,并能驾驭其他动物,就好像人的力气不如牛,但一小童便能以一根绳子牵着牛如意地向东走或向西走,足见人的精神力量之大。孙中山为了革命极其需要精神支柱,也因此其哲学在物质与精神的关系上陷入矛盾。

3. 认知论:"知难行易"

"知难行易"说,是孙中山的一大发明,是其重要的认知论,是孙中山在历史的转型期所创新的哲学学说。这一思想集中体现在哲学专论《孙文学说》一书中,后编入《建国方略》,亦称"心理建设"。

"知难行易"说,是历史的产物,也是中西文化融合的硕果。民国建立伊始,孙中山以为革命时期终结,而建设时期即要开始,他一方面开始进行宣传和考察,构想物质建设蓝图,另一方面也总结历史经验而思考心理建设,其中特别关注了人的认知,即中国传统的知行关系。他在反思中国革命时期以及民国初年,党内外出现的种种不利思潮时,指出传统的知行观,即"知之非艰,行之惟艰"之说,"夺吾人之志","迷亿兆人心",成为"心理之大敌",

---

[1]《在桂林对滇赣粤军的演说》,载《孙中山全集》第六卷,北京:中华书局,1985,第13页。

[2]《在桂林对滇赣粤军的演说》,载《孙中山全集》第六卷,北京:中华书局,1985,第13页。

令人"痛心疾首"①,已经不适应新的时代发展。于是,他明确提出,"本总理的学说和古人的学说不同,古人所信仰的是'知之非艰,行之惟艰'的旧学说,我所信仰的是'知难行易'"②,"实则行之非艰,知之惟艰乃为真理"③,故以其"知难行易"说去替代传统的"知易行难"说。

"知难行易"说的创立,其理论贡献是划时代的,它挑战了中国几千年的知行观,开拓了科学时代的新知行观,为建设时代的到来提供了正确的方法论,极具超前性。

其一,"知难行易"说,揭示了从"行"到"知",是一个艰苦的过程。孙中山回顾人类的认知的发展过程,是从"不知而行",而到"行而后知",再到"知而后行",认定在没有科学指导的时代,人们的"行"是"不自觉"的行为,进而到有科学知识指导,是一个漫长的过程,一个从不知到知、从知之不多到知之较多,逐步积累而形成系统科学理论的过程,科学、理论、知识来之不易。他十分强调,科学知识、人的真知来之不易,"夫科学者,统系之学也,条理之学也。凡真知特识,必从科学而来也。舍科学而外之所谓知识者,多非真知识也"④,人获得"真知",是在不易!尽管孙中山在论证人们的"知"来之不易时,更多的是引用实例,在工具理性层面上进行分析,只是利用了西方近代科学中的大量事例来阐述其哲学观点,但这恰恰说明其"知难行易"说,确实融进了西方文化,而后创新传统的知行观。

其二,"知难行易"说,揭示了"知"较"行"具有更高的品格,行是基础,而知是指导,两者是辩证的关系。在知行关系上,如果说传统的"知难行易"说,注重"行",那么可以说,孙中山的"知难行易"说,则提升了"知"。他揭示了"行"是"知"之基础,但更强调"知"即理论,对"行"的指导作用。

---

① 《建国方略·心理建设》,载《孙中山全集》第六卷,北京:中华书局,1985,第158~159页。
② 《欢宴国民党各省代表及蒙古代表的演说》,载《孙中山全集》第九卷,北京:中华书局,1986,第105页。
③ 《宴粤报记者时的讲话》,载《孙中山全集》第四卷,北京:中华书局,1985,第314页。
④ 《建国方略·心理建设》,载《孙中山全集》第六卷,北京:中华书局,1985,第200页。

第二章 岭南哲学的历程与贡献

其三,"知难行易"说,揭示了知行关系发展变化的历史趋势。孙中山创立"知难行易"说,其主观意图是改造国人的心理,以适应革命和建设事业发展的需要。在《建国方略·心理建设》之"自序"中,孙中山坦言:"夫革命党之心理,于成功之始,则被'知之非艰,行之惟艰'之说所奴,而视吾策为空言,遂放弃建设之责任","故先作学说,以破此心理之大敌,而出国人思想之迷津,庶几吾之建国方略,或不致再被人视为理想空谈"①。他正是从民国初年人民不懂得理论、知识、计划,即"知"之重要,而感悟到解决知行问题而破"心理之大敌"的必要,从而揭示知行关系变化的历史趋势。孙中山不仅从中国的革命与建设发展中看到知行关系发展的必然走向,而且他认定人类社会发展已经进到了文明的高级阶段,由于建立在实证方法基础上的近代科学的诞生,人类对世界与人类自身的认识大大提升了,人们的实践活动"能知而能行",人的实践活动在科学的指导下,变得更自觉、更理性,更能取得预期效果。近代科学,是人类文明进程的界碑,孙中山透过这块界碑看到了人类思维发展的变化,那便是人们在科学的指导下,由理论向实践飞跃的自觉,故创立"知难行易"说,以告诫人们应把握知行关系变化的历史趋势,以适应社会发展的新形势。

孙中山变传统的"知易行难"为"知难行易",这一理论的突破,其原因是双重的。一方面是受到西方近代科学的影响,另一方面则是其革命实践经验的总结与升华。孙中山对"知难行易"说,具有真理性、超前性,它展示了人类新历史阶段的新思维方式。美国现代化研究著名学者英格尔斯,他曾把"尊重知识""计划现在与未来",作为现代人的首要特征,认为做事之前,是否先有计划和打算,是现代人与传统人的区别所在;指出,"没有从心理思想和行为方式上实现由传统人到现代人的转变,真正能顺应和推动经济制度和政治管理的健全发展,那么,这个国家的现代化是徒有空名"②。英格尔斯的说法同孙中山的"知难行易"说,同样揭示了一个真理:人的心理与行为方式,必须随着科学的进步与历史的发

---

① 《建国方略·心理建设》,载《孙中山全集》第六卷,北京:中华书局,1985,第159页。
② 英格尔斯:《人的现代化》,成都:四川人民出版社,1985,第21页。

展而变革，孙中山对这一真理的揭示，较英格尔斯早了半个多世纪，足见岭南哲学不仅引领中华的主流文化，在世界哲学发展中，也曾做出贡献。

4. 新史观："民本"论

孙中山哲学在历史观方面主要由"民为主"论、"民心为基"论、"民生重心"论，以及"互助"论构成的新史观，明确提出了"民"是社会历史的主体与根本，"民心"是国家的基础，民生是社会发展的动力。其新史观，突出一个"民"字，是儒家的"民为邦本"的现代演绎。它是一个蕴含合理因素，又有内在的矛盾性的新史观，是对传统的英雄史观的大胆否定，体现着民权时代的特色。

"民为主"论，是孙中山历史观的理论出发点与落脚点。任何历史观，都必须回答历史是谁创造的，谁是历史的主体。"民本"是孙中山新史观的核心理念，是他对中国原始儒家思想的继承，以及对西方民权思想的演绎。孙中山把人类发展史概括为四个阶段："洪荒时代""神权时代""君权时代""民权时代"[1]，并认为民权时代早已有之。他说："两千年前的孔子、孟子主张民权。孔子说：'大道之行也，天下为公。'便是主张民权的大同世界。孟子说：'民为贵，社稷次之，君为轻'。又说：'天视自我民视，天听自我民听。'又说'闻诛一夫纣矣，未闻弑君也。'"[2] 他认为，"尧舜的政治，名义上虽然是君权，实际上是用民权"。孙中山一方面把孔子的"天下为公"和孟子的"君轻民重"，以及尧舜的开明政治说成是"以民为主"的民权政治；另一方面，他又对西方的天赋人权思想加以吸取和改造，他赞赏卢梭对民权运动的贡献，是"千古大功劳"，并以西方"人权平等"的观念去批评古代中国"天子授命于天"的"君权神授"与"君主独尊"的观念。在其中西合璧的新史观中，凸显了"民为主"的新观念。

"民为主"论，其焦点是以人民作为国家的主人。孙中山明确提出"四万万人当皇帝"的主张。他认为民权时代与君权时代不同，"在帝国时代，只是一个人做皇帝，到民国时代，这四万万都

---

[1] 《三民主义·民权主义》，载《孙中山全集》第九卷，北京：中华书局，1986。
[2] 《三民主义·民权主义》，载《孙中山全集》第九卷，北京：中华书局，1986。

是皇帝。这就叫做以民为主，这就是实行民权"①，"在共和政体之下，就是用人民来做皇帝"②。孙中山强调，在民权时代，人民便是国家社会的主人，为此他设计了如何确保人民真正成为主人的具体措施。其"权能相分"的办法，是要"把国家的政治大权分成两个"，"一个是政权，要把这个大权完全交到人民的手里"，"一个是治权，要把这个大权完全交到政府的机关之内"③；进而提出以人民的"四权"，即"选举权""罢免权""创制权"和"复决权"，去制衡政府的"五权"，即"行政权""立法权""司法权""考试权"和"监察权"，以确保国家的政权牢牢把握在人民的手中。孙中山认为，在漫长的历史进程中，人民不能当主人，也不会当主人，故当民主政权建立之后，必须走过"三程序"，即实行"军政时期""训政时期"和"宪政时期"，通过军管的方式扫荡旧习；通过地方政府的治理与教化，提升民众素质与自治能力，以实现人民由"奴隶"到"主人"的历史转换，最后进入人民真正掌权的"宪政时期"。

孙中山以人民为国家社会的"主人"的思想理念，十分鲜明而真切。他不仅认定人民在政治上是主人，而且还认为人民应共享社会财富。他主张实施"平均地权"与"节制资本"，使社会资源为人民所共有，真正做到"国家是人民所共有，利益是人民所共享"④，人民真能当家做主。尽管孙中山"以民为主"论，是对未来理想社会的一种憧憬，但其中也折射出他是把人民作为国家、社会、历史的主人，并为实现人民的主人地位而奋斗终生，这凸显孙中山已经开始抛弃中国几千年的英雄史观，开始注重人民群众在社会历史发展中的地位与作用，这既是对传统历史观的突破，也是其新史观的一大创新。

"民心为基"论，揭示"民心"是社会国家的基础。孙中山的宇宙观，正确回答了物质与精神的关系，认定物质先于精神；其历

---

① 《农民大联合》，载《孙中山全集》，北京：中华书局，1986。
② 《三民主义·民权主义》，载《孙中山全集》第九卷，北京：中华书局，1986。
③ 《三民主义·民权主义》，载《孙中山全集》第九卷，北京：中华书局，1986，第347页。
④ 《三民主义·民生主义》，载《孙中山全集》第九卷，北京：中华书局，1986，第394页。

史观由于对人本的强调，故又十分强调"人心"的社会历史发展中的地位与作用，高度肯定人的精神高扬与人心背向的决定作用。他明确提出，"夫国者人之积也，人皆心之器也，而国事者一人群心理之现象也。是故政治之隆污，系乎人心之振靡"，"夫心也者，万世之本源也"①。

孙中山把"心"作为宇宙的本原，也是国家的基础，天下间的一切，皆由"心"所派生，是"心"的表现，事情的成败、难易，政治的好坏，无不取决于"心"。由于孙中山继承了中国传统的"得民心者得天下"的观念，更是由于他经历了种种的磨难之后，抛弃了对军阀和帝国主义存在的幻想，看到了人民的力量，深刻体悟到民心的背向关乎国之兴亡，故高度重视人心问题。他明确提出"人心就是立国的大根本"②，认为"建国之基，当发端于心理"③。其《建国方略》的第一部分，便是"心理建设"，其写作之初衷便是重视人心在社会历史发展中的重要意义与作用。他多次强调心力高于武力，提出"人民之心力与武力者，二者可以并行不悖，但两者之间"，"当以人民之心力做基础，为最足靠"④。他认定，"只要改造人心，除去人民的旧思想，另外换成一种新思想，这便是国家的基础革新"。孙中山在社会存在与社会意识的关系上，固然有合理的因素，即充分肯定人的社会意识在社会发展中的能动作用，但同时他在阐述社会意识作为社会国家发展的基础时，又过于夸大其作用，而导致颠倒了社会存在与社会意识的关系，使其新史观呈现出矛盾性。

"民生重心"论，揭示社会历史发展的重心、动力与动因。孙中山明确地回答，"社会的文明发达、经济的组织的改良和道德的进步，都是以民生为重心，民生就是社会一切活动的原动力"，"民生是政治的中心，就是经济的中心和种种历史活动的中心，好像天

---

① 《建国方略·心理建设》，载《孙中山全集》第六卷，北京：中华书局，1985，第158~159页。
② 《在广州中国国民党恳亲大会的演说》，载《孙中山全集》第八卷，北京：中华书局，1986，第283页。
③ 《建国方略·心理建设》，载《孙中山全集》第六卷，北京：中华书局，1985，第214页。
④ 《要靠党员成功，不专靠军队成功》，载《孙中山全集》，北京：中华书局，1986。

空以内的重心一样"①。人类是为了"求生存",不断进行活动,而使社会得到进化,故"求生存"——"民生",便是人类进化的动因与动力。

孙中山的"民生重心"说,与马克思的唯物史观有相一致的一面,也有相悖的一面。一方面,孙中山强调"要解决人类的生存问题",便"调和""社会上大多数人的经济利益",以能"增加生产力",而后"大多数有利益,社会才有进步"②。他关注了经济生活在人类活动中的地位与作用。把解决人们的衣、食、住、行物质需求的"民生",作为社会历史发展的动因与动力,这一观点,同马克思如下所说的观点相一致。马克思说:"我们首先应当确定人类生存的第一个前提也就是一切历史的第一个前提,这个前提就是:人民为了能够'创造历史',必须能够生活。但是为了生活,首先就需要衣、食、住、行以及其他东西","因此任何历史观的第一件事情就是必须注意上述基本事实的全部意义和全部范畴,并给予应有的重视"③。孙中山既继承了中国传统"民以食为天"的理念,又受到社会主义思潮中马克思思想的影响。据记载,1895年孙中山发动的广州起义流产,他流亡海外,伦敦蒙难后留居英国,在大英博物馆图书馆大量阅读各种书籍,其中社会主义思潮的著作对其影响至深,尽管没有史料直接说明孙中山读到马克思的《德意志意识形态》,但在孙中山的演讲与著述中,处处可见马克思对他的影响。

另一方面,孙中山对马克思思想既有接受,也有检讨、批评与否定。其"民生重心"说,便明确否定马克思的"阶级斗争动力"说。他毫不客气地指出,"马克思认定要有阶级战争,社会才有进步;阶级战争是社会进化的原动力","以阶级战争为因,社会进步为果"④,但他不同意马克思的这些看法。他认为,"阶级战争不是社会进化的原因,阶级战争是社会当进化的时候所发生的一种病

---

① 《三民主义·民生主义》,载《孙中山全集》第九卷,北京:中华书局,1986,第377页。
② 《三民主义·民生主义》,载《孙中山全集》第九卷,北京:中华书局,1986,第369页。
③ 马克思、恩格斯:《德意志意识形态》,北京:人民出版社,2003。
④ 《三民主义·民生主义》,载《孙中山全集》第九卷,北京:中华书局,1986,第366页。

症。这种病症的原因,是人类不能生存。因为人类不能生存,所以这种病症的结果,便是战争。马克思研究社会问题所有的心得,只见到社会进化的毛病,没有见到社会进化的原理"①。在孙中山看来,阶级斗争只是在工业革命之后,出现了贫富对立之后才产生阶级战争,而人类历史上没有存在阶级战争。孙中山这一看法,无疑是对历史的误读,也是对马克思的说法也存在误读。马克思对社会进步的动因是如此阐述的:"人们在自己生活的社会生产中发生一定的、必然的,不以他们的意识为转移的关系。这些生产关系的总和构成社会的经济结构,即有法律和政治的上层建筑竖立其上,并有一定的社会意识形态与之相适应的现实基础。物质生活的生产方式制约着整个社会生活、政治生活和精神生活的过程。"② 这是把"物质生产力"作为社会发展的最终动因。可以说,孙中山的"民生重心"说与马克思唯物史观,虽有相同之处,但也存在分歧。

"互助"论,揭示社会历史发展的规律。孙中山认为,物种进化的原则,是"竞争";人类进化原则是"互助"。他说:"人类进化之主动力,在于互助,不在于竞争,如其他之动物者焉。故斗争之性,乃动物性根之遗传于人类者,此种兽性当以早除之为妙。"③ 所谓"互助",便是以"国家"为"体",以"道德"为用。在孙中山看来,离开互助,离开道德,就不可能有人类的进步,当然,人类活动的载体——社会、国家、世界,也统统不复存在。

孙中山认为,互助所以成为人类社会进化的原则,在孙中山看来不仅因为互助是人类特有的道德品格,而且因为人类社会需要和谐,而互助正是维系社会和谐的机制。他认为,"互助"便是"互爱",是相互帮助,人是有知的动物,故"人与人可以相识,相识而后互助之实可举也"④;人是有情感的动物,人与人间可以相识,相识而后相亲,相亲而后互敬、互重、互爱。这便是互助的一种具

---

① 《三民主义·民生主义》,载《孙中山全集》第九卷,北京:中华书局,1986,第369页。
② 马克思:《政治经济学批判序言》,北京:人民出版社,1971。
③ 《建国方略·物质建设》,载《孙中山全集》第六卷,北京:中华书局,1985,第394页。
④ 《大光年刊题词》,载《国父全书》,第1050页。

体体现，也是社会所以能产生相互帮助的基础。人是有道德的社会动物，"只求一人之利益，不顾大家的利益"，"优胜劣败"是"野蛮时代的陈说"，"人不应相争，而应相助"。互助，便是互不相争，是互相援助，互相帮助。孙中山深刻地揭示了"互助"与社会和谐的关系。他精辟地指出，"社会国家者，互助之体；道德仁义者，互助之用"，由是而揭示互助与国家的关系。孙中山由于看到"人处于社会之中"，人是社会的人，也必须是道德的人，而"社会国家"与"道德"无非是"互助"的"体"与"用"，他认定，互助是社会和谐的机制。人类早期能抵御大自然中来自各方面的袭击而不断"自保"与"进化"，原因就在人类"能互助，故能合弱以御强"①。人类能"相识"—"相亲"—"互助"—"合"（凝聚和团结）—"群"成为有道德的群体，抵御外强而自保、进化。人只有在互助中才能"自保"，生存、发展和进化，"互助"，是人的本质属性的要求。

　　孙中山十分深刻地揭示了互助原则是人类社会的进化原则，这是不以人的意愿为转移的必然性，是必须遵循的客观规律。孙中山以"互助"为人类进化的特有的原则，并强调它是物种进化与人类进化之区别。然而，作为革命家的孙中山，其一生从未忽略"竞争"与"斗争"，事实正是如此。他毅然举起暴力革命大旗，领导一次次的武装起义，以暴力推翻封建王朝；民国初年，又发起二次革命、护法运动，以及北伐战争，不断以"斗争"的手段捍卫新生共和国，促使中国社会向前发展。倡导互助论的孙中山，并非只讲互助，而否定斗争。孙中山的"互助论"，虽有一定的理论偏颇，但其可贵之处则在于强调了人类进化原则有别于一般动物，注重了人类社会特有的发展规律，清理了社会达尔文主义所带来的负面影响；尤其是在揭示"互助"与"仁义道德"的体用关系之时，展示了"道德"对维系国家社会的存在与发展，对推动人类进化的重要作用。

　　孙中山的"互助"论，一方面是对古代中国思想家，关于人与禽的区别在于人有道德，故能"群"、能"互助"而"自保"思想的继承。先秦时代的荀子提出，人"力不若牛，走不若马"，但人

---

① 《大光年刊题词》，载《国父全书》，第1050页。

能驾驭牛和马,是因为人能"群",人所以能"群",是因为人有"义"①。所谓"义"便是道德,便是人与人间的相亲、相爱、相助、相援,也就是孙中山所说的"互助"道德不过是"互助"之"用"。近代的康有为,继承荀子的思想,同样把"贵于能群"作为"仁"的内涵,在中国危亡的时刻,疾呼"求强在合群"②。虽然康有为并不反对"竞争之世优胜劣败"之理③,但他强调"合群",即强调内部的互助、凝聚、团结,这与孙中山的"互助"论观点堪相一致。另一方面,孙中山生活的时代,普遍存在的是斗争人渴求和平与互助,故只好寄希望于未来。他说:"近日社会学说,虽大昌明,而国家界限尚严,国与国之间,不能无争,道德家必愿世界大同,永无争战之一日,我辈亦须存此心理,感受此学说,将来世界上总有和平之望,总有大同之一日,此吾人无穷之希望,最伟大之思想。"④他期盼着经过"互助"机制的发挥,"人类所希望,化现在之痛苦世界而为极乐之天堂者是也"⑤,民国初年,孙中山在致康德黎电文中袒露了这一心愿:"自民国诞生之日起,我便致力于谋求和平、和谐与繁荣。……从那时以来,我已尽我之力所能及,促使革命所造成的混乱演化为和平与秩序,以达到由乱而治之境。"⑥

　　孙中山的"互助"论,具有理论的超前性。他所处的时代,世界各国的民族矛盾、阶级矛盾十分激化,达尔文进化论被衍为强权主义的理论基础。孙中山指出,"物竞生存之义,已成旧说"⑦,"从前学说,准物质进化之原则,阐发物竞生存之学理。野蛮时期,野兽与人类相争,弱肉强食,优胜劣败,弱者劣者,自然归于天演淘汰之例","今世界日进文明,此种学理,都成野蛮时代之陈谈,不能

---

① 《荀子·王制》。
② 《康有为遗稿·戊戌变法前后》,上海:上海人民出版社,1986,第456页。
③ 《康有为遗稿·戊戌变法前后》,上海:上海人民出版社,1986,第451页。
④ 《在东京中国留学生欢迎会的演说》,载《孙中山全集》第三卷,北京:中华书局,1984,第25页。
⑤ 《建国方略·心理建设》,载《孙中山全集》第六卷,北京:中华书局,1985,第196页。
⑥ 《致康德黎电》,载《孙中山全集》第三卷,北京:中华书局,1984,第58页。
⑦ 《非学问无以建设》,载《总理全书》,第142页。

适用于今日"①。孙中山的"互助"论，与恩格斯的思想有相一致之处。恩格斯说："自然界中死的物体的相互作用包含着和谐和冲突；活的物体的相互作用则包含着有意识的和无意识的合作，也包含着有意识的和无意识的斗争。因此在自然界中决不能单单标榜片面的'斗争'。但是想把历史的发展及其错综性之全部多种多样的内容都总括在贫乏而片面的公式'生存斗争'中，真是完全的幼稚。这简直是什么也没有说，甚至比什么都没说还坏。"② 孙中山的"互助"论，同当代的哈肯③的"协同学"相一致。哈肯指出，"尽管竞争激烈，有的种类却能共同生活；并由于共存而缘此获得稳定。……很多个体，不管是原子、分子、细胞还是动物或人，都以其集体行为，一方面通过竞争，一方面通过合作，间接地决定着自己的命运。这种决定常常是被动的而不是自动的"④；哈肯认定，"物种彼此相助为生，乃至只有互助，才能根本生存下去"。⑤ 现代系统理论，也明确提出"合作是一种构造和建设的机制"，"是物质进化、生命进化和社会进化过程中的一种重要机制，甚至可以说是主导机制"，"没有合作就没有世界的存在，更没有进化"，"任何一个文明社会都是诸多阶级的合作的基础上存在和发展"⑥；"完全不同的动物彼此相助为生，乃至只有互助，才能根本生存下去。"⑦ 孙中山创立"互助"论，以揭示人类社会的进化原则，不仅具有史学观的创新性，也具有哲学思维的超前性。

纵观岭南哲学的发展历程，不难发现明清时期，在"西学东渐"，中国处于大变革的历史氛围下，敢为天下先的岭南思想家们，

---

① 《在京东中国留学生欢迎会的演说》，载《孙中山全集》第三卷，北京：中华书局，1984，第25页。
② 恩格斯：《自然辩证法》，北京：人民出版社，1992，第262页。
③ 海尔曼·哈肯（1927—），德国人，1969年创立协同学，1984年被授予联邦德国功勋科学家荣誉。
④ 海尔曼·哈肯著，凌复华译《协同学》，上海：上海译文出版社，2009，第9页。
⑤ 海尔曼·哈肯著，凌复华译《协同学》，上海：上海译文出版社，2009，第74页。
⑥ 闵家胤：《进化的多元性——系统哲学的新体系》，北京：中国社会科学出版社，1999，第512页。
⑦ 海尔曼·哈肯著，凌复华译《协同学》，上海：上海译文出版社，2009，第74页。

在"兼收众长""益以新创"的文化观的主导下,创立了中西交融的、具有超前性的新哲学体系。以康有为与孙中山为代表的哲学体系,既继承和发展了中国传统的核心范畴与命题,又吸取了西方近代科学成果与先进思想;它既是岭南哲学的新体系,也是中国社会由传统向现代社会转型时期的哲学新形态;它既是岭南哲学发展的一个高峰,也是中国哲学进程中的一块丰碑!

第三章
本体论

岭南先贤的思想博大精深，既有中国哲学思想的共同传承，体现浓浓的家国人天情怀，也有岭南文化独特的思想脉络，散发清新的兼容务实的创新气息。岭南哲学的代表惠能禅宗、陈湛心学、康梁新学、孙中山革命思想的本体论主张，浓缩了岭南哲学本体论的构建和演变过程，展现了岭南哲学的本体论特征，厘清了岭南哲学在唯物论与唯心论上的发展脉络，为绚丽多彩的岭南文化提供了丰富的思想源泉。

第一节　岭南哲学本体论概论

一　岭南哲学本体论的建构理路

从岭南哲学的发展历程来看，唐代以前，岭南哲学主要处于引入阶段，并未形成自己成熟的形而上学体系。东晋葛洪继承王充元气论的思想，认为"元气"是世界的本原。佛学家牟子把"道"作为最高实体，康僧会则把"心"作为万有本原，在岭南及全国都有一定地位。唐代惠能创立禅宗顿教，使中国古代佛学发生重大转变，使佛教走向平民化和世俗化。唐代张九龄[①]的"神道观"，宋代余靖[②]朴素唯物主义观等，从不同方面回答了世界本原问题。明朝陈献章将儒释道融为一体，创立白沙心学，使明代理学发生重大转变。正是惠能开创的禅宗顿教和陈献章开创的白沙心学，奠定了

---

① 张九龄（678—740年），字子寿，一名博物，谥文献，唐朝韶州曲江（今广东省韶关市）人，世称"张曲江"或"文献公"。
② 余靖（1000—1064年），本名希古，字安道，号武溪。韶州曲江（今属广东韶关市）人。北宋名臣。

岭南哲学在中国古典哲学本体论范畴的重要地位，标志着岭南哲学本体论的形成。

在中国哲学史上，哲学家们在形而上学或者本体论上的建构途径大体有四种①：一是从现实事物的现实关系中寻绎共相并以之为本体；二是在现实事物及其关系之外、之先给出本体；三是以每个个体事物及其任何存在形式与变化样式为本体；四是否认任何外在事物及其来源，而以直指每一个个体之"心"为本体。纵观岭南哲学发展历程，岭南哲学本体论是遵循第四种途径建立起来的。

（一）"以觉为体"

唐代惠能将中国本土文化与佛教相融合创新，创立了禅宗，使佛教中国化、平民化、现实化。禅宗与其他宗派佛教不一样，它主张"即心是佛"，强调"顿悟成佛"，把佛学由外在信仰转到内在心性的追求上来，惠能禅学也可称之为禅宗顿教。

1. "即心是佛"

在惠能之前，中国佛学发展的理路是：在两晋南北朝时期盛行的般若空宗的思想体系内，"缘起性空"论否认了万法的实在性，因而消解了本体。众生被引导要否弃、超出现实现时社会与个我，以求得对苦难的解脱，这在对现实、现时、个我存在的否定性方面走都太远，以致不仅使生活于现实、现世的人们无法找到归依，甚至连佛教本身存在的基础和必要性都受到了怀疑。到了南北朝后期及隋唐，空宗逐渐被有宗所取代。唐代兴起的法相唯识宗提出"一切唯识"，从而肯定"识"的实有性，《大般涅槃经》提出的"一切众生悉有佛性"②，以及《大乘起信论》提出的"一心法有二种门"的命题肯定了"真心"实存性，已经开始回到主体及其心性上来。此时佛学需要解决的问题，就是如何在现实、现时、现世中为个我找到一个驻足点，使个我可以融入现实现存世界却又依然保持那份超越性。这一问题正是由惠能创立的禅宗顿教解决的。

惠能禅宗所持的一个基本信念，认为"即心是佛"，即众生本心本性具足佛性，每一众生的本心体性就是本自清净，本具佛性

---

① 冯达文：《中国哲学的本源——本体论》，广州：广东人民出版社，2001，第238~252页。

② 《大般涅槃经》卷七《如来性品》之四。

的。众生的"染"与"恶"如乌云覆盖,是后来发生的,偶然出现的。这就为众生得以成佛提供了绝对意义的内在依据,为普通老百姓打开了证入佛境的大门。在终极层面的认定上,它否认了"佛"的外在信仰意义,而把信仰收归于每一个人的心中,使之成为每个个体本有的心性,并以"清静"来解释这种"心性"。由此开启了信仰的主体性,将佛教之外在信仰转向为内在精神追求。惠能称:"善知识!色身是舍宅,不可言归,向者三身佛在自行中,世人总有,为自心迷,不见内省,外觅三身如来,不见自身中有三身佛。汝等听说,令汝等于自身中见自法性有三身佛,此三身佛,从自性生,不从外得。何名清净法身佛?世人性本自净,万法从自性生。"① 惠能把"三身佛"收归于"色身",称"此三身佛,从自性生,不从外得",此即把"佛"视为每个个体"色身"中本有之"性"。惠能谓"世人性本自净",又谓"佛性常清净",他是以"清静"说"佛性"、论"心性",也就是以精神状态指"佛性"。在惠能这里,具有终极意义的,并不是于"色身"之外独立存在的某种实体,而是每个个体本自具足的心性。

2. "以觉为体"

在惠能之前的佛学视"理"为客观实在的本体。姚兴于在《通三世论》称:"……过去未来,虽无眼对,理恒相因。苟因理不绝,圣剑三是,无所疑矣。"② 这里引入了用于描述客观普遍必然趋势的"理"的概念,来描述贯通三世的某种法则的实在性。佛教各派都围绕"理"的概念构建本体论,以"理"为"体",以"理"指"性"。这里的"理",主要有三种含义③:一是客观外在。它原是作为以客观存在的法则加给众生才成就众生的本性的。二是共相,是指不是某一个体特有的,而是一切个体所共有的。三是经验知识,是指共相尚未立足于先验性,仍只是经验知识范畴。但不管哪一种意思,这种"理为体"仍是不圆满的,尚未真正凸显

---

① 见《坛经·忏悔品第六》。佛教所谓"色身"即每一个个体的肉身,所谓"三身佛"即"法身佛""报身佛""化身佛"。此"三身佛"在惠能以前的佛学中多被用于指称于"色身"之外独立存在的某种精神实体乃至人格神及其变现。
② 《广弘明集》卷十八,《大正藏》卷五十二之《广弘明集》卷十八。
③ 冯达文:《中国哲学的本源——本体论》,广州:广东人民出版社,2001,第311~312页。

主体性,也没有真正涉及个体性,没有立足于先验性。以"理"论"体"说"性"时,是指个体成佛的根据,并非个体所特有的。个体今生现世能否成佛,与前生乃至多生多世以来的修行有关。成佛的依据("理")并不是个我的,而是他在的、上世乃至多生多世留存下来的、公共的;属于"我"的"觉"只在"了因佛性"方面起作用。个我今生不能决定自己,今生不具自足性。个体要成就佛道,不可避免地要做长期甚至累世修行,一点一滴地积累功德,这其实是一种经验积累的进路。这种进路最大的问题,就是佛学作为绝对意义上的信仰,不可能在相对有限的经验知识范围内得以建立。按"理"论"体"说"性"的经验进路,是难免把信仰外在化、实在化乃至人格化的,但这又是走不通的。

惠能选择了不同的进路构建佛学本体论。惠能经常谈及"觉体""觉性"。如:善知识,众生无边誓愿度,不是惠能度。善知识,心中众生,各于自身自性自度。何名自性自度?自色身中邪见烦恼,愚痴迷妄,自有本觉性。只本觉性,将正见度。此即以"自由本觉"论"性"。不仅如此,惠能还以"般若智慧"释"性"。在这里,他不以"理"为"体"为"性",而主以"觉"为"体"为"性",将信仰内在化为一种精神追求、一种价值认定,信仰者便具有完全的个体性(即不以"理"言)与绝对的自足性(即不可以经验知识论)。信仰不可借助经验知识而证得,它带有先验性。唯有赋予信仰以先验的意义,才可以保障其绝对的自足性。

3. "顿悟成佛"

惠能在信仰的先验性基础上,提出了"顿悟"的修持功夫论。在惠能看来,"人性本净","净"作为"性"为人心所本具,直呈此心此性即成佛道。人人本具之佛性既为"清静",保持吾心之"清静"即证成佛道。惠能称:"我于忍和尚处一闻,言下大悟,顿见真如本性。是故将此教法,流行后代,令学者顿悟菩提,令自本性顿悟。"[①] "故知不悟,即是佛是众生;一念若悟,即众生是佛。故知一切万法,尽在自身中,何不从于自心顿现真如本性。"[②] 在这里,惠能把证入佛境归于当下之"一悟"。由此证入的佛境即

[①] 郭朋校释《坛经校释》,北京:中华书局,1983,第59页。
[②] 郭朋校释《坛经校释》,北京:中华书局,1983,第58页。

每一个个体的"心境"。惠能把证入佛境认作"心境",淡化了佛教信仰的人格神色彩,而把众生成佛之道转变为追求心灵境界的自由自适之路。

在惠能看来,成佛之道并不遥远也不神秘,只要你感悟到自性本来清静,也就是觉悟到了自己的本来面目。故惠能强调:"故知万法尽在自心,何不从自心中,顿见真如本性?《菩萨戒经》云:'我本元自性清静,若识自心见性,皆成佛道。'《净明经》云:'即时或然,还得本心。'"① 在这里,惠能直截了当,不做任何迂回曲折,教人证悟菩提之道的"顿悟"之法。所谓"顿悟"不是悟得某一道理,而是要去掉遮蔽,让心体本有的清静境界顿时呈现;所谓去掉遮蔽,也不是使本心归于空寂,而是不起心动念。惠能称之为"无念"。惠能证入佛道所开示的,实质为一种精神上的"空灵"之境。

(二)"以心为体"

陈献章是广东历史上唯一一位从祀孔庙的儒学大师,他上承濂溪(即周敦颐)之学,又集理学诸家之长,熔儒道释为一体,不因袭前人的理论模式而另辟蹊径,创立了江门学派,他继承并发展了传统理学"以道为本"的本源论②,主张"道通于物"。在此基础上,他提出了"静养端倪""心具万理"的本体论,以"情"为"心"为"性",开启了明代心学的先河,堪称明代心学的宗师。他的弟子湛若水继承并发展了他的哲学,以"体用一原"完善"以道为本"的本源论,由"理心合一"论出发,提出"随处体认天理",进而提出"知行合一"论。在本体论上,陈湛心学是以心为本体的,是明代心学的代表学说。

1. "静养端倪""心具万理"

陈献章在构建"以道为本"的本源论基础上构建了"心本论"的本体论。对于如何认知"道",他摒弃了朱熹"格物致知"的方法,认为对道的体认,可以不通过外在的"物"作为中介,而直接地反求于自身,从静中养出以道为本体的心来。他这种"静养端倪"的心学认识论的理论依据是"道通于物"与"心为道舍"。一

---

① 《坛经·般若品》(法海录),曹溪原本。
② 本文参照的是冯达文先生的狭义本体论的概念,仅在此说明。

方面,"道通于物",道寓于物,同样道寓于人。"人具七尺之躯,除了此心此理,便无可贵"①,道在心中,反诸自身就能得道。他认为人能体认、感应出自身的"道",关键在于"无欲"。"无欲则静虚而动直"②,由静而虚,虚而后能见本体之心,但虚则必须无欲。另一方面,陈献章认为"道通于物""心得而存之"③,故"心为道舍",也就是把"心"作为"道"所寓存之处。"静养端倪"也就是通过"静"或"静坐"以求得"本体之心"即"得道"。通过"静"而致"虚","虚"而明心,也就是道即寓于心,外在的道,内化为心中的道。这就由之前的"道心分立"通过"静养端倪"实现了"道心合一"。"道心合一",心即得道。"得道之心"具有什么功能呢?陈献章认为得道之君子能"天地我立""万化我出""宇宙在我",可治国平天下,可为天地万物,也就是说:"心具万理。"

从中国思想史发展的角度梳理,陈献章先生的"心本论"是从对程朱理学的扬弃开始构建的。宋儒理学以万物存在与发展的必然性为"理"(或"道"),并将其界定在人之外的一种客观必然性,人通过"格物致知"而得道。这种理学重视"理"(或"道")的客观、共相、必然与知性,离开了主体(心)、个体体认、应然与性情,这种"理"偏离了孔孟儒学的理论基础——日常世俗情感,是他在的、刻板的、冷漠的、没有生命的④,因而产生了朱熹的"存天理、灭人欲"的思想。由于程朱理学存在这种局限,于是引发了如何复归原创儒学的思潮。陈献章把"理"收归于"心",以"静养端倪"实现"道心合一",以"心"认可的应然的客观必然性作为"理"。在陈献章这里,"道"为我认可之"心"所认可后,"心"即为"道"。故我"心"是完全自足的,无待于外的,他摒弃以工具理性(知性)或者道德理性(德性)对个体的"情性"做任何加工,认为未经加工的"情"最具"本真"性。由此,陈献章回到了个体的人,回到人之本心,重新唤醒了被程朱理学所抛

---

① 《陈献章集》,北京:中华书局,1987,第61页。
② 《陈献章集》,北京:中华书局,1987,第147页。
③ 《陈献章集》,北京:中华书局,1987,第56页。
④ 冯达文:《中国哲学的本源——本体论》,广州:广东人民出版社,2001,第281页。

弃的人的情性及个体体认，以"情"为"心"、为"性"，因此，陈献章的"心本论"实为"情本论"[①]。

2. "心本论"与禅宗顿教

明末清初的思想家潘平格说过，"朱子道，陆子禅"，非常简洁地道出了宋儒理学与道家、心学与佛教禅宗的深刻渊源和内在联系。"心本论"作为南派儒学本体论，自然与惠能创立的禅宗顿教有很深的渊源，在本体论上具有很大的相似性。

惠能提出"即心是佛"，否定了"佛"的外在信仰意义，而把这种信仰收归每个人心中，使之成为每个个体的本自具足的心性，并以"清净"释"性"，谓"世人性本自净""佛法常清净"，以"清净"说"佛"论"性"，即以精神状态代指"佛性"。这种本体论显然被陈献章吸纳并用于改造儒家理学，由"道本论"转向"心本论"。陈献章将外在的"道"或"理"收归于"心"，且以"静"说"心"，也使儒家对终极层面的追求转变为一种心性追求。惠能的"清净"与陈献章的"静"其实都是指未进入经验世界、未受感性世界左右之前的一种本原性的存在状态，两者在本体论上都是相同的存在论[②]。

3. "随处体认天理"

陈献章从禅宗"静"或"静坐"得到启发，提出了"静养端倪"以发展儒学，但也存在明显不足。陈献章把"理"收摄归心，以为"天地我立，万化我出，而宇宙在我"[③]，他把本体心的"静"与外在事物之"动"对立起来，以为只有排除"动"，才能保持心境之"静"。但这造成的后果是已确认事物及其"动"不能为心所包摄，心不可能成为无限的绝对本体，无法实现自由自足性。为纠正陈献章"静"之偏，湛若水提出了"随处体认天理"论。他认为"静不可以致力，才致力即已非静"[④]。他以"动静混"代替只讲"静"，强调"与其习静以养动，不若慎动以养静；慎动以养静，不若动静皆忘，时动时静，察见天理而存养之"[⑤]。在湛若水

---

① 冯达文：《中国哲学的本源——本体论》，广州：广东人民出版社，2001，第86页。
② 冯达文：《中国哲学的本源——本体论》，广州：广东人民出版社，2001，第327页。
③ 《陈献章集》卷二《与林郡博》，北京：中华书局，1987。
④ 《甘泉文集》卷七《书·答余督学》。
⑤ 《甘泉文集》卷七《书·复王宜学内翰》。

看来，儒家的本体心与禅宗之本体心是不同的，应该既体认于"动"之中，也体认于"静"之中的，这就是"随处体认"的意思，他认为"动静皆吾心之本体"，唯如此，才真正实现陈献章先生所说的"天地我立，万化我出，而宇宙在我"，使"心"真正获得绝对的圆足性。

天理与物象的关系是普遍与特殊的关系，"随处体认天理"论的提出，破除了宋儒理学将"理"抽象化、刻板化、先在化以及将"知""行"分立的理念，甘泉提出"体用合一"，由此实现普遍与特殊的同一，提倡"知行合一"，强调了人的认识过程只是"一段功夫"，可以随时随地进行，也就是强调认识的主体与认识的客体无条件地统一，由此高度肯定了人对客观世界认识的可能性，把至高无上的"天理"置于人的"日用"的一切活动之中，把神秘的"涵养功夫"还原为人的各种社会活动，从而恢复认识的普遍性品格。这无疑是岭南哲学甚至中国哲学在认识论上的一次飞跃。

二 岭南哲学本体论的近代演变

近代中国是一个中西文化交汇碰撞、热烈思辨的时代，岭南哲学在思想碰撞过程中不断完善，在本体论上有了较大发展，尤以康有为、梁启超的思想最为突出，加速了中国近现代化的进程。

（一）"唯物感觉论"

康有为是"一个向西方学习的先进中国人"，是"近代中国第一次思想解放潮流的主将"[①]，他学贯中西，运用西学改造中学，创立了自己独特的思想体系。他吸收了西方近代自然科学发展的成果，提出"天本元气而成"的本源论，肯定了宇宙的物质性，纠正了宋代儒学"理在气先"的先验论认识，运用现代天文学知识理解到宇宙时空的无限性，结合西方哲学和自然科学及本人的实践经验，提出了"唯物感觉论"，提倡实证主义新方法，摆脱中国哲学抽象思辨，初步把理论立足于近代自然科学和社会学说之上，成为中国哲学从古代形态转变到近代形态的开端。

不管是宋儒理学的"以理为本"，还是陈湛心学抑或阳明心学的"以心为本"，基本上都是唯心主义的路线，强调"心性"在终

---

① 马洪林：《康有为评传》，南京：南京大学出版社，2011，第1~7页。

极意义上的本体地位，对于外在的"理"或"道"如何认识才能得"道"？宋儒理学坚持"知先行后""格物致知"；陈湛心学坚持"静养端倪"或"体用合一""知行合一"；阳明心学坚持以"致良知"为标准，主张"知行合一"，明清学者王夫之重新解释"格物致知"，认为"格物"是认识的感性阶段，"致知"是认识的立新阶段，运用"心"对感性材料进行判断推理，故以思辨为主，而学问辅之。康有为继承了王夫之的"行先知后"的观点，形象地说，"譬之食苦瓜，觉其苦，知也。必食而后知者，即知行合一也"①。在康有为这里，"必食而后知"，即必先行而后才有知，这是一条从物质到感觉再到认识的唯物主义感觉论的认识路线②。这种唯物感觉论还体现在康有为对朱熹的批评上。他对朱熹原话"格，至也；物，犹事也。穷至事物之理，欲其所知无不尽也"进行批判，认为"夫至与穷异，事与理隔，始以至事代格物，继以穷理代至事，愈引愈远，渐忘本旨"③。按照康有为的看法，认识世界必须先格物，再致知，最后才是穷理。在康有为这里，"格物"并不是朱熹的道德实践，而是"食苦瓜"之类的接触外界事物的具体活动，"致知"也不是朱熹提倡的心中所知或内心良知，而是认识世界即获得规律性的知识。"知行合一"在康有为这里具有"唯物感觉论"的意义，与他所提倡的实证主义的哲学观点及方法论是相吻合的。

（二）"仁本论"新说

康有为用近代价值观念对孔孟儒家的仁学进行了心的诠释和重建，把儒家的思想核心"仁"从传统引入现代。从"仁"思想发展的价值取向总体上判断，康有为对"仁本论"的新解说，标志着中国古典"仁学"思想的终结和近代仁学思想的开始。

1. "以仁为本"

康有为对"以仁为本"儒学本体论提出了新的解说。首先，他认为仁为不忍人之心，不忍人之心是人的根源。他把《孟子》所言"人皆有不忍人之心"的"仁心"构建为最美好的道德原则，把不忍人之政即"仁政"描绘为最完善的政治制度，认为人道之仁爱，

---

① 《南海康先生口说》，广州：中山大学出版社，1985，第53页。
② 马洪林：《康有为评传》，南京：南京大学出版社，2011，第214页。
③ 《教学同义》，载《康有为全集》第一集，上海：上海古籍出版社，1987，第109页。

人道之文明，人道之进化，至于太平大同，皆从不忍人之心衍生出来，从而突破了孟子扩充四端只能"保四海""事父母"的藩篱，更富有近代理论的色泽。其次，他认为仁为爱的系统，他发挥董仲舒"仁者爱人，不在爱我"，"仁者所以爱人类"的微言大义，把爱发展成一个从爱自己出发，然后爱他人、爱家乡、爱国家、爱诸夏、爱四夷、爱同类直至爱一切生物，包揽宇宙众生，达到至仁境界的爱的系统，在他这里，爱是一个历史概念，爱也是天人合一的概念，他认为仁的最高理想是"大同之治"。再次，康有为认为仁为"以太"①，仁为相互吸引之力。他把中国的"仁爱"比作西方人说的"以太"，以说明天地人神之间存在一个"磁石"般相互吸摄的力量。康有为企图中国传统的"元气"和西方自然科学的"磁场"来说明客观事件的物质性和天地人神之间的内在联系性，这带有明显的朴素唯物主义的倾向。他把人描绘成无处不在的把人类吸引在一起的电力，把仁演绎为无时不在的维系人类共生的最高道德准则。他认为"其为仁不过大海之涓滴也夫！"仁的爱力和吸力，浩浩荡荡，无涯无际，是存在于宇宙人间的永恒的凝聚力。最后，康有为认为仁与天地万物为一体。他确认世界宇宙万物都是天生的，天是一切物质和精神的本原。

2．"以智为重"

与历来儒家将"以仁为本"作为孔子思想的核心不同的是，康有为把"智"也上升到与"仁"同等重要的思想高度。他认为孔子思想有"仁"与"智"两个基本点："孔子多言仁智"，"孔子之仁，专以爱人类为主；其智，专以除人害为先，此孔子大道之筦辖也"。他批评程朱理学标举"仁统四端"，即仁统帅义、礼、智、信之不当。他认为，"夫约以人而言，有智而后仁义礼信有所呈，而义礼信智以之所为，亦以成仁，故仁与智所以成终成始者也"②。之所以拔高"智"的地位，跟他所处中西文化交汇碰撞的时代有关系，他确认当今是竞新争智的世界，要振兴民族富强国家，就离不

---

① "以太"为17世纪欧洲科学家所设想的传播媒质以及电磁和引力相互作用的现象。康有为企图用"元气"和"磁场"来说明客观事件的物质性和天地人神之间的内在联系性。

② 《康子内外篇》，载《康有为全集》第一集，上海：上海古籍出版社，1987，第191页。

开开发民智，必须首先提高对民智的重视程度。这在当时是具有进步意义的。

康有为通过对"仁""智"古典概念的近代化解释与改造，构建了一个以"智"为核心的心的伦理体系，从而否定了传统儒家以"仁"为核心的旧的伦理体系。他认为，"人道以智为导，以仁为归"。也就是肯定了人类社会中智的决定性、主动性和能动性的作用，确立了智在社会伦理体系中的核心地位；人道以仁为归宿，把实现仁爱原则作为人生与社会的追求目标。

(三)"心体论"新说

梁启超在《先秦政治思想史》中认为"吾先哲"的学问主要是人生哲学，西洋哲学由宇宙论或本体论到论理学，更趋重于认识论，彻头彻尾是为"求知"起见，因而可称之为"爱智学"；而中国的学问，与其说是知识的学问，毋宁说是行为的学问，实为人生哲学。他认为儒学之"大义"在于"修己安人"[1]，最高目的为"内圣外王"，他对儒家"明心见性"的思想情有独钟，非常推崇阳明心学。关于心性，阳明有"四句教"："无善无恶心之体，有善有恶意之动，知善知恶是良知，为善去恶是格物。"梁启超认为这里包含了"致良知"与"知行合一"。良知人人有，有人明，有人暗，"致的意思是扩充它，诚意功夫如此，拿现在的话解释，就是服从良心的第一命令，很有点像康德学说"[2]。在他看来，阳明心学实与康德哲学相近，因而具有近代哲学的属性。他认为"阳明之良知即康德之真我，其学说之基础全同"[3]。通过对阳明心学的解读，他构建了具有近代哲学意义的"心体"学说。在梁启超这里，"心性本体"具有以下特性。

1. "求知以养心"

在如何对待价值论和知识论关系上，梁启超更重视知识的价值，"求知以养心"。儒家学说本来就包含"道问学"和"尊德性"两个方面，发展到后来，产生了德性之知和见闻之知的争论。梁启超生活在近代科学技术已经快速发展，他深刻认识到科学的作用，

---

[1] 蒋广学、何卫东：《梁启超评传（下）》，南京：南京大学出版社，2011，第292~295页。
[2] 梁启超：《饮冰室合集·专集》一百零三，北京：中华书局，1989，第52页。
[3] 梁启超：《饮冰室合集·专集》十三，北京：中华书局，1989，第36页。

但他认为"求知"的目的在于"养心",因而更重视心灵之修养。他认为荀子《解蔽》篇"凡以知人之性也,可以知物之理也"应为"凡可知,人之性也;可以知,物之理也"。"此即为佛家所谓'能''所'之理,人之性,为'能知';物之理,为'所知'。盖人有能知之性,物有可知之理。"他借用荀子的知识论以弥补孟子之所缺。将价值论放在了知识论之上,故他贬抑朱熹而高扬王阳明,因为朱熹所重者在于求知,而在当时"学校变成知识贩卖所"的情况下,"唯一的救济法门,就是依着王阳明知行合一之教法做去"①。他认为人需要知识但又不能为知识所蔽,要重在价值,即"养心"。

正是基于上述观点,梁启超是批评唯科学主义的,他认为科学是需要的,但仅仅有科学造就不了一个自由主义的心灵世界;讲儒家,采用知识主义的方法是可以的,但儒家的学问"全不在知识主义",它至高无上之处,有一个富有创造性的自由本体②。

2. "物欲天性,所重在义"

在对待义利的关系上,梁启超在两者的统一中承认"生之谓性",但反对为物欲所遮蔽。传统儒学中,孟子学说最大的特点就是排斥功利主义,宋儒理学将其发挥到极致,朱熹"存天理、灭人欲"的思想就是最典型的代表。清朝哲学家戴震对此进行了抨击,在《孟子字义疏证》中提出,"人伦日用,其物也;曰仁,曰义,曰礼,其则也"。梁启超高度评价戴震的思想,他反对功利主义,但并不是否定人生存和发展所需的物质条件。他是承认人欲存在,必须给它应有的地位,但他主张"该人类之自由意志,吾侪虽不敢指为万能,然确信其力之伟大实不可思议。自己欲作何种生活,最少可以凭自己意力作一大半主,故将物质生活减杀至最低限度,而将精神生活发育到最高限度,人类实有此可能"③。他既承认物欲的合理性,又提倡不为物欲所蔽,所重在义。

3. "不拘于命,修身立命"

在对待客观规律与主观能动性的关系上,梁启超承认有"天命",但又主张不为命所拘。梁启超说:"儒家都主张俟命,即站在

---

① 梁启超:《饮冰室合集·专集》四十三,北京:中华书局,1989,第23~24页。
② 蒋广学、何卫东:《梁启超评传(下)》,南京:南京大学出版社,2011,第317页。
③ 梁启超:《饮冰室合集·专集》五十,北京:中华书局,1989,第89、108页。

合理的地位，等命来，却不是白白的坐等，要修身以俟之，最后是立命，即造出新命来。俟命是静的，立命是动的了。"立命说的意义在于，"人的力量虽小，终不能不工作。地震没有法子止住，然有法可以预防，防一分算一分，儒家言命的真谛，就是如此"①。儒家有"人能弘道，非道弘人"之说，就是"以人类心力为万能，以道为人类不断努力创造"。"人类称不能对自然界有所创造，其所创造者乃在人与自然界之关系及人与人关系，……盖儒家以宇宙为'未济'的，刻刻正正在进行中，故加以人工，正所以'弘道'。"②梁启超认为儒家明心见性学说，提倡在立命中，扩充自己的创造力，使自己真正变成社会及自然的主人。他坚持"明知不可为而为之"的观点，也就是承认有定命，但又不拘于命，重在提高自己的创造力。

（四）"无我论"新说

梁启超认为释迦牟尼创立佛教的原旨，与现代科学、民主、自由思想之间有着深刻的相似性、一致性，因此力发原始佛教的"世间解"之义，并阐发了"人间佛教"之意。他认为（印度佛家）"教给我们知道有绝对的自由"，"教给我们知道有绝对的爱"③，他顺应当时科学发展以及人间佛教的教理改革潮流，提倡"以科学立教"，对法相唯识学作重新阐释，构建起"无我论"的新的佛教哲学。

首先，梁启超说：佛说法五十年，八千卷大藏经论，"一言蔽之"，曰"无我"④。"我"之毒害，在"我爱""我慢"，其所由成立则在"我见"。《成唯识论》说："我爱者，谓我贪，于所执我，深生耽着。"又说："我慢者，谓倨傲，恃所执我，令人高举。"要根除我爱、我慢，最根本的是去除"我见"。佛家之"无我"者，即是"无我见"也。梁启超认为"灭我见"是佛教哲学立论之根本，而唯识学"五蕴皆空"说则建立了"灭我见"的认识论基础。

其次，梁启超以现代心理学来解释唯识学"五蕴皆空"说。"五蕴皆空"的根本义是我们所面对的一切（包括我们自己的生

---

① 梁启超：《饮冰室合集·专集》一百零三，北京：中华书局，1989，第93、95页。
② 梁启超：《饮冰室合集·专集》五十，北京：中华书局，1989，第99~100页。
③ 梁启超：《饮冰室合集·专集》四十一，北京：中华书局，1989，第39页。
④ 梁启超：《饮冰室合集·专集》五十四，北京：中华书局，1989，第27页。

命),均是从我们意识的幻想中产生出来的,一切刹那生灭,没有质的规定性和实体性。所谓"五蕴"是指认识活动的五个环节:色、受、想、行、识。西洋哲学一般按心、物对立划分将"五蕴"分为两类,物——色(认识的客体),心——受想行识(作为认识主体的心,在认识过程中心理的几个变化阶段)。但梁启超从现代心理学角度赋予新的解释,他认为"'色'是我们心理的表象"[1],例如我看到窗外一棵树,"感觉"是一棵柳树,这是"受";怎么知道它就是柳树呢?"经验告诉我的",这就是"想";将眼下的树与经验中的柳树比较一番,判定这棵树的情状,就是"行",最后确认它就是柳树,便是"识"。从这个认识过程看,树只是一种"心理的表象"。梁启超将认识的对象和认识的主体像对待:"这四种(指色受想行)虽然或属物理现象或属心理现象,但都是由'我'观察他,认识他,所以都说是'我所';然则,能观察,能认识的'我'是什么呢?一般人以为'心理活动统一之状态'的识即是'我',笛卡尔所谓'我思故我存'就是这种见解。"[2] 但在佛法看来,这种"我思故我存"的"识"也是一种妄见,"其实不过是五蕴中之一蕴"[3]。从现代心理学认识唯识学,八识相转依、相统一的过程,实际上表现为人的意识是一个不断新陈代谢的过程,其中有依存,有转生,它的变化很细微,不易察见,表面上像是常住的,又能存储过去的经验,令它再现,虽然很像总持我身心的一个主宰,但它仍只是人的"意识"而已,并非就是"自我"本身,按照佛法观点,也是"空"的,不存在"我",这就为"无我论"提供了理论根据。

再次,从"无我论"出发,应该以"无我"铸造新的人生。这是梁启超新佛学的根本落脚点。他说:"所谓人生,所谓宇宙,只是事情和事情的交互,状态和状态的衔接,随生随住,随变随灭,随灭复随生,便是五蕴皆空的道理,也便是无我的道理。"[4] 认识到以上道理,就能转识为智,见到真如,证得涅槃,使心灵获

---

[1] 梁启超:《饮冰室合集·专集》六十八,北京:中华书局,1989,第47页。
[2] 梁启超:《饮冰室合集·专集》六十八,北京:中华书局,1989,第43页。
[3] 梁启超:《饮冰室合集·专集》六十八,北京:中华书局,1989,第54页。
[4] 梁启超:《饮冰室合集·专集》六十八,北京:中华书局,1989,第53、57页。

得空前的自由,人才能成为自己的主人,变成一个勇于舍弃七尺皮囊而为人类事业献身的人。梁启超把佛教变为人间哲学,不再只是一种信仰。

(五)"道本论"异化

在中国近代历史上,"太平天国"是具有浓厚的宗教色彩的神权政治。洪秀全(1814—1864年),原名仁坤,广东花县(今广州市花都区)人,太平天国领袖。他对西方基督教教义用儒家传统思想加以改造,组建"拜上帝教",发动农民起义,建立了"太平天国",给封建主义以沉重打击,在中国近代化进程中留下了不可磨灭的痕迹。

从本体论的意义上考察洪秀全的宗教思想,虽然它在形式上反孔,独尊上帝,但他否定的是孔子的权威而不是其学说,他憧憬"地下太平,人间恩和",提倡"天下一家","凡天下田,天下人同耕",这些思想理念实际上源自孔孟儒学。反映洪秀全思想核心的"太平诏书"之《原道救世歌》有云:"道之大原出于天,谨将天道觉群贤"[①],洪秀全认为"道出于天",意思是以"天道"为本,这在本质上与传统儒家的"以道为本"是相通的,只是将抽象的"道"俗化为老百姓能理解的"天道",而"天"又便于与西方基督教的"上帝"联系。《原道醒世训》又云:"上帝原来是老亲,水源木本急寻真。量宽异国皆同国,心好天人亦世人。"洪秀全把上帝比作亲人,称上帝、天人与世人同类,他还自称上帝的儿子,耶稣的兄弟,能沟通天人和上帝,上帝掌握天道,是天上和世间最高统治者。这种唯心主义的看法,是在传统儒家"以道为本"的基础上,加上了一个代表"天道"的至高无上的"上帝",实质上是对"道本论"的异化,独尊上帝是出于维护他的统治地位合法性的需要。洪秀全的"道出于天"和"独尊上帝",只是传统儒学"以道为本"与基督教的上帝相结合而异化的结果。

"太平诏书"之《原道醒世训》直接摘录了《礼运》中的话:"大道之行也,天下为公,选贤与能,讲信修睦。故人不独亲其亲,不独子其子,使老有所终,壮有所用,幼有所长,鳏、寡、孤、

[①] 夏春涛:《洪秀全 洪仁玕卷》,北京:中国人民大学出版社,2015,第22页。

独、废疾者皆有所养，男有分，女有归。货恶其弃于地也，不必藏于己；力恶其不出于身也，不必为己。是故谋闭而不兴，盗窃乱贼而不作，故外户而不闭，是谓大同。"① 洪秀全是以孔子的"大同"思想比附西方基督教的"平等"思想，反映了当时中国底层百姓要求民主主义的平等论和空想社会主义的思想。洪秀全的宗教思想实质上是披着"上帝"外衣的传统儒家思想，"太平天国"实际上是洪秀全实现"大同"理想的一种宗教神权而已。

（六）"革命实践论"

作为中国近代化革命先驱者，孙中山热切地向西方近代自然科学和社会经济政治学说学习，认真地吸收中国古典哲学的优良成分，以"改造世界"为己任，不懈地进行革命实践并进行总结，在长期的战斗生涯中形成了自己的哲学思想。孙中山的哲学思想是资产阶级民主派的社会政治、经济观点的理论基础，也是他的"三民主义"的思想源泉。

孙中山继承了中国古典哲学的唯物主义传统，并吸收了近代自然科学的发展成果，主张唯物主义自然观和认识论。在《军人精神教育》演讲中，把宇宙间诸现象归结为物质与精神两个范畴，并指出了两者之间的关系："精神虽未物质之对，然实相辅为用。考从前科学未发达时代，往往以精神与物质为绝对分离，而不知两者本合为一。在中国学者，亦恒言有体有用。何为体？即物质。何为用？即精神。譬如人之一身，五官百骸皆为体，属于物质；其能言语动作者，即为用，由人之精神为之。二者相辅，不可分离，若猝然丧失精神，官骸虽具，不能言语，不能动作，用既失，而体亦即成为死物矣。由是观之，世界上仅有物质之体，而无精神之用者，必非人类。"② 孙中山主张以物质为"体"，以精神为"用"，并把"太极"附以近代自然科学的物质含义，以此作为宇宙万物的本源。这是一种朴素的唯物主义宇宙观。

与康有为、梁启超以"格义"方式去理解西方哲学和自然科学进而构建自己的本体论不同，孙中山直接运用所学的西学，用于批判吸收中国传统的认识论，他反对王阳明的主观唯心主义认识论，

---

① 夏春涛：《洪秀全 洪仁玕卷》，北京：中国人民大学出版社，2015，第27页。
② 《孙中山全集》第六卷，北京：中华书局，1985，第12页。

继承和发扬了王船山等人的知行观,主张"行先知后""知难行易(或行易知难)"的唯物认识论,强调把"行"——实践放到首要地位,并且强调"真知"——理性认识获得的困难与必要。这里有两个理论点,一是承认客观存在是第一位的,认识是第二位的。世界是复杂的,其规律是可知的。孙中山把认识论建立在唯物主义的基础上,他通过不断的革命实践并进行理论概括形成自己的哲学思想,反过来进一步指导革命斗争,因此带有很明显的"革命实践论"色彩,也可以认为是一种唯物主义的实践哲学。《孙文学说》就主要是在总结与概括长期革命斗争,特别是辛亥革命斗争经验的基础上写成的,人们可以清楚地看到以"改造世界"为己任的思想家的哲学思考痕迹。

三 岭南哲学本体论的现代认识

岭南哲学无论是在研究宇宙起源的本源论方面,还是在研究宇宙之本性的本体论方面,基本上是秉持一元本体论的。这一点在"心本(体)论""道(理)本论"和"仁本论"上尤为突出,虽然与本体论相对应的认识论不尽相同,但这些本体论的共同特征都是认为世界(宇宙)上所有事物都具有统一的性质,有且只有一种本质的论断,也就是说持有一元本体论。这种一元本体论从唯心主义和唯物主义的角度进行梳理或许更加明显。

(一)唯心主义观点

1. 客观唯心主义

唐代惠能的禅宗顿教"以觉为体",主张"即心是佛""顿悟成佛",也就说众生本心本性具足佛性,每一众生的本心体性就是本自清净,本具佛性的,这种佛性不因个体差别和社会地位不同而有不同,是客观平等无差异的,因而是一种客观的唯心主义。他有一首著名的得法偈:"菩提本无树,明镜亦非台,本来无一物,何处惹尘埃。"这个"本来无一物",讲的也就是外相本来就是虚无的,追求佛道应回到众生本自具足的心性上来。这是一种客观唯心主义的观点。

到了近代,梁启超顺应当时科学发展以及人间佛教的教理改革潮流,提倡"以科学立教",教人脱离纯主观的独断论,专用科学的分析法,说明"我"之绝不存在,以现代心理学解释"五蕴皆

空",说明我们所面对的一切直至我们自己的生命,均是从我们意识的幻想中产生的,一切都刹那生灭,没有质的规定性和实体性,也就是"空"。他通过对唯识学"五蕴皆空"的现代解释,构建起"无我论"的新的佛教哲学。从"无我论"出发,他主张世间众生应该以"无我"精神铸造新的人生,使心灵获得自由,成为自己的主人,变成一个勇于舍弃七尺皮囊而为人类事业献身的人。这种"无我论"也是一种客观唯心主义的观点。

2. 主观唯心主义

陈献章"以道为本",在道心关系上,他是坚持"道"是第一性,"心"是第二性的,"道"是客观地不依赖于心而存在的,因而他的"道心合一"似乎是唯物主义的观点。但是陈献章的"道",并不是物质性的概念,不是传统哲学中的"气"的概念,而与朱熹的"理"更接近,是一种先天地万物而存在的一种客观精神。在陈献章看来,只有"心"才是更为根本的东西,它是一种高度抽象化的精神观念,可以看作绝对自由的精神主体。所以陈献章才会主张"静养端倪",以"道心合一",从而实现"天地我立,万化我出,而宇宙在我",这虽是对"我心"的夸大,但恰恰说明这是一种主观唯心主义的观点。陈献章"以情为本",他摒弃以工具理性(知性)或者道德理性(德性)对个体的"情性"做任何加工,认为未经加工的"情"最具"本真"性。这种"情",是自然的、个我的、盎然出之的,每个个体所体认到的"理"应是有所不同的,这也符合主观唯心主义特征。

梁启超推崇"阳明心学",阳明心学是属于唯心主义范畴的,最突出的就是它主张"无心外之物,无心外之理",属于主观唯心主义。梁启超通过对阳明心学的现代解读,构建了他的"心体论",批判唯科学主义,主张"求知以养心";承认"物欲天性",但"所重在义",承认有"天命",主张不为命所拘,修身以立命,"明知不可为而为之"。梁启超的"心体论"也是一种主观唯心主义观点。

(二) 唯物主义观点

1. 朴素唯物主义

余靖是一个朴素唯物主义者。他从世界的物质性出发,分析了"道"与"权"的辩证关系,强调把握"度"的意义;从现象与本质关系中,揭示出透过现象把握事物本质的认识过程,批判和驳斥了"舍利""祥瑞"等迷信现象，强调了"在人不在神"的观点，从而肯定了人的实践主体性，并从实际出发阐述社会变革思想。

湛若水继承了陈献章别具一格的心学，在承认心的至上性的同时，以气为体、以道为体。他明确提出："盈天地之间，一气也。其为形色，一体也。"①"一气充塞，流行于天地，故有屈伸升降进退相乘也，元非二物。"② 在湛若水看来，世界并非空，而是实有，世界是气的充塞与变化，而气与到通体。人与物可以有始有终，但气与到生生化化，无始无终，不生不灭，同为世界的本体。湛若水又主张"体用一原"，他把理、道、心、性看成气的不同功能和表现，道、气、心、性同为"体"的表现，"体"与"用"本为"一"，而非"二"。甘泉既承认宇宙统一于"气"，而同时又肯定"心"的至上性和主宰性。他不再割裂"形而上"与"形而下"，而是认识到物质与精神的统一，这正是他对先师陈献章关于"道通于物"，离气无道、离道无气理论的发挥，也是对传统朴素唯物主义的发展。

2. 机械唯物主义

近代康有为吸收了西方自然科学知识，提出了元气星云说，以星云为万物生成的本源，"元气"不仅造就天体，而且还生成万物，衍生人类，他认为"天本元气而成"，这就肯定了宇宙的物质性，并顺理成章地得出了"气在理先"的唯物主义结论。这还是一种朴素唯物主义的观点。在认识论上，康有为继承了王夫之的"行先知后"的观点，并根据自己的实践经验，提出了唯物感觉论。这种认识论带有明显的唯物主义色彩，强调物质的先在性，感觉和意识后于物质而存在，是认识物质世界的一种反映。这种认识论已经比传统根据自身切身体验出发提出的朴素的直观的唯物主义思想有了很大进步，但这种唯物感觉论受当时社会实践和科学技术发展水平的限制，人们对世界的认识主要依靠机械力学的原理去论证世界的统一性，这就使康有为的唯物感觉论也带有机械性的特点，它更接近机械唯物主义观点，与后来的辩证唯物主义还是有很大区别的。

---

① 黄宗羲：《明儒学案·甘泉学案三》，北京：中华书局，1985，第946页。
② 《甘泉文集》卷七《书·答王德徵易问》。

3. 辩证唯物主义

孙中山也把世界看成物质的,他把宇宙间诸现象归结为物质与精神两个基本范畴,并指出了物质与精神之间的关系:"精神虽为物质之对,然实相辅为用","两者相辅,不可分离"。在物质和精神关系上,孙中山是持辩证唯物论观点的,一方面,他坚持世界是物质的,精神为物质之对;另一方面,他又强调物质和精神"相辅为用",并非互不相关或彼此对立的两个范畴。孙中山既反对庸俗的唯物主义,也反对二元唯物论。虽然孙中山尚未能系统全面地提出辩证唯物主义的本体论,但其对物质和精神关系的观点是最接近辩证唯物主义的。

第二节 岭南哲学本体论的特征

一 平民化性格——平等、世俗、自然

岭南哲学本体论源自中国传统哲学,具有与传统儒学一样的"家国天下"情怀,与传统佛教一样的自觉成就佛道的信仰追求,与中国传统哲学是一脉相承的。由于岭南地区远离中原文化中心和政治中心,较少受既成观念与门户之见的束缚,思想上显得更加自由,且呈现出一种较浓重的个体化倾向,这给岭南哲学发展提供了独特的文化土壤,也使岭南哲学本体论既有中国传统哲学的特征,也具有明显的岭南文化特征。

(一)众生佛性的平等

释迦牟尼佛在成道时说:"奇哉!奇哉!一切众生皆具如来智慧德相,然以妄想执著不能证得,若离妄想,则无师智、无碍智、自然智自然现前。"说的是众生本来就具有佛性。《金刚经》更是进一步指明众生佛性平等。"是法平等,无有高下,故名无上正等菩提:以无我、无众生、无寿者,无更求趣性,其性平等。"在惠能之前,虽然佛经有言众生佛性平等的观念,但是在当时的社会,有资格成为佛教各派的继承人或者上座弟子的,大多数还是出自贵族或与贵族、王室有密切关系的人。这种社会现实与佛教内部的结构相适应,佛教各派大多强调佛与众生、法身与色身、净土与尘世、本体与物象的分隔、对立以及在修持上递进的艰难性,由此确

保上层僧侣、知识僧侣对平民出身的僧侣的优越性。而惠能主张"即心是佛""顿悟成佛",这就将上述差异和优越性消除了,还原了佛性平等的真实面目,使每一个平民百姓都可以通过内在佛性的证悟实现自觉。不仅如此,在惠能之后,禅宗顿教还将这种佛性的平等思想发扬光大,不仅一般否认了人心之外存在一个人格神的佛与佛的世界,更是公然呵佛骂佛,否定有高于众生佛性的一切存在,这是进一步发扬了惠能的关于佛性平等的思想,使众生从对佛、佛土的外在信仰转向对个我内在本自具足的心性的证悟。

(二)活在当下的平常

禅宗顿教主张"即心是佛",强调众生本心本性具足佛性,佛性本自清净,众生的"染"与"恶"如乌云覆盖,是后来发生的,偶然出现的。在惠能看来,所有的凡夫俗子都是佛,众生的"烦恼"也就是"菩提",关键是要看众生的念头是迷惑还是开悟。如果念头在迷惑里面,那他就是凡夫俗子,会产生烦恼;如果在开悟里面,那就回得菩提,与佛一样。心若没有执着,没有想法,廓然一片,烦恼是不存在的,菩提也是不存在的。在这个境界里,烦恼也就是菩提,菩提也就是烦恼了。每一个人都有烦恼,但是没有把烦恼放在心上,等于没有烦恼,没有了烦恼,菩提自然就会出现了。惠能说"烦恼即菩提"。这样,惠能就把众生修行成就佛道的过程放在了一个世俗化的生活场景中,强调在世间修行。对于世间修行,他主张持有平常心,护持好自己安详平常的心态。只有具备了平常心,才会有烦恼即菩提,菩提既烦恼的心境。惠能的隔代掌门人八祖马祖禅师将惠能这种观点概括为"平常心是道"。他说:"道不用修,但莫污染。何为污染?但有生死心,造作趣向皆是污染。若欲直会其道,平常心是道。谓平常心无造作、无是非、无取舍、无断常、无凡无圣。……只如今行住坐卧、应机接物尽是道。"[①] 这里的"平常心"也就是没有被"污染"的心,与惠能的"本来无一物,何处惹尘埃"是一致的,真正的修行就是该做什么就做什么,不动心,不起念。看世间万物,待众生情感,莫不如此。惠能常说:"佛法在世间,不离世间觉。离世觅菩提,犹如求

[①]《大正藏》第五十一卷《景德传灯录》第二十八卷《举江西大寂道——禅师之示众语》,第440页。

兔角。"① 也就是活在当下修行的最好阐释。这就是惠能对佛教的改革，他大胆地把高盛莫测的佛法还原为普普通通、实实在在的人生道理，把高高在上的菩萨拉到了人世间。近代提倡"人间佛教"，其根源可以追溯到惠能的禅宗顿教。惠能开创的禅宗顿教具有明显的平民化和世俗化的特点，这对岭南文化的平民化和务实性格的塑造也起到了重要作用，是岭南哲学本体论的重要特征之一。

（三）盎然出之的自然

陈献章对程朱理学的局限性进行反思，抛弃外在的"理"，而以"心"认可者为"理"。但如此一来，"心"又会被内在之种种是非好坏等道德理性判断萦绕和被外在之种种社会评价所牵挂，此"心"容易陷入困顿。他深深感受到以"道德理性"说"心"对"心"的局限性与"心"的不自由性，而主张"静中养出端倪"，认为与其读书毋宁静坐，静坐而将"心"存养于无事无物处，正好使心得以保持圆足性。由此出发，陈献章以"情"为"心"为"性"，回归到个体的心性上来。陈献章说："率吾情盎然出之，不以赞毁与；发乎天和，不求合于世与；明三纲，达五常，征存亡，辨得失，不为河汾子所痛者，殆希矣。"② 所谓"率吾情盎然出之"，就是否定以道德理性对"情"做任何过滤和筛选，排除任何外在的社会对"情"的困扰。"情"是未经加工与改制的，是最完整和圆足的。陈献章以"情"至上，追求心的自然本性，这一点与道家颇有几分相似之处。陈献章说："学者以自然为宗。"③ 这个"自然"概念，不仅指"丝毫人力亦不存"的客观自然，也指仁心未经加工的自然本性，同时还有"理"的天然流露的意思，是从"心中"沛然流出。在陈献章看来，"以自然为宗"是追求"与道翱翔""天人合一"的最高境界为归宿，追求人与自然的统一。因此，他才会说"出处语默，咸率于自然，不受变于俗，斯可矣"④。这颇似陶渊明的"久在樊笼里，复得返自然"⑤之乐。人之性情是"自然"的，以"情为本"，自当追求"心"之"自然"，"情"之"自然"。

---

① 《坛经·般若品·无相颂》（法海录），曹溪原本。
② 《认真子诗集序》，《陈献章集》卷一，北京：中华书局，1987。
③ 《陈献章集》卷二《与湛泽民书》，北京：中华书局，1987。
④ 《陈献章集》卷二《与顺德吴明府书》，北京：中华书局，1987。
⑤ 《陶渊明集》卷二，北京：中华书局，1979。

二 个体化体验——自主自由性的体证

(一) 个体主体的回归

1. "佛性"之证悟

惠能的基本信念是"即心是佛",认为众生本心本性具足佛性,佛性本自清净,保持这种清净心,就能证得佛道。在惠能那里,每个个体本有的佛性既然是指一种清静之心性,那成佛不过是保持(或恢复)这种每个人本有的清静性,只要能保持这种清静性,也就能证入佛道。按照现在的先验主义观点来看,这是一种典型的先验论。惠能是在经验之路无法解决内心修行与外在信仰的同一性问题时,转入先验之路的,由此实现了个体主体的回归。也正是将佛性赋予先验性,否定了"佛"的外在信仰意义,而把信仰收归于每一个人的心中,使之成为每个个体本有的心性,才为众生得以成佛提供了绝对意义的内在依据,为普普通通的老百姓也打开了证入佛境的大门。惠能的禅宗顿教为众生成佛开启了信仰的主体性,将佛教之外在信仰转向为内在精神追求。

2. "端倪"之静养

陈献章继承了儒家"为学当求诸心"的传统观念,对为何要"求诸心"以及如何"求诸心",经历了十多年苦苦静思探索,才领悟到"为学须从静坐中养出个端倪来,方有商量处"。① 陈献章认为唯有"静坐",才能养出"端倪"。他说:"所谓未得,谓吾此心与此理未有凑泊吻合处也,于是舍彼之繁,求吾之约,唯在静坐,久之然后见吾心之体隐然呈露,常若有物,日用间种种应酬,随吾所欲,如马之御衔勒也。体认物理,稽诸圣训,各有头绪来历,如水之有源委也。于是涣然自信曰:作圣之功,其在兹乎?"② "唯在静坐"就能"隐然呈露"自己的本体之心。静坐久了,能使人求得与道相"吻合",便到了一定的理性高度,由此进入自由境界,便能随心所欲,既能"体认物理",又能稽合"圣训",这便是"作圣之功"。陈献章与惠能一样,倡导的是一种个体内在的体征,从而实现主体的回归。

---

① 《陈献章集》,北京:中华书局,1987,第133页。
② 《陈献章集》,北京:中华书局,1987,第145页。

顺着这种思路，陈献章进一步强调"学贵自得"[①]。也就是强调"勿助勿忘"而求"自得"，即在否定外力的情况下，完成"作圣之功"，"学贵自得"论与"静中养出端倪"论可谓异曲同工，都是为了高扬人的主体精神。陈献章说："学无难易，在人自觉耳。才觉退便是进也，才觉病便是药也。眼前朋友可以论学者几人？其失在于不自觉耳。"在陈献章看来，"自得"便是"自觉"，两者是同义词，"觉"便已"得"，"得"意味着已"觉"。可见，学问之得，是"自"得，而非"他"得；是自"内"而得，而非自"外"而得，故"自得"，不是"他得"或者"外得"。陈献章也正是践行"自得"之法，通过"静坐"和独立思考，达到思想解放，开创具有岭南特色的理学体系，开启明代心学的先河。

3. "天理"之体认

湛若水的"随处体认天理"论，纠正了陈献章"静中养出端倪"之偏颇，提出了一种动态的个体化体证过程。湛若水强调"随处"体认的必要性，一方面出于天理是"天然自有之中"，同时又无处不在地体现与日用常行之中的考虑，"随处体认"是以一种顺遂的方式对天理本体的自然领悟与获得。"随处"一词既呼应了天理的普遍共在的特性，又体现出功夫修养应无往而不在的持续性。这是一种动态的过程，仅靠单纯的"静坐"是不足以全面体征"天理"的。另一方面，"随处"的表达将体认天理的境遇性凸显出来，具体的境遇不同，天理的呈现形式与内容也随之不同，因而要求主体面对不同的时空条件而采取符合自身要求的适当行为，在某种意义上是对主体能动性的一种锤炼和锻造。湛若水的"随处体认天理"论，具有非常鲜明的个体化体验特征，给岭南哲学赋予了独特的魅力，它把神秘的"涵养功夫"还原为人的各种社会活动，从而恢复认识的普遍性品格。

（二）自由境界的追求

1. "顿悟"之自由

惠能在存在论上"以觉为体"，在功夫论上持"顿悟"论。这种"顿悟"对于个我来说，是自主自由性的体现。惠能说："善知识，

[①] 《陈献章集》，北京：中华书局，1987，第807页。

第三章 本体论

见自性自净,自修自作自性法身,自行佛行,自作自成佛道。"① "但行直心,于一切法,无有执著,名一行三昧。……道须流通,何以却滞?心不住法即通流,住即被缚。……又见有人教人坐,看心看净,不动不起,从此置功。迷人不悟,便执成颠,即有数百般以如此教导者,故知大错。"② 在惠能看来,这种"自性"是本自清净,"自修""顿悟"可以"自作自成佛道"。所谓"但行直心",即以自心为确当性判断,不以外在种种对待关系为判断;所谓"心不住法",即指心不可以落入与"法"的对待关系中,"心不住法即通流",此"通流"就是指的心境之自由。

虽然在惠能之前的佛家和道家在境界追求上也多讲自由,但是他们往往强调通过与经验世界的分割而求取心境上的自由,也就是借"出世""逃离"获得心境自由。这种自由并没有消除内心与经验世界的紧张与对立关系,心还是没有真正获得自由的。惠能则不同,他主张以"于相而离相"来解释"无相",以"于念而不念"来实现"无念"。"于相"和"于念"都离不开经验世界,但经验知识与经验世界不够成为"心"的外在限定条件,虽然身与心都处于经验世界之中,但经验世界无一事物为我所执留,又无一事物与我分隔,我即修成佛道,我心即最自由。惠能"顿悟"实现的正是这种心的自由,也就是成佛之自由。

2. "心舍"之自由

陈献章认为"心为道舍",通过"静坐"的涵养过程,可达到"体认物理",道心合一的"得道"境界。又认为"君子一心,万理完具",道心合一无须外求,只要静坐便可"即心观妙""静坐观群妙",故教人"从静中坐养出个端倪来"。这种通过"静坐"实现"心舍"之自由,与惠能的"顿悟"之自由存在异曲同工之妙。陈献章从禅宗顿教中获得了不少启发。陈献章谓:"人与天地同体,四时以行,百物以生,若滞在一处,安能为造化之主耶?古之善学者,常令此心在无物处,便运用得转耳。学者以自然为宗,不可不着理会。"③ 陈献章强调"常令此心在无物处",与惠能的

---

① 郭朋校释《坛经校释》,北京:中华书局,1983,第38页。
② 郭朋校释《坛经校释》,北京:中华书局,1983,第28页。
③ 《陈献章集》上,北京:中华书局,1987,第192页。

"于念而不念""于相而无相"的意思是一样的。"心在无物处"便可以"运用得转",也就是"来去自由"。"以自然为宗"之"自然"是心与物无分割也不受限定的自由。陈献章通过"静养端倪",实现了"心舍"之自由,达到"天地我立,万化我出,而宇宙在我"之境界。

3. "心体"之自由

梁启超为儒家哲学设定了一个崭新的"心性本体",他认为人需要知识,但又不能被知识所遮蔽,提倡尊德性、重价值,"求知以养心",做到庄子说的"天地与人并生,而万物与我为一",让心灵在无尽的大千世界中自由飞翔和逍遥遨游。梁启超处在一个中西文化深入碰撞交汇的时代,他对西方自然科学知识的认识是全面的、深刻的,他看到了知识的局限性,他认为科学是必需的,但仅仅有科学造就不了一个自由主义的心灵世界;儒家哲学不管是孟子讲的正心问题,还是陆象山讲的"圣贤之学,心学而已",本质上都是"心体"之说。儒家的学问"全不在知识主义",它的至高无上之处,是有一个富有创造性的自由本体。这一点在梁启超推崇阳明心学上体现得淋漓尽致。梁启超认为阳明心学是符合现代心理学原理的,"心体问题,到了王阳明真正到了发挥透彻,成一家之言,可谓集大成的学者"[①]。梁启超的"心体论"追求的是心灵的自由,一种心灵翱翔于天地之间无拘无束的自由境界。

4. "无我"之自由

梁启超力发原始佛教的"世间解"之义,阐发"人间佛教"之意,他的"无我论"新说,是从认识论和修养伦的角度解释了无常与无我、解脱与涅槃的问题,其中心是要在世俗世界中建立一个自证自知的"绝对自由无系缚"的精神境界。梁启超认为释迦牟尼佛创立佛教之根本目的,是教人们从"一切苦"中解脱出来。所谓"涅槃"者,就是"离缚得自在",就是"解放而得自由"。修养的方法不外乎"慧解脱,即从知识方面得解放"和"心解脱,即从感情方面得解放"。关于这种"绝对自由无系缚"的自由境界,梁启超在欢迎泰戈尔的一次集会上做过明晰概括:"教给我们知道有绝对的自

---

① 梁启超:《饮冰室合集·专集》一百零三,北京:中华书局,1989,第96~102页。

由——脱离一切遗传习惯及时代思潮所束缚的根本心灵自由,不为物质生活奴隶的精神自由。总括一句,不是对他人的压制束缚而得解放的自由,乃是自己解放自己'得大解脱''得大自在''得大无畏'的绝对自由。"涅槃到底是一种什么样的境界呢?梁启超认为,"大概是绝对清凉无热恼、绝对安定无破坏、绝对平等无差别、绝对自由无系缚的一种境界吧"。梁启超的"无我"终归回到"涅槃"的境界,追求一种"绝对自由无系缚"的自由境界。

(三) 改造世界的探索

近代以来,岭南哲学的发展过程,始终被浓浓的"天下"情怀和"救国"理想所包围,无论是康有为、梁启超主导的"戊戌变法"运动,还是孙中山的"民主主义革命"运动,无不在尝试通过向西方学习先进的科学文化知识,构建先进的岭南哲学本体论,并在斗争中不断完善这种本体论,以拯救中国和振兴中华,这都具有明显的"改造世界"现实关怀和革命冲动,在"天下兴亡匹夫有责"的"救国兴邦"口号下,社会个体积极参与革命实践活动,这是更高意义上的个体化体验,这直接加速了中国近代化的进程。

1. "知行合一"的实践意义

湛若水针对理学两大派争论的"理心"关系问题①,提出了"理心合一"论,以"心即理""理即心""天人不间"的理论,揭示了主观世界与客观世界的统一性问题。湛若水认为,人心与天理是"一体"的,即"合一",理既在心外,又在心中,他反对心外求理,又承认天地万物之理的客观存在。湛若水由"理心合一"出发,提出"随处体认天理",把"涵养"与"致知",看作"一段功夫","涵养致知,一时俱到","致知涵养"便是"察天理而存之,非二事也",这就把对世界的认识与日常活动看作不可二分的过程。湛若水提出了"知行合一"的命题。在湛若水看来,"知"与"行"既是不同的,又是"合一"的。这一点跟王阳明混淆"知"与"行"的质的差异之后提出的"知行合一"是不同的。湛若水认为人们在体认天理中,既是知,也是行。他强调了人的践履活动与认识活动的统一性。虽然还不能明确提出后来马克思的"实践"概念和"改造世界"的观念,但他毕竟朦胧地意识到了人的认识离不开

---

① "理"与"心"的关系,两位理学大师朱熹和陆九渊有过激烈的"鹅湖之争"。

读书、应酬、功业等各种日常活动。从这个意义上说，湛若水的"知行合一"在一定程度上为后来的岭南进步人士进行革命实践提供了理论素养。

康有为秉持了类似的唯物本体论观点，主张"知行合一"的认识论。他从现实生活经验出发，以吃苦瓜为比喻，提出"必食而后知者，即知行合一"，提倡的是必先行而后才有知，遵从的是从物质到感觉再到认识的唯物主义感觉论的认识路线。这种观点为康有为积极参与"戊戌变法"、参与"改造世界"提供了明确的理论指导。

2. "知难行易"的革命实践

受王船山"行先知后"的启发，孙中山在吸收西方自然科学与社会经济政治学说的基础上，认识到"知难行易"，为此不懈地进行革命实践，并在长期的战斗生涯中逐渐形成自己的哲学思想。与康有为的"知行合一"简单的唯物主义感觉论不同的是，孙中山是对原有的哲学术语在实践的基础上，赋予了崭新的内容，具有很强的现实意义，是直接参与"改造世界"的经验总结。从"知行合一"到"知难行易"，扭转了阳明心学后产生的空谈"心性"的倾向，承接了明清之际"经世致用"的思潮，是近代岭南哲学是在"救国"运动下的发展，也是认识论上的一次飞跃，更加接近马克思主义的"实践"概念内涵。

三 包容性发展——包容兼收开放创新

（一）儒释道相互借鉴和渗透

1. 白沙心学"融儒道释为一体"

陈献章"主静"之心学，远离朱熹理学，近乎陆九渊的心学。不过，虽然同样"主静"，但陈献章的心学与陆九渊的心学却并不相同。陆九渊认为，"人皆有是心，心皆具是理，心即理也"，"此心此理，实不容有二"，"此心此理，我固有之"。[①] 其理论基点是"心即理也"，这是一种先验论。而陈献章在形式上虽然"主静"，但其心学理论基点与陆九渊是不同的。陈献章"以道为本""以自然为宗"，承认心外之道的客观存在，并没有把"道"与"心"视为一个东西，

[①] 《陆九渊集》，北京：中华书局，1980，第149、5、13页。

而是认为,在"心""得道""会理""存诚"之后,"心"可以与"道"合一,可以与"道"齐等。"道心合一",是在"静坐"中"养出"的道德境界,是"作圣之功"的结果。陈献章是承认"理"或"道"的客观性的,这一点与陆子将"心"等同于"理"是不一样的。陈献章这种"主静"思想实际上直接渊源于周敦颐(濂溪先生)之学,濂溪之学"主静",陈献章"主静"之心学上承濂溪之学,同时吸收了禅宗"静坐"的思想,提出了"静养端倪"之说。陈献章"主静"之心学,"可谓直接出于周程"①,也是继承了"圣贤之道"的。因宋儒们"主静"之学可以追溯到先秦时代的儒道思想,以及后来的佛家思想,陈献章"主静"之心学,实际上是"融儒道释于一体",又自成一派的心学体系。

2. 心体论"以佛释儒,以佛救儒"

梁启超以现代科学改造佛学,改造后的佛教哲学既是他的精神所归,同时也是他改造儒学的有力武器。儒家学说是一种具有保守主义倾向的学术,孔子提倡"克己复礼,天下归仁焉",董仲舒提出"道之大原出于天,天不变道亦不变",都体现了儒学的保守性质。但梁启超以"以佛释儒,以佛救儒",他的"心体论"新说,也就包含了他改造后的佛学的"无我"精神。他将孔子与释迦牟尼佛相比,认为孔子提倡"毋我",佛家亦主张"无我",又说:"佛说'有一众生不成佛,我不成佛''我不入地狱谁入地狱',至理名言,洞若观火。孔子也说'诚者非诚己而已也……'将为我私心扫除,即将许多无谓的计较扫除,如此可以做到'仁者不忧'的境域。"经过梁启超的改造,儒家学说就成了鼓舞人们奋斗不已、扫除私心不止的精神武器。

(二) 中西哲学相互融汇发展

1. "元气论"与实证主义的结合

康有为悉心考察世界,较量东西文化异同,结合本人的实践经验,继承和发展了王夫之"格物致知"的唯物感觉论,并尝试将"元气论"与西方哲学的实证主义方法相结合,对他的"唯物感觉论"进行了深入的理性思考,写成了一本《实理公法全书》。他学习欧几里得《几何原本》进行推理,模仿实证方法解剖社会,用

---

① 《白沙子研究》,第175页。

"实理"与"公法"否定传统思想中的"天理"与"私法"。他与宋代理学家"理在气先"的先验论相反,把物质性的"元气"看作万物的本源。他把"理"定位在"实理"层面上,并解释这个"实"字有三层含义:其一,为"实测之实",即在实践中得到考察与明验;其二,为"实证之实",可以通过对中外古今历史实际与现状实际的比较思辨,从大量事实中得出结论;其三,为"虚实之实",即实实在在存在真正符合集合公理之法则的"必然之实"。在康有为这里,"理"并不是宇宙的最高本体,而是被科学和实践证明了的真理。他这种用观察、实验、比较验证事物内在规律的方法,是和实证主义的哲学观点及方法论是相吻合的。康有为把西方哲学与中国传统哲学相结合,创造出一个新的中西合璧的哲学体系,成为近代中国唯物主义哲学的先驱。

2. 明心见性与康德哲学的结合

梁启超的"心体论"新说其实是传统"明心见性"派与康德哲学相结合的产物。"明心见性"的始祖是孟子,梁启超认为孟子言"性本善",人的本性是好的,本着良知良能去做就行了,"不必用人家帮忙,不必寻章摘句、繁文缛节地讨麻烦,自己认清,便是对的。这种学说,可谓对孔子学说的一种补充,扫除章句小儒的陋习,高视阔步地来讲微言大义。我们可以说,儒家自孟子起一大变"①。梁启超认为,孟子的心性学说是对孔学末流烦琐考据之学的一大解放。他秉承了微言大义的学术传统,特别注重心性学的发展,尤其推崇阳明心学。他的《王阳明知行合一之教》认为,"(王阳明)大刀阔斧地矫正他们(朱熹),所以能起衰救敝,风靡全国"。关于心性,阳明有两个核心观点:"致良知"和"知行合一"。梁启超将其与康德哲学进行比较,并融合形成自己的观点。他的《近世第一大哲康德之学说》就说过"阳明名之良知即康德之真我,其学说之基础全同"。并在《王阳明知行合一之教》一文中,他再次强调,阳明的"致良知"就像是康德的服从绝对命令。他之所以持这一观点,主要是想通过阳明心学与康德哲学的结合,为儒家构建一个具有近代哲学意义上的"心体"学说,以支撑他的"文化救国"理论。

---

① 梁启超:《饮冰室合集·专集》一百零三,北京:中华书局,1989,第25页。

（三）唯物唯心主义融合一体

1. "道通于物"与"理气合一"

白沙心学是建立在其"虚实相参"的宇宙观基础上的，其理论基点是"道通于物""物外无道"，在此基础上提出其"心学法门"，以心为道舍，教人"求诸心"，由此阐发其心学的。陈献章认为世界是"道气"统一的，"虚实"相参的，"本形不倅"的，这种统一的理论，兼具唯心唯物主义观点而自成一家。陈献章与宋明理学一样，也以"道"或"理"为最高范畴，即"以道为本"，明确提出道是天地万物的本体，这是一种客观唯心主义。但与其他宋明理学思想家不同的是，陈献章还认为"道通于物""道心合一"。在陈献章看来，宇宙间既没有无道之物，也没有离物之道；道通于物而得存，物得道而自为物；有形之物与无形之道统一构成了宇宙。由于有形之物实即"气"的流通变化状态，故道物关系，也即道气关系。陈献章看到了世界的统一性，称之为"一"，称之为"元"，也同时看到了统一体的一分为二，从而打通了唯物唯心之间的联系，并将唯物唯心主义统一到"道通于物"的理论基点上。

湛若水显然继承了陈献章的理论进路，明确提出"合一"论，即"气不离理""理不离气""理气合一"，又提出"理一"与"分殊"同一，"虚"与"实"同源。"盖形见处是分殊，主宰处是理一，两者当时同有"[①]。在湛若水看来，宇宙间只是一气、一理、一心，而理、气、心都有动静，有阴阳，动与静、阴与阳对立，但又只是一个事物的两个名称罢了。湛若水也是糅合了唯物主义和唯心主义，在探索世界的现象与本质、个别与一般，以及世界的运动变化等问题上，纠正了原来的两种片面性，向真理迈进了一步，是中国古代哲学发展的一大飞跃。

2. "以元统天"与"元神一体"

康有为在学习了近代自然科学知识后，对中国古代哲学家提出的"元气"有了更深的认识，提出"天本元气而成"的宇宙本源论。他认为"元"是一种物质性的气，所以也称"元气"。天、地、生物、人类，都离不开太阳的无量功德，太阳是星云气体的结晶，所以他概括为"以元统天"论，是指天、地、生物、人类共同

[①] 黄宗羲：《明儒学案·甘泉学案四》，北京：中华书局，1985，第966页。

起源于星云气体，"以元统天"就是以星云为万物生称的本源。"元气"不仅造就天体，而且生成万物，衍生人类，也就是说"物我一体，天人同气"，他把天上世界与人间世界都看作一个物质世界的共同体，从而把古代"天人合一"论建立在近代科学的基础上，是唯物主义宇宙观。基于上述理论基点，他顺理成章地得出了"气在理先"的结论，把过去朱熹认为的"理在气先"的认识规律重新纠正过来。

虽然康有为持"以元统天"的唯物主义宇宙观，但他又认为"元神一体"，即"浩浩元气，造起天地，""神鬼神帝，生天生地，全神分神，惟元惟人"[①]。宇宙万物像神一样变化莫测，世界到处都充满神，物质、元气、神灵"融"为一体，他这种唯心主义的观点是泛神论哲学。在康有为这里，唯物主义和唯心主义也是融为一体的。

第三节　岭南哲学本体论的历史价值

一　岭南哲学对中国哲学本体论的发展

梳理岭南哲学本体论的构建和演变过程，岭南哲学在本体论意义上三次引领了中国哲学发展方向。第一次是唐代惠能创立禅宗顿教，使佛教发展由"以理为体"转向"以觉为体"，将佛教外在信仰转向内在精神追求；第二次是明代陈献章创立江门学派，使儒学发展由"以道（理）为本"转向"以心（情）为本"，使儒家对终极层面的追求转变为一种心性追求，开启明代心学的先河；第三次是近代诸多岭南先贤共同努力，不断学习西方哲学和自然科学知识，以西学为"体"，中学为"用"，将传统的"唯心主义"本体观转向"唯物主义"本体观，开启并推动了中国近代化的进程。

（一）从"存在"问题转向"心性"问题

原始佛教以"十二因缘"说揭示生命体生死轮回的流转过程，生命体要获得解脱，就必须认识到个体生命（我）与外在世界（法）在本性上都是虚幻不实的，即"性空"，由此才可以放弃执

---

① 康有为：《大同书》，北京：北京古籍出版社，1956，第3页。

着，修成佛道。小乘佛教多讲"法有我空"，大乘空宗则主张"我法皆空"。空宗般若学中观论以"缘起"说"性空"，又以"性空"说"缘起"，认为"我法皆空"。由于"缘起性空"论否认任何事物，甚至包括佛、净土、法身、法性等佛教最高信仰在内的事事物物的实在性，因此存在消解佛教信仰的危险。罗什弟子僧肇进一步发展了空宗的义理，提出空宗般若学的"实相论"，他以"不真"为"空"，明确众生可于当下任何处境证入空境而得到本真。罗什另一弟子竺道生，则以"理"言"性空"，且将"性空"视为真实存在之一共法，并确认此"理"具有不以每个个体存在状况为转移的实在性。从本体论来看，"法"与"空"的关系，实际上讨论的是物象与本源或本体的关系。僧肇的"实相论"相当于现在所说的存在论。道生则将"缘起性空"作为绝对之共法"理"，仍在强调"性理"的实在性。

佛教传入中国，先后有小乘佛教、大乘空宗般若学、大乘有宗唯识学、如来藏学（佛性论）。后来最为国人接受并流传的，是如来藏学。"如来藏"学（即"佛性"论）确认"一切众生悉有佛性"，如来藏作为共相之"理性"至于一切众生、一切诸佛之遍在性。《大乘起信论》以如来藏为本心真体，是不生不灭的绝对本体，一切世间生灭污染之事发，均依如来藏而得以起现。《大乘起信论》又以"本觉"论如来藏佛性，说真心本体，认为众生之"心体"是"本觉"之体，是不为污染的意念所遮蔽的，因而可以照见万法皆空，在万法皆空的意义上，证入如来法身（佛）。

惠能显然受到了《大乘起信论》的影响，不以"理"而以"本觉"论"体"说"性"。他强调"即心是佛"，打掉了佛教信仰的外在性、彼岸性与被动性，而真正把它转变为人的内在信念、主题内在精神境界的一种自觉追求，同时他也打掉了这种追求的公共性而使个体获得自我现世当下的意义，解决了十二因缘说无法解释个体今生成佛依据的困惑。惠能在修持功夫上持"顿悟成佛"，确保信仰之绝对性是至当的，因而是圆满具足的。经由惠能的改造，佛教从原来的"存在"问题彻底转向了"心性"问题。

（二）从"理性"问题转向"情性"问题

孔孟原创之儒学，纯粹以人们日常的世俗情感为关切点，如仁、义、礼、孝等，都是从世俗的"情"中引出的。荀子认为人之情性本"恶"而非"善",故"道"不可以顺"情性"而出,荀子选择了从外在客观性论"道"。此后的《中庸》与《易传》也从外在的客观普遍的必然性处任取"天道",且取由外在而内在的理路。《大学》称"致知在格物。格物而后知至,知至而后意诚,意诚而后心正,心正而后身修,身修而后家齐,家齐而后国治,国治而后天下平",是发挥了荀子的知识论。因为"物"与物之"道"是客观外在的,故需"格"而"致知"。在"格物致知"的基础上,才可以谈及人的内在德性修养与支配外在世界。程朱理学沿着《大学》的"理"路进一步发展儒学,把"情"与"性"分开,认为人之"本性"源自人心之外真实存在的"天理","天理"为宇宙客观法则,人与物都禀受"天理"而成其"自性"。朱熹说"天下之物莫不有理",便置理于心外;又言"人心之灵莫不有知",即以知性看心。儒学经由荀子至程朱的发展,所重的是客观、共相、必然性与知性。与孔孟原创儒学重本心、情性和个体体认,已有很大不同。

由于程朱理学之"道"与"理"是他在的、刻板的、没有生命的,因此它抑制和摧残了人的情性。陈献章深感以"道德理性"对"心"限定性与"心"的不自由性,因而摒弃程朱理学的进路,回归孔孟原创儒学,提倡把"理"收归于"心",并以"情"为"心",通过"静养端倪"实现"道心合一",以"心"认可的应然的客观必然性为"理"。在陈献章这里,"情"是未经加工与改制过的,"情"最具"本真"性,最是圆足。由此陈献章回到了个体的人,回到人之本心,重新唤醒了被程朱理学所抛弃的人的情性及个体体认。儒学发展从"理性"问题转向"情性"问题。

(三)从"唯心主义"转向"唯物主义"

中国传统哲学虽有朴素唯物主义的本源论成分,但主流哲学依然是唯心主义。从魏晋玄学到程朱理学,再到陆王心学,都是坚持唯心主义本体论的。至明代陈献章"以道为本",提出"道通于物""离气无道,离道无气",潜藏了唯物主义思想;湛若水继承并发展了白沙心学,明确"以气为体,以道为体",提出"理气合一""体用一原",纠正了中国传统哲学在探究世界的现象与本质、个别与一般,以及世界的运动变化等问题上存在的片面认识,进一步发展了朴素唯物主义,使中国古代哲学攀上了新的高度。

至近代康有为、孙中山等人，向西方系统学习自然科学知识和社会哲学思想，接受了唯物主义体系，提出了具有近现代意义的唯物主义本体论观点。康有为提出"天本元气而成"的本原论，肯定宇宙的物质性，纠正了宋代儒学"理在气先"的先验论认识；并在继承王船山"行先知后"观点基础上，提出了"唯物感觉论"，提倡实证主义新方法，摆脱中国哲学抽象思辨，初步把理论立足于近代自然科学和社会学说之上，推动中国哲学从古代形态转变到近现代形态，从唯心主义本体论逐步转向唯物主义本体论。孙中山也坚持唯物主义立场，他把世界看成物质的，并把宇宙间诸现象归结为物质与精神两个基本范畴，提出"两者相辅，不可分离"，反对庸俗唯物主义和二元唯物论，并以此指导民主主义革命实践，为中国哲学发展辩证唯物主义做出了贡献。

二 岭南哲学本体论的历史价值

（一）中国哲学的重要分支

岭南哲学在本体论意义上曾三次引领了中国哲学发展方向。惠能创立禅宗顿教，将佛教外在信仰转向为内在精神追求，也使佛教从此走向平民化和世俗化。陈献章创立江门学派，开启明代心学的先河，使儒家对终极层面的追求转变为一种心性追求。到了近代，康有为、梁启超、孙中山等人向西方学习，借西方哲学可自然科学知识加以改造和发展中国哲学，使中国哲学逐步摆脱抽象思辨，转向"唯物主义"本体观。以上每一次转向，都彰显了岭南哲学作为独特的思想体系的魅力，逐步奠定了岭南哲学在中国哲学史上的重要地位。岭南哲学源自中国传统哲学，经惠能、陈献章等先贤的努力，在充分反思当时哲学困境的基础上，吸收了当时最先进的思想文化因素，而形成了独具岭南特色的本体论。岭南哲学既源于中国哲学，又有别于原有的中国传统哲学。岭南哲学是中国哲学的重要分支。

（二）推动社会历史发展的重要力量

岭南，自古就是京官贬谪之地。惠能父亲做官被贬岭南新州（今广东省新兴县）。惠能在此出生并传法，将禅宗顿教发扬光大，极大地促进了中国佛学的发展，成为中国佛教史乃至思想史和文化史上极为伟大的宗师。岭南文化的发展离不开被贬至岭南的官绅及

其后代的努力。

由于中国历史上曾多次遭遇外敌入侵,大批文人官绅饱受战乱和时局动荡之苦,为躲避战乱,他们纷纷南下移民广东,给岭南地区带来了先进的文化和经济技术,促进岭南地区社会经济文化发展。这种趋势在南宋时期更加明显。南宋末年,蒙古大举进攻,南宋节节败退,最后退守到江门一带,崖山海战之后南宋灭亡。随着南宋败退,大批江浙文人也移民迁入广东,集聚在江门一带和珠江三角洲地区。南宋灭亡后,就此扎根岭南地区,成为推动岭南地区经济、文化大跨步发展的重要力量。据诸史不完全统计,明代广东被朝廷察举 618 人,有举人 6437 人,进士 874 人,总共 7929 人,超过历代广东这些人才的总和[1]。岭南哲学的形成和发展,是中国历史发展的必然,也是历史赋予广东的一种机缘。陈献章、康有为、梁启超、孙中山等一大批岭南先贤,都是这些南迁的文人官绅的后代,先后为岭南哲学本体论的形成和发展做出了重要贡献,一次又一次引领中国哲学的发展,影响了一代又一代的中国进步人士,成为推动中国社会历史发展的重要力量。

(三) 岭南文化绚丽多彩的重要源泉

惠能创立禅宗顿教在后世流传很广,影响非常大。记载惠能说经的《坛经》内容博大精深,隐含了大量的中国本土文化性格,也与众多佛教经典融为一体,成为中国原创的佛教宗派,中国人对问题的看法与解决方式乃至审美理想也开始发生前所未有的变化。

陈献章将儒释道融为一体,形成独具岭南特色的江门学派,开启明代心学的先河。陈献章一生致力于教育,弘扬正统儒学,辛勤耕耘,桃李满天下。他的弟子湛若水接续了江门学脉和岭南文化的核心精神,提出"随处体认天理"论,与阳明心学并为明代心学大师。他热衷于讲学传道,致力于办学,使沉寂百年的书院重新呈现升级,颇有社会影响力。湛若水所到之处,必建书院,并建白沙祠以纪念先师。经过陈献章和湛若水的努力,岭南地区已书院成群,颇具文化中兴的气象,陈湛理学也得以传播和发展,成为岭南文化发展的重要源泉。

---

[1] 许桂灵:《中国泛珠三角区域的历史地理回归》,北京:科学出版社,2006,第 137 页。

第三章 本体论

及至近代,岭南地区人才辈出,岭南文化也呈现出绚丽多彩的盛况。经过康有为、梁启超、孙中山等的努力,岭南哲学本体论得以进一步发展,也使岭南文化逐步形成了开放、包容、创新、平等、自由的民族性格,加速了中国近代化的进程,也使岭南文化在中西文化碰撞和指导近代革命实践中大放异彩,是岭南文化绚丽多彩的重要源泉。

第四章
辩证思想

作为一种方法论，辩证法是关于自然、社会和思维发展规律的学说，它通过揭示世界万物普遍联系和矛盾普遍存在的现象，为世人提供了一种新型的世界观和方法论。岭南思想家在中国哲学思想史上具有重要地位，其辩证思想对中国思想和哲学的发展曾经产生过巨大影响。岭南辩证法思想吸收了古代以"变易"为主导的辩证思想传统，同时积极高扬西方进化论大旗，将变易思想与进化论有机结合，把岭南哲学推向了一个新的发展阶段。

第一节 岭南辩证思想源流

一 中国传统哲学中的"变易"思想

任何学说都有其历史继承性。从文化渊源上分析，近代岭南辩证思想是在继承中国古代哲学成就的基础上，尤其是在吸收、发扬古代"变易"思想传统的基础上形成的。1923年孙中山在《中国革命史》一文中，曾自述其思想的传承："余之谋中国革命，其所持主义，有因袭吾国固有之思想者，有规抚欧洲之学说事迹者，有吾所独见而创获者。"其实"因袭"古代思想传统，是每一个思想家在成长过程中都需经历的阶段，并非孙中山先生特有，在其他岭南思想家成长过程及其思想体系方面都是一种广泛存在的现象。

"变易"思想是中国古代哲学方法论的一项重要内容，崇尚"变易"堪称华夏重要的思想传统。在19世纪西方生物进化论传入中国前，历代思想有创见者如先秦的商鞅、汉之王充、宋之王安石、明末王夫之、清末龚自珍等无不以"变易"思想为依据。虽然绵延上千年，时局时有动荡，不同学说各领风骚，然而"变易"思

第四章 辩证思想

想几乎成为历代追求社会进步、推动国家更新的共识,这在某个方面也为西方进化论在清末的广泛传播铺垫了道路,奠定了中西方思想交流融合的基础。追溯岭南辩证思想的历史渊源,古代"变易"思想可以说是当之无愧的活水源头。

中国古代"变易"思想的形成经历了一个漫长的发展过程,其主要内容来源于先秦的阴阳学说及《易传》《老子》等著作,历代都有一些思想家着力于这一学说的阐述发挥,丰富了"变易"思想的内涵。其中影响深远、具有代表性的学说有如下几个方面。

1. 阴阳学说

"变易"思想最初源于阴阳学说。阴阳思想约在殷商时期即已萌芽,是古代中国辩证思维最重要的基本范畴。阴阳学说认为天文气象与时令变化都是由阴阳二气交感引起的,天地万物则是由阴阳二气构成,任何事物不仅其内部存在阴与阳的对立,而且其发生、发展和转化都是阴阳二气矛盾运动的结果。这种学说善于运用阴阳二气的交互作用来说明万物的盛衰存亡,通过阴阳无处不在、无时不在的矛盾现象揭示了任何事物皆有对立的两个方面以及矛盾普遍存在的现实。继阴阳学说之后,后人又以"八卦"来充实和细分阴阳思想,通过两卦相叠演为六十四卦的学说分析事物运动规律,进一步丰富了阴阳对立与相互转化的思想内涵。

2. "逝者如斯夫!不舍昼夜"

春秋末期的孔子发现了天地万物不可常驻如河水一样永恒流动的现象。他主张以动态的眼光看待世界,因为世界就是生生不息、流迁不止的运动过程,他不赞成那种把事物看作静态存在的观点。在孔子看来,世间万象就如一条流动的大河一样,每时每刻都处于运动变化的过程中。"逝者如斯夫!不舍昼夜"就反映了这样一个真理:在奔流不息的运动过程中,陈腐的旧东西消灭了,新的事物新的世界又开始形成,就像河水流动一样,旧去新来,永远处于变易升华的过程中。①

3. "反者道之动"

作为古代辩证思想发展里程碑的《老子》一书,其"反者道之动,弱者道之用"命题堪称古代辩证思想的经典范畴,它揭示了

---

① 朱熹:《四书章句集注》,北京:中华书局,1983,第113页。

事物运动的规律无非是向其对立的相反方向转化。强者固有强的道理，然而强者终会沦为柔弱，柔软也会成长为强大，这种强弱变化其实正是道的变化与作用。《老子》通过观察长短、高下、美丑、难易、有无、前后、祸福、刚柔、损益、强弱、大小、生死、智愚、胜败、巧拙、轻重、进退、攻守、荣辱等一系列矛盾现象，最终发现这些矛盾的对立方面不可能孤立存在，它们总是处于相互依存、互为前提的状态，因为对方的存在自己才能存在，因而它们是"有无相生，难易相成，长短相形，高下相倾，音声相和，前后相随"①。《老子》由此断言世界万物无不包含了自我否定的因素并最终会走向自我否定，"祸兮福之所倚，福兮祸之所伏，""正复为奇，善复为妖"，世间祸福转化的现象正应了凡事都可能向相反方向发展，这就是《老子》"反者道之动"揭示的矛盾内涵。

《老子》"反者道之动"的命题对中国辩证思想的发展产生了重大影响，通常所说的"物极必反"，就是对"反者道之动"思想的通俗表述。著名哲学家冯友兰先生在《中国哲学简史》中指出："反者道之动"是老子哲学的主要论点之一，"这个理论对于中华民族影响很大，对于中华民族在其悠久历史中胜利地克服所遭遇的许多困难，贡献很大。由于相信这个理论，他们即使在繁荣昌盛时也保持谨慎，即使在极其危险时也满怀希望……这个理论还为中庸之道提供了主要论据，中庸之道儒家的人赞成、道家的人也一样赞成。'毋太过'历来是两家的格言。因为照两家所说，不及比太过好，不做比做得过多好。因为太过和做得过多，就有适得其反的危险"②。

4."穷则变，变则通，通则久"

源出于老庄的《易传》一书共7种10篇，包括《彖传》上下篇、《象传》上下篇、《文言传》、《系辞传》上下篇、《说卦传》、《序卦传》和《杂卦传》。《易传》进一步丰富了《老子》矛盾对立转化的思想。

《易传》认为"一阴一阳之谓道"，凡事皆有阴阳对立现象。奇偶二数、阴阳二爻、乾坤两卦、八经卦、六十四卦，都由一阴一

---

① 张纯一：《老子通释》，北京：商务印书馆，1946，第18页。
② 冯友兰：《中国哲学简史》第二章，北京：北京大学出版社，2012。

第四章 辩证思想

阳构成，没有阴阳对立，就没有《周易》。它把中国古代早已有之的阴阳观念，发展成为一个系统的世界观，用阴阳、乾坤、刚柔的对立统一来解释宇宙万物和人类社会的一切变化。"天地之大德曰生"，"生生之谓易"。万物生生不息，循环往复，革故鼎新是万事万物产生的本源，而生生不息则源于阴阳更替。在阴阳关系中，阳生于阴，阴生于阳，阴阳互动演绎为自然万物的生息变化，也就是变易的过程。《易传》特别强调了天地万物变化生生不息的变化性质。

《易传》揭示了"物极必反"的原则，倡导"穷则变，变则通，通则久"。《易传》开启了国人"居安思危"的忧患意识，说明事物发展到了极点就要发生变化，而有所变化才会使事物的发展不受阻塞，事物才能向前发展，因而"物极必反"是不以人的意志为转移而发生的。联系王朝更替，《易传》认为"汤武革命，顺乎天而应乎人"。汤武变革的重要意义，正源于其自强不息，通过主动变革得以完成历史功业。《易传》还认为变易的最高理想目标是"保合太和"（乾道变化，各正性命，保合太和，乃利贞），通过主动迎合"变易"最终实现"合和"即矛盾和谐的目标。

"变易"思想的局限性。"变易"哲学体现了古代哲人丰富的辩证智慧，这种思想认同发展的可能性与无限性，曾经被历代改革家们当成变法的理论依据，显示了"变易"思想的理论活力。在中国社会迈入近代的前夕，龚自珍仍然依据"变易"学说，提出"更法"主张："自古及今，法无不改，势无不积，事例无不变迁，风气无不移易，所恃者，人才必不绝于世而已。"[①] 由此可见，"变易"思想对于开风气、推动社会变革所具有的积极意义。

"变易"思想毕竟是在古代自然经济条件下形成的，不可避免地带有认知上的局限性。古代中原地区历来以农耕经济为主，而农耕经济同四时交替的关系十分密切。受这种经济模式与发展水平的制约，"变易"思想在分析历史进程时往往容易坠入循环论的怪圈。无论是阴阳学说中的正反轮回还是《易传》中"穷"与"通"两种状态，虽然强调了矛盾相互转化，却最终未能跳出轮回与循环的宿命。这方面的代表性人物是战国末期的邹衍和汉初的董仲舒。

---

① 《上大学士书》，载《尊隐——龚自珍集》，沈阳：辽宁人民出版社，1994，第178页。

"五德终始"。邹衍倡导"五德终始",其"五德"系指土、木、金、火、水五种德性或性能,其变迁是仿照五行相克即土克水、木克土、金克木、火克金、水克火的规律循环进行的。太史公司马迁曾有评述:"邹衍睹有国者益淫侈,不能尚德,……乃深观阴阳消息而作怪迂之变,《终始》《大圣》之篇十余万言。其语宏大不经,必先验小物,推而大之,至于无垠。""称引天地剖判以来,五德转移,治各有宜,而符应若兹……然要其归,必止乎仁义节俭,君臣上下六亲,始也滥耳。"① 邹衍认为历代王朝的更替同自然界一样,受五德支配,按照土、木、金、火、水依次相胜而具有规律性和阶段性。"五德终始"的循环运动决定了王朝盛衰:"五德之次,从所不胜,故虞土、夏木。"② 从王朝历史演变的角度看,邹衍承认人类社会是在不断变化的,但这种变化超越不了"五德终始"的约束,本质上是一种轮回运动,而不是向前的上升发展。况且王朝更替由天定夺,并非人意改变。这种学说开启了天人感应思想的先河,并最终为董仲舒发扬光大。

"天不变,道亦不变"。西汉时期的董仲舒以《公羊春秋》为依据,在邹衍五德变迁学说的基础上,通过糅合法家、道家、阴阳家思想,建立了一个新的循环变易思想体系,成为汉代的官方统治哲学,这就是影响此后两千余年的天人感应学说。董仲舒认为:"道之大原出于天,天不变,道亦不变。"③ "天"是万物的最高主宰。在董仲舒看来,社会的最高原则是由天决定的,天是永恒不变的。一个新朝代的君王,受天命统治人民,必须改制,徙居处,更称号,改正朔,易服色,在起居饮食等制度形式方面做一些改变,但治理国家必须遵循的根本大道是不能改变的。因为"王道之三纲"取诸阴阳之道。阳为主,阴为从,"君为阳,臣为阴,父为阳,子为阴,夫为阳,妻为阴"。臣、子、妻受君、父、夫的统治之道是不能变的。董仲舒以"天不变道亦不变"来论证当时的社会制度和社会秩序的合理性和稳定性。

除了难以摆脱神秘的轮回色彩,古代"变易"思想还存在诸如

---

① 《史记·孟子荀卿列传》,北京:中华书局,1982,第2344页。
② 《淮南子·齐俗训》。
③ 《汉书·董仲舒传》。

直观猜测、牵强附会等局限性，虽然强调变化，却难有突破性进步。尤其是进入清末，国家面临分崩离析的困局，"变易"思想已无法承担起引导中国社会走出积贫积弱、融入世界的责任，迫切需要吸纳当时先进的科学思想，使"生生不已"成为一种辩证的发展观。这时西方进化论思想在中国应时而起，广泛传播，很快成为当时学人信手拈来的首选武器。绵延数千年的"变易"思想逐渐被注入全新的内容，并实现了本质性的突破，历史轮回的铁幕终于被撕破了一角。

二 进化论辩证思想在中国的传播

（一）进化论学说中的辩证思想

何谓进化论？所谓"进化论"本质上是一种用来解释生物世界在成长过程中变异、发展现象的一套理论，是近代以来生物学发展最重要的学理基础，堪称19世纪自然科学划时代的发现。其主要代表人物为英国学者达尔文。进化论的核心理念是认为物种是可变的，有机界的生物，都是按某种规律经历着从简单到复杂的发展过程。这些物种对环境有巨大的适应能力，而环境的变化则会引起生物的变化，生物多样化正是环境变化多样性的直接结果。詹·巴帕梯斯特·罗比耐最先把"进步"的概念嫁接到生物演进的概念上，指出任何生命现象都是生物链中的重要一环，是"物种随时间进化的一个由下而上的阶梯"。这一思想后经过拉马克、赖尔的探索进一步丰富了内涵。1859年达尔文《物种起源》的出版宣告进化论学说的形成。同期英国社会学家赫伯特·斯宾塞更将进化论中生存竞争的原则引入社会学领域，形成一种适者生存的社会进化哲学。

查尔斯·罗伯特·达尔文（C. R. Darwin，1809—1882年）是英国生物学家、生物进化论的奠基人。他曾以博物学家的身份参与了环球航行，在动植物和地质方面进行了大量的观察和采集，最终于1859年发表了《物种起源》，系统提出了生物进化学说，在生物学界引起巨大反响。书中用大量资料证明了物种是可变的，生物是进化的。生物必须"为生存而斗争"。因为生物所处的环境充满竞争，那些能适应环境的有利变异的物种将存活下来，不具有有利变异的个体则被淘汰。在生物进化的历史过程中，经过长期的自然选择，微小的变异可以得到积累而成为显著的变异，由此会引发亚种和新种的形成。达尔文生物进化的学说证明了所有生物都不是上帝创造的,而是在遗传、变异、生存斗争和自然选择中,经历简单到复杂,由低等到高等,不断发展变化的。

达尔文进化论学说包含了丰富的辩证思想。这种学说肯定了生物世界是相互联系制约的,任何现存生命皆经历了一个由简单到复杂、充满矛盾冲突与竞争淘汰的过程。进化论强调了生存竞争的重要性,认为生物世界矛盾普遍存在并充满竞争,唯有适应竞争者生存下来,不适者则被淘汰,这就是自然的选择。生物系统是一个运动系统,竞争是其发展的动力。生物发展必须与环境协调,如果落后于环境发展,则自然被淘汰出局,所谓适者生存就是这一思想的经典表述。达尔文的进化论以发展、变化的观点推进了生物学,打击了中世纪的"神创论"和"目的论",其重要意义在于对人类的思维产生深远的影响,使人们得以从孤立、片面、静止的认知方式中解放出来,并成为一种辩证的发展观。达尔文进化论对19世纪科学和哲学发展产生了深刻影响,成为马克思主义重要的思想来源,恩格斯高度评价了进化论诞生的意义,将进化论列为19世纪自然科学的三大发现之一(其他两个是细胞学说、能量守恒和转化定律)。

与达尔文同时代的赫伯特·斯宾塞(Herbert Spencer, 1820—1903年),是英国著名的社会学家。他在1852年发表论文《进化的假说》,首次将进化论中生存竞争、自然选择的原则引入社会学领域,倡导一种适者生存的社会进化哲学,并由此被称为"社会达尔文主义之父"。斯宾塞认为,人类劳动的不断分化促进了人类社会的进化。人类社会和生物有机体是相似的,是自然界的延续,进化既是生物界的普遍规律,也是人类社会历史变迁的规律。他认为,社会的进化过程是一个优胜劣汰的过程,生物界生存竞争的原则在人类社会里同样起着支配作用。人类有优等种族和劣等种族、优秀个人和低能个人之分。劣等的、低能的种族与个体在竞争中将被淘汰。他还认为,进化是一种自然的过程,应遵循其自身的规律,而不应人为地干预。人类社会各种现象如文化、政治、道德、教育等通过竞争得以进步并将使社会愈来愈好,因为进化的过程就是人类不断寻求最佳方式以适应社会的、生理的条件并有利于生命的延续。斯宾塞的社会进化哲学将丛林法则沿用到了近代社会,并

第四章　辩证思想

以此准则引导国与国、民族与民族间的关系，其片面性与残酷性自不待言，但其思想在近代中国寻求自强之路过程中吸引了大量拥趸，成为维新变革思想的重要依据。

（二）社会进化论思想的译介、传播

近代中英鸦片战争之后，中国被迫向西方国家开放国门，国家利益受到重大损害，民族陷于巨大危机。其时恰逢进化论观点被全面介绍到了中国，短短数年内先后出现了数十种译介作品，其中仅译介斯宾塞学术观点的作品就有16种，具有包括《社会静力学》《社会学研究》《综合哲学》《人对国家》《政治制度》和《斯宾塞论文集》等多部著作。进化论的传播在当时国内意识形态领域引起巨大轰动，被许多有识之士视为中国摆脱积贫积弱、奋起图强的福音。

1895年，中国近代启蒙思想家、翻译家严复在天津《直报》《国闻报》上先后发表了《论世变之亟》《原强》《救亡决论》等系列文章，对进化论思想做了系统介绍，将进化论的主要内容概括为"物竞""天择"两个方面，"物竞者，物争自存也；天择者，存其宜种也"①。严复认为，斯宾塞把进化思想从生物学领域推演到"农、商、工、兵、语言、文学之间"，也就是从生物学领域推广到社会生活当中，揭示了人类社会进化的"公例"。这一公例就是，"国之强弱、贫富、治乱者，其民力、民智、民德三者之征验也"②。"盖生民之大要有三，而强弱存亡莫不视此：一曰血气体力之强，二曰聪明智虑之强，三曰德行仁义之强。是以西洋观化言治之家，莫不以民力、民智、民德三者断民种为高下。未有三者备而民生不优，亦未有三者备而国威不奋者也。"③ 社会由愚昧向文明进化实乃各种文明互相竞争的过程，在竞争过程中"劣者之种遂灭，而优者之种以传"，优胜劣汰，即"向善"。严复以进步标准来衡量当时的中国，认为民力已竭，民智已卑，民德已薄，由此构成的国家垂垂老矣，在环球竞争中处于弱势难以自立，一旦遭逢强敌必定屡战屡败。在严复看来，挽救中国危亡的办法就是根据斯宾塞"优胜

---

① 《严复集》第1册，北京：中华书局，1986，第16页。
② 《严复集》第1册，北京：中华书局，1986，第25页。
③ 《严复集》第1册，北京：中华书局，1986，第18页。

劣汰，适者生存"的原则，通过鼓民力，开民智，新民德，自强自立，而后才能在国与国的竞争中立于不败的境地。严复高度评价斯宾塞的《明民论》，认为这是一本教人如何富强的纲领性著作，"其教人也，以浚智慧、练体力、厉德行为之纲"。严复的译著在当时的知识界引起强烈反响，由此进化论成为"变法图强"及近代民族主义掀起的理论基础之一，也成为近代岭南辩证思想发展的重要源头。

（三）进化论对岭南辩证思想的影响

进化论思潮自进入中国起就对旧的哲学思想体系形成巨大冲击，在寻求变革的士人群体中持续发酵并孕育了一大批思想家。近代岭南思想家的代表性人物如康有为、梁启超和孙中山都曾积极倡导进化论，奉其为拯救中华民族的指路明灯，并从社会进化论汲取养分，分析研究中国社会各种重大问题。在他们看来，西方强盛的秘密，正在于他们拥有"进化"与"竞争"的信念。中国人相信历史是一个周而复始的循环过程，中国走到了亡国灭种的边缘；西方人相信人类社会充满矛盾冲突，唯有在不断的竞争过程中实现国家的进步和人民的幸福，因为人类的历史就是一部竞争发展的历史。

在岭南近代思想界中，梁启超可谓进化论最积极的鼓吹者。1897年他首次阅读严复译的《天演论》，"喜幸无量"，听说斯宾塞更是社会进化论的名家，"益垂涎而不能自制"，由此梁启超成为《天演论》崇拜者，一度"循环往复诵十数过，不忍释手"，深信进化是人类社会发展的普遍原则，政治、宗教、风俗乃至人的道德、文化无不遵循进化的规律，人类社会的历史本质上就是一部进化史："凡人类智识所能见之现象，无一不可以进化之大理贯通之。政治法制之变迁，进化也；宗教道德之发达，进化也；风俗习惯之移易，进化也。数千年之历史，进化之历史；数万里之世界，进化之世界也。"[①] 进化论使梁启超思想实现了重大突变，他以进化论为武器，系统分析了中国社会的政治、文化、道德、风俗和国民性问题，形成了他观察社会历史演进的一整套思想方法。

孙中山在奔走革命之余，研读了进化学说一批大师的原著，广泛涉猎了植物学、动物学、遗传学、优生学、古生物学以及天文

---

① 梁启超：《新史学》（1902）。

学、地质学、人类学等与进化论关系密切的领域，将进化论作为一种新的世界观、方法论来指导自己的社会实践。他曾经陈述自己的学术渊源："文早岁志窥远大，性慕新奇，故所学多博杂不纯。于中学则独好三代两汉之文，于西学则雅癖达文之道，而格致政事，亦常浏览。"① 孙中山一生奔走革命，行无定所，却不改其收藏进化学说相关著作的偏好，仅在上海一地，他就收藏了一大批从拉马克、达尔文到新拉马克主义、新达尔文主义的最有影响的代表性著作。

孙中山还对进化论学说的演变形成及社会意义有着精到的研究。他在《孙文学说》中曾有过专门论述："二千年前，希腊之哲奄比多加利氏及地摩忌里特氏，已有见及天地万物当由进化而成者……至欧洲维新以后，思想渐复自由，而德之哲学家史宾那沙氏及礼尼诗氏二人，穷理格物，再开进化论之阶梯；达文之祖则宗述礼尼诗者也。嗣后科学日昌，学者多有发明，其最著者，于天文学则有拉巴剌氏，于地质学则有利里氏，于动物学则有拉麦氏，此皆各从其学而推得进化之理者，洵可称为进化论之先河也。至达文氏则从事于动物之实察，费二十年勤求探讨之功，而始成其《物种来由》一书，以发明物竞天择之理。"②

在孙中山看来，进化论揭示的自然界普遍联系和进化的观点正印证了事物的新陈代谢、除旧布新是不可抗拒的规律。历史上人类的文明进步是"自然所致，势所必然，理有固然"，有着不可阻挡的内在必然性。人类社会的文明进步，政治制度的革旧创新，都是在这种必然趋势主导下发生和演化的。1905年，孙中山在《民报发刊词》中提出，民族、民权和民生并非从来都有，而是世界开化的产物，它们与一定的社会发展阶段相呼应："余维欧美之进化，凡以三大主义：曰民族，曰民权，曰民生。罗马之亡，民族主义兴，而欧洲各国以独立。洎自帝其国，威行专制，在下者不堪其苦，则民权主义起。十八世纪末，十九世纪之初，专制仆而立宪政体殖焉。世界开化，人智益蒸，物质发舒，百年锐于千载，继政治问题之后，则民生主义跃跃然动。二十世纪不得不为民生主义之擅

---

① 《复翟理斯函》，载《孙中山全集》第一卷，北京：中华书局，1981，第48页。
② 《建国方略》，载《孙中山选集》，北京：人民出版社，1956，第155页。

场时代也。"① 中国发生的革命合乎自然进化趋势，将对社会文明进步起到推动作用，因为"革命者，天演之公例也"。

进化论的传播极大地改变了中国人传统循环封闭的历史观，告诉人们人类社会就是一个由野蛮向科学、由落后向文明、由孤立向开放发展的进步过程，这样一个过程充满矛盾与冲突，唯有在竞争中处于上风才能获得生存空间。进化论帮助人们以辩证发展的眼光看世界，正如梁启超在《进化论革命者颉德之学说》中说："自达尔文《种源说》出世以来，全球思想界忽开一新天地，不徒有形科学为之一变而已，乃至史学、政治学、生计学、人群学、宗教学、伦理道德学，一切无不受其影响，斯宾塞起，更合万有于一炉而冶之，取至一至赜之现象，用一贯之理，而组织为一有系统之大学科。伟哉！近四十年来之天下，一进化论之天下也。"② 进化论原本是一种解释生物发生与发展的生物学理论，传入中国后则跨越了生物学领域，功能为之一变，承担起了为未来中国社会变革的行动提供合法性依据的职能，其重心在于证明社会变革的绝对必要性。进化论由此变身为一种社会变革的力量，一种指导思考的发展观和方法论，并一度拥有了左右社会思潮的能力，"无论什么哲学、伦理、教育以及社会之组织，宗教之精神，政治之设施没有一种不受它的影响"③。这就是为什么进化论掀起于中国的动荡危难之秋，成功裹挟了一大批最优秀的思想家，极大地颠覆了人们传统的思维方式，对于当时社会的政治、文化、道德及社会演变形成了巨大冲击的根本原因。

第二节 近代岭南辩证思想

一 走出变易传统：世界进化的发展路径

(一)"盖变者天道也"

康有为在辩证思想方面，率先以传统的变易史观嫁接西方进化论，通过运用一些西方自然科学知识和古人类学、古生物学知识，将进化观念与变易思想结合起来，扩充了传统变易史观的内涵，最

---

① 《〈民报〉发刊词》，载《孙中山选集》，北京：人民出版社，1956，第75页。
② 梁启超：《进化论革命者颉德之学说》。
③ 陈兼善：《进化论发达略史》，载《民择杂志》第三卷第5号。

第四章 辩证思想

终形成了以倡导渐进为特征的维新发展观。

康有为通过阐述阴阳对立的普遍性转而强调阴阳之"变",把"变"视为自然界与人类社会运动的常态,认为变是万物生存发展的根本规律,具有普遍的意义。在他看来,世界上的一切事物无不处于经常性的变化发展之中,无论在时间上还是空间上,万物"流变之微,无须臾之停",即便变化很细微,仍然无丝毫停止的迹象。从宇宙天体到动植物乃至于人,短时期内好像无变化,其实变化的过程从未中断,只不过变化的形态不同而已。康有为确信,正是由于善"变",天地万物才得以存在,才保持活力并呈现出勃勃生机。他在《俄罗斯大彼得变政记序》中指出:"盖变者天道也。天不能有昼而无夜,有寒而无暑,天以善变而能久。火山流金,沧海成田,历阳成湖,地以善变而能久。人自童幼而壮老,形体颜色气貌,无一不变,无刻不变。"所谓"物新则壮,旧则老;新则鲜,旧则腐。新则活,旧则板。新则通,旧则滞。物之理也"。"变"是自然界一种普遍的规律,无论天、地、人,概无例外。[①] 康有为确信,"变"并非暂时性的现象,而是一个持续永恒的过程,他运用当时发现的古生物学知识,论证了地球上生物的变易进化历史,认为"生物始于苔,动物始于介类"。又说"荒古以前生草木,远古生鸟兽,近古生人",生物就是这样逐步从低级缓慢进化到高级,人类也是从茹毛饮血的动物逐步进化成文明社会的。

康有为以"变易"思想分析国家民族的兴亡盛衰,认为治理国家的各项制度也必须随环境变化而及时更新,如果不能与时俱进则"弊必丛生"。唯有顺应时势潮流,革故鼎新,国家才能自强,社会才有进步。

在社会制度变革方面,主动变革与积极改良是国家强盛、民族兴旺的重要条件。西方国家"一姓累败而累兴",源于他们能够及时变革制度以适应环境,中国历代王朝的创业中兴之人,也往往能顺应时局变化之需,审时度势,灵活应变,加之"其才武,其志深,其力雄,其气猛,推移旋运,举重若轻,故治天下如弄丸"。然而步入王朝衰弱期,当政者"因循苟且,畏难偷安",故步自封

[①] 《变则通通则久论》,载谢遐龄编选《变法以致升平 康有为文选》,上海:远东出版社,1997,第312页。

之余积弊难除，最终难免倾覆瓦解，正因为"逆天"而不能主动与时俱进："顺天者兴，与其变而顺天，非兴其一姓也。逆天者亡，亡其不变而逆天，非亡其一姓也。一姓不自变，人将顺天代变之，而一姓亡矣。一姓能顺天，时时自变，则一姓虽万世存可也。"①康有为以俄国为例：俄国初始与中国相似，兵败于瑞典，割地以求和，当时"无学校，无练兵，无通商，无制造良工"。彼得大帝应时而变，效法列强，积极改革，破弃千年自尊自愚的陋习，由此俄国崛起，开地万里，雄霸世界。中国其时"既危既弱者"，尤其应该借鉴彼得大帝变法图强的经验。所谓穷则变，变则通，如果"泥守旧方而不知变，永因旧历而不更新"，"是失孔子之意而大悖其道也，甚非所以安天下，乐群生也"②。

面对中国屡屡战败、民族危亡日益加深的现实，康有为认定社会改良与进化是国家根本出路。他巧妙地将"公羊三世"的变易思想与进化论结合起来，通过利用公羊三世的思想形式，对进化论进行了吸收与改造，形成一套系统的"三世"进化理论。梁启超在《南海康先生传》中曾评价康有为在进化观念传播中的开创性作用："先生独发明《春秋》三世之义，以为文明世界在于他日，日进而日盛，盖中国自创言进化学者，以此为嚆矢焉。"

康有为的变易、进化观念，表面上看还是装在了三统三世的魔盒里，似乎与董仲舒、何休的复古主义、循环论史观难脱干系，实质上是他巧妙地利用了"三世说"的框架，发扬了《易》革故鼎新的变易思想，又参引西方社会历史阶段划分的思想，将之升华为一种新的社会进化理论。康有为克服了传统易学的循环论弊端，确认文明进步与社会转型乃是历史进程的基本特征，进而为其维新、变法、改制的思想主张提供历史进化论的依据，这同时也为近代资产阶级维新变法运动指出了方向。康有为的变革维新思想包含丰富的辩证因素，在沉闷黑暗的清末无疑刮起一场春风，给当时中国的思想界带来了巨大活力，对摧垮传统封闭的心性之学，推进近代中国历史的发展产生了积极的影响。

---

① 《进呈俄罗斯大彼得变政记序》，载谢遐龄编选《变法以致升平 康有为文选》，上海：远东出版社，1997，第355页。
② 《进呈俄罗斯大彼得变政记序》，载谢遐龄编选《变法以致升平 康有为文选》，上海：远东出版社，1997，第356页。

(二)"故夫变者,古今之公理也"

梁启超在康有为天道观的基础上,比较系统地提出了万物运动永恒性的问题。他认为,世界万物皆处于运动变化过程中,运动变化是万物生存发展的常态,自然山川和人类社会都是各种变化的产物。地球的形成,昼夜寒暑的变化,人从出生到走向死亡,都是变化永恒的表征。变化是自然发生的,具有绝对性,也是不可违逆的,这些是矛盾运动反映出来的具体现象。梁启超以中国历代的税赋、军政和官吏选拔制度为例,其实人类社会各项规章制度无不是变革的产物。税赋制度从殷商时期的贡助法变为唐朝前期的租庸调,租庸调又变为唐代后期的两税法,两税法到明代成为一条鞭法;军政方面从古代的并乘之法变为府兵制,府兵变为彍骑,彍骑变为禁军;官吏选拔从荐辟变为九品中正,九品变为科举考试,等等。中国上下千年的各项重大制度,经历了许许多多的变革,"故夫变者,古今之公理也,""无时不变,无事不变,公理有固然,非夫人之为也"。梁启超坚信"变"是古今中外天地万物生长延续的公理。

"变"是一种运动的进化。随着进化论学说传入中国,梁启超成为进化论的最积极的接受者和宣传者之一,他对严复翻译的《天演论》曾"循环往复诵十数过,不忍释手"。他深信人类社会历史的变化是"生长而不已,进步而不知所终",是富有前进性的上升运动,宗教、道德、政治、法制、风俗无不处于进化状态中,所以梁启超认为,世界是进化的世界,历史也是进化的历史:"是故凡人类智识所能见之现象,无一不可以进化之大理贯通之:政治法制之变迁,进化也;宗教道德之发达,进化也;风俗习惯之移易,进化也。数千年之历史,进化之历史;数万里之世界,进化之世界也。"[①] 进化是一种勇往直前的运动,是不可阻挡的,具有永恒的绝对性,因为进化是天地演进之公例,万物变迁之规律,就好像流水本性是就下,抛物向上后势必落地,是一种不可遏制的趋向。

梁启超以进化论的观点来看待历史的变化,认定进化是一种前进性的运动。作为宇宙万物的根本规律,进化在自然界表现为一个

[①] 《论学术之势力左右世界》,载侯宜杰选注《梁启超文选》,天津:百花文艺出版社,2006,第72页。

不断从低级到高级、从机械运动、物理运动、化学运动、生物运动到社会运动的生生不息的过程。世界永远处在发展的过程中,向前发展和超越是世界万物进化的根本规律。梁启超在《中国专制政治进化史论·绪论》中说:"进化者,向一目的而上进之谓也。日迈月征,进进不已,必达于其极点。凡天地古今之事物,未有能逃进化之公例者也。"他依据这种历史进化的观点,对以孟子为代表的一治一乱、治乱循环的历史观进行了批判:"孟子曰:'天下之生久矣,一治一乱。'此误会历史真相之言也。苟治乱相嬗无已时,则历史之象当为循环……而历史学将不能成立。"孟子以历代王朝交替为同步循环,显然是未识历史发展的复杂性,他为历史发展的螺旋状所迷惑,并没有真正看清自有人类以来社会发展的大趋势。

(三)"夫进化者,时间之用也"

孙中山认为,宇宙万物的进化运动是有阶段性的,这是时间作用的结果:"夫进化者,时间之作用也。"世界万物处于不断运动和进化状态,遵循由低向高、由愚昧落后向文明发达进化的规律。自然万物在运动中萌芽诞生,又在运动中走向消亡。从其发展的阶段性来说,自然进化可以分为若干阶段,即物质进化、物种进化与人类进化三个阶段。从其走向来看,是一种迂回曲折的递进向上的过程。

孙中山描述的物质进化时期,也是天体宇宙形成时期,是以太极(以太)为基本物质,其过程由太极(以太)的运动而产生电子,电子运动合成元素,元素聚合而成物质,物质汇聚而成地球,这便是物质进化的漫长过程。他认为,"今太空诸天体多尚在此期进化之中,而物质之进化,以成地球为目的"[①]。孙中山以《周易·系辞传》中的"易有太极"这一中国传统哲学概念来替代西方自然科学中的"以太",这表明孙中山自然发展观中的辩证思想其实带有明显的中国传统变易思想的印迹。

物种进化时期,属于生物进化阶段,该阶段以生元为基本单位。这里所谓的"生元",是构成生物最小的单元即细胞:"据最近科学家所考得者,则造成人类及动植物者,乃生物之元子为之也。生物之

---

① 《建国方略》,载《孙中山选集》,北京:人民出版社,1956,第156页。

元子,学者多译之为细胞,而作者今特创名之曰生元。"① 生元经过漫长演变逐步进化出各种微生物,然后再按照物竞天择的原则,经历优胜劣汰、新陈代谢的过程,逐步完成由微到显、由简到繁的演变,最终诞生了人类,"物种由微而显,由简而繁,本物竞天择之原则,经几许优胜劣败,生存淘汰,新陈代谢,千百万年,而人类乃成"。

人类是生物进化到一定阶段的产物。孙中山认为,生元是人类的起点,人类是生元经过漫长曲折发展最终形成的产物,因而人类并非神创,是生物界长期竞争淘汰演化积累的结果。人类诞生之初,其实与动物世界中的禽兽没有什么本质区别,由于"经几许万年之进化,而始长成人性,而人类之进化,于是乎起源"。人类的人性和社会文明其实不是人类诞生之初就已经存在的,而是历经数万年进化、缓慢成长的产物。以文明世界的民权为例,其形成发展是受时势和社会潮流的规律制约的,并不是人类天生就有的禀赋,同理,人类的科学与文明也不是从来如此,而是经历了漫长的认知探索与缓慢积累的过程。他强调尊重知识,尊重科学,如此可以收事半功倍之效:"当今科学昌明之世,凡造作事物者,必先求知,而后乃敢从事于行。所以然者,盖欲免错误而防费时失事,以冀收事半功倍之效也。"② 又指出:欧洲六百年前的文明成就远不如当时中国的水平,然而近百年来其科学进步,社会文明突飞猛进;日本自维新以后五十年来,社会文明、学术发达、工商进步,不仅超过其数千年的积累,而且发展速度快于欧洲,欧洲与日本的成功都是科学进步的结果。孙中山对科学进步和文明演进充满期待,因为人类社会的发展就是一个由简单到复杂、由野蛮到文明的过程,这个过程会经历很多曲折往复,但这又是一个知识积累缓慢进化的过程,孙中山用江河曲折流动作比:"世界潮流的趋势,好比长江黄河的水流一样,水流的方向,或者有许多曲折……但是流到最后,一定是向东的,无论是什么样,都阻止不住的。"③ 对于知行观中人类具有的认知能力,孙中山抱有积极乐观的态度。

① 《建国方略》,载《孙中山选集》,北京:人民出版社,1956,第121页。
② 《建国方略》,载《孙中山选集》,北京:人民出版社,1956,第165页。
③ 《三民主义》,载《孙中山选集》,北京:人民出版社,1956,第706页。

二 "距力和吸力"：矛盾运动与对立统一

（一）"天不能有阳而无阴，地不能有刚而无柔"

康有为认为，孔子倡导的变易思想其实就是世界万物运动变化的"天人之道"，这种思想揭示了自然万物矛盾普遍存在与运动变化的规则，是天地之规，万物之理。变易思想的核心是强调任何事物都充满对立相反的矛盾，如阴阳、昼夜、寒暑、老幼、盛衰、强弱，这些矛盾双方既相互冲突又处于相互依存和永不停止的变化过程中，世界万物包括人类社会皆因此种矛盾变化而得以存在。因为"天不能有阳而无阴，地不能有刚而无柔，人不能有常而无变。昔孔子之作六经，终以《易》《春秋》，《春秋》发明改制，《易》取其变易，天人之道备矣"①。矛盾对立处处可见，在相互对立的同时，又包含潜在转化的趋向，这是决定万物之变的根源。

康有为认为，西方进化论揭示了宇宙万物生存发展的普遍规律，这与中国古代《易传》讲的"变"其实是一种观点。宇宙"生生不已"，每天有旧事物消亡，新事物产生，进化就是宇宙万物的生存之道，所谓"世界开新逢进化"，因为"万世无进化，大地合沉沦"。没有进化，自然就没有新世界。

康有为认为矛盾转化思想其实也是圣人孔子的一贯主张。孔子之所以是"圣之时者"，原因在于他"知气运之变，而与时推迁"，通过认清天地万物矛盾转化规律，自觉践行了一种"与时升进"的进化之道。他的关于人类社会由据乱世、升平世向太平世，再向大同世稳步演进的思想其实贯穿了进化之道，真正践行了"与时升进，以应时宜"，而又"有所推行焉"②。康有为高度评价了孔子的进化思想："孔子之道，其本在仁，其理在公，其法在平，其制在文，其体在各明名分，其用在与时进化。"因为"人道进化，皆有定位"，唯有顺应时局之需，"与时进化则变通尽利"，如此"中国

---

① 《变则通通则久论》，载谢遐龄编选《变法以致升平 康有为文选》，上海：远东出版社，1997，第312页。
② 《刊布春秋笔削大义微言考题词》，载谢遐龄编选《变法以致升平 康有为文选》，上海：远东出版社，1997，第250页。

得奉以进化,大地得增其文明"①。康有为以进化观念为利器,突破了传统循环论的旧思路,使王朝更替、社会发展被赋予了进化与更新的意义。

联系到国家命运的改变,康有为坚信"万国竞立之世,最讲进取"。他抛弃了三世轮回、美化上古的庸腐观念,而以竞争和进化的眼光来观察世界,将生存竞争奉为改天换地推动社会进步的良药。他坚信物竞天择、适者生存是民族和国家生存发展的普遍规律,所谓"竞胜争强,万国一理"。改革所以自强,自强方可进取,在人类竞技场上,任何国家无法中立。因为世界上一切事物都受制于优胜劣败、自然淘汰的严酷规律。"故进步者将尺寸比较,并驱争先:己国文学与外国文学比较,则欲其愈盛也;兵力与兵力比较,则欲其愈强也;物产与物产比较,则欲其愈多也;商务与商务比较,则欲其愈增也;工艺与工艺比较,则欲其愈精良也。必使我之内涨力足敌乎外,且渐胜乎外,故不必兼并人土地,乃谓之进取也。"康有为意识到必须用时代的竞争意识武装自己,在较量竞争中激发民族的潜在力量,努力取得超前和领先优势,才能获取自身的生存空间。生存竞争过程中,强弱各方的地位和基本条件随时可以发生转变,所谓"天道后起者胜于先起也,人道后人逸于前人也"。唯有直面各种竞争,积极面对,并且拥有后来居上的意识,才可能在竞争中保持积极主动的态势而立于不败之地。

(二) 矛盾的对立统一

梁启超的辩证思想集中反映在他对事物矛盾的认识和分析上。梁启超认为,世界上的矛盾现象是一种极其普遍的现象,矛盾的双方不仅相互斗争、相互对立,同时又相互依存,谁也离不开谁。他以吸力和拒力比喻矛盾的对立双方,它们始终处于此消彼长的过程中并可以相互转化。他在《说群一》中指出:"凡世界中具二种力,一曰吸力,二曰拒力。唯彼二力在世界中不增不减,迭为正负,此增则彼减,彼正则此负。"吸力和拒力是一对矛盾的两个方面,它们表面处于对立状态,实际上又是相互依赖的,因为对立的双方各自以对方为自己存在和发展的前提,是互为条件、互相依存

---

① 《春秋笔削大义微言考序》,载谢遐龄编选《变法以致升平 康有为文选》,上海:远东出版社,1997,第238页。

的,任何一方都不能脱离对方而孤立地存在。吸力和拒力仅仅是矛盾的一种表现形式,其实任何事物都是在矛盾运动中产生并形成统一体,如果没有矛盾相互对立又相互依存"合群"的运动,则任何事物都无法生而不灭,存而不毁。"地与诸行星群,日与诸恒星群,相吸相摄,用不散坠,使徒有离心力,则乾坤毁矣。六十四原质相和相杂,配剂之多寡,排列之同异,千变万化,乃生庶物。苟诸原质各无爱力,将地球之大为物仅六十四种,而世界靡自而立矣。……是故横尽虚空竖尽劫,劫大至莫载,小至莫破,苟属有体积有觉运之物,其所以生而不灭,存而不毁者,咸恃合群为第一义。"① 当矛盾双方角力而处于一种平衡状态,世界由此呈现出无穷的多样性,对立各方处于"群"的状态,于是"乃生庶物",自然界也因此呈现千变万化的多彩一面。这里所谓"合群"的状态,其实也具有矛盾各方处于相对稳定的意义。

梁启超善于用矛盾相互制约、相互转化和事物普遍联系的方法来分析各种社会冲突现象。在《说动》一文中,他剖析了官民矛盾与国家强弱的因果关系。他认为社会积弊不是由某种单一原因决定的,而是有其内外各种矛盾相互作用又相互制约的结果。就好比国家的强弱并不是由政府或官吏的单一因素决定的,而是由民力、民智、民德等诸多因素的优劣决定。国家要达到富强,只有靠培植民力,增强民智,厚养民德。以发展的眼光来分析,中国的积弱官吏固然应负一定责任,而更根本的原因是国民素质不良,因为官吏也是来自民间,有什么样的民众自然就有什么样的官吏。国民素养与国家强弱具有直接的因果关系:"国也者,积民而成。国之有民,犹身之有四肢五脏筋脉血轮也。未有四肢已断,五脏已瘵,筋脉已伤,血轮已涸,而身犹能存者。则亦未有其民愚陋怯弱涣散浑浊,而国犹能立者。故欲其身之长生久视,则摄生之术不可不明。欲其国之安富尊荣,则新民之道不可不讲。"② 民力决定国力,民德制约官德,同理民智的开化程度与政府官员的管理水平也具有密切关系,要改变结果,首先要用普遍联系的方法找到造成结果的原因并

---

① 梁启超:《说群一》,载《饮冰室合集·专集》二,北京:中华书局,1989,第46页。
② 《新民说》,载侯宜杰选注《梁启超文选》,天津:百花文艺出版社,2006,第44页。

加以改变。梁启超由此大声疾呼要新民德、开民智、兴学会、设报馆,《新民丛报》也由此而创办。

三 渐进与破坏:社会进化的累积性与突变性

(一)"进化有渐,因革有由"

关于进化的绝对性与相对性的关系,康有为认为,进化是生物世界存在的形式,世界上一切生物包括人类社会都是处于永恒的进化状态之中,这说明进化的总趋势是绝对的,不可遏制的。但进化有其自身特点,要想达到一个更高的进步阶段,需要有一个渐进性的累积过程,即"进化有渐,因革有由",这就是进化相对性的问题。社会发展的渐进性特征其实也可以视同进化相对性的某种标志,是进化规律绝对性与相对性的一体两面。他以人类社会由据乱阶段、升平阶段到太平阶段的发展为例,认为人类社会历史的进化是循序而行并有阶段性的,它是一个缓慢的、渐进的过程,是从低级到高级、由简单到复杂的过程。其本身具有不可抗拒性,并遵循一定的秩序和规律。由于是循序而行,所以社会发展不允许主观勉强的跨越式进步,所谓"未至其时,不可强为,""可行者,乃谓之道",即便是圣人也不能打乱社会循序渐进的规律,因为那样做有违进化之道。联系清末所处阶段,国家内忧外患交至,社会爆发重重危机,他认为中国仍处于据乱之世,人民虽然默想太平,却因条件限制,不能不"盈科乃进,循序而行"。康有为在"《礼运注》叙"中盛赞孔子发现了大同小康渐进之道是"时圣之变通尽利":"孔子三世之变,大道之真,在是矣;大同小康之道,发之明而别之精,古今进化之故,神圣悯世之深,在是矣;相时而推施,并行而不悖,时圣之变通尽利,在是矣。"[①] 康有为由此认定当时维新变法的方向,只能循序渐进、逐步积累,然后才能实现质的飞跃。处于小康阶段的中国应积极谋求改革,在政治、经济、文化、社会等领域革故鼎新,如此才能顺应社会发展的需求,不违先圣之意:"今者,中国已小康矣,而不求进化,泥守旧方,是失孔子之意,

---

① 《礼运注 序》,载谢遐龄编选《变法以致升平 康有为文选》,上海远东出版社,1997,第169页。

而大悖其道也。"①

（二）国体变化是一个不断演进的累积性过程

梁启超认为，人类的历史其实就是一部叙述进化现象的历史，进化的过程遵循着事物自身固有的规律。在这个漫长的过程中，人类社会按照一定的次序，由野蛮向文明、由低级向高级发展，其中经历的过程蜿蜒曲折，但总趋势是向上、向前发展的，这就是人类进化的大趋势。

1898年，梁启超在《读〈春秋〉界说》一文中阐述了社会发展阶段性问题，充实了康有为"三世"进化的内涵："由打牲之世界变而进为游牧之世界，又变而进为种耕之世界，又变而为工商之世界；由不火食、不粒食之世界变而进为苗黎、红番、黑蛮之世界，又进而为埃及、印度初辟时中国洪水初平时之世界，又变而进为中国三代唐汉、西方希腊、波斯、罗马之世界，又变而为今日欧美各国之世界，此其中有三世之理焉。打牲为据乱，则游牧其升平，种植其太平也；游牧为据乱，则种植其升平，工商其太平也。而打牲以前尚有不如打牲之世界，则打牲已为太平；工商以后更有进于工商之世界，则工商亦为据乱。如是演之亦不可纪极。"梁启超对人类社会发展的阶段性描述显然未摆脱康有为三世说的影响痕迹，具有牵强附会的因素，但他的描述使人们认识到人类社会由低向高、由野蛮向文明逐步进化的过程，既不是一条发展的直线，也不是传统轮回的怪圈，则是把握了文明世界曲折发展的基本规律。梁启超坚信，历史进化的道路是一条近似螺旋形的曲折向上的轨迹，其间会遭遇许多困难，会走不少弯路，但总体上是向前发展的，是"演之不可纪极"。他在《史学之界说》中说道："其进步又非为一直线，或尺进而寸退，或大涨而小落，其像如一螺线。明此理，可以知历史之真相矣。"社会发展的道路总是前进性与曲折性的统一，即发展方向和总趋势是前进的，上升的，而社会演进的道路则是迂回曲折的，是一个新陈代谢的日益完善的过程，这就是文明社会发展的全部真相。梁启超关于人类社会"变而进""尺进而寸退，大涨而小落"的思想，揭示了事物发展的前进性与曲折性

---

① 《礼运注 序》，载谢遐龄编选《变法以致升平 康有为文选》，上海：远东出版社，1997，第169~170页。

第四章 辩证思想

的关系,体现了思维的辩证法。

作为社会进化的规律对任何国家的发展都具有普遍的意义,没有例外,必须主动顺应,积极参与。社会规律具有绝对性,处在什么阶段就应有什么样的制度安排,既不能落后于时势潮流,也不能主观妄为,所谓过犹不及,最终都是违背了进化规则。梁启超在《论君政民政相嬗之理》中曾有深刻阐述,治天下者有三世,即一曰多君为政之世,二曰一君为政之世,三曰民为政之世。当时的中国正处于"一君为政"的君主之世向君民共主之世转变的阶段,根据社会进化的规律,中国应该通过自身改良和平进入"君民共主之世",摆在世人面前的维新任务主要就是改革阻碍进化的君主专制,实行君主立宪,实现君民共治的目标。

革命是社会进化的一种突变形式。戊戌变法失败后,梁启超流亡海外,其社会思想开始出现激进倾向,常在各种场合言及革命和破坏主义。他认为革命其实也是社会历史进化的一种积极形式,是世界各国追求进步的不可或缺的渠道。1899年,他在《破坏主义》中写道:"破坏主义,又名突飞主义,务摧倒数千年之旧物,行急激之手段。……饮冰子曰:甚矣,破坏主义之不可以已也!"从各国历史经验来看,国家要兴盛,非经过破坏阶段不可,破坏是古今万国进化的一条普遍规律,而革命就是一种社会更新的突变,是淘汰旧制度旧事物,创造新生命新文化。无论是缓慢地积累还是革命,都是某种社会进化,只不过是进化的形式不同而已。其后他在《释革》一文中对此做了进一步阐述:"淘汰复有二种:曰'天然淘汰',曰'人事淘汰'。天然淘汰者,以始终不适之故,为外风潮所旋击,自撕自毙而莫能救者也。人事淘汰者,深察我之有不适焉者,从而易之使底于适,而因以自存者也。人事淘汰,即革之义也。"[①] 显然革命是积极主动的创新和进化,是一种与时俱进的社会突变,通过主动变革,才可以摆脱被动,避免"天然淘汰"。

在社会发展面临巨大阻力而又不得不摆脱困境时,革命是社会进化无可逃避的选择:"甚矣破坏主义之不可以已也!譬之筑室于瓦砾之地,将欲命匠,必先荷锸;譬之进药于痞痹之夫,将欲施补,必

[①] 《释革》,载侯宜杰选注《梁启超文选》,天津:百花文艺出版社,2006,第92页。

先重泻。非经大刀阔斧,则输俺无所效其能;非经大黄芒硝,则参苓适足速其死。历观近世各国之兴,未有不先以破坏时代者。此一定之阶级,无可逃避者也。有所顾恋,有所爱惜,终不能成。"①

梁启超认为,古今万国的仁人志士,之所以积极从事破坏,实在是万不得已,因为当不得不破坏的局面横亘面前时,"破坏也得破坏,不破坏也得破坏"。因为革命(破坏)既然不可避免,那么早一天破坏早享一天的福,晚一天破坏多受一天的害。主动革命,破坏的东西少,保全下来的东西多,社会可以迅速更新发展;消极抗拒变革,则破坏的东西多,保全下来的东西少。因为听凭自然施加破坏,属于无意识的破坏,本身没有建设,充其量是一种社会折腾,其结果是国家和人民共同遭殃。梁启超充分肯定了革命在社会突变过程中的重要意义,这与乃师康有为的一贯主张大相径庭,而与革命派孙中山似乎有不少共同之处。

(三) 突驾是社会进化的爆发和飞跃

社会发展的常态离不开缓慢积累与平衡发展,这是社会进化过程中量的积累阶段。社会发展过程中也有质变阶段,是平衡打破、实现全新的超越或飞跃。社会进化过程其实是平衡发展与超越发展交替运行的过程。在孙中山看来,今后中国的发展事业,应该不是缓慢积累的过程,而是超常规的快速进取,因为先行一步的西方世界已经为中国提供了许多宝贵的经验,参照列强的成功经验,中国自然可以少走许多弯路。1905年8月13日,他在日本东京的华侨和留学生举行欢迎会上发表的讲话《中国民主革命之重要》,就提出了利用本国文明优势,学习西方列强,做到博采众长,实现快速振兴的宏伟目标。他认为日本是一个学习西方而成功的先例,明治维新初期"亦不过数志士之原动力而,仅三十余年,而跻于六大强国之一",日本做到了事半功倍的成效。"然而日本之文明非其所固有者,前则取之于中国,后则师资于泰西。若中国以其固有之文明,转而用之,突驾日本无可疑也。"

晚年孙中山热衷于建设事业,希望把中国建设成为政治修明、人民安乐、为民所有、为民所享的共和民主国家。他主张立足本国文

---

① 《破坏主义》,载侯宜杰选注《梁启超文选》,天津:百花文艺出版社,2006,第16页。

明成就,以开放的眼界博采众长,善于学习,勇于革新,积极建设,中国社会就可以实现跨越式发展,突驾而为世界一流强国。孙中山倡导的建设事业,其实不再是满足于跟在西方后面慢慢学习,而是期望通过革命性的改革,发愤图强,迎头赶上发达国家,一扫中国社会贫穷落后的面貌。"我们要学外国,是要迎头赶上去,不要向后跟着他。比如学科学,迎头赶上去,便可以减少两百年光阴。……现在我们知道了跟上世界潮流,去学外国之所长,必可以学得比较外国还要好,所谓后来者居上。"[①] 孙中山认为,"实行革命"当然是要中国驾乎欧美之上,改造成世界上最新、最进步的国家。他的"驾乎欧美之上"的期望,显然不是一种缓慢积累的进步,而是一种革命性的跨越。就此而论,突驾说其实揭示了社会发展过程中的质变现象,具有积极的辩证精神。虽然人类社会的发展常态是从量的积累即量变开始,没有一定程度的量的积累,不可能实现社会文明的飞跃和发展,但对于一个古老的国家如果仅有量的积累不可能促成社会文明的本质飞跃,传统社会的脱胎换骨最终要通过突驾即质变来实现的,如此中国社会才能冲破旧的桎梏,才能换发生机,实现其后来居上的目标。

四 竞争与互助:社会领域矛盾运动现象

孙中山强调矛盾双方的和谐与稳定,倡导社会各阶层和平共处与社会互助。梁启超倾向于承认矛盾的对抗性,主张以竞争手段推动社会发展。

(一)"人类进化之主动力,在于互助,不在于竞争"

19世纪末,中国面临空前的民族危机,物竞天择学说风行沿海,唤醒了一大批知识分子,"群与群争,国与国争,而弱者当为强肉,愚者当为智役"的生存竞争学说,自然成为所有图谋力挽狂澜者共同宗奉的哲学。然而游历于西方的孙中山却发现这种哲学在总体上夸大了人与人之间的利益冲突,强调的是优胜劣败、你死我活,主张以残酷斗争维护本阶层的利益,具有将不同阶级间的矛盾普遍化绝对化的倾向。在激烈的社会冲突中,由于不善于在不同群体间寻求共同利益,不主张缓和妥协,数十年间这种学说在列强各

---

① 《三民主义》,载《孙中山选集》,北京:人民出版社,1956,第690页。

国诱发了大规模的社会危机，造成了不同群体的分裂和残酷斗争。孙中山认为此种斗争学说，就是一种野蛮学问。文明程度高的国家，主张公理，和平友爱，不讲强横；崇尚道德，主张济贫扶危，反对野蛮。如果倡导弱肉强食、优胜劣汰的学说，与人类社会迈向大同世界的宏伟目标是根本相违背的。

遵循什么样的进化规则主要取决于进化主体所处的发展阶段。孙中山强调人类进化本质上不同于物种进化，其进化原则也自然不同。物种进化固然以生存竞争为原则，人类进化却以互助为原则，为求取生存空间而展开残酷竞争并不适应人类文明发展的需要。因为人是有智慧和道德的，理应以互助为原则："物种以竞争为原则，人类则以互助为原则。社会国家者，互助之体也；道德仁义者，互助之用也。人类顺此原则则昌，不顺此原则则亡。此原则行之于人类当已数十万年矣。然而人类今日犹未能尽守此原则者，则以人类本从物种而来，其入于第三期之进化，为时尚浅。"[1] 人类与物种进化最大的区别，在于人类组成了以群为主的社会，需要互助求生，需要调和不同阶层间的矛盾，使其具有共同的利益，如此才能避免残酷的阶级斗争，进入和平富强的大同境界。以互助为原则的人类社会，其建立的国家构成了人类互助的根本主体，其传播弘扬的道德仁义体现了人类文明的价值观。国家遵循互助原则就昌盛，违背此原则就灭亡。作为指导国家民族间的社会行为规范，人类唯有通过互助协作才能建构科学文明和平友爱的理想社会，这其实也是古代圣人早已揭示的人类化解痛苦进入极乐世界的终极目标。在孙中山看来，中国的孔子和西方的耶稣，他们追随的文化理念本质上是一样的，跨越国界的羁绊，人类普遍的理想都是追求一个天下为公的充满快乐的世界。

生物世界以竞争求生存，人类不竞争何以求发展？孙中山由此提出了积极调和社会矛盾、避免阶级冲突的社会互助论。他认为，"人类进化之主动力，在于互助，并不在于竞争"。[2] "互助"是社会历史发展的动力，也是道德思想进化的根源。人类社会发展同自然物种发展显然差别巨大，历史上所有人类文明成就都产生于互助

---

[1] 《建国方略》，载《孙中山选集》，北京：人民出版社，1956，第156页。
[2] 《建国方略》，载《孙中山选集》，北京：人民出版社，1956，第156页。

第四章 辩证思想

的实践活动中。互助是人的天性所趋,是随着人的动物秉性逐步淡化、人性逐步形成而自然产生的,是人性的光辉所在。在文明时代,社会国家已经成为互助之体,互助是社会成员间共同的行为准则,而道德仁义、科学文化不过是增进人类互信互助的产物。

社会互助的内在依据是什么?孙中山认为,那是因为社会上的人面临共同的生存问题,他们大多数的利益本质上是可以相互调和的,利益调和才是社会进步的动力,需要倡导的不是人们利益之间的竞争冲突,"社会之所以有进化,是由于社会上大多数的经济利益相调和,不是由于社会上大多数的经济利益有冲突。社会上大多数的经济利益相调和,就是为大多数谋利益,大多数有利益,社会才有进步。社会上大多数的经济利益之所以要调和的原因,就是因为要解决人类的生存问题。"[①] 人类面临共同的生存问题,而生存问题是一切社会进步的基本问题。如果为一己之利益相互竞争,就会造成部分人的利益被损害,社会冲突与族群对立的局面就会出现,严重时就会激发战争:"全国的经济利益不相调和,发生冲突,要起战争,也不是一个工人阶级和一个资本阶级的战争,是全体社会大多数有用有能力的分子和一个资本阶级的战争。"[②] 在社会发展规则方面,孙中山最终以社会互助论取代了斯宾塞的社会竞争法则。

强调矛盾调和而不是残酷斗争,这是互助论的核心精神。孙中山分析了资本主义社会贫富分化与阶级冲突的危害性,认为不调和阶级利益、不缩小贫富差距,势必激发社会革命、引起巨大的社会动荡。他以法国、美国为例,认为这两国人民极平等自由,民权可算发达,但是人民并没有分享到社会发展的财富:"试看他们国内的平民受资本家的压制,穷人受富人的压制,什么煤油大王、钢铁大王、铁路大王,一人之富可以敌国。那般平民和劳动者连面包都找不到手。这是何等不平等的景象呢。所以欧美现在便生出贫富不均的大问题来了。"[③] 孙中山主张中国发展社会经济应当遵循均平

---

① 《民生主义第一讲》,载《孙中山选集》,北京:人民出版社,1956,第 816~817 页。
② 《民生主义第一讲》,载《孙中山选集》,北京:人民出版社,1956,第 818 页。
③ 《三民主义是使中国造成新世界的工具》,孙中山 1921 年 12 月 7 日在桂林军政学界欢迎大会的演说。

调和的原则,通过均衡分配生产物、多征资本家的所得税及发展公益事业等一系列平衡措施,保障底层社会群体的利益,做到富不至于敌国,贫不至于饥寒,人民共享社会财富,就可以避免残酷的阶级对抗,实现国家和平发展。

(二)"夫竞争者,文明之母也"

梁启超认同社会进化论,认为物竞天择、优胜劣汰的进化原则是合理的,是人类进化的公例和永恒规则。在他看来,生存竞争起源于人类的生存本能,属于人类社会的普遍规则,处于生存竞争的环境,唯有积极迎接竞争,国家和民族才能获取自身的生存空间,而人类的文明成就不过就是生存竞争的产物而已。他说:"夫进化之与竞争,相缘者也。竞争绝则进化亦将与之俱绝。"[①] 物竞天择、优胜劣汰是社会演化的客观规律,具有不可抗拒性的特点,如果不主动顺应竞争,其结果就是被淘汰。他还说:"夫竞争者,文明之母也。竞争一日停,则文明之进步立止。"[②] 没有竞争,人类文明就会停止,社会也会停止发展。除了战争,各国推进工业革命,大力发展社会生产力,实施民族与国家间的经济竞争,这其实也是物竞天择在人民经济生活领域的必然结果。社会经济活动同样要沿着竞争规则向前发展,在竞争过程中强者愈强弱者愈弱,直至退出竞争领域。[③]

联系到中国积贫积弱的情况,梁启超主张通过社会改革积极顺应世界竞争,在学习交流中逐步增强自己的实力,在经济、教育、文化和政治等各个重大领域与西方列强开展全方位竞争。不惧艰难困苦,才能在重重压力下争得生存空间。在他看来,竞争规则具有绝对性,这不是中国同意不同意的问题,而是当今世界民族生存的普遍规则,如果不主动参与竞争,其结果是永远处于弱势,最终听任列强宰割而被淘汰出局。在增强国家经济实力方面,梁启超主张鼓励发展民族工业,培育一批大资本家,积极参与国际市场竞争,以抵抗外国大资本家对中国经济的入侵。因为强大的民族资本是国

[①] 梁启超:《论中国学术思想变迁之大势》,载《饮冰室合集·专集》七,北京:中华书局,1989,第39页。
[②] 梁启超:《饮冰室合集·新民说》,北京:中华书局,1989。
[③] 李长莉:《增长与公平:梁启超与孙中山社会经济理念之比较》,据近代中国研究:http://jds.cass.cn。

家竞争力的重要组成部分,是防御经济入侵的"国家之盾"。他认为孙中山革命派为避免贫富分化之弊而反对竞争,主张抑制资本家,一切生产皆为国有,即实施国家垄断,是只见小害而未见大害的短视之见,那样做将使国民完全丧失生存竞争能力,长此以往将造成国家最终失去发展的动力,甚至会导致国家灭亡。

梁启超也清醒地认识到过度竞争的危害性。他强调竞争的绝对性,但竞争应有度。国家可以通过制定法律规则对竞争加以制约,将社会竞争的负面影响大大降低。

从梁启超的竞争规则和孙中山的调和规则比较来看,他们分别对应矛盾的两个方面,梁启超强调矛盾的斗争性,孙中山强调矛盾双方的相互依存与稳定性。无论是斗争性还是同一性,其实都是矛盾双方不可分割的两个方面,其变化形式不同,反映内涵不同,但两者都是社会领域矛盾运动的现象,只不过在不同时期其反映的侧重面有所变化而已。梁启超偏重竞争规则,因为当时中国社会最急迫的是民族求生存,不竞争就会面临灭亡;孙中山强调社会互助,偏重调和社会矛盾,其均平分配理念关系到人民的切身利益,具有强大的社会号召力。可以说,竞争规则与调和规则,对应着社会矛盾的斗争性与稳定性两种状态,至于何者优先,主要取决于矛盾所处的环境、取决于社会发展的阶段性特点。①

第三节 近代岭南辩证思想的意义

一 确立了以自然进化为基石的社会发展观

近代岭南思想家积极传播历史进化的观念,动摇了"天不变道亦不变"形而上学世界观。"天人合一"的文化传统局限了中国思想家,而以西方近代自然科学为依托的进化论具有丰富的辩证思想,为分析中国社会问题提供了理论方法和科学依据,其肯定矛盾普遍存在、强调新旧更替竞争发展的理念强烈冲击了中国固有的历史循环哲学,引导人们开眼看世界并与传统的历史观彻底决裂,从而终结了荼毒两千余年的"天不变道亦不变"的法统。

---

① 李长莉:《增长与公平:梁启超与孙中山社会经济理念之比较》,据近代中国研究:http://jds.cass.cn。

二 促成了传统心性之学的没落和新型思维方式的产生

以进化论为核心的岭南近代辩证思想毫无疑问是源于近代西方科学思想的结晶，它的形成与传播导致了中国思维方式的根本变革。以康有为、梁启超、孙中山为代表的岭南先进思想家在介绍宣传进化论的同时，也介绍了以进化论为依据的西方辩证方法论，并积极尝试运用辩证方法论来批判和改造中国传统旧学，这在一定程度上冲击摧垮了迂腐的心性之学，唤醒了人们的自我意识和自主人格，从而催生了科学的价值观、人生观。近代岭南辩证思想的形成和传播，客观上承担起了推动中国社会及其传统思维方式转型的使命，成为五四新文化运动的前奏。

三 为变法图强、维新革命奠定了方法论依据

近代岭南辩证思想并非作为纯粹的学术思潮而诞生，它是为当时救亡图存寻找民族发展的道路与方法而应时兴起，由这种辩证思想主导塑造的社会发展、自然进化和政治伦理学说为中国变法改革、争取民主以及社会进步意识的觉醒提供了一套系统的方法论。无论维新改良还是革命突驾，岭南思想家都坚信社会如同自然界的生物一样，皆有盛衰强弱，不能故步自封，更不可能循环轮回。他们倡导变的规则，主张与时更新，使人认识到"能变则存，不变则亡"，一切国家社会制度都是一定时期人为的产物，社会制度必须适合环境需求及时调整发展。他们推崇竞争意识，信奉优胜劣汰，认为中国要摆脱受人欺凌的困境，必须自强自立直面竞争。这种思想虽然未成体系、比较粗糙，却以一种全新的世界观和方法论，引导了中国近代启蒙思想的传播，拉开了中国社会改革和融入世界的序幕。

第五章
价值论

人类总是在不断的行为或活动中获得进步与发展的。人类的行为选择包含工具理性与价值理性的双重考量，而价值理性又是缘于价值认知和价值判断所形成的价值追求。在哲学视域中，对价值问题的追问并做出回答无疑是具有普遍意义的共性问题，但由于价值追求和价值实现存在很强的主体间性，因而在现实当中价值问题又是个性化非常突出的问题。在不同文化背景、文化体系和文化传统当中，主体的价值理念、价值认知、价值判断都会形成不同的哲学思考，因而也需要从不同的文化视域来审视价值哲学问题。这正是我们讨论岭南哲学关于价值问题需要强调的理论维度和重要前提。

第一节 实用主义的价值理念

一 重义更重利的价值观

在岭南哲学中，实用主义是其最基本的价值理念。岭南哲学对价值范畴的理解始终坚持以利益为核心并把利益最大化作为价值实现的目标。

义与利的关系问题是价值哲学讨论的基本问题。对这一问题的不同回答，体现出不同哲学在价值观的问题上的不同态度，甚至决定着不同哲学在价值论上的基本理论建构。就中国古代哲学而言，义与利的讨论可以追溯到先秦时期。孔子较早提出义利之辨问题，他拉开了中国哲学讨论价值问题的帷幕。

在孔子创立的儒家学说中，认为义大于利是最基本的价值原则，他把重义轻利乃至去利取义作为道德行为的判断标准。正是在这样的价值评价上，孔子把君子之举和小人之为是有本质区别的——"君子喻于义，小人喻于利。"① 孟子从社会治理的层面，把孔子这一思想做了进一步的发挥和延伸，认为："王何必曰利，亦有仁义而已矣。"② 在儒家思想当中，义作为最高道德原则和价值标准，主要是指仁爱与正义，既包括"杀身成仁，舍生取义"这类大仁大义，也包括亲善、亲和、孝悌等人们日常生活中的道德、人情、礼节。在儒家看来，每个人都不可能离群索居，国家和民族的存在具有优先性，人们在社会生活中要遵循的道德准则也要以维系社会、国家和民主的大义为重，不能贪图自己个人的私利，否则就只能是被人鄙视的卑鄙"小人"，而不能成为受人尊敬的谦谦"君子"。这样的价值观，在董仲舒提出"罢黜百家，独尊儒术"之后，成为中国封建社会的主导价值观。到了程朱理学在思想界占据统治地位之后，更是发展成为"去人欲，存天理"的道德枷锁，禁锢着人们的思想。

在与中原文化的交流过程中，岭南文化由于受到儒家思想的深刻影响，其中许多价值理念与儒家思想是相同的，比如对"家-国"同构的社会认同就具有广泛的一致性，尤其在客家文化当中"有国才有家"的思想一直都是根深蒂固、世代相传、不可动摇的。但是，在岭南思想文化当中，对价值观问题的认识还是有自己相对独立的见解的。其中，最明显区别是在"义"与"利"的关系问题上不是像儒家那样把两者看作对立的，而是看到了两者之间的相容性。在岭南文化思想中，义被认为是重要的，利同样是不可或缺的，即不能简单奉行所谓"杀身以成仁"之道，也不可妄行"见利忘义"之举。岭南文化在价值判断上一直秉持重义也重利的价值原则，甚至把"牟利"或"发财"看作名正言顺的价值追求。如今逢年过节，"恭喜发财"是与"五谷丰登""财运亨通""万事胜意""阖家欢乐"等吉祥用语一起，成为人们相互祝福最常用的话语，这正是重利的价值原则被广泛认同和普遍推崇的具体表现。千百年来，相互之间"恭喜发财"的温馨祝福和衷心祝愿演，演变成了岭南人世代相传、妇孺皆知、津津乐道的民俗习惯。

岭南文化之所以会在价值观上把重利与重义统一起来，习惯于

---

① 《论语·里仁》。
② 《孟子·梁惠王上》。

第五章 价值论

理直气壮地重义求利，这与岭南所处的独特地理位置以及岭南人在生存方式上的特殊性是密不可分的。众所周知："岭南本来是个地理概念，是指在南岭山系以南的地区。……由于五岭万山重叠，在自然地理上把广东、广西与中原风格开来，自是将两广成为岭南、岭外、岭表，均由此得名。"[①] 在地理位置上，岭南地区有两个显著特点：其一是与中原地区的联系有天然屏障。湘、赣边相邻的崇山峻岭把岭南地区与中原分隔开来，使岭南与中原地区的交往也受到许多限制。虽然秦始皇时期，在广西兴安县修建"灵渠"（又名"湘桂运河"）之后，珠江水系才与长江水系连成一体，岭南与中原地区的水路联系得以通达，但是山高水长，路途遥远，交通依然极为不便。唐代张九龄开辟南岭驿道，岭南岭北之间的交流才日趋频繁，文化融合也更加深入和广泛。尽管如此，岭南与中原地区在政治、经济和文化上还是存在诸多"隔离"，也正是这样的"隔离"才使岭南地区能保持着自己相对自主的生活习惯和文化传统。其二是南临广阔浩瀚的南海。岭南地区属于南海的大陆架，离开大陆和岛礁就进入南海了，与越南、马来西亚、新加坡、印度尼西亚、菲律宾等国都隔海相望。岭南地区有绵长的海岸线和许多天然良港，可以利用的海洋资源极其丰富，渔业经济非常发达，海洋运输条件十分便利，对外贸易和文化交流活跃而频繁。面向海洋的地理优势为岭南人提供了可以到海外"讨生活"的发展空间，也推动了中原文化与海洋文化之间的相互交流，还促进了农耕文化与商业文化之间的相互融合。岭南文化一向具有很强的融通性、拓展性和创造性，不仅具有开放包容、海纳百川的品格，而且还具备博采众长、推陈出新的个性，不会陷入"独尊儒术"的保守、封闭和僵化。

自古以来岭南物产丰富、瓜果飘香。岭南境内有许多回环绵亘、地势险峻的山脉，除由东江、北江和西江汇流形成的珠江三角洲平原以及韩江下游范围不大的潮汕平原有利于经济发展之外，其他地区如粤北、粤西等地经济发展的条件也十分有限。长期在这一地区生活的先民属于南越族，主要分布在珠江流域和韩江流域。南

---

① 李锦全、吴熙钊、冯达文编著《岭南思想史》，广州：广东人民出版社，1993，第3页。

越族人最大的特点是"水行而山处"。因为岭南境内多属山地丘陵和沿海近水地带，不像中原地区那样拥有广袤宽阔的平原，渔猎捕捞成了最主要的经济来源，有嗜食鱼、龟、蛇、虾、蟹、蚌、蛤、螺等水产食物的饮食习惯，这样就逐步形成了"陆事寡而水事众"[1]的生活特色。

由于水在江河湖海总是千变万化的，有风平浪静的秀美更有巨浪滔天的凶险。在常年的涉水和行舟过程当中，岭南人不得不思考如何才能"道法自然"，如何才能顺应水的变化规律来谋求自己的生存和发展。这些问题就是岭南人需要面对的人生哲学问题。而对这样的人生哲学问题给予的回答，毫无疑问就应该是对自己生活实践经验的反思、总结和概括。这就是岭南文化中实用主义价值理念形成的重要机制。比如岭南人"断发文身"的习俗就很能体现出这种实用主义的价值观。所谓"断发"，就是把自己的头发剪短或剪掉。在儒家思想中有非常明确的说法，即"身体发肤，受之父母，不敢毁伤，孝之始也"[2]。按照儒家的思想观念，"断发"就是不尊重父母、违反孝道的行为。但岭南人为了便于下水劳作而养成的"断发"习俗，就不能说是有违"孝道"的大逆不道，反而应该是一种实用主义的生存之道。所谓"文身"，就是在脸上和身上刺画各种花纹、图案。这种行为同样是对身体的一种"毁伤"，按照儒家的思想观念也是"不孝"的行为。岭南人之所以这样做并不完全是为了审美的需要，而是为了在下水劳作时能驱赶蛟龙或水怪以保存自己的性命。对于岭南人而言，"断发文身"的习俗就像平常多穿短袖衣服、喜欢赤足不穿鞋、住干栏式木屋等行为习惯一样，是在岭南气候条件下对生活方式的重要选择。这样的生活环境和生活特色，反映到每个人的人生态度上就很容易形成以自我为中心、以实用主义为原则的价值理念。岭南人在价值观上一直秉持的重义不避利也不轻利，甚至更重利的文化传承，在其生活环境和生活方式上都是有具体缘由的。

---

[1] 李锦全、吴熙钊、冯达文编著《岭南思想史》，广州：广东人民出版社，1993，第 20 页。
[2] 《孝经》。

二 求真务实的价值理性

岭南人价值观念的形成既与岭南的地域和生活方式有关,更与岭南的哲学思想对人生意义的理解有关。在岭南哲学当中,求真务实是非常重要的思维习惯和价值理性,实在、自得、知足都是岭南哲学的重要范畴,也是用于观察世界、思考问题、读解人生的基本价值理念。在这样的哲学理念指导下,岭南人的思维方式具有很强的务实性、灵活性和应变性。对此,刘斯奋先生曾用三句短话来概括——"不拘一格,不定一尊,不守一隅"①。

"不拘一格",是指岭南人的秉性非常务实,做人做事没有太多条条框框,判断是非、决定取舍时特别注重实效,并且善于审时度势,权衡利弊,及时做出调整。"不定一尊",是指岭南文化具有非常强大的包容性,没有绝对信奉或遵从的权威,推崇能者为师,人与人之间彼此尊重、平等交往、相互学习,谁也不比谁更优越、更显贵,因而居高临下的精英意识被忽略甚至否定,强权意志、依附人格和等级观念被淡化,独立意识和平民意识被认可和推崇。"不守一隅",是指岭南人为了生存和发展,不肯固守一隅,坐以待毙,而是不惜经常变换生活的环境和方式,以便获得更好的"转运"之机。"如果在岭南活得不顺心,他们会干脆跑到海外去。"② 岭南文化不拘一格的务实、不定一尊的包容和不守一隅的进取,这三大个性的形成,除了与岭南地区的地理、气候等自然条件有关之外,更重要还是由岭南的移民历史所决定的。

中原移民大批量进入岭南,大约开始于秦汉时期。"秦始皇统一六国后,开始把岭南作为强制迁徙中原罪徒的一个基地。"③ 在强制南迁的罪人当中,有些是带有家属的,时间长了,他们就融入当地,成为扎根岭南的移民。当时,秦朝为了能够治理好岭南这块"南蛮之地",除了派驻官员之外还有大批戍守南越的士兵。据《史记·淮南衡山列传》记载,赵佗"求女无夫家者三万人,以为士卒衣补,秦皇帝可其万五千人"。可见,当时戍守士兵之多。而

---

① 刘斯奋、谭运长:《岭南文化的独特价值在哪里》,《同舟共进》2007 年第 6 期。
② 刘斯奋、谭运长:《岭南文化的独特价值在哪里》,《同舟共进》2007 年第 6 期。
③ 李锦全、吴熙钊、冯达文编著《岭南思想史》,广州:广东人民出版社,1993,第 21 页。

这一万五千无夫家的女性入籍岭南后，与士卒或当地人成家，继续繁衍人口，这样就不断扩大着岭南地区的移民群体。到了唐宋之后，中原地区由于战乱、灾祸等原因，经常出现四处流散的人群（史称"流人"），他们也纷纷作为移民，不断流入岭南地区，成为岭南人口增殖的重要来源。"流入岭南地区的走向，有经湘水、漓水由广西进入粤西；或经鄱阳湖赣江进入粤北，也有经浙、闽沿海进入粤东、粤中。"①

这些民众远涉千山万水来到岭南，最根本的目的其实就是谋生，寻找新的活路。他们必须打破旧有观念、放弃原来的生存方式，想方设法适应新的环境，以图快速站稳自己的脚跟，开始新的生活。而且不断涌入的外来移民由于来自不同地域，各有不同的思想观念和生活习俗，与土著居民的生活方式也千差万别，面对多元文化相互交汇而形成的复杂人际关系，只有相互尊重、彼此适应才能相处共存。在长期的历史变迁中，新的岭南移民不断加入，不断延续着这种文化多样性的交往传统，也就不断养成了彼此不拘一格、不定一尊、不守一隅的品格和心态，并在这样的品格和心态中孕育着求真务实的价值理性。

所谓求真，就是对真理的追求。它表明岭南人对认识规律并按规律办事的那种执着。求真的过程，既是不断走向真理、接近真理和把握真理的认识过程，也是不断试错、不断探索、不断冒险的实践过程。对于那些背井离乡来到岭南谋生的移民而言，原有的一切都不复存在，也不被承认，一切都得自力更生、从头开始。而要想在新的竞争环境中立足和发展，就需要有知识、懂技术、敢冒险、会创新。有知识、懂技术是能干事、干成事的基本前提；敢冒险、会创新是创业干事的精神和能力体现，是能干事、干成事的根本保证。对于每个人而言，不论是能干事、干成事所需要的前提还是保证，都离不开对真理的追求，也离不开求真的本领。岭南人特别能接受"真理面前人人平等"的价值理念，因为每个人都希望自己有本事，并为成就自己的事业而不断求真、不懈努力。这样的求真包含"道法自然"的深刻感悟和认知规律、遵从规律、按规律办事的

---

① 李锦全、吴熙钊、冯达文编著《岭南思想史》，广州：广东人民出版社，1993，第23页。

行为方式，在历史演进的过程中不断得到传承和升华，逐步凝聚成为岭南文化最有活力的创新精神。

如今在粤语交谈中人们常常会说"睇真滴"，其意是指要认真了解和把握真实情况，不要被事物的假象所蒙蔽或迷惑。日常用语是文化传承的重要体现，反映出人们常态化的思维习惯和行为要求。从这意义上说，"睇真滴"可以看作岭南人的"求真"精神在日常生活中的话语表达，它体现出岭南人为人处世的基本态度和辨别是非的理性选择。为了"求真"，亦即"睇真滴"，岭南人在思维习惯和行为方式上就善于从实际出发，崇尚具体问题具体分析，因而也就有"不拘一格，不定一尊，不守一隅"的文化个性。

所谓务实，就是务求实效。通常是指脚踏实地、勇于进取、不尚空谈的行为风格。在价值考量上，务实也是指讲求实在和实惠。岭南文化和岭南人主张的"务实"，既包含脚踏实地、勇于进取、不尚空谈的行为风格，也包含讲求实在、追求实惠的价值理性。明代陈建[1]的"实学"思想，提倡知本务实，解决国家大事中的实际问题。黄佐[2]的"知本务实"的思想，要求知本要落实到行动上。务求实效，"中国留学生之父"容闳称之为"勿为大言，只求实际"[3]。如前所述，历代移民不远万里来到岭南寻求新的生活，要面对和适应全新的环境，就不得不勇于探索，大胆尝试，奋力进取。这种传统决定了岭南人在本性上有一种敢于冒险的奋斗精神，而且做任何事情都要兢兢业业、踏踏实实、尽力所为、务求实效。岭南人的特点总是勇于担当、勤于创业，习惯于讲实在、讲实干、讲实效，厌恶那些不切实际的空洞说教，尤其不会把时间花费在无谓的争论上，哪怕冒险做"第一个吃螃蟹"的人也心甘情愿。

在现实生活当中敢做"第一个吃螃蟹"的是非常需要勇气和胆略的，大凡胆小怕事者都不敢问津。而岭南人这种敢于"第一个吃螃蟹"的勇气和冒险来自哪里呢？这恐怕跟岭南地区有喝"头啖汤"的民间说法很有关系。众所周知，喝汤是岭南人一种非常讲究的生活习惯，现在煲老火靓汤仍是广东人每家每户的挚爱。所谓

---

[1] 陈建（1497—1567年），字廷肇，号清澜，明广东东莞人，著名思想家。
[2] 黄佐（1490—1566年），字才伯，号希斋，晚号泰泉，明广东香山（今中山）人，著名思想家。
[3] 韩强：《精神心理文化与岭南人的价值支柱》（上），《岭南文史》2008年第1期。

"头啖汤",就是第一拨儿出锅的汤,有时也指老火靓汤煲好之后舀出供品尝的第一口汤。因为"头啖汤"的汤色品质最好、营养价值最高,能够喝到"头啖汤"是最大的福分和荣耀。在生意场上,岭南人也经常讲要喝"头啖汤",它的意思是做生意要起得早、赶在先,才有利可图、有财可发。否则,你就抢不过别人,也就喝不到"头啖汤"。在粤语里喝"头啖汤"就意味着可以有收益、能够得实惠。岭南人之所以愿意并敢于"第一个吃螃蟹",其根本原因就是因为有可以喝到"头啖汤"的好处。

求真与务实在岭南人看来是内在统一、不可分割的——求真就是务实,务实就要求真。这种以实用主义为导向的价值理性和价值原则渗透在人们日常生活的为人处世当中,表现为相互间对实在、实用、实惠和实效可以毫无避讳的利益追求。在岭南人看来,发财(或称"发达")都是有本事和有能力的表现,是受人尊敬的,要得到褒扬,所以"恭喜发财"也就成为坊间最常用的祝福用语。

三 崇尚享受的价值追求

享受对于人的生命存在至关重要,它是生命状态最重要的意义表达和价值追求。人的需要包括生存、享受和发展三个层次。生存是基础,发展是趋向,享受则是人生自在生命的自由体验。没有享受的生存不是理想的生存,甚至不是真正意义上的生存①。所谓"人生自在生命的自由体验",就是指人能够体验到按其本性自由自在地存在和发展的价值,能感受到人活着最本真的意义,"人以一种全面的方式,就是说,作为一个完整的人,占有自己的全面的本质"②。在生命伦理学看来:"生命的自身性的首要含义,就是生命的自在性,即生命按自己的本性要求而存在并敞开其存在。这对每个生命物种、每个物种生命个体来讲,都没有例外。这种无一例外的本质同构和同等要求,构成了生命存在的绝对平等。因而,生命的自在性,必以他生命的自在性为本来要求。"③ 按照这一理解,享受应该

---

① 潘立勇:《休闲与审美:自在生命的自由体验》,《浙江大学学报》(人文社会科学版)2005年第6期。
② 《马克思恩格斯全集》第四十二卷,北京:人民出版社,1979,第123页。
③ 唐代兴:《生命的自在意蕴与伦理本位——生命伦理学研究的三维向度》,《昆明理工大学学报》(社会科学版)2016年第1期。

第五章 价值论

是人的生命存在符合其自在性要求并敞开其存在价值的伦理体现。

如果按照马克思所阐述的关于人的全面解放意义来理解，享受更应该成为价值追求的终极目标，因为"它是人和自然之间、人和人之间的矛盾的真正解决，是存在和本质、对象化和自我确证、自由和必然、个体和类之间的斗争的真正解决"[1]。在马克思看来，享受是以"自由时间"（free time）的获得为前提的。在人类活动的意义上"自由时间"是"不被生产劳动所吸收"的时间，是"娱乐和休息""发展智力，在精神上掌握自由"的时间，也是摆脱了异化状态"自由运用体力和智力"的时间。在这种"自由时间"里，人的劳动是自由的创造，而不是奴役状态下的被动的劳作，人对劳动产品的享受是自由的欣赏，而不是私有欲中狭隘的占有；在休闲中，人的"自由""自觉"的本性充分体现，人不仅按其类的固有尺度生存，也按"美的规律"生活[2]。

在岭南思想文化中，关于人生享受的价值追求虽然还不能上升到马克思主义对人的本质的理解那样的高度，也不可能达到生命伦理学对"生命的自在性"的理解那样透彻，但其对人生价值和意义的理解确实又包含着对生命自在性的一种朴素认知，其中渗透着类似庄子所说的"知其不可奈何而安之若命"的那种超脱。在岭南人看来，大自然是人生命存在的前提和基础，人在大自然面前是渺小的。日月经天、周而复始、崇山峻岭、辽阔海洋、千沟万壑、狂风巨浪等等都是难以改变甚至是无法改变的。既然如此，那么只有顺应自然才能获得自在的生活。人的生存就应当融入自然界的发展过程，尊重其必然规律，顺应并适应其发展趋势，而不能反其道而行之。这就是岭南人在人与自然关系上所形成的朴素自然观和主张"道法自然"的生存意志。在佛教的话语里，有"青青翠竹尽是法身，郁郁黄花无非般若"的说法。借用这句话来表达岭南人对待自然和崇尚自然的心境，恐怕也是比较适合的。

岭南人这样的自然心境与崇尚享受的价值追求有什么内在关系呢？这里需要引出一个重要概念——"自得"，来进一步说明。我们

---

[1] 《马克思恩格斯全集》第四十二卷，北京：人民出版社，1979，第120页。
[2] 潘立勇：《休闲与审美：自在生命的自由体验》，《浙江大学学报》（人文社会科学版）2005年第6期。

知道:"自得"原是孟子提出的概念,指一种道学资深、可以随心所欲的精神境界。孟子说:"君子深造之以道,欲其自得之也。自得之则居之安,居之安则资(积蓄)之深,资之深则左右逢其原。故君子欲其自得之也。"① 魏晋玄学家使用"自得"来阐发庄子逍遥自在的思想。按照朱熹的注解,所谓"自得"是指一种"自然而得之于己"的状态。意思是对于某种道理有自己独到的体会,不随波逐流,不人云亦云,不唯书唯上,不受环境的影响和束缚,能够按照自我的认知去行为。受到这些思想的影响,岭南大儒陈献章更是把"自得"看作一种很强调主体自我存在和独立精神的思想境界。他说:"山林朝市,一也;生死常变,一也;富贵贫贱,夷狄患难,一也,而无以动其心,是名曰自得。自得者,不累于外物,不累于耳目,不累于造次颠沛,鸢飞鱼跃,其机在我。知此者,谓之善学;不知此者,虽学无益也。"② 又说:"士从事于学,功深力到,华落实存,乃浩然自得,则不知天地之为大,死生之为变,而况于富贵贫贱,功利得丧,屈伸予夺之间哉!"③ 陈献章认为:做到自得,就可以达到"优游自足,无外慕,嗒乎若忘,身忘身,在事忘事,在家忘家,在天下忘天下"④ 的境界。

陈献章所理解的"自得"也是一种淡泊名利的超脱精神。陈献章曾对周敦颐的一段著名的话发过议论。周曾说过要"铢视轩冕,尘视珠玉"。轩冕作为官爵地位的象征,珠玉作为钱财富贵的象征,对轩冕要看得像铢两一样轻,对珠玉要看得像灰尘那样微不足道。但陈白沙认为这样的认识还不到位。他说:"铢视轩冕,尘视珠玉。此盖略言之以讽始学者耳。人争一个觉,才觉便我大而物小,物尽而我无尽。夫无尽者,微尘六合,瞬息千古,生不知爱,死不知恶,尚奚暇铢轩冕而尘金玉耶?"⑤ 他认为:"忘我而我大,不求胜物而物莫能挠。"⑥ "天下之物尽在我,而不足以增损我,故卒然遇之而不惊,无故失之而不介,舜禹有天下而不与,烈风雷雨而弗

---

① 《孟子·离娄下》。
② 商聚德:《白沙之学的主体精神》,《河北职工大学学报》2001年第1期。
③ 商聚德:《白沙之学的主体精神》,《河北职工大学学报》2001年第1期。
④ 商聚德:《白沙之学的主体精神》,《河北职工大学学报》2001年第1期。
⑤ 商聚德:《白沙之学的主体精神》,《河北职工大学学报》2001年第1期。
⑥ 商聚德:《白沙之学的主体精神》,《河北职工大学学报》2001年第1期。

迷，尚何铢轩冕、尘金玉之足言哉！"①

在学术意义上，陈献章的"自得"是以对"天理"的自我体认和感悟为前提的，体现出浓厚的"以自然为宗"的学术思想和价值理念，它为岭南人崇尚自我享受的人生价值追求提供了重要的学理依据。陈献章认为："人与天地同体，四时以行，百物以生，若滞在一处，安能为造化之主耶？古之善学者，常令此心在无物处便运用得转耳。学者以自然为宗，不可不着意领会。"② 又说："自然之乐，乃真乐也。宇宙间复有何事？"③ 人生活的意义就在于追求与自然共生的自在、自得和自乐。这既有追求"天人合一"的价值理想，也有在遵从自然、顺乎自然、道行合一的自我感悟，体现出对现实人生的肯定和自信。这其实也是岭南人能在"一盅两件"（"喝早茶"的别名）的日常生活中，得到很大的人生满足和自我享受的缘由所在。

第二节 功利主义的价值判断

一 以实用作为价值原则

岭南人受自然环境和生活习惯的影响，逐步形成并广泛传承着实用主义的价值理念。在实用主义价值理念的主导下，岭南人把"义利并举"甚至"重义更重利"的价值理性应用于指引社会行为的合理选择，又形成了以功利主义为核心的价值判断。这种功利主义的价值判断，充分体现在岭南人"重商主义"盛行的社会氛围当中。

历史上，以儒家学说为正统的中国封建文化为了压制物欲、平息竞争，特别强调重义轻利的"君子之道"，它与根深蒂固、不可改变的"祖宗之法"融为一体，成为最基本的价值认知和价值评价的准则。奉行这样的价值原则，在闭关锁国、以皇权为中心的大一统时代是可行的、有效的，所以它能够长期范导并约束着人们的社会生活行为。随着近代资本主义的兴起，资本和市场的力量在全世

---

① 商聚德：《白沙之学的主体精神》，《河北职工大学学报》2001年第1期。
② 商聚德：《白沙之学的主体精神》，《河北职工大学学报》2001年第1期。
③ 商聚德：《白沙之学的主体精神》，《河北职工大学学报》2001年第1期。

界的范围内到处扩张,形成以利益最大化为价值主导的百舸争流、群雄争霸新格局,重义轻利的"君子之道"就日益成为僵化、保守、过时的封建礼教,并在社会进步过程中变成禁锢思想、限制行动的枷锁。近代以来中国社会在价值观问题上一直面临着是继续恪守传统原则还是进行革故鼎新的艰难抉择。

在1840年的鸦片战争中,借助工业革命的爆发而快速发展起来的英国人,用代表先进生产力的"坚船利炮"轰开了中国的大门,让曾号称"天朝物产丰富,无所不有"的"康乾盛世"变成了落日的辉煌,自汉唐以来一直雄踞于世的东方大国从此沦为被帝国主义列强肆意欺凌和任意宰割的半封建半殖民地国家。对此,马克思十分感慨地说:"一个人口几乎占人类三分之一的大帝国,不顾时势,安于现状,人为地隔绝于世并因此竭力以天朝尽善尽美的幻想自欺。这样一个帝国注定最后要在一场殊死的决斗中被打垮:在这场决斗中,陈腐世界的代表是激于道义,而最现代的社会的代表却是为了获得贱卖贵买的特权——这真是任何诗人想也不敢想的一种奇异的对联式悲歌。"① 面对丧权辱国之后中华民族处于水深火热、积贫积弱的悲惨境地,魏源、林则徐等有识之士开始了如何"师夷长技以制夷"的深刻反思,其中也就包括了如何对待传统价值理念和价值原则的深刻反省。在价值原则上如何抉择成为近代之后中国人共同面对和思考的一个重大现实问题。

而在价值原则上能否破旧立新,关键要看新的价值原则是否有文化上的可认同性和实践上的可践行性。新价值原则的文化认同,就是指它能够被不同的主体所认知和理解,具有不同文化之间的价值理性契合,可以产生相互认可的价值追求和行为自觉;而新价值原则的实践可行,就是指它能够被社会主体广泛接受并具有指导社会价值实践的普遍性和有效性,在全社会激发出积极而深刻的价值实践,产生推动社会进步的强大精神动力。近代以来,中国向西方学习最需要解决的突出问题就是价值原则的破旧立新,为"西学东渐"找到有效对接的文化基础。这样的文化基础在哪里呢?应该说,岭南文化一直秉承的、以实用为原则的功利主义价值观,为这场价值理念"破旧立新"的深刻转换提供了最有

---

① 《马克思恩格斯选集》第一卷,北京:人民出版社,1995,第716页。

第五章 价值论

契合性的文化支撑。

在岭南文化中，实用是最基本的价值原则。在岭南人的日常生活当中，对成败得失的价值判断很少缘于思辨哲学所倡导的抽象思维和复杂性分析，而习惯于用最简单、最直接、最明晰的判断尺度来思考问题——是否合适或管用，体现出以"实用"为原则的鲜明个性和功利主义的价值追求。在岭南哲学当中，"实用"可以理解为"实在"和"有用"的简称。其中，所谓"实在"是指真实的、具体的甚至是看得见、摸得着的客体存在，而不是臆想的、虚幻的或假设的非真实状态；所谓"有用"则是指对"我"——主体——所具有的效用以及效用的大小和可实现的程度。在社会生活当中，"实用"是一个内涵丰富、涉及面很广的基本概念，凡是涉及行为选择的价值判断，岭南人都习惯于追问"值不值得"或"合适不合适"。如今在日常交往当中，我们经常听到岭南人用粤语说的一句很惯常的口头禅——"啱唔啱嘎"，这实际上就是岭南人对价值判断的习惯性表达，它表明岭南文化以"实用"为本的功利主义价值理念已经成为人们日常生活的重要遵循。

"实用"作为价值判断的理性原则包含非常务实的价值行为取向——不唯书不唯上，只为实，它强调不浮夸、不虚妄、不空谈，务求有用，务求实效，务求利我。这一价值原则的奉行，有个非常重要的特点就是重视并突出以我为中心的利益得失的考量。具体说来，对我而言凡有利可图或对自己有所增益的都被认为是好的、有价值的、可行的——"啱我嘅"；反之，则被认为是不好的、没价值的、不可行的——"唔啱我"。岭南人习惯于以海纳百川的心态去包容、学习和接受各种思想、理念、文化、知识和技能，以达到博采众长、择善而从、为我所用的目的。这就决定了岭南人在现代文化与传统文化、本土文化与外来文化之间面临激烈交锋和冲突的过程中，从来都不保守、不封闭、不僵化，没有故步自封或抱残守缺的自我满足，而是热衷于从交流、交锋或冲突当中把握有利于自我提升和发展的机会，寻找对自己有用的新思想、新技能、新工具和新途径，以获得让自己更加有所作为，更有发展前途，更能展示优势的看家本领。"务求实用"——"为我所用"——"赢得优势"——"获得发展"，是岭南人在价值观上普遍遵循的处事逻辑。清代"九江先生"朱次琦①提倡经世致用学风,反对脱离实际,他说:"读书以明礼,明理以处事。"陈澧②提倡经学致用,认为治学要着眼效益和实用,做到"唯求有益于身,有用于世,有功于古人,有裨于后人"。正是遵循着这样的处事逻辑,在近代以来面对西方列强以"坚船利炮"为代表的先进文化,才表现出了一种渴望"师夷长技以制夷"的迫切心态,才有康有为、梁启超、孙中山等在全国开风气之先的人物,才在岭南出现第一个现代公司、第一家新闻报刊、第一所新式学校、第一个电影家、第一个摄影家等。

二 以实惠作为价值标准

岭南自古以来商业气息十分浓厚。据史学家们考证,在秦始皇统一岭南之前,广州已经同南海沿岸有了贸易往来。广州从海外贸易中换回犀牛角、象牙、珍珠、玛瑙等宝物,也是秦始皇重视南粤的一个重要原因。秦始皇统一岭南之后,广州对外贸易进一步兴盛。至汉武帝时期,广州的对外贸易更加频繁,当时的广州城已成为海内外商品的集散地。到了唐代,广州的对外贸易更是空前繁荣,当时的广州是全国的外贸中心、世界上的著名商港,也是"海上丝绸之路"的重要起点。大批的中国商船从广州出发,经中国南海、印度洋、波斯湾,远达非洲等地;同时,大批的外国商船也纷纷来广州,传说当时居留广州的外国商人多达10万之众。为了管理海外交通和对外贸易,唐政府专门设立了官员"市舶使"。到了宋代,广州都保持着全国第一贸易大港的地位。明清时期,虽然由于倭寇侵扰等原因前后实行了三百多年的海禁政策,不允许与外国通商,但是广州的对外贸易还是断断续续地进行,特别是乾隆二十二年(1757年),清政府指定广州作为唯一的对外通商口岸。③ 这表明,以广州为中心的岭南地区一直都有善于经商的历史传统和文化传承。

---

① 朱次琦(1807—1881年),字稚圭,号子襄,世称九江先生,广东南海九江镇人,著名学者、诗人和教育家。
② 陈澧(1810—1882年),字兰甫、兰浦,号东塾,世称东塾先生,广东番禺人,清代著名学者。
③ 陈治桃等:《开放的窗口——广州百年对外交流纵横》,广州:广州出版社,2001,第7~9页。

第五章 价值论

在长期的商业实践中，岭南人基于重商主义的价值追求，形成了以"实惠"为价值标准的价值观导向。"实惠"就是指实实在在的利益或好处。以"实惠"为价值标准，就是把是否盈利以及盈利的多少作为判断有没有价值以及价值大小的尺度。在商业行为当中，是否盈利以及盈利的多少是衡量成功与否的判断标准。一般而言，盈利是商业行为的目的，否则商业行为就变成慈善行为了；而盈利越丰厚也就表明商业行为越是成功的、有价值的。按照商业化的思维方式和行为习惯，盈利或赚钱才是硬道理。在普遍商业化的社会生活中，人们是不避讳谈钱和赚钱的，反而崇尚"做生意赚钱天经地义""赚到是福""能挣会花是本事"等价值理念。岭南地区素有经商做生意的历史源流和文化传承，这样的价值理念当然也就深入人心，岭南人习惯于以赚钱、得实惠为价值判断的衡量标准就顺理成章、不足为怪了。

在岭南文化中，讲实惠、得实惠既是岭南人渴望吉祥如意的好意头，其中包含着"恭喜发财""鸿运当头"的心理暗示；也是岭南人以朴素价值观对待社会生活的基本态度，其中包含着经济因素是社会生活决定因素的通俗化理解和表达。在岭南人看来，幸福生活是以丰衣足食为前提的。没有钱就没有生活来源，就不能改善自己生存和发展的物质条件，就没有幸福的人生。而要有钱就要去赚钱，就要讲求实惠，争取生意兴隆、财源滚滚。这种尊重财富的社会心态与尊重劳动、尊重创造的思想观念是一致的。在岭南人的家风当中，那些热衷自己的事业、经商有道、日进斗金、家财万贯的能人受到广泛的尊重和赞誉；而那些无所事事、游手好闲、不谋营生的人被认为是懒惰之徒或败家之子，为人所不齿。岭南哲学在这样的意义上可以看作生活哲学，它的价值观和价值标准都可以从社会生活的现实层面来理解和分析。哲学本来就是对生活的意义解读，它必须来源于生活才能指导实践。不能在生活之外去寻找所谓的哲学理念。按照这样的理解，以实惠为价值判断标准就体现出岭南哲学在价值观上具有最便于经世致用的鲜明特色。

岭南人以实惠为价值判断的标准，强调要有赚钱、盈利和发财的愿望和追求，但这并不意味着可以倡导唯利是图、尔虞我诈、坑蒙拐骗。在岭南人看来，讲实惠是一个广义的概念，具有人人得实惠的丰富内涵，而不是仅仅是指狭义的、自我的实惠，体现着社会生活当中人与人之间的相互尊重和关怀。在长达两千多年的商业实践中，岭南人领悟到"君子爱财，取之有道"，讲实惠要互利互惠，让大家都有得赚。欺骗虽然也可能赚到钱但绝不是"爱财"并"取之有道"的合理方式，因为被骗者不仅不会成为回头客，从而还可能遭到严重报复而让自己人格和信誉受损。这种违背商业诚信的行为最终的结果不是得实惠而是亏大本。诚信也许一笔生意少赚一点，但可以与同一个顾客做成很多笔生意。因为诚实守信、互利共赢能带来的商誉是最基本、最宝贵的无形资产，它可以让自己长久、安稳地赚钱，所以深谙商道的岭南人历来都恪守诚实守信、公平交易的商业规则，不仅货真价实、童叟无欺，而且还把"益街坊"作为最基本的经营之道。"益街坊"就是给街坊、邻居让利，使自己周边的邻里得方便和实惠，让街坊经常光顾自己、帮衬自己，以期为自己赢得赚钱发展的机会。

透视岭南人的经商品格，我们恐怕不难发现这样的经营理念早已是岭南人。世代传承的营商之道。在以实惠作为价值标准的问题上，岭南人的价值哲学与营商哲学是内在统一的，它体现着岭南人务实本真的基本生活态度和简单朴素的社会价值取向。

三 以自在作为价值目标

人生的意义是什么？我们应当如何选择自己的生活归属？这既是人生哲学要研究的重要课题，更是价值哲学要研究的重要课题。在价值哲学看来："'价值问题'并不是来自经济学的一个展开体系，在哲学中也不是一个低层次的、局部的个别的问题，而是一个高层次的、全局性的普遍问题。价值问题来自人类生存发展的全部实践及其理论思考。作为人类生存发展实践及其理论一个普遍的、基本的内容，价值论具有重要的世界观方法论意义。"① "价值论提出和回答的问题是：'世界的存在及其意识对于人的意义如何？'"② 价值哲学关注的主题应该是人为之奋斗的价值目标和价值意义的问题，它要给予人们的社会生活提供基于人类生命活动的本质所得出的理性指引。马克思主义认为，价值不是外在于人类生存发展活动

---

① 李德顺：《关于我们的价值哲学研究》，《吉首大学学报》2006 年第 2 期。
② 李德顺：《关于我们的价值哲学研究》，《吉首大学学报》2006 年第 2 期。

的某种先验的、神秘的现象，它产生于人类特有的对象性关系——主客体关系及其运动——实践活动之中，产生于人按照自己的尺度去认识世界改造世界的活动，价值是实践的一个内在尺度、一种基本指向。价值哲学所关注的价值目标必须按照人的尺度和需要去认识和把握，并在认识世界和改造世界的过程中把价值目标理解为人自身发展应当具有的内在品格和应当趋向的理想境界。

在价值意义的人文关怀上，岭南哲学不仅非常突出以人为中心的价值认知和价值判断，而且非常注重从社会生活实践的层面去研究和把握人自身发展的价值目标。在岭南人看来，人是社会的主体，社会的存在和发展要以人存在和发展为前提，人的发展相对于社会的发展而言具有主体的优先性和主动性。在社会生活实践过程中，每个人的人格都是相对独立的，都有自己选择自己活法（即自己安排自己）的权利，命运应该掌握在自己的手中。尽管岭南人也有很强的家国意识，比如林则徐就强调"苟利国家生死以，岂因祸福避趋之"，当岭南人的家国意识和社会责任则是倾向于以个人的成长和发展为基础的——先要有个人自我的发展才可能有整个民族的振兴和国家的强盛。这里涉及如何认识和处理个人与集体、小家和国家、个体与社会的关系问题。岭南人的基本观念认为，个人离不开集体、小家离不开大家、个体离不开社会，同样集体也离不开个人、大家离不开小家、社会离不开个体；但在这种互为前提的关系当中个人的发展、小家的兴旺、个体的成长对于集体发展、国家强盛和社会进步而言更具有优先性和基础性。因为只有个人、小家和个体都发展好了，集体、国家和社会才能真正发展起来、壮大起来、强盛起来。在岭南文化中特别关注和尊重个人的自我发展，甚至把自在作为个人自我发展的价值目标。

在岭南哲学中的"自在"，与德国古典哲学的"自在"概念并不完全相同。在德国古典哲学尤其是康德哲学当中，"自在"是指"物自体"的存在方式，这种"自在"主要是客体的存在——"自在之物"的存在。按照康德的理解，"自在之物"是在人的意识之外存在并且不能被人的认识能力所认知的物的存在。而在岭南哲学或岭南文化当中，"自在"主要是指作为主体的人所达到的一种比较理想的生活状态，它表现为人在处于自然和社会交往的复杂关系当中能够自力更生、自由发展、自我安顿、自得其乐的自我满足。

这种"自在"既是外在的,也是内在的。所谓"外在的",就是指具有了"自在"的基本物质生活条件,或许并不是很富有但至少是有了可以享受生活的物质基础。所谓"内在的",就是指人们对自己的生活境遇和应该达到的程度有了比较明确的认知,知道自己需要什么样的生活并能够达到什么样的生活水平,有一种"自在"的心境,可以达到自我满足、安逸豁达、品味人生的心理超脱和精神超越。在岭南哲学的价值理性当中,"自在"标志着人的社会生活要真正达到可以"知足常乐"的自我安顿,具有"仰不愧于天,俯不怍于人"的坦荡情怀,以及"千江有水千江月,万里无云万里天"的心境自由。这样的"自在"是岭南人追求的人生境界和渴望实现的价值目标。

岭南人所崇尚的"自在"其实是对自我人生意义和价值的感悟和觉悟。这种感悟和觉悟,既受儒家和道家思想的影响,但佛教的影响更加深远。从达摩开始岭南成为佛教传入的"西来初地",再到六祖惠能在岭南弘法的生活化普及,让佛教对岭南人的影响极其深刻,至今许多岭南人依然还有敬佛的传统生活习惯。在佛家思想当中,惠能的《坛经》既对中国传统的"天命"决定论提出质疑和批判,也将佛教早期对彼岸世界的向往与寻觅拉回到对现实人生的肯定与自信,强调一种"如人饮水,冷暖自知"的自我修行——"自修",如"见自性自净,自修自作""自悟自修即名归依也"等。将向外的崇拜转为对内的自信,最重要的意义是能够把人生的现实价值凸显出来,不仅强调对生命存在要高度尊重和关爱,而且强调每个人的内心世界都应当存有一份"自性圆融"的自在与洒脱。岭南人追求的"自在"心境与佛教主张的"自我修行"和"自性圆融"有许多内在的融通性,可以看作在现实生活当中岭南人渴望通过"自我修行"而达到的人生理想状态。这大概是岭南人追求"自在"的最重要的合理性缘由,也正应为如此所以这一理念一直成为千百年来世世代代的岭南人"内化于心,外见于行"的价值理想和人生态度。

第三节 机会主义的价值心态

岭南人秉承实用主义的价值理念和功利主义的值判断,体现出机会主义的价值心态和行为习惯。按通常的理解,机会主义是一个具有贬义意蕴的概念，它具有"不按规则出牌"的特点，崇尚"成王败寇"的基本法则，主要是指为了达到自己的目的而不择手段的社会心态和行为方式。用"机会主义"这样的概念来概括和表述岭南人的价值心态和行为习惯虽然有点言过其实之嫌，但是在岭南人的处世心态和行为方式当中确实包含着许多"机会主义"的品格和特征。只不过，在岭南人的价值观当中这种"机会主义"不能简单等同于不守规则的投机取巧，而是表现出一种积极进取、开拓创新、奋发有为的务实作风和奋斗精神。我们用"机会主义"来概括岭南人的价值心态和行为习惯并不是在贬义的层面来使用的，而是用它来彰显岭南人基于实用主义的价值理念和功利主义的价值判断所形成的思维习惯和行为特征，表达岭南人敢为人先的人文传统和优秀品格。

一　避苦求乐的人生选择

岭南人的价值观体现在人生态度上，表现出避苦求乐的强烈愿望和务实本性。"人有悲欢离合，月有阴晴圆缺，此事古难全。"人生在世既有欣喜和欢乐，也有磨难和痛苦；既多姿多彩，又艰难曲折；既有美好的憧憬，也有沉重的负担。生活状态的多样性和复杂性体现出平凡与不平凡相互交织的人生百味。如何面对自己的人生，如何选择自己的生活方式，反映出一个人所具有的人生态度和对人生价值的理解。趋利避害、避苦求乐、祈福消灾无疑是全人类向往美好生活的共同愿望，但如何把这样的美好愿望落实在自己的生活实践中，却存在每个人在人生态度上的千差万别。在这一问题上，岭南人秉持自己的务实品格，把"避苦求乐"作为最基本的人生态度融入自己的平凡生活过程的每一个环节，总是以乐观向好的心态去面对生活，去感受和理解生活的幸福和快乐，用"健康是福""平安是福""能吃是福"等最简单、最朴素的言语来表达自己对幸福生活的向往。在岭南人的生活当中，幸福生活并非大富大贵的奢华享受而是小富即安的其乐融融。

"避苦求乐"最初是佛教的基本教义。据佛经记载：悉达多（释迦牟尼）为避苦求乐出家修行，而在具体的修行过程中，本来也想同一些苦行僧一样，以毒攻毒，以苦行的办法来摆脱苦境，谁知在六年的苦行中，由于仅喝一点豆羹赖以活命，弄得皮包骨头，奄奄一息,于是"欲求好食",向村女乞求营养丰富的牛乳来滋补身体。这以后才有了健康的身体和愉快的精神,才能在菩提树下悟出"四谛",佛教也才由此而生。在佛教的教义当中,"四谛"是指"苦、集、灭、道"。佛教认为,人世间有"生苦""老苦""病苦""死苦""怨憎会苦""爱别离苦""求不得苦""五阴炽盛苦"等,每一种"苦"都是人对自身周围状况的一种认识,也是对现实的一种不满。由不满自身周围之苦状进而究其因,这"因"便是"集",探求苦闷之目的还是摆脱苦境,希望由"不满"而变为"满",即企图"避苦""弃苦"。弃苦之后的最高境界为"涅槃",这就是"灭";为达到"涅槃"境界而进行的修行方法,便谓之"道"。"四谛"的根本其实就是避苦求乐,它要求人们在认识了自己的"苦"境以后,利用修"道"的方法,消除烦恼之因,达到"寂灭为乐"的"涅槃"境①。深受佛教影响的岭南人,对佛教的教义能够心领神会,也自然而然会把"避苦求乐"的人生感悟植入社会现实生活,并逐步生成和泛化成为具有普遍共识的人生选择。

岭南人"避苦求乐"的人生选择,是建立在对自我价值判断基础之上的理性认知,也是尊重自我权利、承认自我价值、形成独立人格的伦理基础。这样的人生选择和价值认知,在近代中国的发展过程中具有重要的先导意义。众所周知,中国封建社会占统治地位的人格价值观是以儒家的道德人格论为主导的。儒家的伦理纲常道德被当成人的本质,而且道德纲常至高无上,人生的全部目的和意义就在于追求这种道德价值。儒家的纲常伦理是以小农经济基础确立的伦理关系和社会秩序,对维护封建宗法专制的统治具有重要的伦理支持功能。由于这种旧儒学道德纲常塑造的依附人格严重束缚了人对自我价值的追求,因而也逐步沦为扼杀人性的工具。在近代启蒙运动兴起之后,人道主义的价值观逐步盛行,它主张个人的价值至高无上,人具有追求幸福的权利,自由平等是人的天赋人权,一切都要以人为中心,要尊重人的自我选择和自我发展。这样的价值观塑造的是独立人格,有利于自我创造和自我发展,也适应并推动着市场经济的蓬勃发展。近代中国要自我救赎,实现救亡图存、民富国强的振兴和发展,首要任务就要把人从"三纲五常"的束缚

---

① 胡同庆:《佛教的避苦求乐思想》,《道德与文明》1986年第3期。

第五章 价值论

中解放出来的伦理革命，使人不再是封建伦理纲常的奴隶。这就需要构建一种肯定人的自身价值、尊重人的个性存在的新人格价值观。岭南人一向"避苦求乐"的人生态度和善于自我安顿的生活习惯所形成的社会价值理性，就顺应并契合了这样的发展需要，因而能成为近代以来中国思想文化变革的先导。

康有为以资产阶级人道主义为武器，主张自然人性论，肯定人的价值至高无上和人有追求幸福的权利，否定了封建社会旧儒学伦理纲常至高无上的道德人格价值观。康有为认为"求乐免苦"是人类的共同本性。康有为认为，人的本性虽有多种多样，但普天下人类共同的本性只有"求乐免苦"。他说："普天之下，有生之徒，皆以求乐免苦而已，无他道矣。……而虽人之性有不同乎，而可断断言之曰：人道无求苦去乐者也。"① 按照康有为的观点，人在满足自己的欲望和追求的过程中，人自身也不断得到完善和提高，人类社会文明也得到促进和发展。他认为："日益思为求乐免苦之计，是为进化。"② 这就肯定了人们追求幸福、快乐的社会进步意义，是对封建社会旧儒学把僵死的封建道德作为人的本性和永恒不变的社会生活法则的彻底否定。

在哲学意义上，康有为反对传统儒学的道德人性论，把人身气质的自然属性作为人的本性，恢复了人的自然本性，把人看作自然的人。以此为基础，康有为阐述了自己肯定人自身价值、尊重人个性的人格思想。在价值取向上，康有为提出"以身为本""依人为道"的人道主义原则，认为"人为万物之灵""超然贵于万物"，一切社会人伦规范都应该"以身为本""依人为道"。他说："适宜者受之，不适宜者拒之，故夫人道只有宜不宜，不宜者苦也，宜之又宜者乐也。故夫人道者依人以为道，依人之道，苦乐而已，为人谋者，去苦求乐而已，无他道矣。"③ 根据"以身为本""依人为道"的原则，一切社会人伦规范和制度是否合理、是否为善，应看其是否能够满足人们"求乐免苦"的要求。如果能够满足的，则是合理的，是善的；否则，就是不合理的，是恶的。康有为认为封建

---

① 康有为：《大同书·第一》，郑州：中州古籍出版社，1998。
② 康有为：《大同书·第一》，郑州：中州古籍出版社，1998。
③ 康有为：《大同书·第一》，郑州：中州古籍出版社，1998。

等级、名分制度束缚了人,给人带来说不尽的痛苦,当然就是不合理的、恶的,要否定的。我们不难看出,康有为"以身为本""依人为道"的思想也是对岭南人倾向于"避苦求乐"的人生选择给予了具有合理性的哲学论证。

二 灵活变通的价值行为

随机应变、灵活变通是岭南人最鲜明的行为特色。千百年来,岭南人非常信奉和推崇"精崽哲学"。在粤语中,称人为"精崽"其实是一种赞美。① 所谓"精崽",既指那些在商业行为中善于精打细算的谋利者或精明人,也指那些能够顺应环境、把握机遇、灵活应变、做事融通的善变者或聪明人。精明、能干一向是岭南人为了应对环境变化、改变生存状况、赢得发展机遇而推崇的谋生本领。在岭南人看来,在人之外的自然条件所构成的客观环境是我们赖以存在和发展的物质基础,条件的好坏对自己的生存和发展固然有非常重要的影响,但客观条件并不能决定人的命运,我们生活状况的好坏主要取决于是否有改变自己和改变环境的能力。只有精明能干的人才能更好地适应环境、把握机会、克服困难、改变命运,创造出幸福美好的生活环境,岭南人不仅对精明能干的人总是敬重有加、视为楷模,而且自己也希望通过学习能够成为精明能干之人,以便让自己的人生境遇得到好的改变、能过上更加幸福美好的生活。在价值观上,这种崇尚精明能干的人生态度和社会氛围,比较注重自己把握世界变化、应对困难和挑战的能力提升,对如何适应自然环境和社会条件的变化有着非常积极而主动的行为选择。正因为如此,所以岭南人在社会生活当中总是乐观向上而很少怨天尤人。

在岭南,灵活变通是渗透于所有社会实践和生活实践的一种文化精神。自古以来,岭南的地理环境特殊,生存条件比较恶劣,必须通过灵活变通来适应复杂的自然环境和社会环境,岭南人向来尊崇灵活变通的价值方式。岭南人始终相信"困难没有办法多",认为"凡事都可变通",即"做事都有变通的余地"。在日常生活中,无论大事小事他们都喜欢琢磨如何通过灵活变通来达到自己的目的以取得成功。比如水哪里没有? 花力气在质量、特色、包装、策划

---

① 韩强:《精神心理文化与岭南人的价值支柱》(上),《岭南文史》2008年第1期。

和销售上变一变,"珠江水"就作为商品汹涌北上。再比如,卖鱼从来都是整条卖,而广东的商贩却将一条鱼分成鱼肉、鱼尾、鱼头、鱼骨、鱼腩、鱼肚来卖,后来竟分出鱼鳃、鱼皮来卖,甚至鱼唇、鱼舌头集起来也做成生意,这一切都是依顾客的需要所做的变通①。这样的灵活变通是岭南人很擅长的明智之举,也是商机无限的自我创造和大胆突破。在改革开放过程中,得改革开放风气之先的广东一度盛行"猫论"和"灯论",也是这种灵活变通理念的具体体现。"猫论"强调"不论白猫黑猫,只要捉住老鼠就是好猫","灯论"则是强调"遇到红灯绕道走"。正是运用这种灵活变通的思维方式和行为方式,广东人从率先放开鱼价、率先引进外资等改革创新开始,把中央给的"特殊政策"用足、用活,充分发挥了改革开放的试验田的"窗口"和"门户"作用,并以持续快速发展的显著成效给全国提供了"始终走在前列"的示范效应。

梁启超将岭南人灵活变通的思维方式和行为方式上升到哲学层面来解读。他认为:"凡在天地之间者,莫不变。昼夜变而成日;寒暑变而成岁;大地肇起,流质炎炎,热熔冰迁,累变而成地球;海草螺蛤,大木大鸟,飞鱼飞鼍,袋兽脊兽,彼生此灭,更代迭变而成世界;紫血红血,流注体内,呼炭吸养,刻刻相续,一日千变而成生人。藉曰不变,则天地人类并时而息矣。故夫变者,古今之公理也。"② 这种变化的普遍性和永恒性,就是贯穿于宇宙、天地、自然、社会和人生之中的基本规律。如果停止运动变化,那么整个世界就没有了生机与活力,甚至就会窒息而亡。正所谓"上下千岁,无时不变,无事不变"③。为此,在社会生活实践过程当中必须依照这种不断变化的规律来调整策略和安排。要根据不断变化的新情况和新挑战做出灵活的变通,不能思想僵化、墨守成规、按部就班,否则就会陷入被动乃至遭遇挫折和失败。在方法论上,他进一步指出:"用其新,去其陈,病乃不存。夜不秉烛则昧,冬不御裘则寒,渡河而乘陆车者危,易证而尝旧方者死。"④ 这是从哲学的层面对为什么要遵循和恪守"灵活应变"的价值行为方式给出的理

---

① 韩强:《精神心理文化与岭南人的价值支柱》(上),《岭南文史》2008年第1期。
② 《梁启超全集》第一卷《变法通议》,北京:北京出版社,1999。
③ 《梁启超全集》第一卷《变法通议》,北京:北京出版社,1999。
④ 《梁启超全集》第一卷《变法通议》,北京:北京出版社,1999。

论分析和逻辑论证。

将这种变的哲学理论应用于分析近代中国的社会发展，梁启超提出了维新变法的积极主张，并与康有为等一起领导、组织和推动了著名的"戊戌变法"运动。他认为近代中国只有维新变法才可能达到并实现国家富强、民族振兴的目的。他说："要而论之，法者，天下之公器也；变者，天下之公理也。大地既通，万国蒸蒸，日趋于上，大势相迫，非可阏制。变亦变，不变亦变；变而变者，变之权操诸己，可以保国，可以保种，可以保教。不变而变者，变之权让诸人，束缚之，驰骤之，鸣呼，则非吾之所敢言矣！是故变之途有四，其一如日本，自变者也。其二如突厥，他人执其权而代变者也，埃及高丽等国皆是。其三如印度，见并于一国而代变者，越南缅甸等国皆是。其四如波兰，见分于诸国而代变者也。"[①] 他强调："今夫人一日三食，苟有持说者曰'一食永饱'，虽愚者犹知其不能也。以饱之后历数时而必饥，饥而必更求食也。今夫立法以治天下，则亦若是矣。法行十年，或数十年，或百年而必敝，敝而必更求变，天之道也。故一食而求永饱者必死，一劳而求永逸者必亡。今之为不变之说者，实则非真有见于新法之为民害也。"[②] 尽管戊戌变法最终失败了，但是，这种以变法图强推动社会变革和发展的思想对近代中国的影响深远，它也将岭南人以求真务实为价值理性、善于"灵活应变"的行为方式提升到了应用于探索救国救民发展道路的新高度。

三　自强不息的顽强斗志

岭南人在社会生活实践中，从来都是把"求生存"当作人生的首要任务。岭南人懂得生命的存在对于自己而言才是最重要的存在，尽管活着本身不一定就是目的，但如果不能活着那么人生的价值就一切归零。岭南人在自己的人生哲学当中历来都把生命的存在看得至关重要，并把"求生存"作为价值判断的基本准则。这样的人生哲学包含如何看待世界、看待人生、看待社会的朴素唯物主义思想。在"求生存"的理解上，岭南人认为生存是自我的生存，能

---

① 《梁启超全集》第一卷《变法通议》，北京：北京出版社，1999。
② 《梁启超全集》第一卷《变法通议》，北京：北京出版社，1999。

第五章　价值论

否获得自我生存的机会以及自我生存境遇的好坏都是自己努力和奋斗的结果,既不可能是上帝佛爷等所谓的神仙王爷赐予的,也不可能是皇亲国戚等所谓的达官贵人恩惠的。如今粤语当中还非常流行一句说法叫作"食自己",即"自己养活自己"。这就是岭南人最基本的生活理念。"食自己"的意思可以理解为自己依靠自己、自己关照自己、自己发展自己,因而具有自强不息的主体生存意志,是对生活意义和人生价值的自我感悟和积极实践。为了实现"求生存"的愿望、达到"叹世界"的目的,岭南人历来强调"敢问路在何方"的拼搏和进取,干事创业都务求有所作为、有所成就、有所发展,体现出从不懈怠、能想会干、善抓机遇、敢为人先的顽强斗志和人生品格。

岭南人自强不息的生存意志与奋斗精神追求的人生目标是自由自在地快乐生活。这与陈献章所主张的"自然之乐"的处士哲学密切相关。"所谓处士,是指有德有才而未能出仕或隐居不仕的知识分子。陈献章在其著作中不止一次地称颜回作为一名处士所具有的圣徒品格,而且还以他自身的生活实践展示了儒家处士的精神风貌与生活情趣。在他的一生中,只当过吏部文选司历事一官。出朝以后,他虽接受了皇帝授给他的翰林院检讨官,但并未供职。晚年也多次被举荐,但他都以故推辞,甘愿过处士生活。"[1] 陈献章的处士生活与处士哲学最大的特点就是以躬耕食力为基础、崇尚"逍遥复逍遥,白云如我闲"的"自然之乐"。这种"自然之乐"不是学理上拘执索求的觉解,而是在超然自得的生存境域和审美体验中方可达到的真正潇洒、浪漫而又真切的生命境界,是理智、意志、情感和谐相融,是人生之真、善、美和谐统一的休闲境界。这种"自然之乐"的休闲境界,是儒家"孔颜乐处""曾点之乐",道家"知乐天者""与物无累",禅家"万化随缘""无所住而生其心"的休闲智慧的超越性融合,达到了道德境界、审美境界和超越境界的和谐统一[2]。

陈献章崇尚"自然之乐"的处士哲学是以他对"道"与"气"

---

[1] 程潮:《陈白沙处士生活的成因及其处士哲学》,《嘉应大学学报》(社会科学版)1995年第4期。

[2] 潘立勇、郭小蕾:《"逍遥复逍遥,白云如我闲"——陈白沙"自然之乐"的休闲境界》,《浙江大学学报》(人文社会科学版)2006年第5期。

的独特理解为基本前提和理性依据的。关于"道",他认为"道"是一种"干涉至大,无内外,无终始,无一处不到,无一息不运"①的客观存在和必然规律。既然"道"是至大无外的整体,又是无动静、无终始的永恒本体,那么人得"道"以后就可与"道"同体,摆脱有形事物生生灭灭的局限,达到"天地我立,万化我出,而宇宙在我"②和"天地之始吾之始也,天地之终吾之终也"③的境界超越。相对于"道"来说,他认为"气"是有形的、有限的、变动的,因而察"气"而生的一切事物都因"气"的变化而生生灭灭。人也是禀受阴阳之气而生的,与禽兽无异。"自少而壮,自壮而老,其欢悲、得丧、出处、语默之变,亦若是而已。"④"道"就存在于由"气"所构成的宇宙万物的生成变化之中并通过宇宙万物的生生化化而表现出来,处于一种自然而然的生成发展状态和过程之中,正所谓"一痕春水一条烟,化化生生各自然"⑤。他认为:既然"道"存在于这种生生化化的"自然"之中,那么,人生最大的快乐就应该是遵循和顺应"道"的法则,去体验和享受"自然之乐"或"自得之乐",而且这种"自然之乐"才是"真乐也"。

作为"真乐"的"自然之乐"又是如何达到的呢?陈献章认为:"真乐何从生,生于氤氲间。氤氲不在酒,乃在心之玄。行如云在天,止如水在渊。静者识其端,此生当乾乾。"⑥这就是说:"真乐"是"色色信他本来","不离乎人伦日用而见莺飞鱼跃之机"的自然之乐,是在终终乾乾、自强不息的奋斗中所获得的快乐,也是孔子颜回曾在"饮水曲肱""箪瓢陋巷"中体验过的快乐⑦。在陈献章看来,要达到这样的"真乐"必须走向自然,去体验田园生活并游览山水风光。大自然的山山水水不仅为人提供生息之地,还给人以美的享受、陶冶人的情操,使人获得快乐与自由。虽然田园牧歌的生活很辛苦,也很清贫,但它所带来的"自然之乐"却是无穷

---

① 《陈献章集》,北京:中华书局,1987,第 217 页。
② 《陈献章集》,北京:中华书局,1987,第 217 页。
③ 《陈献章集》,北京:中华书局,1987,第 55 页。
④ 《陈献章集》,北京:中华书局,1987,第 66 页。
⑤ 《陈献章集》,北京:中华书局,1987,第 683 页。
⑥ 《陈献章集》,北京:中华书局,1987,第 192~193 页。
⑦ 程潮:《陈白沙处士生活的成因及其处士哲学》,《嘉应大学学报》(社会科学版) 1995 年第 4 期。

的。他说:"盼高山之漠漠,涉惊波之漫漫,放浪形骸之外,俯仰宇宙之间。当其境与心融,时与意会,悠然而适,泰然而安,物我于是乎两忘,死生焉得而相干。"[①] 他认为这就是人在大自然中获得的自由和超脱,是人生最大的幸福和快乐。他总是说"归耕吾岂羞""吾道在躬耕",并称赞"渔樵真有道"。

陈献章选择追求"自然之乐"的处士生活无疑带有农耕时代的思想局限,同时与其在仕途上屡遭挫折使他对官场深感失望有关,但它也反映出岭南人不喜欢"居庙堂之高"那种官场争斗的明争暗斗而热衷于"处江湖之远"的平民生活那份其乐融融的自我满足。这种"自然之乐"的生活状态是可以通过自己的努力来实现的,它意味着人要有艰苦奋斗、不懈奋斗、顽强奋斗的意志和决心,才能追逐并拥有自己喜欢的"自然之乐"的美好生活。这其中也反映出岭南人具有自强不息、开拓进取、敢想会干、勇于"第一个吃螃蟹"的心理品质。这种"自然之乐"的自我追求也是岭南人充满自信、乐观向上的人生态度和价值取向。

[①] 《陈献章集》,北京:中华书局,1987,第275页。

第六章
认识论

认识论是哲学体系中的一个重要组成部分,又叫知识论或者叫认知论。岭南认识论是中国哲学体系中的一个重要组成部分。认识论是以人类的认识本身作为研究对象,研究认识的本质、认识的结构、认识与客观实在的关系、认识的前提和基础、认识发生和发展等。认识的目的就是提高人们认识的自觉性和正确性,使人们进一步认识世界、反映世界和适应世界,进而改造世界。

第一节 岭南认识论的特点

一 认识论及其实践意义

人类是先有认识活动,后有认识理论。认识论是随着哲学的发展而不断发展的。在马克思主义以前的认识论,主要有先验论和反映论两大派别。客观唯心主义者主张认识是对先验的理念的回忆,知识来源于天;主观唯心主义者主张认识是主观自生的感觉和经验。旧唯物主义者把认识看成客观世界在人头脑中的反映,但他们对于"反映"的理解是机械的、消极的,是离开人的社会性和人的历史发展发展,他们还未能从认识对实践的依赖关系上,从革命的能动的反映论去理解人的认识活动,因而还未能科学地说明人的认识问题。在哲学史上还有经验论、唯理论、怀疑论、不可知论等主张和派别。马克思主义认识论批判地继承和总结了哲学史上的各种认识论的正面的和反面的经验教训,建立了自己的体系。马克思主义的认识论是关于人类的认识来源、认识能力、认识形式、认识过程和认识真理性问题的科学认识理论。它首先是可知论。认为客观物质世界是可知的。人们不仅能够认识物质世界的现象,而且可以透过现象认识其本质。人类的认识能力是无限的，世界上只有尚未认识的事物，没有不可认识的事物，从而与不可知论划清了界限。它的基本前提是反映论。认为物质世界是不依人的主观意志而独立存在的，人的意识是物质长期发展的产物，是人脑的机能，是对物质世界的反映。坚持从物到感觉和思想的唯物主义认识路线，与从思想、感觉到物的唯心主义认识路线划清了界限。它是实践论。在人类认识史上，第一次把科学的实践观引入认识论，认为实践是认识的基础、认识的来源、认识发展的动力、认识的目的和检验认识真理性的唯一标准。它把辩证法应用于认识论，强调人的认识是一个不断深化的能动的辩证发展过程。认识的辩证法，表现在认识和实践的关系上，认识来自实践，又转过来指导实践，为实践服务。表现在认识过程中，人对世界的认识不是一次完成的，而是一个多次反复、无限深化的过程。认识和实践的具体的历史的统一贯穿于人类历史活动的各个领域，它是创造社会物质财富和人类精神财富的唯一途径。正是在认识和实践辩证统一的运动中，人类才能不断地从必然王国走向自由王国。认识和实践的统一是科学地考察全部哲学以至人类历史的重要方法论原则。辩证唯物主义的结论是主观和客观、认识和实践、知和行的具体的历史的统一，反对一切使主观和客观、认识和实践、理论和实际、知和行相分裂的错误倾向。

坚持马克思主义实践第一的观点，要求我们积极投身实践之中。坚持认识对实践具有反作用，要求重视认识的反作用，发挥科学理论对实践的指导作用。坚持真理是客观的、具体的、有条件的，要求正确对待错误，在实践中不断丰富、发展和完善真理。坚持认识具有反复性、无限性、上升性，追求真理是一个过程，要求与时俱进、开拓创新，在实践中认识和发现真理，在实践中检验和发展真理。

二 岭南认识论的主要特点

中国认识论的特点反映出岭南哲学的特点。中国哲学学派很多（儒家、墨家、道家、法家等），体系繁杂，但并没有形成包括各个部门学科的整体化的体系。因而中国哲学中的认识论尚未取得明显的独立地位，而是渗透在未经分化的朴素体系之中。往往与其他的理论渗透在一起，通常是只言片语或者是简短的文章、书札、语录。没有西方哲学那样，有许多大部头的著作。尽管如此，对于认识论一些基本问题的探讨，一直是两千多年来中国哲学家关注的焦点。研究中国认识论和岭南认识论，应该从中国和岭南特定的历史文化背景出发，深入细致地分析哲人们常用的概念，范畴和命题，做出合理的解读，并尽可能地寻绎他们之间的联系和发展变化规律。中国认识论和岭南认识论的特点如下。

一是认识与伦理道德修养紧密结合。西方哲学认识论主张"主客相分"，着重于探求世界的奥秘，往往与自然科学结合比较密切；中国古代的哲学认识论和岭南认识论主要是讲"主客合一"，这是求得世界的和谐，人生与社会的安宁。中国哲学教人求善，西方哲学教人求知。在中国古代哲人看来，认识、求知，只是手段和道路，道德教化才是目的和实质。

二是强调实践，主张知行结合问题。从春秋战国到近现代，许多学者围绕知行难易，或者知先行后，还是行先知后，争论不休，众说纷纭。从老子、孔子、墨子、荀子、董仲舒、王充、程颐、朱熹、王阳明、王夫之、颜元、戴震到魏源，到了20世纪，章炳麟、孙中山都发表了很有影响的重要的意见。虽然所谓的知不完全等于认识，所谓行也不等于马克思主义的实践，但这个问题是高度抽象化的，具有深刻的理论意义，表现了中国历代哲人对于认识与实践关系的重视。而且不论是唯物论者或者是唯心论者，也不管他们对知行如何理解，最终都是要求"力行"的。这有着积极的现实意义，应该认真地总结和继承。

三是富于理性精神始终与有神论保持距离。中世纪西方哲学，经院哲学家们认为，真理属于上帝，人只有在上帝的参与之下，获得上帝的启示，人才能了解世界的本原，最后达到真理。中国古代认识论几乎看不到上帝和神灵的地位与作用。先秦的儒家、法家、道家的鬼神观念比较淡薄，即使是主张有鬼的墨家，在讲到认识的时候，也是主张知识来源于见闻。魏晋玄学实际上是儒道的结合。南北朝的佛家是讲"般若无知"，唐代的佛教徒禅宗是宣扬"顿悟"，可说其思辨性很强，但都没有宣扬神示，神灵的启示。程朱理学、陆王心学吸收了佛教的认识论，但都没有把哲学引向宗教。中国古代的认识论带有明显的无神论和非宗教化倾向。而对于那些未知的事物，古代哲人往往是存疑。①

第二节　岭南古代认识论思想

一　道教哲学的认识论

葛洪是魏晋时期著名的道教学者。他的《抱朴子》是在道教开创期时期最重要的理论著作。《抱朴子》分为两部分，内篇是讲神仙方药、鬼怪变化、养生延年。外篇是讲人间得失，世事臧否，属于儒家。他的认识论的目的可以归结为：认识就是为了学道，学道就是为了成仙。

葛洪在认识论上，首先继承了王充"重效验"的朴素唯物主义传统，然后用邹衍之学以小推大，以近推远的类推法向道教神学过渡。葛洪以已知的效验为根据，采用由小验知大效，由已然明未试的类比推理，来确定人的知觉不能直接判定的抽象事物，从而扩大了其中的主观唯心主义成分，形成了道教哲学的认识论。他提出了"校其小验，则知其大效，睹其已然，则明其未试"②的认识论原则，要求人们排除自己的感官和心造成的"信己"之蔽，将"信己"变为"信仙"，以信仰主义为基础认识神仙的存在。

为认识神仙实有和长生可致的道教教义，葛洪以神仙方术的效验为根据，他说："今试其小者，莫不效焉。余数见人以方诸求水于夕月，阳燧引火于朝日，隐形以沦于无象，易貌以成于异物，结巾投地而兔走，针缀丹带而蛇行，瓜果结实于须臾，龙鱼瀺灂于盘盂，皆如说焉。按《汉书》栾大初见武帝，试令斗棋，棋自相触。而《后汉书》又载魏尚能坐在立亡，张楷能兴云起雾，皆良史所记，信而有征，而此术事，皆在神仙之部，其非妄作可知矣。小既有验，则长生之道，何独不然乎？"③葛洪从这些魔术幻技的效验，类推到神仙之道是存在的。葛洪又将神仙之道当作人类认识的极限，世人不应再进一步追问神仙之道的"所以然"，而只能把这种认识建立在宗教信仰主义的基础上。

---

①　谭家健：《中国古代认识论视频教程》，www.mba518.com。
②　葛洪：《抱朴子·塞难》。
③　葛洪：《抱朴子·对俗》。

葛洪认为，要认识神仙的存在，必须从否定人们的感官经验入手。他说："虽有至明，而有形者不可毕见焉。虽禀极聪，而有声者不可尽闻焉。虽有大章、竖亥之足，而所常履者，未若所不履之多。虽有禹益、齐谐之智，而所赏识者，未若所不识者之众也。""目察百步，不能了了，而欲以所见为有，所不见为无，则天下之所无者，亦必多矣。所谓以指测海，指极而云水尽者也。"① 葛洪从认识论上注意到了人的感官知觉是有限的，努力破除经验主义的认识论，这有合理因素。但他背离了人类认识有限和无限的辩证法，得出"故不见鬼神，不见仙人，不可谓世间无仙人"② 的结论，这就从承认个人的感官和认识能力的有限性到否认人类的认识能力，最后滑向了宗教信仰主义。

葛洪为把道教哲学的认识论建立在宗教信仰主义基础之上，还进一步要求人们排除自己的感官和心造成的"信己"之蔽。他说："俗有闻猛风烈火之声，而谓天之冬雷，见游云西行，而谓月之东驰。人或告之，而终不悟信，此信己之多者也。夫听声者，莫不信我之耳焉。视形者，莫不信我之目焉。而或者所闻见，言是而非，然则我之耳目，果不足信也。况乎心之所度，无形无声，其难察尤甚于视听，而以己心之所得，必固世间至远之事，谓神仙为虚言，不亦蔽哉？"③ 葛洪解释世人不见神仙的原因，认为是由于仙俗异路，神仙本来只和那些信仙道的人交往，故意不让那些不信仙道的人看见。他说："夫道家宝秘仙术，弟子之中，尤尚简择，至精弥久，然后告之以要诀，况于世人，幸自不信不求，何为当强以语之邪？既不能化令信之，又将招嗤速谤。故得道之士，所以与世人异路而行，异处而止，言不欲与之交，身不欲与之杂。……何肯当自炫于俗士，言我有仙法乎？"④ 世人要认识仙道，就非要信仰仙道不可了。

道教哲学的认识论涉及人类的有限和无限的关系，既强调了重效验的思想和类推法，又批判了经验主义认识论的信己之蔽和儒学对圣人的迷信，给我们研究古代哲学认识论从反面提供了一个值得

---

① 葛洪：《抱朴子·论仙》。
② 葛洪：《抱朴子·论仙》。
③ 葛洪：《抱朴子·塞难》。
④ 葛洪：《抱朴子·辨问》。

借鉴的参照系，但由于其局限性，最后滑向了宗教唯心主义。

二 "顿悟成佛"和"无念为宗"

唐代是佛教的鼎盛时期，出现了许多宗派，如法相宗、三论宗、天台宗、华严宗、禅宗、净土宗、真言宗、律宗等。佛法本是一味的，由于接受者的智慧、福德程度，即根性的高下不一，以及生存时代与生活环境的差异，对于佛法的认知、修行的偏重，也就有许多不同的分支派别了。八大宗派的特点可以用一偈浅而概之：密富禅贫方便净，唯识耐烦嘉祥空。传统华严修身律，义理组织天台宗。惠能禅宗在唐代的佛教当中是影响最大的一派。

惠能禅宗是一套中国特色的通俗的佛教哲学体系。惠能哲学体系的两个基本点："顿悟成佛"和"无念为宗"，对认识论有许多很深入的论述和发挥。

（一）"顿悟成佛"

惠能神法思想对后世影响最为深远的是其"顿悟"说。他认为"心外无法""心外无佛"，每个人的心性即佛心，所以成佛只在自悟本性，"故知一切万法，尽在自身中，何不从于自心顿现真如本性"。[①] 惠能把自心之迷悟看作愚智凡圣的分野所在，自性迷则愚则凡则是众生，自性悟则智则圣则是佛。

惠能顿悟说的立论基础是人们本觉的心性。他将成佛与否归之于心之迷悟。从其认为心外无法，其心性是真的；就其认为心性是佛性，其心性是善的；从其认为心体是一种理想境界，它又是完美的。惠能这一真善美相统一的真如佛性，是"理之全"，是一种极高度的抽象。《坛经》称为："觉体圆明"，体性不二，是一个包罗万象不可分割的整体。至理不可分，用智慧观照成佛，得即全体，只能一悟，而不能今日格一分，明日格一分，弄得支离破碎。对于这一纯全之理的体悟，只能顿了，不容阶次。

所谓顿悟，即指当下理解、体认、领悟佛理，而无须长期的修习。这种顿悟是通过直觉的主观体验，产生内心的神秘启示，达到精神状态的突变。一个人顿悟，可当下直了本性。这种境界，不可言传只能意会。佛与众生的差别只在一悟，而迷与悟的不同，只在

[①] 见《坛经》（法海录），曹溪原本。

一念之间。不悟即佛是众生,一念悟时,众生是佛。

不假修习的顿悟思想自惠能首倡之后,就成为禅宗修行的主要理论。惠能的思想立足于自心的迷悟,他并不是从教义法理的探究上提出并强调"顿悟"的,而是从宗教的实修上,将修与证统一于人们的当下之心。这也就是惠能"直指人心,见性成佛"的禅法特色。

惠能的顿悟说,指出了一条简捷方便的成佛道路,惠能禅宗的创立及其顿悟成佛说的提倡,在我国佛教史上是一个根本性的变革。

(二)"无念为宗"

惠能反对于外着境,心有所染,认为凡夫所以不能成佛,就是因为心有执着,而不能自见本性。要由凡转圣,首先要破除妄执,无心于物,无意于事,一切修行,自在无为。据此他提出"无念",作为其修行实践的总原则。

惠能在《坛经》中说:"我此法门,从上以来,顿渐皆立无念为宗,无相为体,无住为本。"那么无念、无相、无住的确切含义是什么呢?

《坛经》解释说:知见一切法,心不染着,是为无念。用即遍一切处,亦不着一切处。但净本心,使六识出六门,于六尘中无染无杂,来去自由,通用无滞,即是般若三昧,自在解脱,名为无念。善知识,于诸境上心不染,曰无念。于自念上常离诸境,不于境上生心。所谓"无念",就是"知见一切法,心不染着"。这种以实践为基础"用即遍一切处,亦不着一切处"的"无念"观点,是惠能禅学思想体系的宗旨,故曰"无念为宗"。"无念"不仅是修行的指导原则,也是修养的理想境界。

关于"无相",惠能的解释是:善知识,外离一切相,名为无相。能离于相,则法体清净,此是以无相为体。所谓"无相",就是"外离一切相""能离于相,则法体清净"。也就是说,真心之体,远离一切世俗之"相",自性清净,但《坛经》并没有把"无相"局限于对心本体的解释上,而是着重于它的应用。它对一切修行方式,统统加上了"无相"的限定词,如"无相戒""无相忏悔""无相三归依戒""无相偈"等,就是这种应用的表现。

关于"无住",惠能的解释是:念念之中不思前境。若前念、今念、后念,念念相续不断,名为系缚,于诸法上念念不住,即无缚也。此是以无住为本。《坛经》认为"无住"是人的本性，人的本性是"念念不住，前念今念后念，念念相续，无有断绝"。将这种思想运用到修为上来，就是要求修行者在每一时刻，于一切法心上无所住，如果一念有住，则念就是要求修行者在每一时刻，于一切法上心无所住。如果一念有住，则念念有住，即系缚。相反，于一切法上念念不住，就是远离了一切系缚。

"无念为宗""无相为体""无住为本"，三者可以归结为一。对客体而言，"无念"就是"无相"，就是离相；对主体来讲，"无念"就是"无住"，就是起心。"无念"，从本体上来说就是"实相"，从解脱论上来看，就是"涅槃"。从认识论上来说，就是取消人的世俗的认识活动。

禅宗的认识论否认客观世界及其规律，否认人的正常的认识能力。这种颠倒的世界观、认识论是荒谬的。禅宗在认识论上的影响，在于他从唯心主义的立场从反面深刻地揭示了哲学上的根本问题，而且自觉地全力以赴的对待这一根本问题。从此以后，中国哲学史上的许多学派，即使不同意禅宗的观点的，也要通过批判、扬弃的过程，来建立自己的学派体系。

三　余靖的认识论

余靖著有《武溪集》，其哲学观点比较系统。关于认识论，其观点如下。

第一，通过揭示"舍利"现象，阐明客观事物的现象与本质之间的辩证关系。

庆历四年（1044年）六月，开宝寺塔遭雷击引发大火所烧毁，当时持灾异感应说之人大造舆论，恐吓朝廷。针对传言，余靖在《乞罢迎开宝寺塔舍利》中指出，"舍利"经火不坏，是它"本在土底，火所不及"；"舍利"有光，"朽木腐草皆有光"。余靖的分析，科学地说明了事物现象与本质的辩证关系，阐述了在认识事物过程中不能为事物之假象所迷惑，而必须透过现象把握事物本质。

第二，强调实践在认识中的基础作用，坚持感性认识与理性认识的辩证统一。

余靖在《海潮图序》中对海潮问题的分析，深刻地体现了这个原理。在有关潮汐之形成上，存在以"传说"为据的"传说论"

和出于"胸臆"的"日潮说"。余靖批判了有关海潮形成的"传说论"和"日潮说"的主观主义思想。余靖以实地勘察所得的资料为依据,并进行了科学推理而得出了科学的结论,即"月亮起潮论"。

余靖在认识论上强调了感性认识的重要性,只有在获得丰富的感性材料的基础上,并运用科学之思维方法,对感性材料进行"去粗取精、去伪存真、由此及彼、由表及里"的提炼与总结,才能把握事物的本质和发展规律,实现认识世界与改造世界之目的。

但余靖又认为:在感情经验之上有个先验的认识本源。余靖在《韶州光运寺重修证真照寂大师塔铭》中说:"气在而形全,神散而体坏。"在余靖看来,气在形先,体在神后,有气方有形,有神方有体,"气""神"是现实世界的主宰者。

余靖在进一步回答"气""神"如何成为认识本源的过程时,在同一篇铭文中又说:"佛以自在冥其心,故湛而常寂;以定力持其身,故没而不朽。此其所以示至虚无着之性,成金刚坚固之体者欤?"他还在《韶州南华寺慈济大师寿塔铭》中说:"拘士烦思,以身为累。达人静观,如幻之寄。"这些话都是在说,人只要冥心默坐,泯灭俗念,就可心寂而悟,禅定持身。人的认识和知识理论,不是来自视、听、思、行等由感性认识到理性认识,不是来自实践活动,而是有其超验的认识本源。这个本源,就是通过"幻寄""寂然不动"或"虚灵照鉴"的活动,所由产生的"神秘自觉"。这是一种先验认识论。

四 "自得"的主观唯心主义认识论

两宋以来的道学家,尽管其流派和主张不同,但是在认识论方面,几乎都把认识的目的放在"穷理"上。陈献章也是如此。他说:"夫士何学,学以变化气习,求至乎圣人而后已也。求至乎圣人而后已也,而何陋自待哉。孟子曰:'人皆可以为尧舜。'"①这里他虽然没有直接说到"穷理",但指出了学习的目的在于"求至乎圣人",像尧舜那样。在道学家们看来,只有穷尽了"理",才可能成为圣人,圣人就是"理"的化身。他还认为"穷理""作圣"之作为认识目的,还必须到了身不由己的程度,只有到达这一

---

① 《白沙子全集》卷一《古蒙州学记》。

第六章　认识论

境界，才不至于半途而废。

认识的目的在于"穷理"，认识的对象当然就是"理"了。由于"理"在"心"中，所以陈献章特别强调心灵的自我认识，反对一切实践活动，甚至连读书都是多余的。陈献章说："传曰：'道在迩而求之远，事在易而求诸难。'又曰：'行之而不著焉，习矣而不察焉，终身由之而不知其道者众矣。'圣人教人多少直截分晓，而人不自察，索之渺茫，求之高远、不得其门而入，悲乎！"① 他指责那些求道不求之迩、求之"心"，而求之远、求之外物的做法是可悲的，有违圣人遗训，将不得其门而入。他还说："学者苟不但求之书而求之吾心，察于动静有无之机，致养其在我者，而勿以闻见乱之。去耳目支离之用，全虚圆不测之神，一开卷尽得之矣。非得之书，得之我者也。"② 如果不能认识到这一点，即使去读"六经夫子之书"，也只能"徒诵其言而忘味"，学者也"未免玩物丧志"，一无所得。他提出了"自得之学妙。所谓"道也者，自我得之，自我言之可也"③ 他这样解释"自得"的含义："自得者，不累于耳目，不累于造次颠沛。鸢飞鱼跃，其机在我。知此者谓之善学，不知此者虽学无益也。"④ 怎样才能做到"自得"呢？陈献章认为"以虚为根本，以静为门户"，从而达到对"理"的"自得"，其实是一种顿悟。他说："其未形者虚而已，虚其本也。致虚之所以立本也。"又说"无欲则静虚而动直，然后圣可学而至矣。""虚"是指心中没有欲念的那样一种境界，实际上就是排除外界对"心"的一切干扰。人们要向心中求理，则必须将心回复到初始状态，以便"致虚"而"立本"。要做到"虚"还必须从"静"才有入处。"为学须从静中坐养出个端倪来，方有个商量处。……若未有入处，但只依此下工，不至相误，未可便靠书册也。"⑤ 静是明心见道的关键环节。"静""虚"的统一，进而达到圣人境界，实现"学"的终极厚望。

陈献章认识论中"穷理"的过程，就是求静致虚，后去追求内

---

① 《白沙子全集》卷三《与张廷实主事》。
② 《白沙子全集》卷一《道学传序》。
③ 《白沙子全集》卷三《复张东白内翰》。
④ 黄宗羲：《明儒学案》卷五《白沙学案一》之《僧彭惠安别言》。
⑤ 《白沙子全集》卷三《与贺克恭黄门》。

心的"自觉"、顿悟,与"理"一致。这一过程,"为学当求诸心,必得所谓虚明静一者为之主,徐取古人紧要文字读之,庶能有所契合,不为影响依附以陷于徇外自欺之弊。此心学法门也"①。这种不是通过实践去认识事物客观规律的所谓"心学法门",实质上是一种典型的主观唯心主义认识论,也是一种本末倒置的理论。"心学法门"最后只好引入神秘主义②。

五 心合内外与随处体认天理

湛若水是明代中后期具有重要影响的思想家。湛若水哲学受其师陈献章心学的影响,"心"范畴具有举足轻重的地位。湛若水虽把气作为万物本源,而最终又以心为本体。以本体论的方式,把心、性、理合一,统统包贯于心中。

湛若水指出:"宇宙间一气而已。自其精而神、虚灵知觉者谓之心……"③湛若水所说的心既与万物一体,又以本体性和认识功能统摄万物。人与天地同心同体,参赞位育,与天地配。此宇宙化育之心与个体的虚灵之心是一非二。心作为本体,本然包摄万物,与万物浑然一体,有万物皆备之理;心具有知觉作用,具有贯通心与万物的作用。"心"是感应之本体,物是感应之对象。"气"运行不息,故天地间生机盎然,此即"气"之性、天之道。

湛若水进而指出:"人心与天地万物为体,心体物而不遗。知心体广大,则物不能外矣。"④"心为本体之心,与天地同大,所以心能包贯天地。心也者,包乎天地万物之外而贯夫天地。万物之中者也。中外非二也。天地无内外,心亦无内外,极言之而已。"⑤甘泉认为万物、天理全在人心,人心之理全是万物之理,万物皆备于我,心物无内外之分。

湛若水认为心与事无前后上下之分。学问、事业、人伦、庶物,无非此心一以贯之。湛若水的心事合一,包括由体达用和体用兼修两个方面,内以治心,外以治事,治心以讲学明德性,治事即

---

① 《白沙子全集》卷二《书自题大塘书屋诗后》。
② 辛朝毅:《陈白沙哲学思想述评》,《岭南文史》1984年第2期。
③ 《甘泉先生文集》卷二,明嘉靖本十五年刻本,第9页。
④ 《甘泉先生文集》卷二,明嘉靖本十五年刻本,第55页。
⑤ 《甘泉先生文集》卷二十一,明嘉靖本十五年刻本,第47页。

在事上磨炼或处事应物。五官所触之物，都是心物合一体，是即心即物、即主即客的存在，是认识形态的心和境界形态的心二相归一的。

湛若水还指出："天理者，吾心本体之自然。""盖道、心、事合一也，随时随事何莫非心也。"① 认为天理是人生而自然具有的，原本就存在于人。天理是心理事合一的，必须要显于心、致于行、发于事，才是理之全体，否则是不圆满的。这样甘泉的修养功夫成为合心身、内外、动静、知行的过程。

第一，随处体认天理是内外合一的过程。"人心与天地万物为体，心体物而不遗，认得心体广大，则物不能外矣，故格物非在外，格之致之，心又非在外也。"② 不是指在实践中去认识真理，而是指通过内心的省察和外事上的磨炼，复明人心固有的天理，并把这种天理推广到事事物物。而这些都是不分内外、浑然一体的。因为心无内外、理亦无内外。但内外合一的基础在心，心事、理事都是一体的，甘泉把一理万殊理解为理自包含万殊，也是不分内外的。

第二，随处体认天理不仅要注重勿忘勿助、煎销习心，还要心意身合一，才能体会实现天理。"意身心与家国天下，随处体认天理也。所谓至者，意心身至也，世以想象记诵为穷理者远尔。"③而且随时随处皆能深化、实现天理。"读书，亲师友，酬应，随时随处，皆求体认天理而涵养之，无非造道之功。"④

第三，随处体认天理是动静合一、未发已发浑一的过程。"吾所谓体认者，非分未发已发，非分动静。所谓随处体认天理者，随未发已发，随动随静。"⑤ "体认天理而云随处，则动静心事皆尽之也。……体认之功贯动静显隐，即是一段功夫。"⑥ 寂则廓然大公，感则物来顺应，皆不离心之本体。不管是寂而静的未发本体，还是感而动的已发作用，都属于体认天理的范围，打破内外、动静、已

---

① 《甘泉先生文集》卷二十，明嘉靖本十五年刻本，第43页。
② 黄宗羲：《明儒学案》下册，北京：中华书局，1985，第890页。
③ 黄宗羲：《明儒学案》下册，北京：中华书局，1985，第891页。
④ 《甘泉先生文集》卷七，明嘉靖本十五年刻本，第19页。
⑤ 《泉翁大全集》（点校稿），明嘉靖十九年刻，万历二十一年修补本，今藏台湾图书馆，第19页。
⑥ 黄宗羲：《明儒学案》下册，北京：中华书局，1985，第894页。

发未发的界限。

湛若水特别强调知行合一。湛若水说:"即尽既存,非今日尽明日乃存也。即知即行,知行并进。非今日知明日行也。"① 知行犹如人的双脚,相辅相成,无有先后之分,强调知行并进。

湛若水构建起以体用浑一为学术宗旨的心学体系。甘泉的思想里,万物一体、道器混一、心事体用合一、明德和亲民即体用一源,德业、举业是二业合一,二业和政事也要合一。这样,政、学、心、事,一贯而已矣,"体用浑一"的核心价值在于此。而湛若水也用他的一生表现出一种明知笃行、为邦为政、积极入世的精神。②

第三节　岭南近代认识论思想

一　"名副其实"与行而后知的认识论

在认识论方面,郑观应③对我国传统的名实关系、知行关系等理论,赋予了西学的内容,做出了新的贡献。

郑观应主张凡事都要"各擅所长,名副其实",④ 反对"务虚名而不求实效"。他指出:"彼西人笑我士大夫不识时务,凡创一事属新法者,虽有利于国,往往阻于泥古之士似是而非之说,务虚名而不求实效。"这里的"名"是指"新法"之"名","实"是指"新法"之"实",名实这对范畴,具有突破传统的意义。郑观应关于名称应符合事物实际情况的观点,是唯物主义反映论在名实观上的体现。

如何做到"名副其实"呢?郑观应通过对传统的知行观做了新的阐发,回答了这一问题。他主张学以致用,行而后知。他说:"学西文,涉重洋,日与彼都人士交接,察其习尚,访其政教,考

---

① 《甘泉先生文集》卷二十,明嘉靖本十五年刻本,第14页。
② 孟淑媛:《湛若水体用混一修养功夫的思想理路》,《王学研究》2013年第2期。
③ 郑观应(1842—1922年),本名官应,字正翔,号陶斋,别号杞忧生,晚年自号罗浮偫鹤山人。祖籍广东香山县(今广东中山市)三乡镇雍陌村。中国近代最早具有完整维新思想体系的理论家,启蒙思想家,也是实业家、教育家、文学家、慈善家和热忱的爱国者。
④ 《郑观应集》上册,上海:上海人民出版社,1982,第234页。

其风俗利病得失盛衰之由。乃知其治乱之源,富强之本。"① 他对"中西利病情形"的认识,是"或得自阅历中来,或闻自中外友朋,或辑自近人论说"②。在他看来,认识来源于直接经验和间接经验,来源于感官所能感觉到的客观实际。同时,他还转引张树声的话说:"谋定而后动。"③"谋"即思考,属于理性认识范围。郑观应认为,只有在行的基础上获得的知,在指导行时才会取得实效。

郑观应对传统的名实关系、知行关系等赋予了西学的内容,尽管如此,但他在认识论方面还缺乏系统深入的理论论证,也说明了中国资产阶级哲学的不成熟性和不彻底性。④

二 "外学"和"内学"的矛盾统一

康有为哲学思想的两面性带有宗教性质的唯心主义体系与一些唯物主义思想倾向的矛盾,决定了他的认识论有两面性。在康有为的认识论里,含有一些唯物主义感觉论的积极因素。在讲到人的知识来源时,他认为:"譬之食苦瓜,觉其苦,知也;必食而后之。"这是从物到感觉过程,属于唯物主义的感觉论。康有为强调向西方学习。主张通过游历、留学、翻译外国书籍、办报纸介绍有关西方国家的情况,向统治者和士大夫灌输"西学",对他们做"开智""解蔽"工作,以促使其觉醒,实行变法,这在当时来说是很有积极意义的。

同时,康有为认为,学问有两种:一是对"有形之物质"的认识;二是对"无形之事物"的认识。前一种认识是靠人的感官与客观物质世界相接触而获得的,是从外"灌输"到内、由客观变为主观,由此他把这一类认识称为"外学"。唯物主义感觉论便是属于这一类。康有为又认为,所谓的"无形之事物",即作为宇宙本原的精神实体的"元"是无形相的、不可见不可论的神秘的东西,是信仰的对象,人们不可能通过感官去认识它。康有为认为,要了解它需要有另一条道路,这就是"养心不动",使自己的精神达到"至诚"

---

① 《郑观应集》上册,上海:上海人民出版社,1982,第233页。
② 《郑观应集》上册,上海:上海人民出版社,1982,第237页。
③ 《郑观应集》上册,上海:上海人民出版社,1982,第234页。
④ 朱光甫:《郑观应哲学思想简论》,《湘潭大学学报》(社会科学版)1986年第2期。

的精神境界;"至诚"便可以"通神"即与"元气"相感相通。他说的这种认识,是完全与客观物质世界相隔绝,纯粹靠人的主观,既排斥了感性认识活动,也没有逻辑推理过程,实际上是一种神秘的直觉。由于他的这种认识道路是脱离客观世界,完全是靠人的主观精神去通达,纯粹是内在的功夫,他把这种认识称为"内学"又名"心学"。

康有为的认识论既有"外学"又有"内学",但"外学"只是认识宇宙的躯壳,是一种粗浅的学问,只有"内学"才能了解"天人之故"即宇宙的灵魂。后一种学问才是根本的,是"圣人"制作之源。这表明他的认识论的唯心主义性质。

在康有为的哲学思想中,"外学"和"内学"本来是矛盾的,可是他把两者混合在一起并假托孔丘的名义说:孔丘的学问本来就是兼有"内外学"的,"不可偏废"的。这反映了他在认识论上企图调和唯心论与唯物论两条路线的矛盾状态。

康有为的哲学思想深受当时历史条件的影响,可以说是当时环境的产物,其中存在的不足和局限性是不可避免的。但康有为的哲学思想把西方先进科学知识与中国的具体国情结合起来,并进行改造、选择和批判的学术精神是有着积极意义的。[1]

三 "慧观致知"的认识论

梁启超的自然观,必然导致认识上的先验论。在认识论方面,梁启超虽然认为世界是可以认识的,但又强调这种认识是主体"慧观"的结果。所谓"慧观"也就是"善观"。梁启超说:"故学莫要于善观,善观者观滴水而知大海,观一指而知全身。不以其所已知蔽其所未知,而常以其所已知推其所未知。是之谓慧观。"[2] 梁启超说的"慧观",并不是建立在观察、实践基础上的一种认识上的飞跃,而主要是主体心灵的直觉顿悟能力。在他看来,牛顿之所以能从苹果落地而提出万有引力定律,瓦特之所以能通过看到的蒸汽冲开水壶的盖子而发明蒸汽机等,乃是由于他们具有特别的领"悟"和"善观"的能力。

---

[1] 吴晓蓉:《康有为哲学思想探析》,《人民论坛》2010年第35期。
[2] 梁启超:《饮冰室合集·专集》二,北京:中华书局,1989,第47~48页。

第六章 认识论

把人的认识能力看成先验的，这无疑是不正确的。自然科学上的任何一次重大发明或发现，都是和当时的生产力与科学发展的水平分不开的。只要某一发明或发现的时机已经成熟，认识上的这一飞跃就必然要实现。牛顿的发现，瓦特的发明，之所以只能发生于近代，而不可能发生于古代，绝不是偶然的，也不是科学家头脑中固有的。发明的时机成熟了，不是被这个科学家发明，就会被那个科学家发明。某个科学家能有某项发明，也不是取决于科学家本人特有的"领悟"或"善观"，而主要是取决于他们在实践中艰苦努力和吸取前人的成果。牛顿自己说的好："如果我所见到的比笛卡尔要远一点，那是因为我是站在巨人肩上的缘故。"

梁启超认为，人的认识不是人脑对客观事物的反映，认识的内容不是客观物质世界，而是来自人心的主观感受。在分析不同的人对同一事物具有不同的感觉时，他说："同一月夜"，有的人有余乐，有的人则有余悲，"同一风雨"，有的人有余兴，有的人则有余闷；"同一黄昏也，而一为欢憨，一为愁惨，其境绝异"。"有百人于此，同受此山、此川、此春、此秋、此风、此月、此花、此鸟之感触，而其心境所现者百焉，一然则欲言物境之果为何状，将谁氏之从乎？仁者见之谓之仁，智者见之谓之智，忧者见之谓之忧，乐者见之谓之乐。"他的结论是："其分别不在物而在我。"①

此山、此川、此风、此月，作为客观实在，是不以人的主观意志为转移的。客观上有山、川、风、月的存在，人们才会有对于山、川、风、月的反映和认识。绝不会因为人们的仁与智的不同，高山便变成平地、大川便变成小溪，或者狂风就变成无风、满月就变成残月。人们为什么而乐、而忧，又为什么而惊、而喜，既不是先天就存在，也不是无缘无故产生的，而是人们的大脑对外界事物的不同刺激所做的不同反应。不同的人对同一事物之所以有不同的感觉，主要是由于各人的阶级地位、生活经验、知识水平、专业兴趣等等的不同，即由各人社会生活实践的不同造成的，绝非先验的东西，也没有什么神秘。梁启超不懂得这个道理，因而在认识论上陷入了先验论。

梁启超在宣扬先验论的同时，又强调后天学习的重要性，也很

---

① 梁启超：《自由书·惟心》，载《饮冰室合集·专集》二，第 45~46 页。

重视办教育、建学校。他早在戊戌变法前就提出过:"智恶乎开,开于学;学恶乎立,立于教。"① 他认为中国过去受教育的人实在太少了。"中国孔子之教,历数千载,受教之人,号称四百兆,未为少也。然而妇女不读书,去其半矣。农工商兵不知学,去其十之又九矣。"② 为了开民智,使国家由弱变强,他不仅主张要办学校,要重视办好师范学校,还要兴办女学。他认为农工商兵都应接受教育,学习文化科学知识,否则,难以使国家富强起来;兴办文化教育事业,不但可以促进生产的发展,还可以破除迷信。学习不只是读书,还要进行实际操作。"一切实学,如水师必出海操练,矿学必入山察勘。"③ 梁启超在认识论上,总的说来是主观唯心主义的先验论,但也有唯物主义的反映论。④

四　知行认识观

孙中山的知行认识观主要是在批判中国传统哲学"知易行难"论尤其是针对《尚书·说命》中"知之非艰,行之惟艰"的传统定性认识的基础上提出的。因为辛亥革命后,二次革命、护国战争、护法战争接连失败,同盟会更加松散,革命党人丧失信心,同盟会的许多领导成员也反对孙中山的革命宗旨、革命方略。孙中山冷静地分析了这种现象,指出其背后原因,在于"知易行难"的固有偏见根深蒂固,因而对此非常痛恨。孙中山认为要想彻底改变这种状况,必须从思想根源上将这种落后思想清除出去,于是于1918—1919年闭门不出写作《孙文学说》(《建国方略·心理建设》),提出了"行先知后""知难行易"的主张,"以破心理之大敌,而出国人之思想于迷津"。孙中山的知行认识观"知"已不只是传统的道德观念和具体事物之知,主要是指科学真知和革命理论。"行"也不再以道德的履践为主,而是包括生产知识、科学实验和政治革命在内的人们的各项活动。其主要思想有以下几点。

---

① 梁启超:《变法通议》,载《饮冰室文集》一,第14页。
② 梁启超:《变法通议》,载《饮冰室文集》一,第18页。
③ 梁启超:《变法通议》,载《饮冰室文集》一,第17页。
④ 万发云:《略论梁启超的哲学思想》,《华南师范大学学报》(社会科学版)1983年第1期。

第六章 认识论

（一）"不知而行"和"行先知后"

孙中山运用进化论的观点考察人类认识史，提出了三阶段论。孙中山说："夫以今人之眼光，以考世界人类之进化，当分为三时期：第一由草昧进文明，为不知而行之时期；第二由文明再进文明，为行而后知之时期；第三自科学发明而后，为知而后行之时期。"① 这三个阶段反映了人类认识的过程，是从不知到知、从少知到多知、从自发的知到自觉的知的过程。

"不知而行"，是把实践经验作为认识的起点，只有通过这个过程才可以达到知。孙中山指出："人类之进步，皆发轫于不知而行者也，此自然之理则，而不以科学之发明为之变易者也。故人类之进化，以不知而行者为必要之门径也。"② "行而后知"是指通过"行"把实践的经验提高到理论认识。孙中山说："夫习练也，试验也，探索也，冒险也，之四事者，乃文明之动机也。生徒之习练也，即行其所不知以达其欲能也。科学家之试验也，即行其所不知以致其所知也。探索家之探索也，即行其所不知以求其发见也。伟大杰人之冒险也，即行其所不知以建其功业也。"③ 为了反复论证行在知先，知在行后，行是科学理论的来源，他举饮食、用钱、作文、建屋、造船、筑城、开河、电学、化学、进化等十事为例，说明行在先而知在后，行较易而知较难。他说先有长期的饮食之行，后有营养之学；先有长期的建筑之行，后有建筑之学；先有长期的作文之行，后有文法之学；先有长期的造船之行，后有造船之学；先有长期的用电之行，后有电气之学；等等。所有这些都说明了人类的各种知识是经过长期的实践而逐步获得的。因为"行了，才能知"。"要是不去行"，人们的知识就不会产生。孙中山说："古人进步最大的理由是在能实行，能实行便能知。到了能知，更能进步。"④ "行"在不断发展，科学技术在不断发展，"知"也随着"行"的不断发展而发展。

（二）"以行而求知"和"因之以进行"

孙中山一方面强调"不知而行""行先知后"的唯物主义思

---

① 《孙中山总理全集》第二卷，北京：中华书局，1986，第251页。
② 《孙中山文集》，北京：团结出版社，1986，第185页。
③ 《孙中山文集》，北京：团结出版社，1986，第185页。
④ 《孙中山总理全集》第二卷，北京：中华书局，1986，第228页。

想,另一方面又指出"知而后行""以行而求知""因之以进行"。孙中山认为认识周围客观世界的过程是:"其始则不知而行之,其继则行之而后知之,其终则因已知而更进于行。"① 这就是说认识从行开始,通过行由不知到知,又从知回到行。孙中山的这种见解不仅是唯物的,而且是辩证的。孙中山指出:"当今科学昌明之世,凡造作事物者,必先求知而后乃敢从事于行。所以然者,盖欲免错误而防费时失事,以冀收事半功倍之效也。是故凡能从知识而构成意像,从意像而生条理,本条理而筹备计划,按计划而用工夫,则无论其事物如何精妙,工程如何浩大,无不可指日可以乐成者也。"② 获得科学认识之后去指导行,就可以做到事半功倍。如果不知也要去行,必定走上歧路。人们只有沿着"行之"—"知之"—"更行之"的途径,不断实践,才有可能不断认识真理、发展真理,取得"突飞之进步"。孙中山的这些观点有着丰富的辩证唯物主义成分。

(三)"知难行易"

孙中山视"知易行难"为大敌,要在中国实现共和,必须推翻这个大敌,用知难行易取代之。这就是他心目中所谓"心理建设"的要务。孙中山认为:"知易行难"和"知行合一"的观点,是与真理相悖的。孙中山说:"天下事惟患不能知耳,倘能由科学之理则以求得其知,则行之决无所难。"③ 你要懂得了知以后,做起来是没有什么困难的。还说:"中国之变法,则非先知而不肯行,及其既先知,而犹畏难而不敢行,盖误于以行之较之知为尤难故也",我"从前主张革命的时候,人人都说是'造反'。说到学问思想,要去推翻他,就是要把思想反过来,所以古人说'知之非艰,行之惟艰',本大总统便要说:'行之非艰,知之惟艰'"。④ 孙中山批评了改良派对于中国的变法,则非先知而不肯行;他知以后,又畏难而不敢行。明确指出:"国强在于行。"孙中山强调"行"的重要,突出宣扬"行易",宣扬"有志竟成",目的是使革命派和全国民众"无所畏而乐于行",投身革命事业。孙中山一生从事革命事业,

---

① 黄彦:《孙文选集》上册,广州:广东人民出版社,2006年,第50页。
② 黄彦:《孙文选集》上册,广州:广东人民出版社,2006年,第56页。
③ 孙中山:《孙文学说》。
④ 《孙中山总理全集》第二卷,北京:中华书局,1986,第231~232页。

以救国救民为职志,"所谈者莫不为革命之言论,所怀者莫不为革命之思想,所研究者莫不为革命之问题"。孙中山对"知难行易"的认识,阐明了提高科学认识的艰巨性,勉励人们努力探求科学知识和真理,要不断学习新知识,扩大知识面,这样才能在认识上有所提高。如果只停留在过去的经验上,结果必然导致思想僵化。但从认识论讲,把知行关系以难易划分是不科学的。知与行也就是认识与实践,它是具体的历史的辩证的统一,是一个不断循环往复的过程,不能抽象地讲易与难。知行中的难和易是相对而言的,不是绝对的,是可以转化的。

(四)知行分工

孙中山在人类进化三阶段的理论基础上提出知行分工说。他说:"文明之进化,成于三系之人:其一,先知先觉者即发明家也,其二,后知后觉者即鼓吹家也,其三,不知不觉者即实行家也。"[①]他认为这三种人都是必不可少地。世界上的事情都是以这三种人"相需互用,协力进行"的。孙中山是不赞成王阳明的"知行合一"的。他说:"夫'知行合一'之说,若于科学既发明之世,指一时代一事业而言,则甚为适当;然阳明乃合知行于一人之身,则殊不通于今日矣。以科学愈明,则一人之知行相去愈远,不独知者不必自行,行者不必自知,即同为一知一行,而以经济学分工专职之理施之,亦有分知分行者也。然则阳明'知行合一'之说,不合于实践之科学也。"在古代,知与行合于一人之身也许可能,而在现代科学日益发达、分工愈来愈细的社会,知和行也就"愈益分任"。"知者不必自行,行者不必自知",以至在同一知同一行,也有"分知分行"的必要。知行是可以分任的,社会分工,知行分工,愈来愈细。孙中山提出知行分工是有其合理性的,对于形成尊重知识、尊重人才的社会风气是有益的,但不可绝对化。

---

① 《孙中山全集》第六卷,北京:中华书局,1985,第203页。

第七章
伦理道德观

岭南伦理道德观以快乐体验为其核心，涉及饮食快乐、休闲快乐、身体快乐、精神快乐等多方面内容。其具象化的内容可概括为自然之乐、入世之乐、出世之乐三个层次，这三者既相对独立，又互相交渗。在此基础上进一步深入分析，可以提取出岭南伦理道德观的特质，它们分别是：自然真诚、奋发进取和知本务实。近代以来，以梁启超、康有为、孙中山为代表的岭南哲人对快乐主义进行了一系列的传承与创新，使岭南伦理道德观得到了新的发展。

第一节 岭南伦理道德观的面相与界定

一 岭南伦理道德观的面相

岭南伦理道德观的基本面相，可分为饮食快乐、休闲快乐、身体快乐和精神快乐四个方面。《论语·雍也篇》记载有孔子评价弟子颜回的一段话："贤哉，回也！一箪食，一瓢饮，在陋巷，人不堪其忧，回也不改其乐。"[1] 历代儒家文化赞扬这种贫穷而志坚的伦理道德观，乃至宋明儒在颜回"所乐者何"这一哲学问题上进行了深度追究。如果说颜回的乐是安贫乐道之乐，是无视饮食匮乏而坚守道义之乐，那么岭南哲学的伦理道德观面相则是在坚守道义的前提下极力回归饮食快乐。与北方人重视仕途与经商的兴趣不同，岭南人的兴趣主要集中在饮食文化方面，对口腹之欲的追求成为人们普遍关注的首要问题。在宋代的岭南，人们"无问贫富之家，教女不以针缕绩纺为功，但躬庖厨、勤刀机，善醯盐菹鲊者，得为大

---

[1] 杨伯峻：《论语译注》，北京：中华书局，1980，第59页。

好女矣"①。与中国其他许多地区不同,岭南人评价女子是否优秀的标准不是针线纺织之类的技艺,而主要看其烹饪水平的高低。

至明清以降,随着岭南经济贸易的繁荣发展,博采众长的粤菜系最终在民国时期形成并跻身汉族四大菜系之一,"食在广州"也成为当时人们的一种共识。《旅行杂志》1951 年第 9 期刊登的方逖生《生气勃勃的广州》一文中写道:"食在广州,普遍每日两餐饭,三上茶楼,另外还有夜宵。茶楼有早、中、晚三市。酒家饭馆、山珍海味,任从所欲。鱼翅、燕窝、鱼肚、鲍鱼、海参、响螺、明虾、膏蟹、乳鸽、鹌鹑、禾花雀,均不足为奇","菜经名厨烹调,滋味大佳,所费却不多,过去奢侈浪费的作风——在改变了"②。岭南人民对饮食的热爱促成了饮食文化的大发展,且这种追求饮食快乐的伦理志趣乃是扎根于平民百姓之中,杜绝了奢靡风气的生活体验。

岭南文化中所包含的饮食快乐的伦理面向,其内涵有以下几点。其一,美味之乐。无论是广州菜、潮州菜还是客家菜等,其品类之多、滋味之美,在全国乃至全球都享有盛名。老火靓汤、粥、点心、海鲜、卤味、烧腊等各式菜品每天都灌注进岭南人喜爱美食的味蕾中,滋养着岭南人的口腹,愉悦着岭南人的身心。以潮汕地区饮食中的粥为例,伴粥的小菜就多达百种。无怪乎康有为当年环游世界,感叹中国人的饮食特别是广东的饮食为世界之冠,虽然他认为其他方面我们远不及外国。再如广东菜中的鱼生,古代岭南人就有吃鱼生的饮食习惯,清代屈大均编撰的《广东新语》里记载:"粤俗嗜鱼生。……去其皮剑,洗其血鲑,细剒之为片,红肌白理,轻可吹起,薄如蝉翼,两两相比,沃之老醪,和以椒芷,入口冰融。"③ 刺身并非日本的专利,追求美味的岭南人早已领会了其中之乐。其二,交谊之乐。岭南的饮食文化绝不止于讲究吃喝,在饮食中还存在交际之乐。以饮茶为例,茶楼、茶餐厅遍布岭南许多大街小巷,人们之所以喜欢品茶吃茶点,除了尝其美味之外,还看重其负载的交谊的文化功能。或亲朋,或好友,或三五成群,或相伴

---

① 李昉编《太平广记》,上海:上海古籍出版社,1990,第 531 页。
② 周松芳:《民国味道:岭南饮食的黄金时代》,广州:南方日报出版社,2012,第 38 页。
③ 屈大均:《广东新语》,北京:中华书局,1985,第 558~559 页。

而坐,或谈天说地讲古论今,或生意往来诸事应酬,都可以在一盏茶中找到其安身之所和解决之道。有学者曾研究潮汕的工夫茶,将其茶道的核心概括为和、敬、精、乐,① 快乐是岭南饮茶文化乃至整个饮食文化中包含的核心的伦理精神。

至于休闲,它是指在非劳动及非工作时间内以轻松愉悦的方式使身心得以放松和调节,从而达到体能恢复、生命保健和身心快乐的一种业余生活。从词源上来看,"休"在《康熙字典》中被解释为"美善也,庆也",是吉庆、美好、欢乐的意思,休闲是一种能给人们带来快乐的活动方式。在马克思看来,休闲是指用于娱乐和休息的余暇时间,它包括"个人受教育的时间、发展智力的时间、履行社会职能的时间、进行社交活动的时间、自由运用体力和智力的时间"②。亚里士多德甚至认为休闲才是一切事物环绕的中心。休闲文化及其产生的快乐愉悦感在人类生活中具有非常重要的伦理属性。

岭南人民从古至今一直处于劳动与休闲的交替之中,勤劳拼搏固然是岭南文化的特色,休闲快乐也同样被赋予极其重要的价值追求。既勇于付出劳动的汗水打拼生活,又善于享受生活的休闲带来的快乐,这种一体两面的伦理价值观可谓岭南文化的一大特色。以近代广州市的公园建设为例,据文献记载,民国时期广州最初没有供公众进行休闲活动的公园,当时的广州城市人口密度很大,要在如此大密度的城市里修建公园,无疑是非常困难的,但在追求休闲快乐的岭南民众的要求下,政府在1918—1921年投入10万元建设了第一公园,公园采用意大利式布局,全园占地面积6万平方米,园内栽种中外花卉百余类。第一公园完工之后,民国广州市政府又相继建设了越秀公园和东山公园等,以满足市民娱乐休闲的需要。③当时的广州工务局长程天固专门负责城市规划、交通设计等工作,他的设计理念就十分注重市民的休闲场所建设,程天固曾这样说:"夫修养与娱乐问题,实为人生最要之一。如运动以求健康,演剧以励人心,音乐以和性情,图书馆以供诵读,园林以供赏玩,社交

---

① 曾楚楠、叶汉钟:《潮州工夫茶话》,广州:暨南大学出版社,2011,第76页。
② 《马克思恩格斯全集》第二十六卷,北京:人民出版社,1975,第287页。
③ 王炜:《民国广州公园建设与市民休闲生活空间变迁》,《科教导刊》2013年第4期。

第七章 伦理道德观

以增感情,皆足以供修养与娱乐者也。"他后来因成绩显赫出任广州市市长,正是因为其充分照顾和顺应了岭南人民追求休闲快乐的伦理道德取向,才得到了时人的拥护和爱戴。

岭南人民这种追求休闲快乐的伦理价值取向,其表现形式多种多样。从休闲方式来看,可分为文化休闲、体育休闲、旅游休闲、饮食休闲、交际休闲等;从休闲场所来说,公园、图书馆、博物馆、音乐厅、歌剧院、美术馆、餐厅茶楼、名胜景点乃至街头巷尾都是寻求休闲快乐的好去处;从休闲功能而论,有舒缓压力、放松身心、提高修养、获取知识、扩展社交等多重效果。随着改革开放进程的加快,岭南多地因其地处对外贸易的前沿阵地,生活于其中的岭南人往往置身快节奏、高压力的工作环境中,正是在这一时代背景下,休闲快乐的伦理面向越来越受到岭南人民的重视和青睐,政府单位和公司企业也都采取灵活的休假制度、开展丰富的休闲活动,来满足岭南人民日益增长的休闲需求。在未来的岭南哲学发展中,作为其伦理道德面向的休闲快乐仍将占据不可或缺的重要的一席之地。

身体与精神共同构成了人的生存状态,不同的文化传统对身体与精神两者的侧重点也有所不同。如西方近代开创的理性主义传统就重精神而轻身体,而中国哲学的传统则是身心并举并重。在20世纪末出土的郭店楚简中"仁"字被写为上"身"下"心"结构,可见儒家哲学对身心和谐共存的重视。岭南哲学自古以来也十分重视身体的安顿,近代最为著名的当属梁启超的身体观,他甚至将国家比喻为身体,认为国家和一己之身有着密切的内在联系:"一国犹一身也,一身之中,有腹心焉,有骨节焉,有肌肉焉,有脉络焉,有手足焉,有咽喉焉,有皮毛焉。铁路者,国之络脉也。矿务者,国之骨节也。财政者,国之肌肉也。兵者,国之手足也。港湾要地者,国之咽喉也。而土地者,国之皮毛也。今者脉络已被瓜分矣,骨节已被瓜分矣,肌肉已被瓜分矣,手足已被瓜分矣,咽喉已被瓜分矣,而仅余外观之皮毛,以裹此七尺之躯,安得谓之为完人也哉?"[①] 他以身体喻国家,认为国民的身体素质直接关系到国家之兴亡。为了拯救国家于危亡之境,梁启超提倡强健国民的体魄,

---

① 《梁启超全集》,北京:北京出版社,1999,第298页。

铸造身体的群体属性和现代属性。如果说梁启超对身体的关注集中于其政治性，是特殊时期的思想表述，其身体观侧重的是生存，那么岭南哲学伦理观之身体面向还有着更多的含义，而这些身体观的共同特征就是追求身体的快乐。按照现代西方人本心理学家马斯洛的解释，当人们的生存需要解决之后，就会追求更高的诸如安全、感情、快乐的需要。在身体的境况处于社会稳定期时，岭南人往往追求的是身体的享受与快乐，这主要体现在以下三个方面。

其一，食以养身。岭南人的饮食文化除了追求味觉的满足，还看重其滋养身体的功能，而无论是对身体的滋味满足还是润养关爱，都构成了身体快乐体验的一部分。常有其他地域的人评论广东人是"无所不吃"，最典型的就是吃蛇与鼠，许多人觉得不可理解、不能接受，其实在广东人看来这主要是为了养身。① 广东人认为吃蛇可以达到某些食疗效果，比如防止风湿、强健经络、增强御寒能力等。同样，岭南民间有"一鼠当三鸡"的说法，认为田鼠肉的营养价值非常丰富，吃鼠也是为了滋养身体。早在清朝时吴震方就这样评价广东人食鼠的风俗："鼠脯，顺德佳品也。……大者炙为脯以待客。筵中无此，以为不敬。"② 由此可见岭南人对食以养身、食以乐身的重视。

其二，动以强身。生命在于运动，追求身体的快乐体验也离不开运动、锻炼等体育活动。根据研究结果显示，健康、快乐、有趣和受益是岭南民众参加体育活动的主要动机因素。无论是广府地区的游泳、赛龙舟，客家文化区域的客家武术、醒狮，还是潮汕地区的英歌舞等活动，都是对岭南先民运动强身精神的传承。③ 当前流行的各种球类运动、健身操、爬山、慢跑、散步等运动形式也深受岭南人民的喜爱。

其三，娱以悦身。岭南文化不仅重视运动对身体的强健功能，同时也注重其娱乐性对身体的愉悦作用。如广州赛龙舟这一活动，每年农历五月初五前后都会敲响锣鼓，其赛事盛况备受全市民众关注，每年的气氛都充满愉悦和欢快。大家通过对龙舟赛及其他许多

---

① 温卓涛：《试论粤菜的特点与养生文化的关系》，《神州民俗》2011年第156期。
② 罗天尺：《五山志林》，广州：广东人民出版社，第151页。
③ 陈琦等：《岭南休闲体育文化特色研究》，《广州体育学院学报》2009年第4期。

第七章 伦理道德观

民众健身活动的关注和参与,既动以强身,又娱以乐身。这种娱乐方式是与身体的运动和快乐紧密联系在一起的,它平俗而绝不低俗,构成了岭南伦理道德观所深刻蕴含的一个重要面向。

精神快乐作为岭南伦理道德观的又一面向,与身体快乐是相伴相随的。无论是古时候的苦寒之地,还是现代的改革前沿阵地,岭南人民始终保持着和善、乐观、积极的精神面貌,用千百年来在精神文化领域的实践诉说着其独特的伦理道德内涵。岭南人对精神快乐的理解也有以下三方面的内涵。

自然达观的精神涵养。明代岭南大儒陈献章就十分提倡以自然为宗的修养方法,他所谓的自然就是抛开外在附加的各种繁杂状态而回到事物单纯朴素的本真。只有保持自然的精神涵养,人的生存状态才能返璞归真、乐观豁达。"古之善学者,常令此心在无物处,便运用得转耳。学者以自然为宗,不可不着意理会。"[①] 不仅是普通百姓,学者也要有自然静观的精神涵养,才能做出真正的学问。岭南伦理观追求精神快乐是以自然达观的精神涵养为其前提的。

友善包容的精神风貌。岭南文化提倡友善与包容,与有些地域文化较为排斥外来者不同,岭南人民对待朋友非常友善,对待陌生人也很包容,摒除了许多形形色色的社会歧视。正如陈献章所言:"接人接物不可拣择殊甚,贤愚善恶一切要包他,到得物我两忘,浑然天地气象,方始是成就处。"[②] 这里所说的包容恶并不是认可恶,而是要一方面认清恶的发生原因,正本清源,不可浮于表面;另一方面,恶人也非全恶,对其非恶之处乃至其他善行仍要区别对待,不能以一时一处之恶而全盘否定之。由此观之,岭南文化确实是非常理智和包容的。有人曾如此形容岭南文化和西北文化的区别:西北文化就像一株小树苗,长成参天大树,是靠自身细胞不断分裂、不断发育壮大起来的;而岭南文化则是滚雪球式地吸收四面八方的东西,愈滚愈大。正是这种友善包容的精神态度,促成了岭南文化的海纳百川,也给自己和他人都带来了精神快乐的美好体验。

醉心文艺的精神熏陶。岭南经常被外人误解为荒蛮之地、文化沙漠、艺术荒野等,其实这恰恰是不了解岭南文化的体现。岭南的

[①] 黄宗羲著,沈芝盈点校《明儒学案》,北京:中华书局,2008,第87页。
[②] 黄宗羲著,沈芝盈点校《明儒学案》,北京:中华书局,2008,第85页。

文化艺术同样精彩纷呈,潮州的木雕和广州的牙雕、玉雕被誉为岭南的"三雕";粤剧也是岭南有代表性的戏曲之一,剧目多达一万多个,堪称世界之最;以冼星海为代表的近现代岭南音乐人创作了许多经典的音乐作品;广绣和"潮州抽纱刺绣"也蜚声海内外⋯⋯诸如此类的文化形式和艺术作品熏染了一代又一代岭南人,给他们带来了层出不穷的精神快乐体验。

二 岭南伦理道德观的界定

岭南伦理道德观以快乐体验为其核心,涉及饮食快乐、休闲快乐、身体快乐、精神快乐等多方面内容。如果再进一步提炼总结出岭南快乐主义的内涵,则会有助于我们深化对它的认识。

首先,快乐体验与生命存在的一致性。生命存在于世界之中,因其勤奋劳作而得以繁衍生息。岭南古来地处偏远,生存环境异常艰苦,但正是岭南人民这种对快乐体验的追求,为其生命存在注入了绵绵不绝的发展动力,而强大的生存动力也反过来滋养着岭南快乐主义的伦理精神。快乐体验并非生命存在的唯一体验,生存中总会遇到坎坷风雨,但岭南人却是笑对风雨的,总能以快乐来化解忧伤与悲痛。在岭南人的伦理观念里,生命存在和快乐体验具有内在的一致性,快乐并不是唯一的伦理观念,却是最重要、最核心的。

其次,自我快乐与他人快乐的协调性。岭南快乐主义注重自我快乐和他人快乐之间的协调,反对将自我快乐建立在损人利己的基础上,这一点与岭南人宽厚包容以待人的精神特色有关。岭南人重情重义,虽然大家都在追求自我快乐的实现与满足,但绝不会为了自我快乐而不顾及他人之快乐。粤东地区客家人流传的民间谚语说:"人情好,食水甜","莫讲心计赛过车,算转算去算自家"⋯⋯这些民谚都表明岭南快乐主义是将自我快乐和他人快乐充分协调起来的。岭南人还有一种整体意识,岭南快乐主义认为他人快乐的实现与满足不仅不会阻碍自我快乐的实现和削弱自我快乐的享用程度,反而会起到促进和增强作用。

再次,快乐伦理与其他伦理观念的互渗性。除了快乐,伦理道德观还包含有诚信、正义、仁爱、礼让、理智等方面,岭南快乐主义的特点之一就是将快乐体验与其他伦理观念有机结合在一起。对个体而言,每个人讲究诚信、礼让等伦理观念,是其追求快乐必不可少的前提，而个体恪守其他伦理观念也是为了追求更多的快乐体验。比如诚信能保证人与人之间的关系真实无欺，人们只有恪守诚信才能寻求快乐，毕竟我们无法想象在一个尔虞我诈的环境下的个体能获得真正持久的快乐。再如正义能有效平衡社会资源的合理分配，对正义的坚守也有助于我们更好地追求快乐。反之，为了更好追求快乐，也要求我们一定要遵循其他的伦理道德观念。快乐伦理与其他伦理观念的互渗性是岭南快乐主义的第三个特征。

如果将岭南快乐主义与西方快乐主义做一比较，就会发现两者有同有异。两者的相同之处在于。

岭南快乐主义与西方快乐主义都追求快乐体验。西方快乐主义以古希腊的居勒尼学派和伊壁鸠鲁为先驱和代表。居勒尼学派的创始人亚里斯提普（Aristippus）认为感性肉体的快乐才是真实的快乐，他为此特别重视身体快乐的获得。伊壁鸠鲁也认为："快乐是幸福生活的开端和目的，因为我们认为快乐是首要的好，以及天生的好。我们的一切追求和规避都开始于快乐，又回到快乐，因为我们凭借感受判断所有的好。"[①] 只不过伊壁鸠鲁认为除了身体快乐之外，灵魂（精神）快乐也十分重要，甚至灵魂的快乐更为深刻持久，这是其与亚里斯提普不同的观点不同之处。忽略西方快乐主义内部代表人物之间观点的差别，岭南快乐主义与西方快乐主义都将快乐视为伦理观念的核心，且两者都有追求身体快乐和精神快乐的思想。

在追求精神快乐的面向上，岭南快乐主义与西方快乐主义都强调以精神的安宁为核心。伊壁鸠鲁说："我们做的其他一切事情，都是为了这个目的：免除身体的痛苦和灵魂的烦恼。当我们获得这一切后，灵魂的所有风暴就平息了，人们就不再被匮乏所驱动而四处寻找其他什么'好事'来满足灵魂和身体。"[②] 快乐的关键在于平息躁动不安的灵魂，只要灵魂归于宁静，就能免除烦恼，获得快乐。岭南大儒陈白沙也表达过相似的思想："山林朝市一也，死生常变一也，富贵贫贱威武一也，而无以动其心，是名曰'自得'。

[①] 北京师范大学伦理学与道德教育研究所编《伦理学经典著作选读》，北京：北京师范大学出版社，2010，第252页。

[②] 北京师范大学伦理学与道德教育研究所编《伦理学经典著作选读》，第252页。

自得者，不累于外物，不累于耳目，不累于造次颠沛，鸢飞鱼跃，其机在我。"① 快乐的奥秘在于"不动心"，不动心就能使心灵处于自得的状态，从而体认到精神的快乐。岭南快乐主义在寻求精神快乐的方法上与西方快乐主义有所相同，走的都是使精神归于宁静的路向。但岭南快乐主义更为深刻地指出："夫道无动静也，得之者，动亦定，静亦定，无将迎，无内外，苟欲静即非静矣。故当随动静以施其功也。"② 在追求精神的宁静时，切不可为了求静而求静，精神必须顺随自然的状态而达到宁静，只有这样才能真正获得精神的安宁与快乐，这一点是西方快乐主义所没有论及的。

岭南快乐主义与西方快乐主义的不同之处在于以下四方面。

首先，简朴克制与舒展伸张的差异。在追求身体快乐、饮食快乐的面向上，西方快乐主义主张一种简朴、克制的生活方式，正如伊壁鸠鲁所说的："素淡的饮食与奢侈的宴饮带来的快乐是一样的……习惯于简单而非丰盛的饮食，就能给人带来健康，使人足以承担生活中的必要任务。"③ 这与岭南饮食快乐观念是不同的，无论从追求美味的满足还是从身体的滋养，岭南伦理观都认为追求饮食快乐不必局限于简朴，追求身体快乐也不必局限于克制，而是可以在自己能够承受的限度内追求饮食的丰盛和身体的欢愉。

其次，二元对立与合二为一的差异。西方快乐主义的内在立论是建立在身体快乐与精神快乐之二元对立的基础上的。居勒尼学派的亚里斯提普强调身体快乐的至上，而后期居勒尼学派又转为强调精神、理智的快乐。伊壁鸠鲁也认为"首要的和最大的'好'是明智"，"一切其他的德性都是从理智中派生出来的"④，主张灵魂（精神、理智）快乐的重要性压倒身体快乐。而岭南快乐主义则是将身体快乐与精神快乐有机结合在一起，不做机械地对立区分，两者并不是一方压倒另一方，而是互相滋养、相互促成的关系，这是与岭南哲学乃至中国哲学追求天人合一的思维模式密切相关的。

再次，敬畏神灵与自然而然的差异。西方快乐主义的内涵中具有浓烈的重神因素："要认识到神是不朽的和幸福的生物，要用你

---

① 黄宗羲著，沈芝盈点校《明儒学案》，北京：中华书局，1985，第90页。
② 黄宗羲著，沈芝盈点校《明儒学案》，北京：中华书局，1985，第89页。
③ 北京师范大学伦理学与道德教育研究所编《伦理学经典著作选读》，第253页。
④ 北京师范大学伦理学与道德教育研究所编《伦理学经典著作选读》，第253页。

的一切力量维护神的永恒幸福的观念",而信奉神的主要原因是"如果我们敬拜神、祈求神,就有可能免遭灾难"[①]。岭南快乐主义则以自然主义的方式来化解命运之偶然性带来的非快乐的境遇,陈白沙对自然的强调即可说明这一点。面对生活中已经发生或可能发生的非快乐因素,岭南人并不习惯向神祈祷,而是以自然而然的态度坦然面对,这也是其与以伊壁鸠鲁为代表的西方快乐主义不同之处。

最后,理性认知与日用自知的差异。伊壁鸠鲁认为快乐就是身体的无痛苦和灵魂的无烦恼,而实现快乐生活的方法在于"运用清醒的理性研究和发现所有选择和规避的原因,把导致灵魂最大恐惧的观念驱赶出去"[②],这种注重理性认知方法的快乐主义与西方重视知识论的哲学传统是一致的。岭南快乐主义主要并不是从理性认知的方法来达到对快乐的体认的,它更为重视的是感性领悟,是通过人伦日用中点点滴滴的直观体悟来证成快乐。

第二节 岭南伦理道德观的具象与特质

一 岭南伦理道德观的具象

岭南哲学所内蕴的快乐主义伦理道德观,其具体的展开形象可概括为自然之乐、入世之乐、出世之乐三个层次。自然之乐展现的是岭南人在自然环境中生养作息的乐趣追求,入世之乐是岭南哲学在社会生活、政治生活层面所表现出的伦理旨趣,出世之乐则是岭南哲学所具有的超越政治层面乃至自然层面而追求精神快乐的伦理进路。这三者既相对独立,又互相交渗,如出世之乐并不是与入世之乐决然割裂,两者乃是相伴相生、相互交织而存在的。

岭南哲学中自然之乐的伦理向度体现在岭南文化思想和岭南人生活中的方方面面。陈献章学术思想非常生动地传递着对自然之乐的追寻。陈献章云:"自然之乐,乃真乐也,宇宙间复有何事?"[③] 又云:"富贵非乐,湖山为乐;湖山虽乐,孰若自得者之无愧怍哉!"[④]

---

① 北京师范大学伦理学与道德教育研究所编《伦理学经典著作选读》,第253页。
② 北京师范大学伦理学与道德教育研究所编《伦理学经典著作选读》,第253页。
③ 《陈献章集》,北京:中华书局,1987,第193页。
④ 《陈献章集》,北京:中华书局,1987,第275页。

他将自然之乐定位为宇宙人生中至高无上的快乐,自然之乐的含义既包括"湖山为乐",向自然景观中寻求快乐体验;又包括"自得之乐",即在自然景观之快乐体验的基础上体认到一种自然而然的精神愉悦感。以陈献章为代表的岭南哲学文化热衷于向自然界寻求快乐体验,陈献章甚至说过"天下功名无我关,只缘我自爱江山"① 的句子。自然山水中的生动活泼能让他感受到生命的本真与畅快,其赋诗一首云:"有学无学,有觉无觉。千金一瓠,万金一诺。于维圣训,先难后获。天命流行,真机活泼。水到渠成,鸢飞鱼跃。得山莫杖,临济莫喝。万化自然,太虚何说?绣罗一方,金针谁掇?"② 宇宙中的一切变化都不离自然,陈献章在自然之中感受鸢飞鱼跃的生机活泼之乐,在他看来,真正的快乐要向生机勃发的自然界去觅求。这种陶冶于山水田园自然风光中的快乐,在《东圃诗序》中进一步得以展现:"东圃方十亩,沼其中,架草屋三间,旁植花卉、名木、蔬果。翁寄傲于兹,或荷丈人蓧,或抱汉阴甕,兴至便投竿弄水,击壤而歌。四时之花,丹者摧,白者吐。或饮露而餐英,或寻芳而索笑;科头箕踞,怪阴竹影之下,徜徉独酌;目诸孙上树取果实,嬉戏笑语以为适。醉则曲肱而卧,藉之以绿草,洒之以清风,窹寐所为,不离乎山云水月,大抵皆可乐之事也。"③ 人生的快乐正寄情于自然山水之中,田园瓜果、清风竹影、池塘夜月,都交织成岭南人所向往的自然之乐。

　　自然之乐的另一层含义是自得之乐。陈献章的弟子湛若水对其师的自然观曾作如此理解:"盖其自然之文言,生于自然之心胸;自然之心胸,生于自然之学术;自然之学术,生于勿忘勿助之间,如日月之照,如云之行,如水之流,如天葩之发,红者自红,白者自白,形者自形,色者自色,孰安排是,孰作为是,是谓自然。"④ 依照湛甘泉的解释,陈献章的"自然"就是回归事物天然的本真状态,不矫揉造作,不妄自加减。一旦回归天然状态,行为举止就能遵循世界固有的运行规律,思想就能获得安顿,人在精神上也就能享受自得之乐。"自得者,不累于外,不累于耳目,不累于一切,

---

① 《陈献章集》,北京:中华书局,1987,第648页。
② 《陈献章集》,北京:中华书局,1987,第278页。
③ 《陈献章集》,北京:中华书局,1987,第22页。
④ 《陈献章集》,北京:中华书局,1987,第896页。

第七章 伦理道德观

鸢飞鱼跃在我。"[1] 一旦体认到自得之乐，则不为外物所累，从而生发出精神的自主性与归属感。之所以有自主性，是因为此种乐趣是由内而外、自然而然地生发出来的，本身并不受外物拖累；之所以有归属感，是因为此种乐趣又使我们返璞归真、回归于自然。自得之乐也被陈献章称为"真乐"。《真乐吟·效康节体》云："真乐何从生，生于氤氲间。氤氲不在酒，乃在心之玄。行如云在天，止如水在渊；静者识其端，此生当乾乾。"[2] 这首诗表达了真乐不是由外物牵引而机械生长出来的，而是心灵由内而外自然而然生发的，这种自得之乐可静可动，静时默然自识，动时又川流不息，动静合一，天人合一。自然之乐是山水之乐和自得之乐的融合，山水之乐是向自然界寻求的，而自得之乐则是在认识到人与自然的一体性上生发出的自在自适的精神愉悦。自然之乐是兼具向外寻求与返归本真两方面的快乐状态，向外寻求的过程同时也正是返归本真的过程。如其《对竹》诗所言："窗外竹青青，窗间人独坐。究竟竹与人，原来无两个。"[3] 人与竹好似人与自然，人处于自然之中，体认自然的美好，此乐趣是山水田园之乐；人不离自然，人即自然，自然之真性内在于人，人之性不外于纯真自适，此乐趣是自得之乐。岭南伦理观的自然快乐具象，被陈献章诠释得淋漓尽致。

入世之乐同样是岭南哲学伦理具象的重要表现，岭南人不仅寄情山水、追求自然之乐，还积极投身社会治理，将自身所学运用到现实社会政治中，试图通过入世的方式来整饬社会、改善民生，在此过程中体认出入世之乐的伦理情怀。说起岭南历代的从政者，可谓如数家珍，仅以近代的政治人物为例，湛若水、叶春及、方献夫、康有为、梁启超、孙中山等人，既是名震古今的大学问家，又是积极追求社会进步、投身社会变革、参与社会治理的大政治家。他们受传统儒学和现代政治思潮的影响，以天下为己任，以百姓民生为核心，将毕生心血奉献给了国家、社会和百姓。他们的入世情怀是沉重的，因为要顶受住来自时代的和外部环境的各种压力，但他们的入世情怀同样也是快乐的，因为他们心怀着实现国家安宁、

---

[1] 《陈献章集》，北京：中华书局，1987，第825页。
[2] 《陈献章集》，北京：中华书局，1987，第312页。
[3] 《陈献章集》，北京：中华书局，1987，第516页。

社会治理、百姓和乐的希望，就会备受鼓舞、信感欣慰。

明代叶春及①，少年时就树立起了为国效力、为民谋利的入世志向，后从学于陈献章，在嘉靖三十一年高中解元，后屡试不第，仕途不畅。然而他却始终未放弃入世济民的伦理精神，在明穆宗即位后主动北上向皇帝进言上书，从"端治本""正士习""纠官邪""安民生""足国用"五大方面提出十来个具体的施政方针，以期皇帝能够采纳。时在北京的通政使李一元听闻此事后，对叶春及的上书非常鄙视，命人将叶春及带来，当面指责叶春及根本没有资格上书皇帝。叶春及面对这种言语侮辱和打击，没有丝毫退让，反而据理力争，最终赢得了给皇帝上书的机会。

隆庆四年，叶春及调任惠安知县。刚一上任他就做了三件事：止迎，禁供具，偿舆马价。止迎就是不劳烦老百姓来迎接其到任；禁供具则是到任旅途中的一切开销由知县本人承担，不让百姓出一分钱；偿舆马价，即将这次来任途中预支的明细账目公开，接受大家的监督。叶春及这种清正廉明的为官作风立刻在当地百姓之中流传开来，百姓们拍手称庆，热烈欢迎这位来自岭南的知县。在惠安县的四年时间，叶春及实地勘察了惠安县的地理环境、乡土民情，先后绘制了近三十幅地图和民情表，将各地的山川道路、风俗民情一一记录在册，最终撰写成了《惠安政书》。

在了解环境与民情的基础上，他为了安民教化，制定了一系列的乡约。《惠安政书·乡约篇》云："以六谕道万民，一曰孝顺父母，二曰尊敬长上，三曰和睦乡里，四曰教训子孙，五曰各安生理，六曰毋作非为。以四礼齐万民，一曰冠，二曰婚，三曰丧，四曰祭。"叶春及从冠礼、婚礼、丧礼、祭礼、明伦、禁邪、务本、节用等多方面对百姓的日常礼仪风俗进行了总结和修订。以婚礼中的花销部分为例，他立下如下规定："凡纳采用酒牲果品随俗，上户通计所费银不过三两，中户不过二两，下户不过一两"，"凡纳征用钗币酒牲随俗，上户通计所费银不过十五两，中户不过十两，下户不过五两，送礼之人毋得多与银钱，唯待酒饭，""凡请期不分上中下户，唯遣使通书而已，礼物不用，""凡婚礼不得用乐，有不亲

---

① 叶春及（1532—1594年），字化甫，广东归善（今惠州市惠城区）人，嘉靖三十一年（1552年）举人，曾任福建惠安知县。

第七章 伦理道德观

迎而用鼓吹杂剧者,尤宜痛革,贺昏非礼,宜更为助,礼物随宜"①。从以上条例可见,叶春及对不同门户的家庭置办婚礼的开销进行了限定:凡是纳彩用的酒肉果品和纳征所用的钱物,上户、中户、下户各自不能超过一定的花费;免除或降低了婚礼中一些不必要的开销,如请期时省去了送礼物,贺婚时的礼物也主张随意即可。再如丧礼,乡约云:"凡居丧以哀戚襄事为主,不许匿丧成昏,吊宾至,不许用币,不许设酒食,唯自远至者,为具素食,令无服人待之,不用酒,孝子不许易凶为吉,赴人酒席,""凡丧,不得作佛事,不得用乐,及送殡,不得用鼓吹、杂剧、楮幡、楮鬼等,违者罪之,""凡致奠,上户用猪羊各一,所费银不过三两;中户用猪一,所费不过二两;下户用牲五,所费不过一两"②。叶春及首先端正了置办丧礼最重要的本质:为了表达哀戚之情。规定丧礼时不能操办酒食,主事的子女也不得赴酒宴。其次,叶春及将丧礼与迷信做了切割,恢复了丧礼之"文"的特质,规定不能做佛事、楮幡、楮鬼等行为。再次,他大力革除置办丧礼的奢靡风气,规定了各户所用的丧礼花销不能超过一定银两。凡此种种乡约的设立,使惠安县内民风更趋淳朴、人民安居乐业,当地百姓人人称道他的清廉与政绩。叶春及因此受到百姓的爱戴和尊敬,他也在励精图治的过程中感受到了入世之乐。这种饱含责任感、艰辛感、愉悦感的入世之乐,虽不似自然之乐般悠然自适,却构成了岭南伦理道德观的一个重要具象。

入世情怀是为了济世救民,而仕途往往充满险恶,在遭遇政治打压的时候,岭南伦理精神中追求出世之乐的这一面就显露了出来。叶春及因在惠安担任知县时政绩突出,经朝廷考核,治绩为当时第一,本来应该升官为广西宾州知府,但由于他在任期间不畏权贵,树敌颇多,他的上司竟然明目张胆地扣押了朝廷对其任命的公文,令他无法及时成行。叶春及看透了明朝官场的黑暗,他有心为百姓而入世,怎奈何官场的明争暗斗和贪腐成风却无情地浇灭他的心头之火,于是他只得托病请辞,离开了惠安。在入世之乐被浇熄殆尽后,几经辗转,叶春及回到罗浮山讲学著述,从他当时与之后

---

① 叶春及:《石洞集》卷七《惠安政书九》,清文渊阁四库全书版。
② 《石洞集》卷七《惠安政书九》。

的诗作中,我们可以感受到其追求出世情怀的心态。"我本樗散人,挂官罗浮居。著书岂为愁,屡空常荷锄。明公来吴徼,政美锦不如。惠我数书札,字字皆明珠。结交有神合,一见言相于。校雠非马队,避人类逃虚。本无白雪音,和者众千余。弦歌日盈耳,有酒时招呼。君行报天子,吾当归樵渔。"① "樗散人"一词用的是《庄子》典故,《庄子·逍遥游》曾记载惠子与庄子的一段对话,惠子说有一棵名叫"樗"的树,因为无用而被匠人嫌弃,庄子则批评惠子不懂得无用之用,主张将其"树之于无何有之乡,广莫之野,彷徨乎无为其侧,逍遥乎寝卧其下",在"樗"下享受逍遥无为的人生。叶春及从官场隐退,自比樗下闲人,以著述与劳动来打发生活,时而弦歌,时而饮酒,这种归隐山林的出世生活也有着另一番乐趣。当然,这种出世之乐并不是第一顺位的快乐,它只是有志之士在入世的过程中遭受打击时所产生的赖以逃遁的精神避风港,出世乃是不能入世的无奈选择,出世常常也伴随着无尽的辛酸之情。"狂歌君莫笑,偃蹇世相轻。寂寞少年事,凄凉今夜情。深杯甘百罚,明月澹孤城。无限伤心泪,东南只自倾。"② 所谓的"无限伤心泪",一定是想到了入世的种种艰辛,抱负不得伸展,这样的压抑之情只有自己才最能知晓。"去年经此长安路,满岸寒枝缀香絮。今从此地故乡归,几阵轻风带微雨。转头世事不堪论,白猿洞口愁黄昏。侬家正在罗浮下,欲去携家卧白云。"③ 即使过后回想起身在罗浮的那段岁月,也并不是全然弦歌饮酒那般潇洒,更多的是"不堪""转头",是往事不堪回首。晚年叶春及又受到两广总督吴文华的举荐而复出担任江西司郎中,到任之后,他发现有贪官污吏在税收方面作弊,拟上书奏明,不料疏未成而劳逝于案前。纵观他的所有著述,笔者认为叶春及的以下这首诗作最能表达他乃至整个岭南哲学的出世精神:"晚泊彭城驿,苍茫对落晖。春光途里尽,乡国梦中归。事业惭青镜,风尘换素衣。唯应鳄湖上,闲坐钓鱼矶。"④ "唯应鳄湖上,闲坐钓鱼矶"展示的正是出世之乐的一幅悠然画卷,但这种出世之乐却烙印着时光的"苍茫"与世事的沧桑,

---

① 《石洞集》卷十七《叶顺德报政》。
② 《石洞集》卷十七《饮潘魏叔宅》。
③ 《石洞集》卷十七《梅关忆罗浮书屋》。
④ 《石洞集》卷十七《晚泊彭城》。

也铭刻着因事业抱负不得施展而生发的"惭愧"之情。这种惭愧之情，是因不能够很好地入世参与时政而产生的对自我、对百姓的心理亏欠与愧疚。由此可以看到，自然之乐、入世之乐、出世之乐构成了岭南快乐主义伦理道德观的具象，自然之乐是山水之乐与自适之乐，然而儒家的济世情怀要求士大夫一定要通过参与政治来达到济世救民之目的，所以自然之乐必然要演变为入世之乐。而入世一旦受挫，也必定需要追寻出世之乐作为伦理精神的调节手段，以平衡入世时的黑暗力量带来的负面冲击。出世之乐往往以返归山水和体认自适的方式展开，与自然之乐又有着某种程度的重合交叠，但它与自然之乐又有所不同，出世之乐含蕴着入世不得的愧疚心理，自然之乐则没有这样的心理负担。在入世之乐遭受打击之时，如果彻底对入世仕途死心，则会重回自然之乐；而如果入世之心未死，则会凭借自然之乐的外衣构建起出世之乐的港湾，为的是有一天能重回入世之乐。

二 岭南伦理道德观的特质

岭南伦理道德观的具象包括自然之乐、入世之乐和出世之乐，在此基础上进一步地深入分析，可以提取出岭南伦理道德观的特质，它们分别是自然真诚、奋发进取和知本务实。

自然真诚是岭南伦理道德观的第一个特质。何谓"自然"？湛甘泉曾做出过解释："夫自然者，天之理也。理出于天然，故曰自然也。"[①] 可见，岭南伦理中的"自然"概念融合了传统儒家和道家的思想精华。道家倡导自然无为，认为一切事物的产生发展都是自然而然的过程，有着自身的发展规律，无须强作妄为，这一思想被陈献章在内的岭南思想家所吸收。另外，道家又将自然解释为道的根本属性，认为"唯道集虚"[②]，"自然"又被赋予虚灵的内涵，自然无为的倡导往往导致过度出世，具有浓重的避世、厌世、弃世倾向，而这却是岭南哲学所不取的。陈献章、湛若水接续宋儒的伦理传统，以"理"解释"自然"，"理"是世界的本源本体，"自然"就是指"理""天然如此"的属性，它不离万事万物而存在，是实有

---

① 《陈献章集》，北京：中华书局，1987，第896页。
② 郭庆藩著，王孝鱼点校《庄子集释》，北京：中华书局，2004，第147页。

不虚的。岭南伦理的本真自然的特质，立足于儒家，同时也有吸纳道家的成分。

关于"理"，陈献章说："此理干涉至大，无内外，无终始，无一处不到，无一息不运。会此则天地我立，万化我出，而宇宙在我矣。"①"理"是含括宇宙一切事物的至大无外的存在，并且它又内化在一切事物发展过程的始末。他又说："宇宙内更有何事，天自信天，地自信地，吾自信吾；自动自静，自阖自开，自舒自卷；甲不问乙供，乙不待甲赐；牛自为牛，马自为马。"②宇宙万物各有其"理"，牛和马各不相同，那是由于它们的生理构造本就不同，而这一切都是自然而然如此的。"夫天地之大，万物之富，何以为之也？一诚所为也。盖有此诚，斯有此物；则有此物，必有此诚。则诚在人何所？具于一心耳。心之所有者此诚，而为天地者此诚也。天地之大，此诚且可为，而君子存之，则何万世之不足开哉！"③天地万物为何能够维系其宏大与富足？换言之，宇宙为何能依循其自然之理而存在与发展？原因在于"真诚"。"理"与"诚"相互交融，才能创生天地万物。"自然"与"真诚"也是相济相融的。作为君子，应该将真诚含蕴于内心，以此心之诚去体贴天理，弘扬理之自然，这样才能为万世开太平，治理好万物与社会。

君子如何才能使自身达到自然真诚的境界呢？陈献章主张用静坐的方法来求得："比归白沙，杜门不出，事求所以用力之方。既无师友指引，唯日靠书册寻之，忘寝忘食，如是者亦累年，而卒未得焉。所谓未得，谓吾心与此理未有凑泊吻合处也。于是舍彼之繁，求吾之约，唯在静坐。"④起初，陈献章想要通过博览群书、刻苦求学来追求自然，但累年努力却无所收获，后来他终于通过静坐的方法，使心与理、真诚与自然达到了融合一致的境界。值得注意的是，陈献章所讲的静坐和道家、禅宗的修养方法不同。禅宗以追求寂灭为目的，而陈献章却是要唤醒心之真诚，以真诚之心来体认天理之自然，其最终目的是要落实到治理万物与社会上，因此两者不同。道家也讲"坐忘"："堕肢体，黜聪明，离形去知，同于

---

① 《陈献章集》，北京：中华书局，1987，第 217 页。
② 《陈献章集》，北京：中华书局，1987，第 242 页。
③ 《陈献章集》，北京：中华书局，1987，第 57 页。
④ 《陈献章集》，北京：中华书局，1987，第 145 页。

第七章 伦理道德观

大通，此谓坐忘。"① 道家是以彻底抛弃对知识的追求为条件来达到思想的混沌状态，在混沌之虚中开出澄明之境。这种方法并非陈献章所接受的，陈献章所言的静坐则是以追求对天理的认知为内涵的，他说："夫养善端于静坐，而求义理于书册，则书册有时而可废，善端不可不涵养也，其理一耳。斯理也，识时者信之，不识时者弗信也。为己者用之，非为己者弗用也。诗、文章、末习、著述等路头，一齐塞断，一齐扫去，毋令半点芥蒂于我胸中，夫然后善端可养，静可能也。终始一意，不厌不倦，优游厌饫，勿助勿忘，气象将日进，造诣将日深。"② 这段话看似与道家的坐忘相似，但实则不同，陈献章强调的只是先养护心之善端，为了涵养善端的需要，可以先将诗文义理等知识放在一旁，以静坐求得善端，然后再以求得善端的心灵来认知义理，这和道家的彻底抛弃思虑知识是不同的。陈献章又云："人心上容留一物不得，才着一物，则有碍。且如功业要做，固是美事，若心心念念只在功业上，此心便不广大，便是有累之心。是以圣贤之心，廓然若无，感而后应，不感则不应。又不特圣贤如此，人心本体皆一般，只要养自以静，便自开大。"③ 可见，他之所以主张静坐的另一个原因在于其不想让人将思虑过多地用于追求功名利禄等外物上，他不是彻底抛弃思虑，而只是让心回归真诚的状态，如此方能通达于自然。

奋发进取是岭南伦理道德观的第二个特质。无论是自古以来勤劳勇敢、自强进取的岭南人民，还是奋发求变、锐意革新的岭南知识精英，在他们的思想深处都印刻着奋发进取的伦理精神。以康有为、梁启超、孙中山等近代岭南思想先驱为例，他们在具体的政见方面可能有所抵牾，但他们所具有的奋发进取、自立自强的精神则是一致的。特别是近代以降，在时代的大变局之下，岭南的知识分子挺立潮头，以奋发进取之精神冀求改变旧中国的面貌。为此，梁启超提倡国人首先要独立："独立者何？不藉他力之扶助，而屹然自立于世界者也。人而不能独立，时曰奴隶，于民法上不认为公民；国而不能独立，时曰附庸，于公法上不认为公国。"④ 如果人

---

① 《庄子集释》，北京：中华书局，1978，第 284 页。
② 《陈献章集》，北京：中华书局，1987，第 975 页。
③ 黄宗羲：《明儒学案》，北京：中华书局，1985，第 84 页。
④ 《梁启超全集》，北京：团结出版社，1999，第 268 页。

没有独立的形体与思想，那么就与奴隶无异，为了摆脱被奴役的命运，就必须要独立自主。

梁启超还鼓励国人要奋力进取："天下无中立之事，不猛进斯倒退矣；人生与忧患俱来，苟畏难斯落险矣。吾见夫今日天下万国中，其退步之速与险象之剧者，莫吾中国若也，吾为此惧。欧洲民族所以优强于中国者，原因非一，而其富于进取冒险之精神，殆其尤要者也。"① 他分析比较了中国人和欧洲人在性格上的特点，认为欧洲之所以比中国强大，中国之所以在近代落后挨打，非常重要的一个原因在于欧洲人具有浓厚的进取冒险精神。梁启超还分析了生成奋发进取精神的四种动力源泉和要素。其一，进取生于希望："希望愈大，则其进取冒险之心愈雄"，"进取冒险者，希望之代价也。彼禽兽与野蛮人，饥则求食，饱则嬉焉，知有今日而不知有明日。人之所以为人，文明之所以为文明，亦曰知明日而已"②。正因为对未来充满希望和憧憬，人才有进取冒险之心，如果像动物一样只求今朝、不计明日，则会不思进取。其二，进取生于热诚："Inspiration'烟士披里纯'者，热诚最高潮之一点，而感动人驱迫人使上于冒险进取之途者也。而此热诚又不唯所爱者有之，乃至哀之极、怒之极、危险之极，亦常为驱发热诚之导线。"③ 热诚是人人都可以具备的，一个人爱一项事业，会产生热诚；而一个人处于危困之境，也能被逼迫着生发热诚，从而产生进取的动力。这应该是梁启超寄望于当时处于水深火热中的国家和民族，希望他们能够被危难倒逼着进步。其三，进取生于智慧："凡人之有所畏缩也，必其于事理见之未明者也。……进取冒险之精神，又常以其见地之浅深高下为比例差。欲养气者必先积智，非虚言也。"④ 梁启超认为，人之所以没有进取之心，是因为见识不够、智慧不足，从而蒙蔽了理性之光，使自身陷入停滞不前的落后处境。要进取，必先开发智力、增长见识，充分认识到自我的不足，找到差距，不满于现状，方能迎头赶上。其四，进取生于胆力："拿破仑曰：'"难"之一字，唯愚人所用字典为有之耳。'又曰：'"不能"二字，非佛兰西

---

① 《梁启超全集》，北京：团结出版社，1999，第667页。
② 《梁启超全集》，北京：团结出版社，1999，第668页。
③ 《梁启超全集》，北京：团结出版社，1999，第669页。
④ 《梁启超全集》，北京：团结出版社，1999，第669页。

第七章 伦理道德观

人所用也。'纳尔逊曰：'吾未见所谓可畏者。吾不识"畏"之为何物也。'呜呼！至今读此言，神气犹为之王焉。岂伟人之根器，固非吾辈所能企乎？拟自有之而自不用也！"① 梁启超所言的"胆力"，其实就是无所畏惧、勇往直前的气魄，它认为这不只是拿破仑、纳尔逊等西方伟人所特有的素质，我们中国人也具备，但我们却没有将之发扬光大，反而越来越丢弃了它。梁启超深深地为"吾中国人无进取冒险之性质，自昔已然，而今且每况愈下"② 的现状所忧虑，他试图通过培养国人的希望、热诚、智慧、胆力这四种品质，重新激发大众的进取心，他的这一宝贵思想为构筑岭南哲学伦理观留下了浓墨重彩的一笔。

除梁启超外，孙中山也特别称赞岭南人民的奋发进取精神："吾粤之所以为全国重者，不在地形之便利，而在人民进取性之坚强；不在物质之进步，而在人民爱国心之勇猛"，"数国内革命之军，敢死之士，殆往往有吾粤志士从事其间，奋其义愤"③。孙中山高度赞扬了岭南人民勇于牺牲、追求进步、奋发进取的精神，并认为这种精神是岭南之所以成为中国重要之地的根本原因。

知本务实是岭南伦理道德观的第三个特质。陈献章云："求古人为学次第规模，实下功夫去做"，"心地要宽平，识见要超卓，规模要阔远，践履要笃实。能是四者，可以言学矣"④。他指出为学一定要笃实、务实、肯下功夫，只有这样才能成为一名真正做学问的学者。这是论述了"务实"作为岭南伦理精神在为学方面的重要性。除此之外，叶春及也较为详尽地阐述了知本务实的伦理观。他说："夫物莫不有实，实者物之所凝于天地之精，而所用于天地之具也。稻粱之贵于蓂稗决矣，有秕焉，虽如坻满车，上不登于簠簋，下不救于饥馁。何者？无实故也。"⑤ 叶春及认为，"实"是天地精华的凝集，天地万物都要依赖"实"而存在。正如稻粱之所以贵重的原因在于稻粱是"实"的，它能实实在在地解决百姓的吃饭问题。如果稻粱有很多不饱满的"秕"，那么它就不是"实"，百

---

① 《梁启超全集》，北京：团结出版社，1999，第669页。
② 《梁启超全集》，北京：团结出版社，1999，第670页。
③ 《孙中山全集》第四卷，北京：中华书局，1985，第479页。
④ 《陈献章集》，北京：中华书局，1987，第134~135页。
⑤ 叶春及：《石洞集》卷一《敦行实》。

姓就会食不果腹。实和务实才是维持天地万物、天下万事存在和发展的基础。

叶春及进而说道："今夫申不害、商鞅、墨翟、李悝、司马穰苴、孙武之徒，岂非学士之所贱简哉？尝试求之天下，有内修政教、外应诸侯、广地富国、立主威者乎？无矣。有枯槁不舍为天下垦草入邑者乎？无矣。有文能附众、武能威敌、攻取战克者乎？无矣。盖其所为，虽不轨于大道，然而言必信、行必果，即事必着其效，未尝以虚辞借也，故以诸子望圣人，不啻黄稗之于稻粱，至其确然必出于实而无辞，避虚诳以各求其事之必济，亦与圣人何异哉！"① 叶春及认为申不害、商鞅、墨翟、孙武等法家、墨家、兵家的代表人物，虽然在道德修养方面无法和孔子等儒家圣人相提并论，但他们在处理具体事务时追求实务、不以虚辞作借口来搪塞责任、务必使所为的事情得以成功等方面却和圣人没有区别。他们不及孔子的地方在于其不知本："圣人之教，其道君臣、父子、夫妇、兄弟、朋友，其法礼乐政刑，其本正心修身，其用治国平天下，其文六经，皆实学也。然而诸子之学，狭而出于技，故必掀形怵心，乃有以见其奇而成其颇僻。"② 所谓"知本"，就是要知晓"正心修身"是一切学问和教化的基础，"知本"之学即体现为六经，六经本身就是务实的学问。只有知晓以"正心修身"为核心精神的六经之道，才能务实地推行礼乐教化和政治刑罚，国家和天下才能得到治理。其他先秦诸子正因为不知本，所以也就无法从正道上做到务实地行事。

在"知本"和"务实"之间，最好的状态是由"知本"之人行"务实"之事。可现实中往往有"知本"之人不能行"务实"之事者，亦有能行"务实"之事而不甚"知本"者，对于这些人才的取舍，叶春及也有阐述。"今督学校官，既皆得人，则宜使之敦尚实行，以文取士，已不可变，要以实行为主。校官周知一学之士，督学周知一省之士：岁试，文优而行优者上，文优而行劣者斥，行优而文少劣者则亦上之也。岁荐，文行优者贡于部，不然，

---

① 叶春及：《石洞集》卷一《敦行实》。
② 叶春及：《石洞集》卷一《敦行实》。

罢，勿贡乡试。文行优者进于省，不然，罢勿进。"① "文优"就是对"知本"之学了解甚佳，"行优"就是对"务实"之事所行甚佳。叶春及认为，在对人才进行选拔考核的时候，能"知本"又能行"务实"之事者、能行"务实"之事却不甚"知本"者，都应该给予不错的名次，能"知本"却不能行"务实"之事者则不得给予名次。在选拔人才时，叶春及认为"务实"更重于"知本"。在任用人才时，则一定要任用那些能"知本"又能行"务实"之事的人。叶春及之所以认为"务实"要重于"知本"，原因在于："今既欲人务实，而去取又在虚文，此苏辙所以有樵牧之论也。……法令贵实行，而实行者恒困蓬蒿；法令贱虚文，而虚文者恒衣青紫。是以上之人，知行之必不得官，而文之终不能抑也。秽同市井，行若盗跖，心知之矣。视其文而华焉，则亦取之，惧其虽抑于今，必显于后，即今暂抑，后未有不收者也。天下谁肯出而任其怨者？"② 其实叶春及批评的是"虚文"，就是那些表面上将"知本"之学倒背如流，但不能用之于实践的文人，这些人虽然看似有才华，但在现实中却无所是处。这些只懂"虚文"之人，往往能加官晋爵、荣华富贵。相反，那些能够"务实"之人，却举步维艰、难施才华。这才催生出了叶春及主张以"务实"为核心来选取人才，以"知本"与"务实"并重来任用人才的伦理观。

第三节　快乐主义在岭南的传承与趋新

一　深究乐利：梁启超对边沁学说的诠释

边沁作为英国快乐主义学说的开创者，其学说也被称为功利主义，梁启超则以"乐利主义"概括边沁的学说。他对边沁提出的"最大多数人的最大幸福"观念赞赏有加："近百年来，于社会上，有最有力之一语，曰：'最大多数之最大幸福。'其影响于一切学理，殆与'物竞天择，优胜劣败'之语，同一价值。自此语出，而政治学、生计学、伦理学、群学、法律学，无不生一大变革。而此

---

① 叶春及：《石洞集》卷一《敦行实》。
② 叶春及：《石洞集》卷一《敦行实》。

语之出现于世界,实自边沁始。"① 梁启超将边沁的快乐主义学说和达尔文的进化论相提并论,认为两者的理论价值相当。他还将边沁与卢梭相比较:"如卢梭诸先辈所说国民全体之最大幸福……纵览数千年之世运,其幸福之范围,恒愈竞而愈广。自最少数而进于次少数,自次少数而进于次多数,自次多数而进于大多数,进于最大多数。他日其果能有国民全体、人类全体皆得最大幸福之一日乎?吾不敢忘。若在今日,则最大多数一语,吾信其无以易也。"② 与卢梭提出的"国民全体之最大幸福"相比,梁启超认为边沁的"最大多数人的最大幸福"要更加符合现阶段人类社会的理想目标。

梁启超用边沁的快乐主义来解释西方社会所取得的政治进步:中世纪末期,贵族和国王争夺政权,因为贵族占多数而国王占少数,最终贵族得胜;十六七世纪,人民与教会争夺政权,人民也是由于占据多数而获得胜利;同理,十八九世纪的平民与贵族争夺政权,近代以来的劳动者和资本家争夺政权,都是由于平民、劳动力占的人数更多、比例更大而能够最终夺取政权。为此他总结道:"多数之弱者敢于相争,而少数之强者不得不相让。今日欧美之治,皆此一争一让所成之结果也。"③ 只要多数的弱者敢于联合起来与少数的强权势力相抗争,就必然会迫使少数强者让出权力,西方的社会政治正是在这一争一让中演进的。可反观中国的传统儒家思想,梁启超则痛批其缺乏这种敢于相争的基因,因为儒家倡导的主要是上下相让的伦理价值观。梁启超指出,如果在上的强权者和在下的普通民众真的能相互礼让,当然就会相安无事,但现实情况往往是上对下的欺压和剥削,在这种残酷的现实面前仍然提倡下对上的让,只会使强者愈强而弱者愈弱,终究不可能实现社会平等和进步。他大声疾呼:"使多数之弱者能善行其争,则少数之强者自不得不让。若曰唯让而已,弱者让而强者不让,又将奈何?则其权力幸福,势必为彼不让者所攘夺以尽。故中国教旨,虽以人类全体幸福为目的,而其政治之结果,实则使豪强民贼,独占幸福,皆此之由。"④ 中国的相让学说无法促进社会朝着"最大多数人的最大幸

---

① 《梁启超全集》,北京:团结出版社,1999,第 1045~1046 页。
② 《梁启超全集》,北京:团结出版社,1999,第 918~919 页。
③ 《梁启超全集》,北京:团结出版社,1999,第 919 页。
④ 《梁启超全集》,北京:团结出版社,1999,第 919 页。

第七章 伦理道德观

福"的理想目标迈进,因此必须要使大多数的弱者敢于和少数的强者相争。

在向国人介绍边沁快乐主义的同时,梁启超还针对那些对边沁学说提出质疑与批评的诸多观点进行了再评析。边沁最看重的是主体所获得的快乐的量的大小,所谓"最大快乐"就是要让快乐的量达到最大,而对于快乐的性质就是何种类型的快乐使主体达到量的最大化则不甚关注。于是有些学者就批评边沁的快乐主义不注重区分快乐的类型,不注重引导人们追求道德等更高级的快乐。对此批评,梁启超则指出:"然则边沁之说,果如论者所讥欤?曰:是不然。苟所用择之之术既极精,则必能取其高等者,而弃其下等者。何以故?凡高等之乐,其量必大;下等之乐,其量必小故。"① 凡是真正懂得边沁快乐主义学说要领的人,一定非常精于算计且能够权衡各种快乐之大小,这样的人肯定会认识到感官快乐不及道德快乐、思想快乐,所以两权相较下会更追求后者。而那些一味追求感官快乐的人,他所获得的快乐的量就不会很大,那些人并不是真正会算计的人,并没有真正懂得边沁的学说主张。"天下不明算学之人太多,彼其本有贪乐好利之性质,而又不知真乐利之所存,一闻乐利主义之言,辄借学理以自文。于是竟沉溺于浅夫昏子之所谓利,而流弊遂以无穷。边氏之论,几于教猱升木焉。故教育不普及,则乐利主义,万不可昌言。吾之欲演述边沁学说也久矣,徒坐此,兢兢耳。虽然,是岂可以为边沁咎也!边沁自教卿治算学,而卿顾不治算学,顾自托于边沁之徒,边沁不受也。学者苟深知此义焉,则吾之译此,其亦免于戾矣。"② 梁启超认为,边沁学说教人追求最大的快乐,这本身没有什么错,错的只是那些不明算计的庸人,他们没有在各种快乐之间进行计算权衡的能力,反而借着边沁的学说将之作为自身追求低级的少量快乐的理论依据,只能说这些人并不真正了解边沁的学说而已。

梁启超虽然为边沁辩护,但也对其学说的相关理论进行了自己的诠释,这主要反映在以下几方面。其一,在苦乐的计量方法上,主张增加"'较苦乐之先后'一条,盖先苦而后乐者,其乐之量可

---

① 《梁启超全集》,北京:团结出版社,1999,第1048页。
② 《梁启超全集》,北京:团结出版社,1999,第1048页。

增倍蓰；先乐而后苦者，其苦之量亦增倍蓰也"①。他认为边沁的苦乐计量方法漏掉了一条有关苦乐之先后体验的，可以添加进去作为其理论补充。其二，为了实现最大多数人之最大幸福的主张，边沁进行了一系列的政治制度设计。边沁认为三权分立还不足以保证人民能够行使权力，为此要再赋予人民以"政本权"。梁启超则指出："若此政本权者，将以何局院代表之耶？边氏既谓此权在国民，然今日之国，必非能如畴昔之雅典、斯巴达，集全国市民于一场也，其势不得不选举代议者，若是则亦与下议院之性质，有何差别？徒添出一议院，而于边氏所谓政本之意仍无当也。"②边沁的意图虽好，但所谓的"政本权"该通过何种组织何种方式来落实？梁启超认为边沁对这些问题都没有考虑清楚，因而其政本权的设想是不切实际的。其三，边沁主张实行一院制，即废除上议院而只保留下议院。梁启超云："今六大洲中，置国会者不下七十国，除日耳曼列邦中有一二小国仅行一院制，余则皆从二院制。盖亦利害相权，舍此取彼耶。边说未尽可据也。"③显然，梁启超认为两院制的优点要更胜一院制，因此不主张边沁的一院制说。

梁启超在继承边沁快乐主义学说的基础上，也对其进行了一定程度的新诠。他认为："边氏之意，以为凡举一事，立一法，不论间接直接，苟能使过半之人民得利益者，皆可取之。其使过半之人民蒙损害者，皆可舍之。"④边沁的学说是为了能够使大多数的人民得到最大的快乐和幸福，而这也正是梁启超等近代岭南哲人们的共同追求。

二 去苦求乐：康有为对大同世界的设计

康有为与梁启超是同时代人，身处当时的社会大变革之中，他也对如何拯救岌岌可危的国家民族展开了深刻思索。在其留下的诸多思想痕迹中，我们会发现快乐主义对其的影响。康有为说："人道只有宜不宜，不宜者苦也，宜之又宜者乐也，故夫人道者依人以

---

① 《梁启超全集》，北京：团结出版社，1999，第1047页。
② 《梁启超全集》，北京：团结出版社，1999，第1050~1051页。
③ 《梁启超全集》，北京：团结出版社，1999，第1051页。
④ 《梁启超全集》，北京：团结出版社，1999，第1053页。

为道。依人之道，苦乐而已，为人谋者，去苦以求乐而已。"① 人道只关乎苦与乐，人道的本质就是去苦求乐之道。如果真的是为人民谋划，就必须遵循人道的规律。"普天之下，有生之徒，皆以求乐免苦而已，无他道矣。其有迂其途，假其道，曲折以赴，行苦而不厌者，亦以求乐。而虽人之性万有不同乎，而可断断言之，曰人道无求苦去乐者也。立法创教，能令人有乐而无苦，善之善者也；能令人乐多苦少，善而未尽善者也；令人苦多乐少，不善者也。"② 康有为指出，全天下所有的生灵都是去苦求乐的，即使那些刻意求苦的人，也是因为在求苦中能让其感受到快乐。虽然人与人之间有很多差异，每个人追求快乐的方式可能不同，但其去苦求乐的本质是一致的。凡是为人类的去苦求乐所进行的创新探索，检验其成功与否的标准就是看它是否让人获得足够的快乐：最优的创制会让人拥有完全的快乐而没有痛苦，其次的创制会让人快乐多而痛苦少，不好的创制则会使人苦痛多而快乐少。

为了让人民能够去苦求乐，康有为提出的方案主要分两个层次：第一个层次是他针对当时的国家困境而进行的探讨，第二个层次则是他为未来人类的发展前景而做出的设计。

要让人民获得快乐，首先就要拯救国家于危亡，为此，康有为提出了物质救国论和理财救国论的思想主张。其中物质救国论是他在1904年提出的，他说："以吾遍游欧美十余国，深观细察，校量中西之得失，以为救国至急之方者，则唯在物质一事而已。物质之方体无穷，以吾考之，则吾所取为救国之急药，唯有工艺、汽电、炮舰与兵而已，唯有工艺、汽电、炮舰与兵而已！"③ 康有为从游历世界的经验中得出了物质救国的结论，他认为中国文化中的形而上学并不比欧美差，而与欧美相差极大的是中国的物质学严重滞后，要拯救国家，必须大力发展物质和物质学。何为"物质学"？康有为解释道："以其通贯言之，则数学及博物学也；以其实物言之，则机器、工程学及工土木学也；以其求精新者言之，则电化学也；以其运输言之，则铁道、邮政、电信学也；以求文美言之，则

---

① 《康有为全集》第七集，北京：中国人民大学出版社，2007，第6页。
② 《康有为全集》第七集，北京：中国人民大学出版社，2007，第7页。
③ 《康有为全集》第八集，北京：中国人民大学出版社，2007，第71页。

画学、着色学、乐学也。夫是数学者，所谓物质学也。"① 概言之，物质学乃是包含理工科和艺术设计等在内的学问。为了培养物质学方面的人才，康有为主张向世界各地派遣留学生：到苏格兰去学习机器工程，到美国去学习机电化学，到德国去学习邮政和建筑，到意大利去学习绘画和音乐。在国内也应从下面几方面来发展物质学：开办实业学校；小学增设机器、制木两门课程；开设博物馆，展出各种世界先进的机械设备，让国人增加见识，并在此基础上激发大家的创造性；开设制造厂、职工学校②。只有大力发展物质学，中国才能实实在在地融入并追赶上欧美的现代物质文明，才能摆脱因物质技术严重落后而任人宰割的劣势局面。

1912年，康有为又提出了理财救国论。理财首先就离不开银行，康有为考察世界各国银行制度的优劣，认为中国应该实行中央银行与国民银行相互配合的银行体系："今于是合铸欧、美之制，上有中央银行以总其纲，下有国民银行以散布其力，则庶乎两不失耶。"③ 国民银行就相当于过去各地的银号钱庄，设立的主要目的是为中央银行筹集公债款。而中央银行则是国家银行，"实为一切银行之母，为银行之银行，操纵一国金融之权，而发行纸币，拖以国库，国用不足则助之"④。中央银行的主要功能是：借外债，发行纸币和公债，铸造金主币，搜购金银。前两种是关于货币政策的，后两种则是关于黄金储备与金币发行政策的。这两大类政策相互配合，就能将中央银行的功能发挥到极致。

康有为作为一名杰出的哲学家，其思想不只是停留在思考当时的国家如何摆脱困境，他还进一步勾勒了人类社会发展的快乐前景，这体现在他对未来人与人之间关系、国与国之间关系的构想。就人与人之间的关系而言，他探讨了人类关系的三种不平等类型：贱族、奴隶、妇女，指出"大同太平之世，人类平等，人类大同，此固公理也"⑤。在将来的大同世界里，人与人之间的关系是平等的，贱族会恢复地位，奴隶也会重获自由，而妇女亦将与男性平

---

① 《康有为全集》第八集，北京：中国人民大学出版社，2007，第79~80页。
② 《康有为全集》第八集，北京：中国人民大学出版社，2007，第95页。
③ 《康有为全集》第九集，北京：中国人民大学出版社，2007，第387页。
④ 《康有为全集》第九集，北京：中国人民大学出版社，2007，第390页。
⑤ 《康有为全集》第七集，北京：中国人民大学出版社，2007，第45页。

等。尤其是妇女与男性的关系问题，康有为花费大量笔墨论述了古往今来人类社会对妇女的各种歧视与压迫，他说："夫以男女皆为人类，同属天生，而压制女子，使不得仕宦，不得科举，不得为议员，不得为公民，不得为学者，乃至不得自立，不得自由，甚至不得出入交接、宴会游观，又甚至为囚为刑为奴为私为玩。不平至此，耗矣哀哉！"① 可真实的情况则是，"凡此皆世化至要之需，人道至文之具，而其创始皆自女子为之"②。女子对人类文明的传承做出了至关重要的贡献，这与男子靠体力使人类种族得以保存之功是同样重要的，因此男女本应平等。但是在中国传统社会，男子为了将女子私有，甚至不允许丈夫死后女子改嫁，从而造成寡妇遍地、怨声四起。康有为特别以岭南地区的情况举例："中国之中，吾粤女义尤严。吾乡族触目所见，皆寡妻也，半巷皆是。贫而无依，老而无告；有子而不能养，无子而为人所欺；藁砧独守，灯织自怜；冬寒而衣被皆无，年丰而半菽不饱。"③ 康有为指出，造成这种局面的正是宋儒提倡的"饿死事小，失节事大"观念对妇女的压迫，他批评道："宋儒好为高义，求加于圣人之上，致使亿万京陔寡妇，穷巷惨悽，寒饿交迫，幽怨弥天，而以为美俗。夫善为治教者，在使民乐其乐而利其利，养其欲而给其求。岂有以幽怨弥天、寒饿遍地为至治哉！"④ 真正理想的社会，其制度设计一定是要使人民普遍得到最大的快乐，而过去对妇女的歧视只会给千千万万女性带来深重苦难，这种不平等的观念是注定要被打碎的。

在大同社会，不仅人与人之间要提倡平等，国与国之间也要提倡新型的关系。"今欲至大同，先自弭兵会倡之，次以联盟国缔之，继以公议会导之，次第以赴，盖有必至大同之一日焉。"⑤ 国与国之间应休战止兵，然后建立联盟国。这种联盟国的具体形式是：世界各地尽为公国；全世界皆为公政府，各国皆归并公政府，裁去"国"字；各地民众选举出议员，公政府只有议员、行政官，不设

---

① 《康有为全集》第七集，北京：中国人民大学出版社，2007，第65～66页。
② 《康有为全集》第七集，北京：中国人民大学出版社，2007，第67页。
③ 《康有为全集》第七集，北京：中国人民大学出版社，2007，第72页。
④ 《康有为全集》第七集，北京：中国人民大学出版社，2007，第73页。
⑤ 《康有为全集》第七集，北京：中国人民大学出版社，2007，第129页。

议长,大事服从多数人意见等①。这样一来,全世界都是一个联盟国,现有的各国变为联盟国的各地,国家就不会为了推行自己的霸权或为了自己的私利而互相侵凌,甚至根本没有国家的概念,这就是所谓的天下为公。康有为的这种大同世界的构想,其理论出发点和归宿,都是希望人们能够获得最大的快乐,这也正是在今天品读其伦理思想时仍然让人感怀万千的原因。

三　国民幸福:孙中山对民众福祉的谋划

孙中山一生为革命与建设奔波,为国家和人民鞠躬尽瘁、死而后已。他之所以对事业有着饱满的热情和坚忍的毅力,在于他的心中时刻想着为国民谋福祉、让民众能够过上幸福的生活。《在广州岭南学堂的演说》中,他回忆自己在檀香山留学时,"当时所怀,一若必使我国人人皆免苦难,皆享福乐而后快者"②。这种思想在孙中山的演讲、著述中随处可见,试举几例。《在广州行辕对议员记者的演说》中,他强调:"若实行税价法及土地收用法,则大资本家不为此项投机业,将以资本尽投之于工商,然后谋大多数之人幸福之目的乃可达","革命乃为多数人谋幸福,若地权不平均,则不能达多数幸福之目的"③。他认为革命的目的就是要让大多数人得享幸福,这种思想明显是受到了边沁快乐主义学说的影响。

为了实现大多数人的幸福,孙中山认为革命者、社会管理者首先要勇于担负起为国民谋幸福的责任:"吾人对于国民所负之责任,非图谋民生幸福乎?民生幸福者,吾国民前途之第一大快乐也。既然矣,则吾人应以乐观之精神,积极进行之,夫然后民生幸福之目的可达,而吾人之希望乃有成也。苟稍怀悲观,则流为厌世,而成自暴自弃之徒。夫吾人既担负图谋民生幸福之责,则应知前途有最大之快乐在,虽有万苦,亦坚忍以持之。"④ 既然身为管理者和革命者,就一定要以乐观的心态来积极为人民谋幸福,而万万不能遇事悲观退缩,哪怕有再大艰难险阻,也要矢志不渝,因为这是革命者必须承担的责任。如果革命者的个人利益与为大多数国民谋利益

---

① 《康有为全集》第七集,北京:中国人民大学出版社,2007,第144~145页。
② 《孙中山全集》第二卷,北京:中华书局,1982,第359页。
③ 《孙中山全集》第二卷,北京:中华书局,1982,第355~370页。
④ 《孙中山全集》第三卷,北京:中华书局,1984,第63页。

第七章 伦理道德观

相冲突，则宁愿牺牲前者也要保障后者："为中华民国求幸福，非为一人求幸福，必须牺牲自己个人之幸福，以求国家之幸福的心志，社会始可改良"，"诸君志愿，须求大家之利益，办大家之事业，不必计较私人之利害"，"究竟大家享幸福，大家得利益，则我一人之幸福之利益，自然包括其中"①。虽然革命者也是国民的一部分，但为了实现其他大部分国民的幸福，则可以牺牲小我的幸福而成就之。孙中山的这一思想是极其令人敬佩的。为此，他这样鼓励革命者："革命党的精神，没有别的秘诀，秘诀就在不怕死"，"敌人的观念，要生才以为是享幸福；我们的观念，要死才以为是享幸福，一死便得其所"②。革命党人要以视死如归、积极乐观的心态去为全体国民谋幸福，如此方不辜负革命党的精神和宗旨。

国民幸福的实现不仅需要革命者的付出，还需要国民自身对自己的幸福负责。孙中山指出，国民首先要认清革命的艰难和获得幸福的过程的曲折："大家总以为改革之后，即能享幸福，万无此理。凡事由渐而来，现在中华民国如生子，新生出一男儿，举家欣庆，以为将来有莫大之幸福，莫大之希望。须知望子孙成人，必要培养他，教育他，使他建功立业，报答父母。现在造成之民国，无异各初生之子，正须培养，方能成人，方有基础，可以成才，可以享幸福。"③ 获得幸福是必然的，但不是一蹴而就的，国民在憧憬幸福的同时，也要有为获取幸福而长期奋斗的准备。孙中山为此批评国民中那些只知等待幸福到来而不知去努力争取幸福的人："民国成立而后，大家是主人，而主人不能自己努力建设国家，故大家这样招苦。大家以后应当觉悟努力。革命党为国民之先觉，奔走呼号。而国民甚少应之者，故民国不能成功，国民实不能辞其责。诸位应知道，中国好像一个大公司，国民是股东，股东不维持，公司便危险。国家建设而后，人民都享福，便和公司赢利股东分息一样。"④ 国家是由每一位国民构成的，每一位国民应该为自己的幸福负责，所以必须主动积极地去建设国家，只有这样，国家才能建设好，国民才能得享幸福。国民除了要有努力投入国家建设的思想和行动，

---

① 《孙中山全集》第三卷，北京：中华书局，1984，第24~25页。
② 《孙中山全集》第十卷，北京：中华书局，1986，第298~299页。
③ 《孙中山全集》第三卷，北京：中华书局，1984，第47页。
④ 《孙中山全集》第十一卷，北京：中华书局，1986，第116页。

还应有明辨是非的能力，这种能力往往体现在国民在关键时期要能选择正确的国家政策和领导思想。孙中山云："今日国民最要者，是看定新潮流可以救国，抑旧潮流可以救国？国民要有是非心，有是非心又要有坚决心，着实做去国民才有进步。现在要解决此困难，要认定真共和与假共和，若不分真假，以后万无进步。今日国民责任是在拥护共和，有一分子责任，即尽一分子力，要除尽假共和，才有真共和出现，才有幸福可享，国家才得永远太平。"① 当时在护法运动时期，孙中山号召国民要懂得分辨他所提倡的共和是真正的共和，而北洋军阀所提倡的则是虚假共和。国民只有明辨是非，才能做出正确地取舍，从而最终才能得享幸福。

国民幸福如何才能实现？孙中山认为三民主义是其必由之路。首先来看民族主义："民族主义亦不止推翻满清而已，凡夫一切帝国主义之侵略，悉当祛除解放，使中华民族与世界所有各民族同立于自由平等之地，而后可告完成。"② 民族主义追求的是民族独立、国家自主，这些是达到国民幸福的最基本的条件。

对于国民幸福和实行民生主义之间的关系，他说："我们实行民生主义，国家发了大财，将来不但是要那一般平民能够读书，并且要那一般平民有养活。这样的国家，才真是替人民谋幸福，才真是为人民的幸福来打算。人民有了这样的好国家，一生自幼到老，才可以无忧无虑，才可以得安乐。在这个国家之内，我们四万万人不是一代可以享幸福的，是代代可以享幸福的。"③ 通过发展民生来解决人民的温饱和教育问题，让人民世世代代幸福地生活在这个美好的国家中，民生无疑是国民幸福的重要保障。

发展民生要义是发展经济、提升人民生活水平，让国家和人民富裕起来。孙中山指出："民生主义能够实行，社会问题才可以解决；社会问题能够解决，人类才可以享很大的幸福。……在中国的这种事实是什么呢？就是大家所受贫穷的痛苦。中国人大家都是贫，并没有大富的特殊阶级，只有一般普通的贫。中国人所谓'贫富不均'，不过在贫的阶级之中，分出大贫与小贫。"④ 大部分中国

---

① 《孙中山全集》第四卷，北京：中华书局，1984，第113页。
② 《孙中山全集》第九卷，北京：中华书局，1986，第541页。
③ 《孙中山全集》第十卷，北京：中华书局，1986，第24～25页。
④ 《孙中山全集》第九卷，北京：中华书局，1986，第381页。

人长期以来都处于贫困之中，区别只在于贫困的程度不同而已，只有发展民生，才能让大家摆脱贫困，继而富裕起来，国民的幸福也才会有物质基础。那么，发展经济的关键突破点在哪里？孙中山道："经济上之发达，自然力、人力、资本三者皆有巨效。而近日谋中国之发达者，不患自然力之不充、人力之不足，所缺者资本而已。"① 可见资本匮乏是发展经济的症结所在。为解决这一问题，孙中山主张借用外资来发展国内经济，这一思想招致了当时不少人的反对，而孙中山回应道："中国今日所缺之资本，非金银也，乃生产之机器也。欲兴中国之实业，非致数十万万匹马力之机器不可，然致此机器，非一时所能也。经济先进之国，以百数十年之心思劳力而始得之；经济后进之国，以借外资而立致之，遂成富国焉，如美国、英国是也。今日欲谋富国足民，舍外资无他道也。"② 孙中山所说的"资本"，其实是指发展实业的机器，"借外资"也就是借机器。他认为中国当时没有能力自己建造这些机器，而与其花费巨额钱财去购置，倒不如花更少的钱去租用。有了租用来的机器，中国的实业就能慢慢兴起，经济也会得到发展，国家和民众也会因此富裕起来。

在发展经济的同时，孙中山根据欧美国家的发展经验，还指出必须预防两极分化的问题。他说："民生主义者，即社会主义也。贫富不济，豪强侵夺，自古有之，然不若欧美今日之甚也……顾思患预防之法为何？即防止少数人之垄断土地、资本二者而已。"③ 为了防止中国的发展经济演变成欧美社会的贫富巨差，他认为政府必须从土地和资本两方面入手来调控。土地方面，其政策主张是："政府如果定了两种条例，一方面照价抽税，一方面又可以照价收买。那么地主把十万元的地皮，只报了一万元，他骗了政府九佰元的税，自然是占便宜；如果政府照一万元的价钱去收买那块地皮，他便要失去九万元的地，这就是大大的吃亏。所以照我的办法，地主如果以多报少，他一定怕政府要照价收买，吃地价的亏；如果以少报多，他又怕政府要照地价抽税，吃重税的亏。在利害两方面互

---

① 《孙中山全集》第四卷，北京：中华书局，1984，第52页。
② 《孙中山全集》第五卷，北京：中华书局，1985，第121~122页。
③ 《孙中山全集》第五卷，北京：中华书局，1985，第191、193页。

相比较，他一定不情愿多报，也不情愿少报，要定一个折中的价值，把实在的市价报告到政府。"① 首先，政府要将土地等关乎国家民生的资源设定为国有。老百姓有权依法占有使用土地，但当国家需要的时候，政府也有权采取赔偿的方式收归国有。其次，民众自行就自家地产向政府报价，政府则对土地按照每年地价的百分之一征收地价税。为了防止民众虚报或瞒报地价税，孙中山同时规定政府将来征收民众土地时只按民众现在所报的地价赔偿。这样一来，他认为民众就会因为惧怕将来赔偿吃亏而不会瞒报，且民众也会因为不想每年多交税而虚报地价，民众最终只会如实申报自家地价。再次，孙中山规定若有私自进行的地产买卖，则原产主也只能得到地产原有的报价，而新增加的价格需要上缴给国家，新产主也需要按新价格为基础缴纳地产税。这主要是为了防止倒卖地产的投机行为。在控制资本方面，孙中山感喟："此问题之解决，其烦难当有百十倍于政治问题也。"② 他认为资本垄断导致了欧美社会被资本家控制，人民并没有得到真正的解放和自由，他极力主张中国必须断绝资本垄断现象的产生——可惜其对如何节制资本没有进行过多的政策论述。

　　国民幸福还关乎民权。孙中山说："民权主义者，打破政治上不平等之阶级也。"③ 民权主义就是打破贵贱的阶级对立制度，从而保障国民能够享有国家的主权。如何才能实现这一政治平等呢？孙中山道："得国民赞成多数者为在位党，起而掌握政治之权；国民赞成少数者为在野党，居于监督之地位，研究政治之适当与否。凡一党秉政，不能事事皆臻完善，必有在野党从旁观察，以监督其举动，可以随时指明。国民见在位党之政策不利于国家，必思有以改弦更张，因而赞成在野党之政策者必居多数。在野党得多数国民之信仰，即可起而代握政权，变而为在位党。"④ 他主张效仿西方多党轮流执政的政治体制，由民众选出执政党，而在野党负责监督，一旦执政党不能代表民众利益，则在野党可取而代之，如此这

---

① 《孙中山全集》第九卷，北京：中华书局，1986，第389页。
② 《孙中山全集》第五卷，北京：中华书局，1985，第195页。
③ 《孙中山全集》第六卷，北京：中华书局，1985，第27页。
④ 《孙中山全集》第三卷，北京：中华书局，1984，第35页。

第七章 伦理道德观

般"轮流互易，国家之进步无穷，国民之幸福亦无穷焉"。[①] 孙中山也看到西方宪政体制的弊端，西方的人民有选举权和罢免权，但人民仍然无法真正掌权，政府仍然可以我行我素。他主张在赋予人民选举权和罢免权的基础上，进一步增加两项权利："如果大家看到了一种法律，以为是很有利于人民的，便要有一种权，自己决定出来，交到政府去执行。关于这种权，叫作创制权，这就是第三个民权。若是大家看到了从前的旧法律，以为是很不利于人民的，便要有一种权，自己去修改，修改好了之后，便要政府执行修改的新法律，废止从前的旧法律。关于这种权，叫作复决权，这就是第四个民权。人民有了这四个权，才算是充分的民权；能够实行这四个权，才算是彻底的直接民权。"[②] 创制权是指人民有权利自己制定并通过法律，交给政府，政府必须执行；复决权是指人民有权修改现有法律，而政府也必须执行修改后的法律。这样，人民就能保证对政府的监督和控制，而不至于政府凌驾于人民之上。

孙中山将快乐主义的伦理精神运用到治国方略中，为了实现大多数国民的幸福，付出了毕生的心血。如果说国民的幸福快乐是用智慧与奋斗来获得的，那么孙中山对快乐主义伦理精神的发扬则是用生命的热情与责任铸成的！

[①] 《孙中山全集》第三卷，北京：中华书局，1984，第64页。
[②] 《孙中山全集》第九卷，北京：中华书局，1986，第351页。

第八章
审美观

岭南哲学的审美观主要体现为崇尚自然的自然主义。岭南地区原始优美的自然风物，不仅为岭南的文艺创作提供了丰富的素材，而且为岭南哲学中自然主义审美观的萌芽奠定了基础。随着道教的南传，岭南化道教的代表人物葛洪为道教神仙论奠定的自然哲学基础成了岭南自然主义哲学的渊薮。葛洪之后，以自然为本的哲学审美观于岭南大地兴盛，唐朝时期，生于岭南的禅宗六祖惠能开创的南派禅宗主张"直指人心，见性成佛"，推动了佛教的中国本土化。到了明朝，岭南儒者陈献章，及其弟子湛若水创立了以"自然为宗"的江门学派。至此，岭南哲学中的自然主义审美观臻于完善，其对岭南文化的发展可谓影响深远。

第一节 以自然为本的审美观

一 岭南自然主义的产生

岭南地区的自然风貌，造就了以自然为本的审美观。良好的生态环境，又造就了岭南人重视自然的心理意识。岭南人的先祖固有对自然生态的不断改造，却始终不曾使荒漠化、沙尘暴等威胁到人类生存环境的自然灾害现身岭南大地。这一方面有赖于岭南良好的自然生态，另一方面要归功于岭南人文中强烈的自然意识。

岭南劳动人民的生活实践自古以来便蕴含了极为丰富的生态意识。著名的桑基鱼塘、蕉基鱼塘等，即集养殖、商业和手工业于一体，是岭南人民对于自然生态循环这一规律的遵循及运用。而这一自然文化的多元并存格局，也成了历史上但逢乱世荒年，岭南地区亦相对得保太平的原因之一。晋代有砖刻记载："永嘉世，九州荒，如广州，平且康。"[1] 即道出了岭南的自然生态优势。基于自然的岭南文化特色，既是区域气候与原生态环境影响下的必然产物，又是岭南人民重视自然生态的结果。两者共同构筑了岭南文化中的自然主义意识，并赋予其以深刻的哲学内涵。

何为自然主义？广义的自然主义一般指"主张以自然因素或原理来解释一切现象的思潮"[2]。如中国汉朝的王充经由自然之"气"的厚薄解释人的智愚；宋代的张载通过"气"解释不同人性等。而欧洲哲学则用人的自然属性解释人的道德现象等。狭义的自然主义指代的则是20世纪30年代形成于美国的一种哲学思潮。

自然主义，主要是指广义上的自然主义。以自然为本的审美观，构成了岭南文化的核心要素。而岭南哲学中自然主义的产生，最早可追溯至东晋人葛洪在岭南为道教神仙论奠定的自然哲学基础[3]。作为道教历史上里程碑式的人物，修道炼丹于广东罗浮山的葛洪，继承并改造了早期道教的神仙理论，不但提出了许多诸如修身养性、善修善行等个人修行方面的具体教义，而且首次突出了道家自然玄学中"玄"的概念，并将之视作道教思想体系的核心，弥补了魏晋以前道教理论缺乏体系的缺陷。葛洪还为其门徒定下了诸如"戒杀""护生"等旨在树立教徒们"悯生""爱物"，维护当地自然环境完整性的生态伦理观的教义。上述教义的施行，也为岭南道教进一步与自然结合发展，奠定了基础。

自葛洪以降，以自然为本的哲学审美观日益于岭南大地兴盛。推崇自然审美的历代名人大致有：在岭南宣扬理学的唐儒赵德；弘化于岭南，开创了审美观趋于自然的禅宗六祖惠能；到得明朝，被誉为"岭南一人"的儒者陈献章及其弟子湛若水，更发展了宋代陆九渊的理学，主张学贵知疑、独立思考，提倡较为自由开放的自然学风，从而建立了以"自然为宗"的江门学派。

自然主义，不但体现在岭南哲学以自然为本的审美观上，还广泛、鲜明地存在于岭南文艺的创作中。人类文明的不断发展，为地

---

[1] 陈乃刚编著《岭南文化》，上海：同济大学出版社，1990，第130页。
[2] 施保国：《中国传统文化对马克思主义中国化的功能主义意义》，《嘉应学院学报》2013年第4期。
[3] 施保国：《中国传统文化对马克思主义中国化的功能主义意义》，《嘉应学院学报》2013年第4期。

球生态圈打上了众多人类活动的烙印。较之其他区域文化,岭南文化圈所崇尚的以自然为本的审美观,是同岭南良好的生态环境,以及岭南人文中强烈的自然意识密不可分的。

二 "第二自然"与岭南文学

从文化哲学的角度看来,文艺创作是人本质力量的对象化,而特定范畴的文化则是特定人群本质力量的对象化[①]。以此解释岭南文化,则岭南文化指的是岭南人本质力量对象化。对象化的"对象",既包括自然与社会对象,又包括精神与人类对象;对象化的过程,则是一个人类经由自身精神活动与行为活动,对内外在进行改造的过程。精神活动方式包括心理活动方式与思维活动方式,行为活动方式则分为生产方式、生活方式等。一切打上了岭南人活动烙印的内外在,皆可视作"对象";一切岭南人的活动方式则都是岭南文化的体现,都具有岭南文化的意义[②]。以自然界为例,岭南人在自由自觉的实践中,深深地为大自然这一特定对象打上了专属于人的烙印,从而使纯粹天然的"自然"被有意无意地对象化为了岭南文化中"第二性的存在"[③],即富含人为因素的"第二自然"。于文艺创作而言,个中的"自然"成分更多的大抵是一种受个体主观意识影响、改造的"自然",即常说的"第二自然"。

岭南文化是一个能体现岭南人本质力量发展水平的社会概念,其发展历程就是岭南人本质力量不断发展的过程。由于所有人类活动方式都表现为,并对象化为千姿百态的文化现象,一切人类活动方式遂得以成为文化世界的一部分[④]。

岭南文学,作为岭南文化的重要组成部分,近代之前的发展一直相对滞后于中原和江南地区。这与整个中国文化发展的不平衡性

[①] 李权时、李明华、韩强主编《岭南文化》,广州:广东人民出版社,2010,第14页。
[②] 李权时、李明华、韩强主编《岭南文化》,广州:广东人民出版社,2010,第14页。
[③] 李权时、李明华、韩强主编《岭南文化》,广州:广东人民出版社,2010,第15页。
[④] 李权时、李明华、韩强主编《岭南文化》,广州:广东人民出版社,2010,第16页。

第八章 审美观

相一致，但这并不意味着岭南文学没有辉煌的历史①。实际随着南宋之后中国文化重心南移，加上明清之际西风日盛，尤其是"十三行"在广州成立后，外来文化率先于岭南登陆，更是令原本以散文及文学批评为主要文体的岭南文学至此百花齐放、独树一帜，涌现出一批以吴趼人为代表，敢于探索创新的大文学家，以及康有为、梁启超等近代文化大师②。

正如陈献章在《夕惕斋诗集·后序》中提出的"枢机造化，开阖万象，不离乎人伦日用，而见鸢飞鱼跃之机"③的观点，岭南文学和岭南文化一样，都经历了一个逐步改造外物、为我所用的发展过程。这种内化自然的行为，虽然是文艺创作中的普遍现象，但在岭南文学中表现得尤为明显。岭南文学中抒写、讴歌的"自然"，更多的是指融人文情感于一体的"第二自然"④，而非纯粹天然的"自然"。此即王国维在《人间词话》内指出的"有我"（"第二自然"）和"无我"（"自然本意"）之境。

岭南文学由发轫至清初的大致脉络可见于屈大均的《广东新语·文语》。其中记载的"尉佗上汉文帝书"，乃现存最早的岭南文学作品，屈大均认为："南越文章以尉佗为始，（其）所上汉文帝书，辞甚醇雅。"⑤

汉代岭南文学的代表作还有郭苍的《汉桂阳太守周府君碑》一文，文内有关六泷山水的刻画，深得屈大均赞赏。他在评论中写道："六泷山水之胜，形容殆尽，其才亦扬雄之亚云。"⑥对郭苍文中于山势、水流的生动描写做出了极高评价。

---

① 李权时、李明华、韩强主编《岭南文化》，广州：广东人民出版社，2010，第354页。
② 李权时、李明华、韩强主编《岭南文化》，广州：广东人民出版社，2010，第354页。
③ 李权时、李明华、韩强主编《岭南文化》，广州：广东人民出版社，2010，第364页。
④ 施保国：《中国传统文化对马克思主义中国化的功能主义意义》，《嘉应学院学报》2013年第4期。
⑤ 李权时、李明华、韩强主编《岭南文化》，广州：广东人民出版社，2010，第355页。
⑥ 李权时、李明华、韩强主编《岭南文化》，广州：广东人民出版社，2010，第355页。

到了唐五代时期，诗名高于政声的张九龄创作了大量清峻雅致的诗作。其五言古诗《感遇》十二首，深得风骚比兴之旨；《望月怀远》《初发曲江溪中》等，亦为传诵千古，对后来王维、孟浩然等山水田园诗人产生过较大影响的名篇。

张九龄的文章同样首屈一指。其传世之作《张曲江集》录文260余篇，代表作《开凿大庾岭路序》行文大气简练，是不可多得的文献式记叙文。文中诸如"行径夤缘，数里重林之表"，"坦坦而方五轨，阗阗而走四通"[1] 等脍炙人口的佳句，无不绘声绘色、形象生动地勾勒出岭南人改造自然的经历。

元末明初时期，"南园前五先生"之首的顺德人孙蕡（Fén）（1338—1394年）所作的"景为心所映"[2] 的佳作《夜游栖禅寺纪事诗序》，将夜晚的禅寺之景描绘得极为凄清，文内的"时薄寒中，霜月如画，山深悄无人声"，"林木沥渐作山鬼声，予毛发森竦"[3] 等句，皆营造出了一种阴冷鬼祟的气氛，反映出面对人人自危的明初社会环境，本应十分美好的月夜山林，也会深受作者郁郁不得志的情绪影响而变得幽暗可怖。

同时期与孙蕡齐名的，还有世称秫坡先生的新会人黎贞。其代表作《溪隐记》，在表达了对于幽美的隐居环境和怡然自得的隐居生活的向往之情的同时，亦借景抒情，隐晦地表达了对黑暗的社会现实的不满。

时至近代，"第二自然"与岭南文学创作间的关系更为紧密。其间梁启超"小说革命"理论的提出，令岭南文艺产生了重要转型。小说家欧阳山于1931年写就的中篇小说《崩决》即为一例，小说经由讲述西江决堤后沿江一带的村民们互帮互助、相互扶持的故事，对乡俗、人情等岭南社会百态做了淋漓尽致的抒写。作家笔下江水决堤的景象显然有不符合现实规律的人为夸张一面，因为作家的本意是通过这一灾难性事件，来凸显村民们的团结一致，而非

---

[1] 李权时、李明华、韩强主编《岭南文化》，广州：广东人民出版社，2010，第357页。

[2] 李权时、李明华、韩强主编《岭南文化》，广州：广东人民出版社，2010，第362页。

[3] 李权时、李明华、韩强主编《岭南文化》，广州：广东人民出版社，2010，第362页。

旨在描写洪浪滔天的自然现象。文中对自然环境的刻画，便是一种人为加工的"第二自然"。

需要指出的是，"小说革命"的理论并非仅仅催生了小说创作的热潮，其对于散文、新诗的变革崛起，也起到了重要作用。

岭南文学是在优美的岭南风物中兴盛起来的一种文学类别。从汉代郭苍至新中国成立之前，岭南文学的发展经历了由师从自然到内化自然的过程。这一历程正是人类行为活动与意识活动持续改造先天自然的结果，其反映于文艺作品中，遂显现为一种人为影响下的，带有鲜明人文色彩的"第二自然"。

三　崇尚自然的岭南艺术

和岭南文学一样，岭南艺术也是岭南人民仿效、改造自然的后天产物。

其一是绘画方面。岭南绘画是中国绘画长河里的重要构成部分。岭南地域新石器时代玉石上出现的兽面纹、岛屿上出现的凿刻岩画等具有抽象绘画意味的人工作品，以及陶器装饰上表现出来的图案具象化倾向，在秦汉后益发明显，至隋唐走向成熟。汪兆镛《岭南画征略》内提到的"岭南画家，唐僧徽画龙，宋白玉蟾画梅、竹，皆著称于世"[1]。这两位画师，即为隋唐岭南画的代表。明清时期，岭南画坛愈益兴旺，人才辈出、异彩纷呈。

岭南绘画中影响力最深的，仍要数20世纪20年代形成的美术流派"岭南画派"，它使岭南画因其独有的风骨为中国，乃至世界画坛皆添上了浓墨重彩的一笔。

所谓"岭南画派"，是以"二高一陈"（高剑父、高奇峰、陈树人）[2]为创始人的，主张写实与写生，提倡形神兼备的自然创作观的绘画流派。

"岭南画派"之所以出现上述特征：一是和广东画坛历来"师法自然"、求新求变的传统风气息息相关；二是受三位创始人的创作理念影响。

---

[1] 李权时、李明华、韩强主编《岭南文化》，广州：广东人民出版社，2010，第383页。

[2] 李权时、李明华、韩强主编《岭南文化》，广州：广东人民出版社，2010，第396页。

"二高一陈"的理念渊薮,主要可以从清末画家"二居"(居廉和居巢)[①]上溯至宋光宝、孟觐乙。但这并不意味着"岭南画派"仅"尊内"而"攘外";仅"师古",而"非今"[②]。"二高一陈"早年都曾赴日留学,系统学习及研究过现代日本及西洋绘画。只是因深受传统绘画观点,尤其是居廉倡导的"师法自然"的艺术精神影响,从而令其画技上虽显现出融贯中西、博采众长的特征,画风依旧不离岭南自然主义的范畴。

高剑父曾于《居古泉先生的画法》一文中谈道:"师(居廉)既得乃兄心法,渐乃离去,而专向大自然里寻求画材,以造化为师,更运用其独到的写生术,消化古法与自然,使成为自己的血肉,故能自成一家,而奠定这派的基石。"[③] 正是这种一脉相承的重自然、求创新的艺术观,成了"岭南画风"有别于中国其余地域的独门利器,也成了其日后蜚声海内外的原因所在。

"师法自然"的传统还使第一代岭南派画家为追求形似,在写生、解剖等方面花了不少精力。高奇峰即在其主编的《真相画报》中开辟"题画诗图说"专栏[④],定期介绍常入画的动植物习性与生长规律,以助"岭南画派"的画师们更准确地把握、定位绘画对象的造型。

其二是工艺方面。分为民间工艺及宫廷工艺两大类的岭南工艺是南粤大地上勤劳聪明的各族人民充分利用环境条件和物质资源所创造出的独特文化艺术。它凭借巧妙的结构、优越的质材、灵巧的技艺、细腻隽秀的绘饰和明显的崇尚自然的文化内涵,形成了和其他地域迥异的格调模式。

在装潢工艺上,以南越王墓为代表的,古岭南王室贵族墓葬群中发现有"周壁、室顶及面北两道石门上都有施朱、墨两色的云纹

[①] 李权时、李明华、韩强主编《岭南文化》,广州:广东人民出版社,2010,第394页。

[②] 李权时、李明华、韩强主编《岭南文化》,广州:广东人民出版社,2010,第398页。

[③] 李权时、李明华、韩强主编《岭南文化》,广州:广东人民出版社,2010,第399页。

[④] 李权时、李明华、韩强主编《岭南文化》,广州:广东人民出版社,2010,第406页。

第八章 审美观

图案作为装饰"[1]。在广东另一处汉代墓室内,前室周壁也"有红、蓝二色的卷云纹图案"[2]。

从这批岭南地区现存最早的陵墓装饰来看,圆转流畅的卷曲云纹图案栩栩如生。既有基本的造型规律,又很少母题图案的重复;装潢风格既庄严肃穆,工致中又不乏灵动的自由变幻。而这或可视为将天然之物引入工艺技术,以及尽量自然而然地再现其本真的创作风格,早在秦汉时期便已于岭南工艺里盛行的例证。

隋唐宋元时期,岭南地区的石雕艺术可谓大放异彩。潮州的唐代开元寺大殿内雕刻的奇兽珍禽、莲花瑞草石刻,形象纯朴古拙、凝重雄浑;广州光孝寺大雄宝殿里的宋代石雕狮子,生动表现着狮子蕴蓄的威武气势等;可见,崇尚自然的创作理念始终是岭南工艺制造的核心思想之一。

具有悠久历史、别具一格的岭南本土工艺之所以延续至今仍别具一格、充满活力,是与其继往开来、革故鼎新的工艺理念不可分的。

其三是建筑方面。岭南地域气候炎热,土壤肥沃,地形复杂多变。粤北山区可见巍峨的崇山峻岭,南粤滨海地带则可畅游万顷碧涛。五光十色的大自然为岭南建筑提供了丰富优美的素材与样式,以故岭南地区的造园者往往能基于设计理念,根据设计需求,建造出和自然景观相契合的建筑物[3]。

临近烟波浩渺的珠江的南越王室花园"南越国御苑"内存留的一座仰斗形大型水池遗迹的设计,堪称与自然结合的妙例。即使同有科技辅助的现代园艺设计相比,亦毫不逊色。

池内经由架设渠面有石板平桥的狭长曲流石渠,自位于宫苑北部,面积达4000多平方米的石构蓄水池间引白云山之水入园。泉水流经池底密排着的黑色卵石,于急弯处砌成的"水潭""渠陂"内造出漩涡,并蜿蜒180多米,在苑囿之西沿旁边铺设奇石的"木

---

[1] 李权时、李明华、韩强主编《岭南文化》,广州:广东人民出版社,2010,第385页。

[2] 李权时、李明华、韩强主编《岭南文化》,广州:广东人民出版社,2010,第385页。

[3] 何思远:《论岭南园林与岭南画派艺术共性特征》,硕士学位论文,华南理工大学,2014。

暗渠"流进珠江,一池碧波从而来去无影踪①。

池内石渠巧夺天工的设置,使远处的泉水、江水连通、辉映着苑内池水,原始的自然景致由是得以与人为缔造的"第二自然"之景相映成趣②。

隋唐时期出现的院落式传统岭南民居"竹筒屋"——房间以天井为间隔由前至后排列,开间小,进深大,两者比例由1∶4至1∶8不等,形如竹筒,故得其名——大多坐北朝南或东南,并于南北对流的立面上开设大窗,使之恰好和夏季主导风向垂直。

利用朝向及季候风来解决建筑的通风问题,不但体现了岭南人民因地制宜、效法自然的智慧,而且让具有浓郁地方性特质的"竹筒屋"富含人为改造下"第二自然"的色彩。

不论是独立发展期,是百越文化圈期,是与中原建筑文化的融合期,还是广采外来建筑文化的近代时期,岭南建筑皆因浓郁的地方特色与丰厚的文化内涵,在中国建筑发展史中占据着一席之地。

备受当今各大领域推崇的"绿色""环保"等"自然生态"理念,实际早在两千多年前便已成为岭南艺术的创作思想之一③,该思想几乎贯穿了整个岭南文艺发展史并延续至今。而根据哲学式审美经验,对自然的崇尚可视作自然主义中"对人与自然天然亲和关系的体认"④,以岭南绘画、工艺和建筑为代表的岭南艺术,或多或少皆为哲学自然主义审美下的产物。岭南音乐、戏剧等其余艺术形式,也程度不一地反映着"师法自然"的创作观。

第二节 道教与"纯任自然"审美观

一 道教的自然主义审美思想

岭南道教"纯任自然"的哲学审美观和岭南审美文化之间是相

---

① 李权时、李明华、韩强主编《岭南文化》,广州:广东人民出版社,2010,第492页。
② 梁明捷:《岭南古典园林风格研究》,博士学位论文,华南理工大学,2013。
③ 梁明捷:《岭南古典园林风格研究》,博士学位论文,华南理工大学,2013。
④ 施保国:《中国传统文化对马克思主义中国化的功能主义意义》,《嘉应学院学报》2013年第4期。

互影响的。道教对天然景观的欣赏崇尚，影响着岭南地区以自然为本的审美观。同时，道教也影响着岭南民俗。

"人法地，地法天，天法道，道法自然"的哲学观，是道家思想体系中的重要内容。"道法自然"里的"自然"，一般被认为具备三层含义：一是自然本身存在及变动的天然状态；二是指代本体论意义上的，作为"事实"存在的本然状态；三是指由前两者引申出的物之自性、自然而然之境界。老子思想中的"道"，本质上是非人为的，乃无为自化的自然。既是具备无穷多样性的一切存在物，又是天然无拘的存在形式，故"道法自然"又可理解为"道本自然而法其自性"①。老子对"道"的阐释体现于审美理想上，实质正是一种自然主义的审美观，对后世影响深远。庄子就主张经由整体主义的审美方式来领悟自然界的大美，即"天地有大美而不言，四时有明法而不议，万物有成理而不说。圣人者，原天地之美而达万物之理"②。

若说道家自然主义哲学观的实质是"自己如此"的"本然规律"③。那么以道家思想为理论根据，建立于道家人文自然观基础上的道教审美观则更强调"纯任自然"的审美本质。"道法自然"等思想构成了道家自然审美观的核心内涵，而在宗教化为道教后，自也会要求其教徒遵循既定的"自然"原则及规律。所谓"天地之性，独贵自然，各顺其事，毋敢逆焉"④。道教徒们应尽可能提高己身与"自然"同化的程度。

道教哲学观内所包含的自然主义美学思想亦隶属于"主张以自然因素或原理来解释一切现象"的广义自然主义范畴。两汉流行的元气本源论，提出了天地万物不仅由同一"气"化生，而且秉性、功能亦由禀受"气"的多少、种类决定的基本思想⑤。这两方面的观点为东晋葛洪所继承发展：葛洪于其《抱朴子》内谈到的"夫人在气中，气在人中，自天地至于万物，无不须气以生者"，"（人

---

① 孔令宏、曹仁海：《道家、道教的生态美》，《自然辩证法通讯》2009年第4期。
② 孔令宏、曹仁海：《道家、道教的生态美》，《自然辩证法通讯》2009年第4期。
③ 孔令宏、曹仁海：《道家、道教的生态美》，《自然辩证法通讯》2009年第4期。
④ 孔令宏、曹仁海：《道家、道教的生态美》，《自然辩证法通讯》2009年第4期。
⑤ 李权时、李明华、韩强主编《岭南文化》，广州：广东人民出版社，2010，第285页。

与物）受气各有多少，多者其尽迟，少者其竭速"[1] 等看法，正是上述思想的延伸。

元气本源论中否弃人的所有主观努力，强调万物一旦禀气成性便不可变更的命定观，则为岭南道教的代表人物葛洪所否定。

在葛洪看来，既然元气化生天地万物，那么就万物性质、功能等皆由禀受元气状况所决定这一层面而言，禀气状况相同的事物应具有同类性。万物元气相通的特性，令万物得以相互易转而变更。如其所著《抱朴子》说的"夫存亡终始，诚是大体。其异同参差，或然或否，变化万品，奇怪无方，物是事非，本钧末乖，未可一也"。又有"泥壤易消者也，而陶之为瓦，则与二仪齐其久焉。柞楢速朽者也，而燔之为炭，则可亿载而不败焉"[2] 等言论，遂揭示了葛洪认为万物自有变动不居这一属性的看法。

既然万物性状可变，那么借由创造性劳动改变事物性状，让万物依照有利于人的方向转换便完全可能。通过枚举"越人救虢太子于既殒，胡医活绝气之苏武"[3] 等一系列医者妙手回春的案例，葛洪肯定了人的主观能动性和万物的可变性。

葛洪就是这样借两汉元气本源论思想为道教神仙论奠定自然理论基础的。于罗浮山炼丹修行，钻研道教理论多年的葛洪凭借不断肯定人修炼成仙的可能性与确认神仙的存在，从此对岭南文化中自然主义的萌芽和岭南道教的发展，产生了重大而深远的影响。

继葛洪之后，随着道教南传，其自然主义哲学观进一步影响了岭南地区的审美旨趣，这一影响主要体现在两方面。

一是道教对天然景观的欣赏崇尚，进一步影响着岭南地区以自然为本的审美观。道教中人的内心深处往往存有对"化外之地"的向往。欧阳修《有美堂记》云："下州小邑，僻陋之邦，此幽潜之士之所乐也。"[4] 而"化外之地"一方面固指文明地区以外之处所，

---

[1] 李权时、李明华、韩强主编《岭南文化》，广州：广东人民出版社，2010，第285页。
[2] 李权时、李明华、韩强主编《岭南文化》，广州：广东人民出版社，2010，第286页。
[3] 李权时、李明华、韩强主编《岭南文化》，广州：广东人民出版社，2010，第286页。
[4] 吴重庆：《岭南地理与道教传播》，《学术研究》1998年第1期。

第八章 审美观

但另一方面亦指"较原始""少人事"的自然区域。由地理方位来看，位居文明开化的中原大地南边的岭南地区便十分符合"化外之地"的标准，故而遂成为道教徒们心向往之的乐土。

岭南北部多属丹霞地貌带，山清水秀、奇峰林立。屈大均在《广东新语·山语》内即称："粤之山每夜多有火光。"又在"山语"篇中称，"粤地多赤云"①；岭南中南部的素有"岭南第一山"和"百粤群山之祖"美誉的罗浮山则为中国十大名山之一。罗浮山之名乃由其位于陆地的罗山与浮于海中的浮山（蓬莱浮来峰）叠加而成。"蓬莱"乃神话中仙境之别称，以故亦称"蓬莱仙境"的罗浮山景致之美，可见一斑。据陈梿《罗浮志》载："罗浮为洞天福地之所，以故历代葆熙餐醇超然遐举之士恒居之。"拜优美的自然环境及丰富物产资源所赐，对自然的崇尚得以于原本开化就晚的岭南文化里因袭下来。一方面，山清水秀，适宜修仙炼丹的岭南大地吸引着"超然遐举之士"的到来，日后更形成了以"纯任自然"为审美认知的岭南道教；另一方面，随着道教南传，其教旨当中对天然景观的欣赏崇尚，也日益强化着岭南民众审美观中的自然主义倾向。

二是表现于道教在民俗的影响方面。民俗是指民间流行的习俗、风尚。岭南民俗由于受独特自然和社会环境，以及道教思想南传的影响，兼具本土特色与道教审美意味。

其一，岭南民众饮食讲究，反映道教自然养生思想。道教认为："食为性命之基。"生命源于饮食，"摄养无亏，兼饵良药，则百年省寿"②。道教这一"贵生""重生"的思想，于岭南饮食文化内表现得尤为突出。

其二，岭南民众衣着素朴，体现遵循自然本色的道教审美观。刘恂《岭表录异》卷中云："今广州宾从诸郡收守，初到任，下檐皆有油画袍木屐也。"③ 张渠《粤东闻见录》云："北有姑绒，南有女葛。广东麻葛之类甚多，其外或以蕉，或以竹，或以芙蓉皮。"④ 木屐穿着轻便，作为粗布类的麻、葛则轻薄质朴，故深受道教徒喜

---

① 吴重庆：《岭南地理与道教传播》，《学术研究》1998年第1期。
② 王丽英：《道教南传及其影响》，博士学位论文，华中师范大学，2004。
③ 骆伟等辑注《岭南古代方志辑佚》，广州：广东人民出版社，2002，第210页。
④ 王丽英：《道教南传及其影响》，博士学位论文，华中师范大学，2004。

爱。这些素朴简洁、轻捷自适的着装偏好，正可视为崇尚自然、返璞归真的道教思想对岭南文明的影响。

其三，岭南民众丧俗豁达，深受道教自然生死观与乐生观影响。道教在继承《列子》"生死相若"的自然生死观的基础上，力主"生道相守"[1]之乐生观。而这一生死相依、乐生恶死的哲学思想，渗透到了中华文化的方方面面，岭南文化区不外如是。岭南民众的生死观具有浓厚的道教意味："生者如过客，死者为归人"等看法，即为受道教"自然和生命统一性"[2]的乐生思想影响形成的，相对泰然地应对死亡之态度。如《岭外代答》载："海南乐昌人，'箫鼓不知忧乐事，衣冠难辨吉凶人'。"[3]以及生活于粤东山区的客家人，在丧礼上使用的多含"仙游""仙乡"等与神仙有关词语的挽联，无不生动反映着自然乐生的道教生死观于岭南文明中之地位及其和岭南文化的深刻融合。

其四，岭南民众崇山乐道，契合着道教"以道为美"之旨。由于地缘关系，山林远海较多的岭南地区常犯台风、雨涝等灾，故岭南民众，尤其是居于岭南的俚僚先民大多信奉万物有灵论，如笃信风伯雨师、雷公龙母等自然神灵，以祈求风调雨顺、出入平安。而道教善于将各民族、各地方信奉之原始神明并入自身神仙体系，由是遂强化了两者对于自然的审美认同。粤语体系中受道教思想影响产生的"拜山"一词，由字面义来看，本身即具备自然崇拜之意味；由语境意来看，则代指"扫墓"的"拜山"一词，将祭祀之先祖等同于自然之神灵，体现的正是自然审美观的外化。"纯任自然"的道教审美和富于地域色彩的岭南民间俗信之相互影响，展现出了一种超然物外的审美情怀。

道教的自然观构成了道教审美观的理论基础，是系统化、宗教化的世界观与认识论。这种哲学观是以道家"道法自然"的人文自然观为基础，结合诸子百家思想发展起来的、复杂的宗教化世界观。同时，由于其内容涉及对宇宙、生命等本源、本性的规律认识，因而道教自然观又可视为一种反映道教审美倾向的认识论。

---

[1] 王丽英：《岭南人生死观的道教意味》，《中国道教》2005 第 3 期。
[2] 王丽英：《岭南人生死观的道教意味》，《中国道教》2005 第 3 期。
[3] 王丽英：《道教南传及其影响》，博士学位论文，华中师范大学，2004。

而葛洪作为岭南道教发展中的重要人物，其为道教神仙论奠定的自然哲学基础，对岭南文化中自然主义的萌芽起到了关键作用。自其以降，随着道教南传的范围越来越广，以罗浮山为中心的岭南道教丛林，对于岭南哲学崇尚自然的审美观的影响更是日渐深远。

一切文化行为产生的作用都是相互的，随着道教在岭南地区日趋本土化，拜优美的自然环境以及丰富的物产资源所赐，岭南所自古传承的崇尚自然的风俗文化，不断深化着岭南道教"纯任自然"的审美态势，最终形成了一种相得益彰的审美风尚。

二 自然养生观与岭南饮食文化

岭南饮食文化作为岭南民俗的重要组成部分，更是处处反映着道教自然养生观对其的影响。

道教是一门以自然生死观为思考基点的宗教，乐生恶死可谓道教思想的核心。如道经《太平经》便提出了以生乐（"要当重生，生为第一"）和恶于死（"一死，终古不得复见天地日月也"）[1] 的看法。道士们希冀经由与自然同化的修道，从而实现长生不老、羽化登仙。这一"不死—得道—飞升"的首要前提，在于个人能否身心健康地"长寿"，而"长寿"之关键又关乎"进食养生"——诸多道教著述对此皆有论及。如《混俗颐生录》曰："食为性命之基。"[2] 又如《庄子》中有重视返璞归真、顺时而作（"饮食以时调之，以养其体"[3]）的自然养生法等。随着道教在岭南的传播发展，"奉自然而为美，顺自然以养生"的养生观同岭南饮食习俗的融合日益深入，主要呈现为如下几方面。

其一，岭南饮食追求清淡，反映道教养生观之自然淡味要求。推崇原始自然审美的岭南道教养生法门之一，正是力主清淡的原味烹饪法。如《备急千金要方》云："咸则伤筋，酸则伤骨，故每学淡食。"又如《保生要录》称："淡胜咸。"又如大型道教类书《云笈七签》里指出：食要"去肥浓，节咸酸"[4] 等，无不体现出道教对清淡饮食的要求。受道教思想影响的岭南饮食习惯中所推崇的清

---

[1] 王丽英：《道教与岭南饮食文化》，《中国宗教》2005年第12期。
[2] 王丽英：《道教与岭南饮食文化》，《中国宗教》2005年第12期。
[3] 王丽英：《道教与岭南饮食文化》，《中国宗教》2005年第12期。
[4] 王丽英：《道教与岭南饮食文化》，《中国宗教》2005年第12期。

淡饮食，正契合了道教养生观所提倡的淡味要求。

岭南饮食讲究清淡。岭南民众嗜食白粥，即为一个典型的例子。宋代的张耒于其《宛丘集·粥品》内阐述了食粥之好处："每日起，食粥一大碗，空腹胃虚，谷气便作，所补不细，又极柔腻，与肠胃相得，最为饮食之妙诀也。"① 可见白粥乃调理脾胃、补充水分的上好佳品。而苏东坡亦于《养生论》一文内写道："吴子野劝食白粥，云能推陈致新，利膈益胃。粥后一觉，妙不可言也。"② 道教养生类书《云笈七签》里亦云："每日平旦食少许淡水粥，或胡麻粥，甚益人，治脾气，令人足津液。"③ 白粥不仅清淡可口，令人百吃不厌，而且有清热去湿、治疗脾虚之效，富含营养价值，故而非常适合水土湿热的岭南地区食用。岭南民众的日常烹饪，亦多以白灼、清蒸等尽量能保留食物的原汁原味的方法为主。岭南民众嗜好白灼时蔬、白切鸡等，即为追求清淡饮食之体现。

其二，岭南饮食讲究火候，是对道教炼丹养生的反映。道教的炼丹之术对于岭南饮食风俗的影响，主要反映于烹饪火候，尤其是食品加热的方面。岭南饮食格外强调火候，岭南民众烹饪时尤为重视火候的大小、强弱，即注重把握好由量变到质变的"度"。烹饪者常以猛火、中火、慢火和微火四种火候，来制作色香味俱全的美味佳肴。

其三，岭南饮食讲究少而精，反映道教养生之节食原则。道教力主辟谷之术。如《黄帝内经》内的"素问篇"遂提倡："饮食有节。"④ 又如《文子》内的"守易篇"云："老子曰：古之为道者，量腹而食。"⑤ 所谓"量腹"，即有所节制。岭南道教代表人物葛洪的《抱朴子·内篇》的"杂应"部分，也要求"节量饮食"。"食不过饱""饮不过多"⑥ 正乃道教一贯之主张。而岭南饮食主张量少质精、重质轻量。宁可少食多餐，亦绝不过量，也就颇合道教节食、辟谷的主张。

---

① 王丽英：《道教与岭南饮食文化》，《中国宗教》2005 年第 12 期。
② 王丽英：《道教与岭南饮食文化》，《中国宗教》2005 年第 12 期。
③ 王丽英：《道教与岭南饮食文化》，《中国宗教》2005 年第 12 期。
④ 王丽英：《道教与岭南饮食文化》，《中国宗教》2005 年第 12 期。
⑤ 王丽英：《道教南传及其影响》，博士学位论文，华中师范大学，2004。
⑥ 王丽英：《道教与岭南饮食文化》，《中国宗教》2005 年第 12 期。

其四，岭南饮食讲究博杂，反映了道教兼收并蓄的审美哲学①。岭南民众的日常饮食除了选择量少质精的食品外，还注重食物的均衡搭配。岭南民众深谙任何食材皆无法供给人体每日必需之一切营养物质。唯有进食丰富、饮食均衡，方可实现保健养生之功效。于选材方面，粤菜的烹饪者除了会精挑细选健康的绿色食物，还会着重强调食材品种的丰富性。粤菜的菜品搭配，特别注重满足人体每日需吸收、摄取的各类营养物质的需求。这就印证了兼收并蓄的道教养生思想对讲究博杂的岭南饮食文化的影响。

其五，岭南的食肆建造反映道教遵循自然的养生品格。道教是一门以自然为美，奉行天人合一的宗教，其审美观反映于养生方面，便如前文提及的道藏所言，讲究一种无拘无束的"素语自然"意境②。随着道教在岭南地区日趋本土化，拜优美的自然环境，以及丰富的物产资源所赐，岭南所自古传承的崇尚自然的风俗文化，又进一步影响到岭南道教的审美态度，从而形成了一种相得益彰的审美风尚。岭南地区的园林式酒家比比皆是，多依自然建造：或村舍式，或庭院式，内在的奇花异卉、荷塘水榭的摆放也讲究天然为主。岭南地区诸多茶楼食肆意在营造的，正为一种"任自然"的和谐风格及生态结构，此亦为岭南道教自然主义审美思想的具体展现。

三 岭南道教自然主义审美观的体现

老子认为："道"乃万物构成之终极根源及价值体现，故"美之本在于道"。而"道之本者，自然也"③，一切具备原始完美性的"至美"之物，发轫于"道"，也即来源于"自然"。这一自然主义的审美理想为后世道家思想家及诸多道教流派发扬光大，个中佼佼者，当属岭南道教一派。岭南道教的自然主义审美理念具体呈现为以下几方面。

（一）炼丹过程所反映之自然主义审美观

炼丹术乃道教修炼的方术之一，其方法有二：一是掌握火候，利用鼎炉把丹砂、黄金等金石物质进行加工，最终提炼出丹药服

---

① 王丽英：《道教南传及其影响》，博士学位论文，华中师范大学，2004。
② 王丽英：《道教与岭南饮食文化》，《中国宗教》2005年第12期。
③ 孔令宏、曹仁海：《道家、道教的生态美》，《自然辩证法通讯》2009年第4期。

食；二是将人之肉身视作鼎炉，将精、气、神视为炼丹对象——经由修炼内在，凝聚内丹①。

古代中国的方术、堪舆术和阴阳五行学说往往是一体的，个中包含着一定的合理的天文地理知识。道教继承了上述学问，对具有堪舆知识和五行观念的道士来说，寻访仙药、选择炼丹之地时，自会运用相关理论而动身前往。

岭南道士们访药炼丹的全程皆反映出纯任自然之审美抉择。第一是仙药寻踪问题。葛洪在《抱朴子·内篇》里列出了众多"可以精思合作仙药"的名山。这些名山之所以多雄踞南境，是因为道教视自然之南为阳而主生发，故审美倾向上会有所侧重。第二是原料选择问题。主推外丹的葛洪于《抱朴子·仙药》内认为，盛产于岭南的丹砂是"太阳者"②，乃炼丹之上品仙药。这是由于丹即赤，而赤属火、为阳，出于天然且不易朽败的品性全然契合着道教的自然美学观，以故深得岭南道士们青睐。第三是炼丹场所问题。据屈大均《广东新语·山语》记载，"稚川丹灶"位于"多天成楼台"的罗浮山麻姑峰下，"床屏盂筐，宛若鬼作"的广东阳春县空同岩则为"刘仙蜕所也"。这些场所的浑然天成一方面表明岭南的名山大川为道士们寻药炼丹提供了天造地设的便利。因为炼丹家们垒灶生火，毕竟需要相对稳定的清净场所，即《广东新语·山语》内所言之"仙人好楼居"③。另一方面也说明岭南的原生态环境契合了炼丹者尚友自然之心态，隐逸出世的追求。

(二) 岐黄之术所体现的自然主义审美观

借指中医学的"岐黄"之谓据传源自擅长医术的黄帝及其臣子岐伯，而同样以黄老之说为其渊薮的道学一派，追求的是养生长寿之道，两者间有着千丝万缕的联系，故建安三神医、四大女医等古代杏林名家皆信奉道教遂不足为奇。

贵在"顺四时而调养生息"的中医学经由千百年来和尊崇自然养生观的道教学说间的相互融合，形成了举世无双的中华医药体系。岭南道教的岐黄之术是受道教文化与岭南文化所共同熏陶形成

---

① 王丽英：《道教与岭南饮食文化》，《中国宗教》2005年第12期。
② 吴重庆：《岭南地理与道教传播》，《学术研究》1998年第1期。
③ 吴重庆：《岭南地理与道教传播》，《学术研究》1998年第1期。

第八章 审美观

的，饱含自然主义色彩的一门医学学说，其审美色彩主要表现在如下几方面。

一是服饵、艾灸养生法蕴含的自然主义审美观。道教徒喜好服饵，认为此法乃养生致仙之法。道书《墉城集仙录》曰："饵服之者，长生神仙。"又如《老子》记载："服食药饵，以求长生。"[1] 服饵即服食药饵，其中"药"指代药石，如天然植物熬制的汤剂、天然矿物炼制的金丹等。葛洪于《肘后备急方》内曰："青蒿一握，以水二升渍，绞取汁，尽服之。"又云："凡服五石，护命延生。"[2] 即为岭南道教偏好用天然药石来疗疾、养生之证。而"饵"则指食物，的道教将食材大致分为素净门与荤腥门两类，且于选择上侧重于前者。如赤松子吃百草、冠先食荔枝花，均成百岁老翁的传说就反映出道士嗜好服食被其视作"天成之物"的草本类食物从而实现净化自身、返璞归真的目的，此亦为岭南道教自然主义审美观之旁证。

而岭南艾灸首位集大成者当属葛洪之妻鲍姑，常以越秀山之红脚艾绒为人艾灸疗疾的鲍姑医术精良，现存灸方九十余条于葛洪《肘后备急方》书内。岭南道士鼎来初对此赞曰："我来乞取三年艾，一灼应回万古春。"[3] 作为医学史上第一位女灸学家，鲍姑的艾灸之术注重从自然取材和以"元气自然论"为人施术，由此体现出浓郁的"道法自然"色彩，极大地丰富了岭南道教岐黄文化的内涵。

二是茶饮调理法内蕴之自然主义审美观。茶饮文化作为中华文明的重要一环，自古便与道教岐黄养生文化结下了不解之缘。随着道教日益南传，岭南化道教更形成了带有地域特征的茶道文化。此即葛洪所言之"恬愉澹泊"[4] 的以茶养神、静修、清谈的饮茶调理文化，岭南道教自然主义的审美趋向从中得以反映。

金丹南宗的五祖葛长庚曾作《水调歌头·咏茶》一词，生动形象地描绘了茶艺的全过程。"带露和烟捣碎，碾破春无限，飞起绿尘埃"等句，经由对天然风物及自然色彩的摹写，美化了制茶工艺的流程；"唤醒青州从事，两腋清风起，我欲上蓬莱"等句则以夸

---

[1] 王丽英：《道教与岭南饮食文化》，《中国宗教》2005 年第 12 期。
[2] 王丽英：《岭南人生死观的道教意味》，《中国道教》2005 第 3 期。
[3] 王丽英：《道教南传及其影响》，博士学位论文，华中师范大学，2004。
[4] 王丽英：《道教与岭南饮食文化》，《中国宗教》2005 年第 12 期。

张的手法,道出了词人因品茗行为而进入了全然自由、自然而然的精神状态,其内蕴之审美态度可见一斑。广府地区盛行的"朝朝三杯茶,免找太医家"的民谚,反映出受道教影响的广府民众对茶保健功能的重视,以及认为喝茶是"叹茶",以"恬淡为上"。其中"叹"字于粤方言里是赞叹、享受之意,即指出了茶饮文化具有调养身体而致虚静之效。这种以"道大而虚静"为美的审美观,等同于认为品茗之虚静乃自然之美。

被誉为"天人合一"哲学思想化身的工夫茶道,亦折射出岭南道教以茶修身的美感之道。工夫茶斟茶时需在摆成品字形的三个瓷杯上来回轮流斟,形成如太极图般的圆周运动,由是体现出岭南道教的美学观——对自然规律的推崇。

三是酒水祛疾法反映的自然主义审美观。酒别名玉液,而玉液作为道教术语,又指一种可养生祛疾、诸邪不侵的琼浆仙露。被列为八仙之一的吕洞宾曾作《忆江南·淮南法》,内有"黄帝术,玄妙美金花。玉液初凝红粉见,乾坤覆载暗交加。龙虎变成砂"[1] 等句,即表明玉液佐丹砂入药乃符合乾坤覆载(自然规律)的玄妙黄帝术之一环。又因为《牟子理惑论》内有"兼研老子五千文,含玄妙为酒浆"的说法,而老子又认为"玄之又玄,众妙之门",故酒浆即为道,酒水祛疾法便反映出道教自然主义的审美倾向。

岭南道教中的岐黄文化更加对酒与饮酒行为大为推崇,体现为:

一是辟谷佐以饮酒。葛洪在《神仙传》中云:"不食他物,唯吹脯枣,多少饮酒。"[2] 即外物几乎不食,酒却多少可饮之。

二是用酒调整心态。岭南道士崇尚自由的仙风,修道者多以酒仙风貌为荣。南宋的陈楠、葛长庚师徒,虽贵为金丹南宗之四祖及五祖,却成日烂醉如泥。然而,他们的醉,实际只是道术之一的醉术,表达的正是一种放达不羁的自由——"饮金波数百钟,醉时仗剑指虚空。脚跟戏蹑交乾斗,长啸一声天地红。"

可以认为,更强调"纯任自然"的岭南道教之审美态度和酒水祛疾法之自然主义内涵和追求自在洒脱之美的品酒文化不谋而合。这种融合,一方面使道教文化得以进一步传播推广,另一方面则进

---

[1] 王丽英:《道教南传及其影响》,博士学位论文,华中师范大学,2004。
[2] 王丽英:《道教南传及其影响》,博士学位论文,华中师范大学,2004。

一步丰富了岭南文化的自然主义审美倾向①。岭南道教和岭南文化的融合，令两者固有之审美观进一步和自然主义联系到了一起。

（三）宫观祭祀呈现出的自然主义审美倾向

1. 岭南道教宫观建筑内蕴之审美观

多位于名山大川深处及其周遭的宫观，是道教徒们借以修道祀神的各类庙、殿等建筑之统称。道教宫观之所以常择风景优美的场所而建，是因为道士们大多擅堪舆之术，故其修筑之道观往往会与自然比邻。

岭南道教的宫观建筑更呈现出浓郁的崇尚自然之审美色彩。这一方面固然与岭南风土地貌有关，另一方面也是受岭南道教审美文化影响的结果。以始建于东晋时期，为鲍靓之女鲍姑行医修道之所的广州三元宫为例，地处道教名山越秀山南面的三元宫初名越岗院，乃岭南现存历史较长的道教建筑。其以正对山门的三元殿为中心，坐北朝南，东西连钟鼓楼，同整座越秀山融合成了一幅"越井岗头云作岭，枣花帘子隔嶙峋"之绝美画卷。依山而建，殿堂渐次升高，内置求龙仙井的构造格局亦隐喻着道教逐自然而居，追求羽化飞升的审美情怀，富于自然美学色彩；位于罗浮山白莲湖畔之冲虚观，为葛洪修道炼丹的都虚南庵遗址，其主体建筑山门、三清殿、两庑斋堂之封顶皆为悬山样式，墙体屋脊更饰以大量山水花鸟主题的壁画灰雕，处处呈现着岭南道教以自然为美之观念。

2. 岭南道教祭祀文化反映的审美观

其一是祭祀代表自然元素之神，如土地神、雷公。土地神又名土地公，作为一方土地之主，道教对土地神的祭拜尤以岭南为甚。岭南道教在营造、修缮宫观，布置超度法事的道场时，皆会设土地神位或去所属之土地庙祭祀。而工程竣工日也要"射土"，即备牲畜报谢土地神；雷神俗称雷公，是司雷之神。岭南地域对雷神的崇拜主要集中于广东雷州半岛。当地盛行青蛙乃雷公之子的传说，认为青蛙鼓鸣则雷雨将至。又如《广东新语》如此描述岭南道教兴建之雷王庙："堂殿两侧有应十二方位之雷公十二躯，及电母、风伯、雨师，祝祷风调雨顺。"这些信仰实际是原始先民对气候现象、生物属性等客观规律加以神化的结果，其流传下来的神话传说在被纳

---

① 王丽英：《道教与岭南饮食文化》，《中国宗教》2005年第12期。

入道教神仙体系,成为岭南道教供奉之神明的源起文化同时,也因个中蕴含的对自然及其规律之认可尊崇而显现出岭南道教"纯任自然"的审美理念。

其二是供奉象征自然力量之神,如龙母、妈祖。龙母据传乃战国时百越族的一位女首领,其相关文化早在道教发轫初期便已盛行于广西环大明山区域,是岭南原住民对自然现象及规律的具象化、拟神化。岭南道教将之作为本土祭祀的主要对象,改造成道教神仙系统内司掌风力雨水、庇护一方生灵、保佑五谷丰登之神。这一吸纳转变的过程于是体现出岭南道教对自然变动之客观规律的崇敬,以及"道法自然"审美观;妈祖亦称天后,妈祖信仰乃岭南沿海地区最主要之海神信仰,诞生于和海事活动密切相关的特殊生态环境下,后与道教信仰结合成为道教的海洋之神。据南沙天后宫所载之"妈祖十二岁时有老道士来其家授以玄微秘法,使其恒能渡海救助遇险船只"等传说,遂令这一本身具有自然主义色彩的民间信仰与岭南道教融为一体,反映着岭南道教的自然美学观。

第三节 禅宗与自然主义

一 自然在禅学中的地位

禅宗与自然主义有着密不可分的关系。禅宗深刻影响着岭南文化,岭南文化的特质也促成了禅的岭南化。

纵观中国禅宗的发展史,由"吾本来兹土,传法救迷情"[1]的始祖达摩传至五祖弘忍后,分为主张"渐悟"的北宗和主张"顿悟"的南宗。南派禅宗(亦称南禅宗、南宗禅)由"顿悟花情已,菩提果自成"的禅宗六祖惠能所创[2]。唐中期后,南派禅宗基本完成了佛教的中国化之路,从而成为中国本土的主流佛教派别。

禅学中的自然一词,多指代非人为意志作用、诠释下的"无人(无我)"之境,因而截然不同于受人类行为影响的"自然"。禅学经由引领习禅者遵循、领会自然之道,旨在使其进入自在的生命形

---

[1] 万俊:《禅宗与岭南文化的适应性研究》,硕士学位论文,华南理工大学,2015。
[2] 万俊:《禅宗与岭南文化的适应性研究》,硕士学位论文,华南理工大学,2015。

态当中①。这里的自然之道,即禅学上所说的"法尔自然"的自得之道。它具体指的是自然的运行法则。在禅宗的"无人"之境里,万物皆各司其职、各得其所,无不体现着自然的公正。

禅宗之所以向来对自然抱有积极态度,既在于因为"清净无我"的自然之境与其所追求的修行境界相一致,又在于因为自然的变动始终是一个无拘无束、自然而然的自在过程。

禅宗被称作山林佛教的缘故,便不仅在于其寺庙多建于幽静的丛林、山野间这一表层原因,更在于禅学是一门提倡修禅者和自然和谐共处、顺从自然步伐的学问。正是自然的自在无拘成就了禅者自由放旷的精神气质;自然的崇高美妙锤炼了禅者清净空明的心性;自然的辽阔无际拓宽了禅者的视野格局。

（一）禅学的"法尔自然"观

禅学中的"自然",多指非人类意志作用和诠释下的"无人（无我）"之境。而这种"无我"之境,有两种获取途径:一方面是经由业力获得的,也就是"业道自然";另一方面则是因觉悟得来的,它就是"无为自然"②。这两种法门皆合乎自然所固有的自在、清净之本,以故不管选择哪种修行法门,都能成就自然空性之身。在"法尔自然"的修行过程中,修行主体的"贪""嗔""痴"三毒遂被剥离开去,心境逐步上升至一种清净的境界。在此境界下的视野,代表了某种公正客观。譬如说:《中阿含经》内的"不思经"部分,遂记载了"但法自然,持戒者便得不悔。……但法自然,有不悔者便得欢悦。……但法自然,有欢悦者便得喜"③ 这一说法。这里的"但法自然",即禅学所言之"法尔自然"视度。它具体要求的是:"以自然为师"的习禅者应完成对存在的"如是"所思所感,并从中觉悟,获得"自然智"④,以此心如明镜地走出虚妄的现实,窥见如实地呈现出真理、佛法的实相世界。

而一旦修禅者进入这一实相世界,则将获得"自然"状态下的纯粹清净,即无念、自在的纯粹空性。在观察自然真相"本来面目"的直契运动期间,肉身及意识都将湮灭,有关"分别"和为

---

① 韩凤鸣:《从自然生命到自在创造》,《绿叶》2008年第12期。
② 韩凤鸣:《从自然生命到自在创造》,《绿叶》2008年第12期。
③ 韩凤鸣:《从自然生命到自在创造》,《绿叶》2008年第12期。
④ 韩凤鸣:《从自然生命到自在创造》,《绿叶》2008年第12期。

消除"分别"的念头而采用的无分别法则都将自然消失①。而禅者的归宿,将是"心境明,鉴无碍,廓然莹彻周沙界。万象森罗影现中,一颗圆光非内外"②的"如是"之境。

禅学所提出的"法尔自然"观,是以存在现实差别为前提的。正如《圆悟录》内收录的"从无始劫来妄想浓厚,只在诸尘境界中,元不曾踏着本地风光,明见本来面目"③的说法昭示的真谛:欲超脱自我,则需空其身清其性,以此获得"自然之智"。当然,因为俗世的诸般困扰,众生自然难以获得"自然智",难以抵达性空的境域。因此,即需要于禅学的自然境界中体悟。

禅学旨在挖掘、表达的是人类自然生存之道,以故其主张顺应自然的步调和脉息。正所谓:"春有百花秋有月,夏有凉风冬有雪。若无闲事挂心头,便是人间好时节。"④

(二) 禅学中的自然的"清净本质"

禅学是一门旨在通过清净自身,而与自然脉息同体的学问。在禅宗眼里,但凡跳出遮蔽,达到清净的存在基层的思想,皆契合着"法尔自然"的发展要求。禅宗认为人当自然无着地活着,如此便易于得见普济禅师所言之"雁过长空,影沉寒水。雁无遗踪之意,水无留影之心"⑤的存在实际,遂能融入清净的自然之间。

如何做方能置身这种清净无染的自由境界?对众生而言,关键在于对所生活的现世进行真正的静思观察,由了解事物起灭到明晰自然法则;对禅者而言,则在于领悟无生无灭的自然原理,由是获得"自然智"。当然,众生及禅者无高下之分,心空清净的众生可成佛禅。而禅者若心不净,则同样将流于凡俗。心空灵净者正是以一种"无我"的状态来应对俗世生活,因而禅学本质上是一种立足于世俗的自然成佛之学。禅学不要求与世俗一刀两断,而是要习禅者于俗世生活内修炼清净之身,从而走向清净自得。

禅者以清净之心朝外物扩展、延伸,在和众生的相入相摄间,引导了清净世界的回归。正所谓"一切声色事物,过而不留,通而

---

① 韩凤鸣:《从自然生命到自在创造》,《绿叶》2008 年第 12 期。
② 韩凤鸣:《从自然生命到自在创造》,《绿叶》2008 年第 12 期。
③ 韩凤鸣:《从自然生命到自在创造》,《绿叶》2008 年第 12 期。
④ 韩凤鸣:《从自然生命到自在创造》,《绿叶》2008 年第 12 期。
⑤ 韩凤鸣:《从自然生命到自在创造》,《绿叶》2008 年第 12 期。

不滞，随缘自在，到处理成"①。禅者正是于纷繁扰乱的尘世间"自度度人"，完成了与自然的统一。而其所希冀的，就是带领众生进入清净的境域，引领众生复归清净之身。

而一旦置身以清净为本质的自然内，禅者自不会过分在意外物是非、荣辱得失而做出相应价值评价。不过，这种清净亦绝非一种对于万物无动于衷的生活态度。相反，更多时候，它指的是一种能清净无染地看待世事的敏锐感受。如百丈怀海禅师曾曰："或对五欲八风，情无取舍，悭嫉贪爱，我所情尽，垢净俱亡。如日月在空，不缘而照……此人天堂地狱所不能摄也。"② 这点明了这种清净的本质特征，即明察秋毫着事物的潜在脉络，从而实现和自然的自在起灭、一体贯通。

禅宗虽戒律甚严，却也要求修禅者顺其自然，既要"饥来吃饭困来眠"，又要上达"恰恰无心用，恰恰用心时"③ 的自然之境。而这正体现了自然在禅学中的重要地位。

在禅宗深刻影响着岭南文化之际，岭南文化的特质亦促成了禅的岭南化。由惠能开创的南派禅宗，在唐代安史之乱后，更加成为中国佛教派别中的主流④。禅风涌动下的岭南审美愈发偏向于自然和生命之美，而这种审美特质也对禅宗，尤其是岭南化后的禅宗产生了深远影响。

二 南派禅宗的自然审美观

南派禅宗，是指盛行于中国南部地区的禅宗流派⑤。对于南禅宗而言，不仅其开创者六祖惠能出生、弘化于岭南，而且其禅学要义与岭南文化亦相得益彰，故得以繁盛于岭南。

南派禅宗的审美观与岭南文化中崇尚自然的审美观无比契合。其表现之一在于不立文字，于村野间亦能香火旺盛的南禅宗本身即

---

① 韩凤鸣：《从自然生命到自在创造》，《绿叶》2008年第12期。
② 韩凤鸣：《从自然生命到自在创造》，《绿叶》2008年第12期。
③ 韩凤鸣：《从自然生命到自在创造》，《绿叶》2008年第12期。
④ 万俊：《禅宗与岭南文化的适应性研究》，硕士学位论文，华南理工大学，2015。
⑤ 万俊：《禅宗与岭南文化的适应性研究》，硕士学位论文，华南理工大学，2015。

为一门崇尚以简易、自然的法则"自度度人"的宗教[1]。崇尚自然的审美观,遂成为南禅宗美学思想的核心要义之一。

作为一种崇尚人与自然间亲和关系的自然审美观,南禅宗的审美观以缘起论、依报说等理论为基础,个中蕴含着影响深远的、丰富的生态审美内涵。许多禅门中人及修禅诗人喜幽居山林,追求与自然和谐一体的栖居境界。

(一) 南派禅宗自然审美观的基本内涵

第一,南派禅宗追求的理想境界是人与自然的和谐共处。南禅宗追求的极乐世界是一个芸芸众生得以置身山明水秀的自然之间,并与其和谐相处的世界。南禅宗的这种追求,自然令禅师们极为注重对生态系统的维护。除了遵循食素、戒杀等一般佛教戒律外,禅师们还尤喜将寺庙建于青山绿水间,力求做到同自然相容相生。

第二,南派禅宗强调人生应如自然一样随缘任运。南禅宗并非一个单纯崇尚自然风物的佛教流派,它更加看重自然界"生死随缘,流转天然"的演变规律。故而南禅宗提倡习禅者应敬重自然,做到与其和谐共处,如此放可感悟真谛。

第三,南派禅宗崇尚自然,认为自然同修行者追求的终极本体能合二为一。南禅宗认为自然是充满灵性的存在,是众生依存的环境。自然界的一草一木、一花一石都是与人亲和且可启人悟道的生命存在。但凡心境空明者,则春天观百花吐芳,盛夏沐凉风拂面,秋天望朗月悬空,寒冬察白雪飘飘,皆为禅修。修禅者需敬爱自然,学会体悟自然的天然律动,如此方能与自然浑若一体,方能得悟真如佛性。南派禅宗的禅师们多喜于优美的自然山水间禅修,希冀借由自然常景得窥佛本义下的终极本体。

南派禅宗在认识人和自然的关系方面有着独特理解。追求人与自然和谐发展,正乃其重要的审美观点之一。正如罗尔斯顿所言:"禅宗有一种值得羡慕的对生命的尊重。东方的这种思想没有事实和价值之间或者人和自然之间的界限。在西方,自然界被剥夺了它固有的价值,它只有作为工具的价值,这是随着科学和技术的发展而增加的价值。自然界只是人类开发的一种资源。禅学不是以人类

---

[1] 李权时、李明华、韩强主编《岭南文化》,广州:广东人民出版社,2010,第298页。

为中心的。它不鼓励剥削资源。南派禅宗更旨在令人明白：欲望及要求需得以纯洁与控制，人类需要适应他们赖以存活的环境。南禅宗懂得，我们要给予所有事物完整性，但这不等于剥夺个体在宇宙中的特殊意义。南宗禅就是这样把生命的科学与生命的神圣统一起来的。"①

（二）南派禅宗自然审美观的诗意体现

1. 禅门中人的诗意栖居

南派禅宗认为：得佛心者知佛不从外得，众生皆有成佛灵性，以故人与自然万物能够浑然一体地融洽相处。这一观点使南禅宗的禅师们在进行日常修行、说法等活动时，多喜和自然风物同在，从而建立了与自然的和谐关系，令其生活充满了诗意性，主要体现于以下几方面。

其一，由于南派禅宗对待自然的态度是亲和而非对立，其教徒遂多喜于优美的自然环境里进行修行，由此形成了诗意化的禅居生活。《续传灯录》记载的有权禅师诗，诗曰："黑漆昆仑把钓竿，古帆高挂下惊湍。芦花影里弄明月，引得盲龟下钓船。"② 诗里的自然景物充满灵性的禅机，禅意的审美境界得以和自然的审美境界相与为一。修行者的简朴生活遂被诗意化了。

其二，南派禅宗的弟子们对禅趣、禅意的感悟，常以诗歌的形式来表达。禅趣、禅意本即审美化的情趣意绪，而素有"文学之祖、艺术之根"③ 之称的诗歌，更是一种以高度凝练的语言，来形象表达创作者丰富情感的文学体裁。禅门中人借由诗歌的形式来表达对于禅趣、禅意的体悟，遂令这一体悟更富艺术气息，诗意更为浓郁。

其三，许多南派禅宗大师都以自然景物来示法，认为自然万物皆为诸佛的化身体现。杨岐方会云："雾锁长空，风生大野。百草

---

① 刘艳芬：《试论中国佛教自然观所蕴涵的生态审美智慧》，《河南大学学报》（社会科学版）2010 年第 4 期。
② 刘艳芬：《试论中国佛教自然观所蕴涵的生态审美智慧》，《河南大学学报》（社会科学版）2010 年第 4 期。
③ 刘艳芬：《试论中国佛教自然观所蕴涵的生态审美智慧》，《河南大学学报》（社会科学版）2010 年第 4 期。

树木,作大师子吼。演说摩诃大般若……若也会得,功不浪施。"①
遂将深邃的理性思想外化为感性的自然形象,使自然万象罩上了拟
设的空幻色彩,具有了审美性质。而这既是属于禅的境界,又是自
然的诗意审美境界。

2. 修禅诗人的诗意栖居

南派禅宗的自然审美观,不但以其静、美等特质,对禅门中人
的修行感悟有所裨益,并且深刻影响着修禅诗人,使其得以实现诗
意的生活栖居。唐宋时期,诗与禅交融互渗,"诗为禅客添花锦,
禅是诗家切玉刀"②。禅宗对自然的倾心推崇,直接影响了禅居诗
人的生活方式③。尤以唐朝的王维及北宋的苏轼为最。

以禅入诗,被誉为"诗佛"的王维是南派禅宗的虔诚信徒。
《唐书》本传记曰:"(王)维弟兄俱奉佛,居常蔬食,不茹荤血,
晚年长斋,不衣文彩。"④可见其坚持斋戒茹素。王维的许多诗文
也表现出了悲天悯物、敬重自然的思想⑤。如其在《白鼋涡》一诗
内写道:"南山之瀑水兮,激石滈瀑似雷惊。人相对兮不闻语声,
翻涡跳沫兮苍苔湿,藓老且厚,春草为之不生。兽不敢惊动,鸟不
敢飞鸣。白鼋涡涛戏濑兮,委身以纵横。主人之仁兮,不网不钓,
得遂性以生成。"⑥诗作不但以充满禅意的辞藻生动描绘了自然风
物的流动空灵,并且对山居主人善待白鼋,能与自然和谐相处的慈
悲情怀,也不吝溢美之词。王维推崇南禅宗的自然审美观这一点,
还表现在其广植树木上。时至今日,王维亲手所植之银杏犹生长于
其辋川故居。

苏轼生活于已成为中国佛教主流派别的南派禅宗盛行的宋代。

---

① 普济:《五灯会元》,北京:中华书局,1984。
② 刘艳芬:《试论中国佛教自然观所蕴涵的生态审美智慧》,《河南大学学报》(社会科学版)2010年第4期。
③ 刘艳芬:《试论中国佛教自然观所蕴涵的生态审美智慧》,《河南大学学报》(社会科学版)2010年第4期。
④ 刘艳芬:《试论中国佛教自然观所蕴涵的生态审美智慧》,《河南大学学报》(社会科学版)2010年第4期。
⑤ 刘艳芬:《试论中国佛教自然观所蕴涵的生态审美智慧》,《河南大学学报》(社会科学版)2010年第4期。
⑥ 刘艳芬:《试论中国佛教自然观所蕴涵的生态审美智慧》,《河南大学学报》(社会科学版)2010年第4期。

由于深受南派禅宗自然审美观的影响，因而其虽仕途坎坷，但仍能实现诗意的栖居生活，写下了大量富含禅味的作品。如其《阿弥陀佛赞》云："……见闻随喜悉成佛，不择天人与虫鸟。但当常作平等观，本无忧乐与寿夭。丈六全身不为大，方寸千佛夫岂小。此心平处是西方，闭眼便到无魔娆。"① 在苏轼眼里，众生平等，以故人生不必执着、拘泥，经由于自然的相与为一，人之"心性"自可抵达极乐。苏轼还体悟了禅理可作诗法之鉴这一玄机，其不少佳作如《题西林壁》等，皆有此番理趣。这些语句清隽，充斥着奇思妙想的诗句，无不是苏轼由禅机内悟得的观照方式。苏轼正是以万物平等、物我一体的胸怀极力消除着现实的不幸及苦难，以此实现诗意栖居的境界的。

唐中期以后，逐渐蔚为大观的南派禅宗独树一帜、内涵丰富的自然审美观，不但深刻影响了禅门中人和修禅诗人的日常活动②，而且同儒、道两家一起，为整个中国文化的发展留下了难以磨灭的烙印。

三 惠能的佛性论思想

由惠能开创的南派禅宗强调"明心见性""直指人心""见性成佛""佛性本空""佛法在世间"③ 等思想，要求禅修者需遵循"破除外在，内在超越"④ 的修行法则，以实现最终的"自度度人"。惠能旨在引领生活于俗世的众生超越现实，从而达到消除现实世界与彼岸世间之隔阂的目的。而他的这一思想主要表现为一种超脱人格的"佛法在世间，不离世间觉"⑤ 的佛性论思想。这些佛性论思想，集中体现于由其弟子法海集录的《南宗顿教最上大乘摩诃般若波罗蜜经六祖惠能大师于韶州大梵寺施法坛经》（简称《六祖坛经》）一书内，对中国本土化佛教的发展可谓影响深远。

---

① 刘艳芬：《试论中国佛教自然观所蕴涵的生态审美智慧》，《河南大学学报》（社会科学版）2010 年第 4 期。
② 李权时、李明华、韩强主编《岭南文化》，广州：广东人民出版社，2010，第 296 页。
③ 周广福：《浅析惠能的佛性论》，《科技信息》2009 年第 30 期。
④ 周广福：《浅析惠能的佛性论》，《科技信息》2009 年第 30 期。
⑤ 周广福：《浅析惠能的佛性论》，《科技信息》2009 年第 30 期。

第四节　岭南学派与自然主义审美观

一　岭南学派的自然主义审美思想

在岭南思想史上，岭南学派的创始人陈献章颇有建树，其上承宋代陆九渊心学，提出的"宗自然""贵自得"① 等学说，不仅打破了有宋以来陈朱理学一统天下的学术垄断格局，而且开明朝心学先河，并形成了"以自然为宗"② 的哲学审美观，对岭南审美理念的发展可谓影响深远。

儒学于岭南的传播经历了"传入岭南—学说岭南化—形成岭南学派—继续发展"的大致过程③。这一历程最早可追溯至秦代统一岭南之后。到了汉代，据《广东通志》记载：通过两汉时岭南地区的经学家，被屈大均誉为"粤人文之大宗"的"三陈"（陈钦、陈元和陈坚）和"六士"（士赐、士燮、士壹、士黄、士武和士钦）④ 对儒家思想的传播，使岭南地区的儒学水平得到了较大提升。而唐宋以来，经由生于岭南的张九龄及贬谪岭南的韩愈、苏轼等儒者的宣扬，儒家文化逐渐为岭南人民所认同、接受。

儒学岭南化的过程中包含着其审美价值的岭南化。儒家哲学式审美是以"仁学"为核心形成的经由"君子比德"等形式赋予自然界的审美对象以道德价值，以及通过"微言大义"等方式使艺术作品内在之自然情感具有伦理价值的自然美学观。孔子提及"智者乐水，仁者乐山"的看法，认为不同性格类型及道德素养的人对自然有不一样的审美偏好⑤。而儒学传入岭南后，随着儒家哲学体系与岭南地方文化间的相互影响、交融，两者之审美观更是与自然美

---

① 李权时、李明华、韩强主编《岭南文化》，广州：广东人民出版社，2010，第272页。
② 李权时、李明华、韩强主编《岭南文化》，广州：广东人民出版社，2010，第272页。
③ 刘兴邦：《白沙心学与岭南化儒学》，《五邑大学学报》（社会科学版）2013年第1期。
④ 程潮：《儒学南传与岭南儒学的变迁》，《广州大学学报》（社会科学版）2010年第3期。
⑤ 陈炎、赵玉：《儒家的生态观与审美观》，《孔子研究》2006年第1期。

第八章 审美观

学的理念所密切契合。

受社会发展水平等因素限制,明朝之前流传于岭南地区的儒家学说无论广度,抑或是深度,都不如尽人意,甚至可称作流于皮毛,具有地域特色及地方色彩的岭南化儒家哲学体系几无迹可寻。这一局面直至启明朝心学之先的岭南学派的出现,方得以改变。

陈献章结合为学经历,创立了区别于程朱理学与阳明心学的哲学体系,其因袭陆九渊心学思想而推崇"以自然为宗"的自然主义审美理念,进一步影响着岭南地区的审美价值趋向。"以自然为宗"的审美观里的"自然",具备"自然界、客观规律和天理"三重含义。"唯仁与物同体"之思想,涵盖了陈献章自然主义美学思想里"人与天地同体"的宇宙论基础,蕴含着经由"致虚"以"立本"的体认路径和"勿助"意识,以及作为其自然主义哲学对"情顺万物而无情"[1]的审美认知。无论是自"知"的方面,还是自"行"[2]的方面进行考察,"以自然为宗"皆既为陈献章心学框架下的一种形而上的本体超越,又是其实现本体超越的修养方法。

陈献章还认为:"夫心者天地之心,道也者天地之理也。天地之理,非他,即吾心中正而纯粹精焉者也。"[3] 这里的"天地之心"和"天地之理"的交集,在于"自然"。陈献章学术最主要的传承者湛若水将其心学体系里的"自然"概念,诠释为"盖其自然之文言,生于自然之心胸;自然之心胸,生于自然之学术;自然之学术,在于勿忘勿助之间……是谓自然"[4]。即湛若水认为:胸怀"自然之文言",生于"自然之学术"[5] 者,应为不受世俗拘束的自由、至诚、独立的个体,由是遂令"自然"具有了人文情怀。陈献章亦指出:"万物之富,何以为之也?一诚所为也。盖有此诚,斯

---

[1] 刘红卫:《陈白沙自然主义哲学的内涵》,《兰州大学学报》(社会科学版) 2013 年第 4 期。
[2] 胡燕娟:《陈白沙"学宗自然"哲学思想研究》,硕士学位论文,华南理工大学,2010。
[3] 胡燕娟:《陈白沙"学宗自然"哲学思想研究》,硕士学位论文,华南理工大学,2010。
[4] 胡燕娟:《陈白沙"学宗自然"哲学思想研究》,硕士学位论文,华南理工大学,2010。
[5] 胡燕娟:《陈白沙"学宗自然"哲学思想研究》,硕士学位论文,华南理工大学,2010。

有此物；则有此物，必有此诚。则诚在人何所？具于一心耳。心之所有者此诚，而为天地者此诚也。天地之大，此诚且可为……则何万世之不足开哉！"① "诚"，即指"自然"。宇宙万物为"诚"化生，而"诚"存于心。存有"自然之道"的心，即为"道心"。

岭南儒学内在之自然主义审美倾向，不但体现于陈献章思想当中，还在湛若水、张诩②等或革故鼎新，或一脉相承陈献章心学体系的门人思想中有所表现。如与王阳明齐名，被黄宗羲誉为"阳明宗旨致良知，先生宗旨随处体认天理，学者遂以王、湛之学各立门户"③的湛若水，即意识到了陈献章"学者以自然为宗，不可不着意理会"④ 这一"自然之学"的逻辑困境——既想从"主静"中求自然，又不可在"主静"中求自然的困境，从而于其著述内进行了补充修正。其重要的完善观点为：只有实行"随处体认天理"的修道方式，方得以摆脱陈献章"自然之学"的内在逻辑困境，方能实现真正意义上的"以自然为宗"。又如从师陈献章十年之久，为陈献章所高度评价的张诩，其学被概括为："以自然为宗，以忘己为大，以无欲为至，即心观妙，以揆圣人之用。"⑤

陈献章"学宗自然"的哲学审美观通过其弟子湛若水、张诩等的继承、发展。正如黄宗羲所言："有明之学，至白沙始入精微。"⑥陈献章所开创的岭南学派不仅盛极一时，折射出岭南文化内蕴之自然主义审美倾向，而且成为明代影响深远的学术思想白沙心学，与阳明心学并驾齐驱，两者共同为儒学的发展做出了重要的贡献。

二 陈献章的审美观

陈献章一方面承袭了儒家哲学的审美文化，认同着经由"君子比德""知者乐水，仁者乐山"等感受自然的方式，赋予自然对象

---

① 胡燕娟：《陈白沙"学宗自然"哲学思想研究》，硕士学位论文，华南理工大学，2010。
② 张诩（1456—1515年），字廷实，号东所，南海县（今广东佛山市南海区）人。明代成化年间先后中举人和进士。
③ 黄宗羲：《明儒学案》，北京：中华书局，1985，第876页。
④ 宁宁：《陈献章哲学思想研究》，硕士学位论文，西安电子科技大学，2010。
⑤ 《陈献章集》，北京：中华书局，1987，第12页。
⑥ 胡燕娟：《陈白沙"学宗自然"哲学思想研究》，硕士学位论文，华南理工大学，2010。

第八章 审美观

以伦理道德价值的审美法则；另一方面，深受岭南文化影响的陈献章亦以此为基础，提出了"以自然为宗"的为学要义。这一宗旨反映于其美学观念上，则主要体现为同自然相关的三个层面：一是发衷于自然；二是悠乐于自然；三是自得于自然。它不仅对中国文化尤其是岭南文学的创作、发展产生了深远、积极的影响，而且为独特的岭南审美思想的最终成形奠定了基础。

（一）"发衷于自然"审美观

陈献章认为文学创作应在"发衷于自然"的基础上，做到既"观照自然"又"出乎天然"①。该创作理念集中反映为崇尚不遑雕饰、自然朴实的审美风格。如其批判了明初台阁体诗歌的形式主义写作手法，认为该写作方式于法度、声律上虽有所长，却因过分雕琢技艺而使诗歌丧失了自然之蕴和经世致用的功能。即"诗之工，诗之衰也"②。诗作越加工整雕饰，越能反映诗的衰落。在《夕惕斋诗集后序》中陈献章也强调了诗歌创作"矜奇眩能，迷失本真"的问题，认为玩弄技巧的"诗家者流"只会让诗歌失却"受朴于天"③ 的本真。

陈献章这一"发乎自然之蕴"的审美情结被湛若水评价为"夫自然者，天之理也，理出于天然，故曰自然也。……故其诗曰：'从前欲流安排障，万古斯文看日星。'"④ 钟情自然的陈献章创作了大量如"菊花正开时，严霜满中野"⑤ "澄澄水上月，历历谷中树"等不见安排之迹，如同信口说出的颂扬自然风物的诗篇。受其影响，岭南诗人的诗歌创作也以平易近人、洞达自然的诗风为美。

（二）"悠乐于自然"审美观

以自然为宗的审美观是陈献章美学思想之根本。在"发乎自然"的审美观照的基础上，陈献章进一步倡导着"率情盎然出之"的"乐于自然"⑥ 的审美体验。这具体表现为：在观照自然审美对象之基础上，陈献章生发出诸如"藉之以绿草，洒之以清风，痞瘵

---

① 贾颖：《论陈白沙的美学旨趣》，《开封教育学院学报》2015 年第 11 期。
② 《陈献章集》，北京：中华书局，1987，第 5 页。
③ 《陈献章集》，北京：中华书局，1987，第 11 页。
④ 贾颖：《论陈白沙的美学旨趣》，《开封教育学院学报》2015 年第 11 期。
⑤ 《陈献章集》，北京：中华书局，1987，第 11 页。
⑥ 贾颖：《论陈白沙的美学旨趣》，《开封教育学院学报》2015 年第 11 期。

所为，不离乎山云水月，大抵皆可乐之事也"① 等"悠乐于自然"之情。湛若水对此评价为"胸中流出而沛乎，丝毫人力不存"。

陈献章"悠乐于自然"的审美观反映于其诗作中尤甚，在《夕惕斋诗集后序》中他指出："禀和于生……故七情之发，发而为诗……此风雅之渊源也。"即认为作诗之关键在于禀受自然之和而发乎于情——这也是陈献章所推崇的"自然之美"的重要内涵，故其诗云："江山鱼鸟，何处非吾乐地。"② 又云："或浩歌长林，或孤啸绝岛，或弄艇投竿于溪涯海曲。"③ 陈献章的这一因自然之物及出乎自然的创作手法而发乎自然之乐的美学观，对于岭南诗歌艺术的发展影响深远。

（三）"自得于自然"审美观

陈献章"自得于自然"之思想指的是"得心于自然"之修养过程，这一思想表现在美学方面，是旨在凸显审美体验里的主体价值。如其曰："余策杖自南海循庾关而北涉彭蠡……盼高山之漠漠，涉惊波之漫漫，放浪形骸之外，俯仰宇宙之间。当其境与心融时与意会，悠然而适，泰然而安，物我于是乎两忘，死亡焉得而相干。"④ 此话表明：陈献章"自得于自然"之审美观推崇的正为一种超然外物、物我两忘的理想境界。陈献章自得于花鸟虫鱼之间、自得于风花雪月当中，其诗句"夕舫凌大波，北风吹我席。冥冥鳄洲烟，宛对君山碧。来雁知天寒，归人看月色。超超尘外心，浩矣周八极"⑤，"俯仰宇宙间，孤光映疏柳"⑥ 等，皆呈现出一种"身居万物中，心在万物上"的"得心于自然"意境⑦。

陈献章大致将人生分为三重境界：一为富贵，二为湖山，三为自得。游于湖山较忙于富贵为优，却终不及贵自得来的洒脱。"自得"于其美学观中展现为重在领会晓悟，融万物而握其枢机的主体感兴意识，是精神觉解的重要呈现，即陈献章认为，唯"自得于自

---

① 《陈献章集》，北京：中华书局，1987，第 22 页。
② 《陈献章集》，北京：中华书局，1987，第 154 页。
③ 《陈献章集》，北京：中华书局，1987，第 883 页，
④ 《陈献章集》，北京：中华书局，1987，第 275 页。
⑤ 陈献章：《经鳄州》。
⑥ 陈献章：《题民泽九日诗后》。
⑦ 张晶：《陈献章哲学与其诗歌美学的逻辑联系》，《中国文化研究》（秋之卷）2010 年第 3 期。

然",方能获得真正意义上的审美体验。

陈献章曰:"自然之乐,乃真乐也。"①"以自然为宗"之审美判断可细化为逐一递进的三个层面。先是发衷于自然:观照自然,以素朴纯真的方式吟诵热爱之自然;其次悠乐于自然:悟自然之美,因自然和乐;最终自得于自然:寄心于万物并超脱之,实现道德价值及审美旨趣的统一。

三 湛若水的审美观

湛若水继承并发展了陈献章"以自然为宗"的学术思想,进而提出了"随处体认天理"等哲学理念,由是成为明朝杰出的儒学家。

作为陈献章衣钵的传承者及拓展者,湛若水的"自然之学"比陈白沙走得更远。"自然"作为湛若水心学体系里对学行践履与审美境界的评判标准,其既指作为审美观照对象的自然本体,又指客观规律,还引申为一种"坚持抉择自由"的审美态度。因为"天理便是自然",是自然流出,自然而然的。湛若水所言之"随处体认天理"就是随处体认自然,便是"体万物而不遗产也"②。

与陈献章注重于在文学和生活里发现自然、表达自然、得于自然的较为感性体验方式不同,湛若水笃信不疑的"体认天理"式自然美学观,是由更为理性的角度出发的。如其认为"格物致知"的"格"是"至"之意,而"物"指的是"天理""自然",所以"格物"即"至其理","格物"之目的就是"体认天理·(自然)"。湛若水的格物说还具备"贯动静""一内外"等特质。湛若水对格物论的剖析、引申,赋予了"自然之学"以哲理式审美内涵。从自然审美的角度而言,"格物云者,体认天理而存之",也就成为湛若水推崇之体认自然及认识自然的审美感知形式。

随着涵养与进境聚沙成塔,湛若水进一步否认了追求繁复义理名相的美学观而形成了一种"尽归于自然"③的特色审美观,令陈献章偏重于自然之虚静的审美主旨实现了翻转。这一审美理念主要

---

① 《陈献章集》,北京:中华书局,1987,第192页。
② 刘长安:《"天理"与"自然":湛甘泉陈白沙新论》,《中国哲学史》2013年第1期。
③ 刘长安:《"天理"与"自然":湛甘泉陈白沙新论》,《中国哲学史》2013年第1期。

呈现为：审美规律上的因循自然规律，审美观照上的入乎自然，审美体验上的乐于自然、出乎自然，以及审美态度上的自由积极，湛若水后期著述中遂处处反映出恣意纵情山水，和自然浑然同体的洒脱心境，体现着对天理之赞颂。

湛若水将陈献章诗文创作当中体现的自然之美归因于其"自然之学术"，这一概述可谓相当精妙。而湛若水的审美立场虽和陈献章美学之走向有所区别，但实质仍是对"以自然为宗"的审美思想的一脉相承。在继承并拓展了"自然之学"的基础上，湛若水经由深入地钻研、思索，阐扬自身，提出了一套包含"心之自然""理之自然"的"天理"审美说①，最终革故鼎新了陈献章的美学思想。

---

① 刘长安：《"天理"与"自然"：湛甘泉陈白沙新论》，《中国哲学史》2013 年第 1 期。

第九章
科技观

岭南文化，包括历史典籍的撰著和学术思想的发展，迟于中原地区和江南地区。① 古代岭南的学术水平与中原地区相比，总体上有相当的差距，古代岭南学人能在思想史和哲学史上占有一席之地的，也不如中原地区。古代岭南学人，远离中原正统的儒家文化圈，形成独特的岭南风格。鸦片战争后，受益于西学东渐，岭南哲学迅速吸收了西方科学技术文化的影响。岭南科技观是岭南哲学的重要组成部分，对科技与经济社会发展影响巨大。岭南科技观历经道教文化、西方文化等的范畴与转型，从经验主义科技观、方法论科学观和科学精神发展到科学功利主义。

第一节 岭南道教与科学精神的萌芽

一 科学观和技术观

"科学"一词出现较晚，古代没有这个词。中国古代的"格物致知"是一个类似科学的概念。"格物致知"一词最早见于《礼记·大学》，在宋儒程颐之前，它的用法基本上是在政治伦理学意义上的，程颐在认识论层面上的理解是："格犹穷也，物犹理也，若曰穷其理云尔，穷理然后足以致知，不穷则不能致也。"在此基础上，朱熹将"格物致知"解释为接触事物，穷竭其理而提及吾心固有的知识。王廷相认为，"格物"的核心是接触、观察和探索外在事物的客观规律。吴廷翰则强调格物的实证性，认为"必验之于物而得之

---

① 李权时、李明华、韩强主编《岭南文化》，广州：广东人民出版社，2010，第259页。

于心，乃为真知"①。

中国近代的"科学"概念是什么呢？当明清之际和晚清时期有人把从西方传进来的科学知识指认为中国古代的"格致"时，张之洞等人就觉得牵强，认为《大学》格致与西人格致并不相同，只不过是翻译西书的人借用其词罢了。此时的"格致"主要指西方的科学知识和技术。"科学"一词最早是日本名词，为"分科之学"之义。据樊洪业研究员考证，1897年康有为率先将"科学"一词引入中国，逐渐被学界所接受。"自康有为以来，使用'科学'概念的人，并没有谁对这一概念本身给予过特别的关注和讨论。"② 戊戌维新时"科学"一词常用来表示与儒学相对应的西方文化。随着对科学认识的深入，国人才逐渐了解科学概念大体包括科学技术、科学理论、科学方法、科学精神、科学理性等方面的内容。1915年创刊的《科学》杂志和1923年的科玄论战对科学的定义和分类进行了专门的讨论，认为科学应分广义和狭义两方面。广义科学包括自然科学、社会科学以及人文科学。狭义的科学主要指自然科学，一般意义上使用"科学"时是指自然科学而言。

科学观是人们对科学的起源、本质、方法、价值的看法。一方面，科学依靠经验，观察或实验既是科学研究的起点，也是裁判者；另一方面，科学也要运用理性来解决确定的问题，并形成唯一可能的有限的综合和学说。

英国《简明不列颠百科全书》中对技术的定义："技术是人类活动的一个专门领域。技术一词出自希腊文Techne（工艺、技能）与logos（词、讲话）的组合，指对造型艺术与应用技术的论述。当它在17世纪英语中出现时，仅指各种技艺。到20世纪初，技术的含义才逐渐扩大，它涉及工具、机器及其使用方法和过程。到20世纪后半期，技术被定义为'人类改变或控制客观环境的手段和方法'。人类在制造工具的过程中产生了技术，而现代技术的最大特点是它与科学的结合。"③

技术一词，中国古已有之，最早见诸《汉书·艺文志》中"汉

---

① 王果明：《从"格致学"到"科学"》，《中州学刊》1990年第2期。
② 樊洪业：《"科学"概念与〈科学〉杂志》，http://www.kexuemag.com。
③ 《简明不列颠百科全书》，北京：中国大百科全书出版社，1985，第233页。

第九章 科技观

兴有仓公,今其技术晻昧",《史记·货殖传》中"医方诸食技术之人,焦神极能,为重糈也",主要指技巧、技艺。这个词在唐朝时传入日本,后来中国用技艺、方术、开物取代了"技术"一词。日本在 18 世纪大量翻译西方书籍时,将"Technology"用从中国引进的由汉字表述的"技术"对译。19 世纪末 20 世纪初,康有为、梁启超翻译日文书籍时,又将"技术"一词引回中国。[①]

技术观在《简明不列颠百科全书》中设有词条,但未给出定义,而是阐述了技术在历史上的作用、地位以及技术进步对不同社会的影响。孟庆伟教授在《技术学辞典》中撰写的"技术观"词条:对技术的总体看法和观点。包括对技术本质、特征的认识。关于技术在社会中的地位和作用的认识,技术发展与其他社会因素的认识。技术与技术之间的关系或者技术的体系与结构问题的认识,以及对于各种新兴技术的评价等。技术观是受世界观制约的。在人类不同的历史时期,不同阶级、不同社会集团由于对世界的看法不同,对技术的认识也各异。技术观的形成还与对技术本质及其发展规律认识的深刻程度有关,受这一因素制约,即使在同一世界观的支配下,技术观也是在不断发展和变化的。在姜振寰教授看来,所谓技术观"是指某一时期人们对技术的总体评价,涉及人们对技术发展的总体看法,对技术功能的认识,技术实践与其他社会实践的关系等诸多方面"[②]。

在古希腊,自然是技术的前提。亚里士多德在《政治学前言》中指出:"我们的技术活动和技术产品必须适应大自然的活动和产品……大自然不从事任何技术创造:它仅限于为技术创制一些规律,以此向人们提供从某种意义上说他们的活动借鉴的模本。"[③] 在亚里士多德看来,自然本身并不能满足人类需求,人类需要利用技术以达到对自然的模仿和超越。近代之后,技术的力量得到极大的释放。技术不仅仅是器具上、机械上的,而且也是社会上的;技术不仅是一种工具,而且是一个实体和相对独立的文化力量,这种

---

① 姜振寰:《技术、技术思想与技术观概念浅析》,《哈尔滨工业大学学报》(社会科学版) 2002 年第 4 期。
② 姜振寰:《新中国技术观的演进及研究中的几个问题》,《自然科学史研究》2002 年第 2 期。
③ 让-伊夫·戈菲:《技术哲学》,北京:商务印书馆,2000,第 48 页。

力量可以冲破传统和现存价值体系。

不同于西方，中国古代社会倾向于"顺天应时"的技术观。在中国传统思想中，"天"有着永恒的意义，如牟宗三先生所言："天命的观念表示在超越方面，冥冥之中有一标准在，这标准万古不灭、万古不变，使我们感到在它的制裁之下，在行为方面，一点不应差忒或越轨。"① 至于"时"，所呈现则是不断的变化。《说文》云："时，四时也。"《易·恒》曰："四时变化而能久成。"承认变化的永恒，同时又尊重其中的规律。沿着永恒与变化的思辨主题，围绕着"天""时"两端，形成了中华文化的特有思路：顺天应时。以技术而论，"顺天应时"代表了在技术实践中以顺应"天"命为基础来进行技术活动的朴素技术观。这里的"天"指的是自然赋予的天然力量，而技术应用则要充分考虑到天、地、人的和谐融通。"顺天应时"的技术观在本质上是以和谐为最终目标的。这一技术观是人们在实践中总结出来的对技术行为的总体看法以及由此而形成的从事技术活动的行为导向②。首先，技术活动要顺应自然规律，这是技术行为的最高标准。人类要合理利用自然赋予的力量，使人与自然能够和谐地共生与发展。其次，在技术应用中要讲究技术要素之间的谐调融通，也就是说技术的应用要在充分尊重自然规律、合理分析事件发展规律的基础上进行，追求天、地、人的和谐。再次，在技术操作过程中要讲求人与人之间的和谐，也就是说技术应用以"顺天"为基础，又要充分发挥人的各项能力，尽可能在不破坏自然的前提下进行技术活动，为达到最优目标而相互协作。

中国传统的科学技术往往以天与人、自然与社会的和谐统一作为出发点。这种技术观的精髓在于它追求的不仅仅是单纯的技术上的炉火纯青，而且是以技术操作者，使用工具以及作用物自然属性的和谐统一来实现的。也就是说技术活动追求的是"合乎自然本性的、合理的、最优的途径或方法"③，讲究天、地、人的和谐融通，追求技术之上的更高层次的道。这就使中国古代技术能够在统一的道德标准下进行发展。美国的内森·斯文教授称："在传统的中国，

---

① 牟宗三：《中国哲学的特质》，香港：人生出版社，1963，第16页。
② 胡欣宇、郭万金：《〈诗经〉中的车制与技术观》，《科学技术哲学研究》2014年第2期。
③ 王前：《由技至道：中国传统的技术哲学理念》，《哲学研究》2005年第12期。

宇宙对于人来说，好像是一组由其自身构成的庞大的交响曲，这儿没有造物主，也没有驾驭它的上帝，但是它的节奏始终是完美的，因为它的每个部分都和谐地在一起演奏。"① 中国传统意识形态中始终存在重道轻技、重道轻器的观念，而经世致用的技术观在一定程度上推动了实用性技术的发展，使技术在古代中国获得长足的发展。

二 道教与科学技术的关系

道教是我国古代原始巫术、鬼神信仰、民间风俗、神话传说、各类方技术数，以道家黄老之学为理论基础，杂取百家九流，以长生成仙为目标发展起来的。道教具有较强的包容性，是一个囊括古代各种方术和九流百家的文化体系。道教是在融合各类神仙方术的基础上逐步形成的。道教超脱君权政治，注重个人修炼。

道教是传统文化中最接近自然科学的。道士们为了长生成仙，从宗教的目的出发，研习了许多神仙方术，其中有一些神仙方术具有科学技术价值。我国古代科学技术史上的一些有价值的思想和一些科技发明，是从道教的神仙方术中萌发出来的。

关于道教与科学技术之间的关系，英国学者李约瑟在《中国科学技术史》第二卷中明确指出："对于理解中国全部科学技术，道家极端重要……全世界至今见过，唯有道家神秘主义体系是绝对不反科学的。"道家极端独特又有趣地糅合了哲学与宗教，以及原始的科学与魔术，被誉为"世界上唯一不强烈反对科学的神秘主义"②。李约瑟在此处所指的实质上是促进中国古代科技发展的"道教"。

道家和道教是不同的。冯友兰先生早已指出："至于道家，它是一个哲学的学派；而道教才是宗教，二者有其区别。道家与道教的教义不仅不同，甚至相反。道家教人顺乎自然，而道教教人反乎自然。举例来说，照老子、庄子讲，生而有死是自然过程，人应当平静地顺着这个自然过程。但是道教的主要教义则是如何避免死亡的原理和方法，显然是反乎自然而行的。道教有征服自然的科学精神。"③ 这种科学精神表现为从观察和实验出发认识世界。为了寻

---

① 约翰·默逊：《中国的文化和科学》，庄锡昌译，杭州：浙江人民出版社，1988。
② 李约瑟：《中国古代科学思想史》，陈立夫主译，南昌：江西人民出版社，2006，第39页。
③ 冯友兰：《中国哲学简史》，北京：北京大学出版社，1996，第7页。

求"长生不死"之灵丹妙药,许多道教徒不辞千辛万苦,走访名山大川,采集各种矿石,以潜心炼制"金丹"。葛洪的《肘后备急方》注重当时行之有效的经验,此书关于疾病种类的描述和认识相当丰富,包括急性传染病、各种慢急性脏器病、外科疮肿、皮肤病、精神病、虫蛇咬伤等。葛洪对这些疾病都做了细致的描述。葛洪在书中第一次准确而详细地描述了天花的症状,这是世界上关于天花病的最早记载,比阿拉伯医生雷撒斯(Rhazes)的记载要早500多年。书中还记载了恙虫病,这是一种地方性急性传染病,病原体是一种比细菌小的微生物,葛洪最早详细而准确地描述了沙虱的形态和习性[1]。对于这些急性传染病的病因,葛洪进行了深入的考察和研究,提出了"疠气"的概念,认为这是由自然界中一种极细微的致病(厉气)所引起的。这种研究是前人所没有尝试的。道教的这种认识方式是中国科学与技术的发展上重要的因素。

在科学发展之初,科学与神秘的信仰之间有某种关联。道教致力于观察和了解自然,"这种知识是经验的,也许甚至超越人类的逻辑,但是它没有一己的私见,是放之四海而皆准的,并且是真实不虚的"[2]。道教在中国科学技术史上具有一定地位,东亚的化学、矿物学、植物学、动物学和药物学,都渊源于道家。

科学精神的构成要素之一是重事实,以经验的观察和实验为依据,具有客观的态度。尽管当时道教已初步具备这种方法,不过,道教对实验的方法既未加以明确的说明,对自然的观察也未建立一套严密的系统。此时的实验精神并未与理性精神结合,也难以为近代科学的问世铺平道路。因为科学是理性主义与经验主义的结合,这是近代科学的精神气质。

三 葛洪的仙道论

道教是我国本土宗教,东汉末年在岭北形成。汉晋时期,岭南已是道教传播和发展的重镇。道教何以迅速传向岭南?迄今为止,学术界尚未有定论。由于地缘的影响,古代岭南的民俗风情具有鲜

---

[1] 刘学礼:《六朝时期中国医药学的新发展》,《广西民族大学学报》2008年第3期。
[2] 李约瑟:《中国古代科学思想史》,陈立夫主译,南昌:江西人民出版社,1999,第116页。

第九章 科技观

明的地域特色，其崇尚巫觋，崇拜图腾，信仰神仙，崇山乐道，与道教的"成仙"教旨和"斋醮"科仪以及"抱朴"精神有共通之处，有的甚至一致，两者可谓"同源互感"，同类相生。罗浮山是方术之士活动的中心。史载，秦朝有郑安期来游，以金丹法授朱灵芝，以下传阴长生、苏元朗、葛玄等。还有华子期、周隐（毛公）等于罗浮山修道，其中周隐有弟子七十二人。

岭南地区早期的道教著名人物主要有东晋的郑隐、鲍靓和葛洪。郑隐"不徒明五经、知仙道而已，兼综九宫三奇、推步天文，河洛谶记，莫不精研"。鲍靓为南海太守，"亦内学，逆占将来"。葛洪则更是魏晋以来神仙道教最杰出的代表和集大成的理论家。葛洪上承秦汉方士神仙传统，下启上清、灵宝两大教派，创建了上层神仙道教，对科学技术的发展做出了特殊的贡献。[①]

在自然观方面，葛洪认为人可以改变自然。葛洪在人与自然的关系方面继承了荀子的"制天命而用之"的自然观，葛洪否认天有意志，把天看作普通的自然界，倡导天道自然和"我命在我不在天"的思想，主张积极有为地干预物理之情，并将黄老之学方术化，归根结底，就是要用人力夺天地造化之功，用方术达到长生不死的目的。[②] 葛洪在《抱朴子·内篇·论仙》中批驳了腐儒和俗人只信水精是自然之物，马和驴各自有种，而不相信水精碗能用人工做成且与天然水精无异，不相信骡子是驴和马所生的消极天命观，主张丹可炼，金可作，仙可学，世可度。提倡发挥人的主观能动作用，控制和改造自然。

在认识论上，葛洪的科学精神表现为观察和实证方法。

葛洪最有代表性的是著作《抱朴子》和《神仙传》。从内容上看，《抱朴子·内篇》和《神仙传》分别以设问的方式和实证的方式，对葛洪神仙实有、仙人可学、长生能致的神仙思想进行了形象生动的演绎。

《抱朴子·内篇》涉及炼丹修道、长生成仙，它总结神仙方术理论和早期五斗米道、太平道的理论体系，倡导炼服金丹之术和神

[①] 唐长孺：《〈魏晋神仙道教——抱朴子内篇研究〉序》，《哲学研究》1989年第2期。

[②] 胡孚琛：《魏晋神仙道教》，北京：人民出版社，1991，第195页。

仙导养之法。该书把长生成仙作为道教修炼的最高目标和思想核心，全面论证成仙的可能和必要、修仙的途径、道法的灵奇、玄道的精深。它体现岭南神仙信仰特色，是中国道教史上第一部仙学理论专著，标志神仙道教的正式形成。[1] 王明先生评价："《抱朴子·内篇》是道教史上一部具有比较完整的理论和有多种方术的包罗万象的重要著作。"《抱朴子·内篇》旨在为魏晋神仙道教奠基理论体系，其核心思想是对神仙实有，仙人可学，法术有效，长生能致的教义作神学论证。葛洪在《抱朴子·内篇》中从认识论上对神仙实有、仙人可学的观点做了大量的经验论证，对金丹、仙药、黄白、行气等长生方术的具体内容和有效性做了认真严肃的科学考察。为了认识神仙实有，长生可致的教义，葛洪以神仙方术的效验为根据。他说："今试其小者，莫不效焉。余数见人以方诸求水于夕月，阳燧引火于朝日，隐形以沦于无象，易貌以成于异物，结巾投地而兔走，针缀丹带而蛇行，瓜果结实于须臾，龙鱼濈灂于盘盂，皆如说焉。按《汉书》栾太初见武帝，试令斗棋，棋自相触。而《后汉书》又载魏尚能坐在立亡，张楷能兴云起雾，皆良史所记，信而有征，而此术事，皆在神仙之部，其非妄作可知矣。小既有验，则长生之道，何独不然乎！"[2] 葛洪从这些小的魔术幻技的效验，类推到神仙之道是存在的。在这种论证过程中，推动了中国古代科学技术的发展。神仙道教有诸多法术，其中有些含有道教科学（技术）的成分。神仙腾空飞遁之术，可以高下任意，一日千里。神仙腾空飞遁中用枣心木为飞车一法，现已由古工艺史家王振铎先生绘出飞车复原图。葛洪"以牛革结环剑以引其机"的想法，是我国最早的关于飞机螺旋桨的原理，据说王振铎据此做出的飞车能飞到故宫午门的高度。[3]

葛洪的神仙道教的科学精神还表现为实验精神。葛洪的仙术，属于魏晋神仙道教中直接继承燕齐方仙道寻找和制造不死之药传统的金丹派，在如何成仙的问题上，葛洪仙术与晋末的灵宝派、上清派和后世的全真道教都不相同。在《抱朴子·内篇》中，葛洪把服

---

[1] 王丽英：《道教南传与岭南文化》，武汉：华中师范大学出版社，2006，第122～123页。
[2] 葛洪：《抱朴子·内篇》。
[3] 胡孚琛：《魏晋神仙道教》，北京：人民出版社，1991，第181页。

食金液还丹当作长生成仙的最高途径。[①] 葛洪说:"余考览养性之书,鸠集久视之方,曾所披涉篇卷,以千计矣,莫不皆以还丹金液为大要者焉。然则此二事,盖仙道之极也。服此而不仙,则古来无仙矣。"葛洪要求学道之人要"籍众术之共成长生也",在众术中,他以还丹金液为大要,特别关注炼服金丹大药。葛洪因见黄金的稳定性和抗腐蚀性,积极主张服食金丹,长生成仙。葛洪指出具体的金丹神方。他在《抱朴子》一书中记载丹方有四五十种之多。葛洪的体系以金丹服食为关键,这样的体系葛洪之前尚没有人全面总结和论证过。炼丹术是道教的原始科学。

第二节 岭南经验主义科学观和技术观

一 经验认识论

经验认识是人们通过自己机体的各种感觉器官(包括作为感官延伸的各种仪器)对外界客观事物的直接反映。它是对事物的现象、事物的各个片面和事物外部联系的认识。经验认识具有直接感受性、形象性和生动性的特点,这种认识是通过人们的观察活动进行的。观察是获得经验知识的方法。[②]

科学观察的特点表现在以下几个方面。

第一,观察是一种感性的认识活动。感觉使人们保持与外部世界的直接联系,使人们获得关于外界事物的性质、关系等方面的认识。人们认识外界首先要利用自己的感官。观察就是通过人的感官而进行的直接认识外界的活动。它记录和报道事实,为自然科学的研究提供经验事实材料。

第二,观察的目的性和计划性。观察并不只是凭借人的感觉而盲目进行的活动。作为科学基本方法,观察是积极主动的。人们根据我们面临的课题,制订观察的计划,确定观察的现象、观察的角度、观察的步骤等。这一特点,使观察区别于一般的感性认识活动。

[①] 胡孚琛:《魏晋神仙道教》,北京:人民出版社,1991,第148页。
[②] 张巨青主编《科学研究的艺术:科学方法导论》,武汉:湖北人民出版社,1988,第231页。

科学观察可分为自然观察和实验观察。自然观察通常被简称为"观察"。观察一词的狭义使用就是指自然观察。自然观察是在人们对自然界现象不做任何变革的情况下进行的,它是人们通过感官或同时借助于仪器去认识和描述各类自然状态下的现象。而实验观察是在人工变革(或控制)被观察对象的情况下进行的,实验观察是更优越的经验认识方法。从自然观察到实验观察,这是人类经验认识方法上的巨大进步。科学实验是比自然观察更强有力的认识方法,科学实验把各种偶然的、次要的因素排除,可重复进行或反复观察,可进行各种变换和组合。实验观察比自然观察具有更高的水平,它是科学观察的高级形式。

在科学技术不发达的古代,人们的认识主要是依靠生产活动的实际经验以及对自然状态下各种事物现象的观察,并以简单的逻辑推论去猜想自然的规律性,从而产生古代的科学(技术)知识。在人类的认识史上,自然观察是最早被采用的科学方法,也是科学观察的最初形式。

从古代到中世纪,一直延续到文艺复兴之前,科学观察的主要特点是自然观察。实验观察在那个时期还不过是个别现象。古代的一些重大发明,如造纸、火药、指南针、印刷术等,如果离开科学实验,那是不可能成功的。但这些实验本身仍然被包含在生产过程之中,并没有从生产活动中分化出来。

只是到了近代,了解自然物的特性以及自然力活动的方式和规律的需求出现了,对这些问题的研究推动了科学实验的发展。恩格斯分析过实验科学的兴起:"从十字军远征以来,工业有了巨大的发展,并产生了很多力学上的(纺织、钟表制造、磨坊)、化学上的(染色、冶金、酿酒)以及物理上的(眼镜)新事实,这些事实不但提供了大量可供观察的材料,而且自身也提供了和以往完全不同的实验手段,并使新的工具的制造成为可能。可以说,真正有系统的实验科学,这时候才第一次成为可能。"直到 20 世纪,"清代朴学的研究方法,已近于近代科学的方法"[1],这是梁启超 1920 年在《清代学术概论》中分析得出的结论。

---

[1] 刘钝、王扬宗:《中国科学与科学革命》,沈阳:辽宁教育出版社,2004,第 8 页。

二 岭南经验主义技术观

岭南文化的发展分为独立发展期、百越文化圈期和汉越文化融合期等三个阶段，在楚文化、中原华夏文化等文化的影响下，经验主义技术观呈逐步形成态势。

在岭南文化独立发展时期，技术文化是落后于中原的。岭南文化从距今约12.9万年的马坝人文化，中经柳江人、灵山人文化，到新石器时代母系氏族公社的西樵山文化，父系氏族公社的石峡文化，虽然后面的发展系列完整，但丁村人之前的岭南文化遗迹迄今尚未找到，所以目前说岭南原始文化落后于同期中原文化是毫不过分的。[①] 技术文化的落后性表现在：马坝文化遗址只挖掘出条形、扁圆形的砾石打制斫砸器各一件，而丁村文化遗址发现的石器工具有2000多件，且多数是石片石器，还有经过二次加工的小型尖状器，由西侯度文化、匼河文化发展而来的三棱大尖状器（这是所谓"丁村尖状器"的近乎完美的器型）。

旧石器时代的岭南技术或工艺品，属于一种以模仿为主的仿生设计雏形，巧用石、木、竹、骨、角、泥、蚌等的自然形态和物质性能，按照个人经验进行雕、刻、塑、绘、钻孔、切割、横印拍打等手工工艺的加工处理。这种工艺造物文化历经原始社会旧石器时代晚期到新石器时代末期，创造了石、木、竹、角、骨、陶、蚌、象牙等各种质材的实用工具、日用工艺品和宗教祭祀雕刻品、装饰品等，创造了著名的几何印纹陶、彩陶、装饰绘画等灿烂的原始工艺美术文化。[②]

到百越文化圈期阶段，岭南处于青铜器时代，楚文化与中原华夏文化对岭南产生越来越大的影响，此时期岭南文化的特征被深刻地打上了岭南本根文化和周边各越族文化的烙印。尽管技术文化仍然落后于中原，不过在农业技术方面取得了一定成就。首先，种植水稻是南越族先民对我国南方农业的一项重要的发明和贡献。考古发现的许多遗址都是古稻遗存，证明他们从先民的原始锄耕农业中

---

① 李权时、李明华、韩强主编《岭南文化》，广州：广东人民出版社，2010，第96~97页。

② 李权时、李明华、韩强主编《岭南文化》，广州：广东人民出版社，2010，第444页。

继承了稻米种植技术。其次,造船技术较发达。岭南人面对大海,内陆河网纵横,他们善于用舟;为适应捕捞为主的谋生手段,早在先秦时代,岭南人就已发明了造船技术。①

在汉越文化融合期,大体从秦统一岭南到清中叶,岭南技术文化的性质有较大改变。首先,汉武帝平定岭南之后,岭南引进了中原先进的铁器工具、耕作技术和工艺技术,促使岭南农业经济迅速赶上中原,并具有多元化的地方特色。其次,两宋移民,对岭南技术观产生影响。从北宋初至南宋末的300年间,中原以及江南的移民陆续不断地迁往岭南,其规模和人数超过历史上任何时期。南迁人口中,江浙闽的一些能工巧匠,给岭南带来了先进的手工工艺技术,特别是陶瓷、冶炼工艺,促进了岭南手工业生产的发展。

三 《海潮图序》的经验科学方法论

中国古代很早用朔望月,广大海区又是典型的半(太阴)日潮区。这使中国的潮汐成因探索很早就与月亮联系起来。《黄帝内经》就强调了两者的关系,"月满则海水西盛""月郭空则海水东盛"。东汉王充指出,海水和月亮同为阴,同气相求,形成潮汐,"涛之起也,随月盛衰",从而创立元气自然论潮论。此潮论长期占据主流地位,其发展历程始于东汉的王充,三国时严峻的《潮水论》,唐代的窦叔蒙《海涛志》,北宋的张君房《潮说》、燕肃《海潮论》、余靖《海潮图序》,南宋的朱中有《潮颐》,明代的王佐《潮候论》、陈天资《潮汐考》,到了清代主要是周亮工、屈大均、李调元和周煌。②

北宋时期余靖写的千字论文《海潮图序》,是中国古代难得的一篇关于潮汐问题的学术论文。

唐代卢肇有"日入海而潮生"之说,把涨潮的原因归结于太阳。余靖对此表示怀疑,他亲自去通州海门(今属上海市)和广州武山(今东莞虎门附近),进行实地观测,"旦夕候潮之进退,弦望观潮之消息",通过反复调查、核实,他提出潮汐的成因不在日

---

① 李权时、李明华、韩强主编《岭南文化》,广州:广东人民出版社,2010,第101页。
② 宋正海:《灿烂的传统潮文化》,《浙江海洋学院学报》(人文科学版)2007年第3期。

而在月。[1]

余靖不仅考察了潮汐的成因,还研究了潮汐运动的规律。关于每月潮汐的次数,"太阴西没之期常缓于日三刻有奇,海潮之日缓其期率亦如是",由于潮汐之期每日推迟"三刻有奇",所以一个月内就少了潮汐各一次。余靖根据自己的观察,列出了东海(海门)和南海(武山)的潮期。

尽管在当时的条件下,余靖还不能完全精确地解释潮汐现象,如他在《海潮图序》中把产生大潮、小潮的原因归结为太阴(月球)运行的"疾"和"迟",这是没什么根据的揣测。

余靖以实地勘察所得的资料为依据,并进行了经验总结,从而得出结论,即"月临卯酉,则水涨乎东西;月临子午,则潮平乎南北"的"月亮起潮论"。

四 屈大均的《广东新语》

岭南文化经历了历代北方移民与南越人的融合,文化的杂糅使岭南文化具有不同的趋向和理论特色。屈大均[2]兼收并蓄地将许多经验性的技术和知识记录在其著述之中,形成其科技观的基础。

屈大均具有科学精神,这种精神具体包括主观精神和客观依据的四个方面:追求真理;重视经世致用之学;善于接受外国产品以及广东所处的特殊地理环境的因素。[3]《广东新语》科学精神的主要特点在于:内容上,注重整体性和实用性,延续了中国古人对自然规律和科学技术本身发展规律的探讨过程,但是没有形成系统的理论和科学体系;在研究方法上,主要采用传统的经验总结,具有较强的经验性,缺少实验和归纳推理的研究方法;在应用上,缺乏将科技有效地转化为生产力的意识,缺乏进一步促进科技发展的动力。

---

[1] 李权时、李明华、韩强主编《岭南文化》,广州:广东人民出版社,2010,第270页。
[2] 屈大均(1630—1696年),初名邵龙,又名邵隆,号非池,字骚余,又字翁山、介子,号菜圃,广东番禺人。明末清初著名学者、诗人。
[3] 张涛光:《从〈广东新语〉看屈大均崇尚科学技术的精神和研究的方法》,载广东炎黄文化研究会编《岭峤春秋——岭南文化论集(四)》下册,广州:广东人民出版社,1997,第579、581页。

《广东新语》涉及自然观、地理学、农业科技知识以及合理地开发、利用和保护自然资源等,其中记述的多为经验性的科学技术知识。这些实用性的科学技术知识与社会的实际需要密切相关。《广东新语》中较多的只是经验性的描述和概括,而没有做深入的理论分析。《广东新语》所涉及的科技知识,大都只停留在经验水平上,属于经验性的知识,而不是理论性的知识。虽然在总结经验时,不排除也可能概括出一般性的科学结论,但仍然缺乏深入的理论分析,依然属于经验性的归纳。

《广东新语》的科技思想中往往使用诸如"道""气""阴阳""五行"等非实证的概念,经过思辨的处理,解释自然现象。这是一种思辨的、抽象的方法把握,并不是按照逻辑的程序和方法从经验知识中提升出来的科学概念,而是通过对各种自然现象的经验综合,运用思辨的方法构思出来的概念。这些概念也许能解释一些自然现象,但概念本身是不可证实的,从现代科学的角度看,是非科学的。

第三节 近代岭南的方法论科学观

一 陈献章的科学精神

陈献章主张做学术要有贵疑精神,反对盲从书本。他在《与张延实主事六十九则》中说:"小疑则小进,大疑则大进。疑者,悟觉之机也。一番觉悟,一番长进。"[1] 他还说:"今之学者各标榜门墙,不求自得,诵说虽多,影响而已,无可告语者。"经典要读,但不因循守旧,而是开拓创新,寻求自得。这正是对科学精神的最好注解。

二 邹伯奇的实验科学

实验科学和数学演绎的契合体现在中国近代科技先驱邹伯奇[2]的科技活动中。邹伯奇用自己的行动回答"李约瑟难题",把实验

---

[1] 陈献章:《陈献章集》卷二,北京:中华书局,1987,第165~193页。
[2] 邹伯奇(1819—1869年),广东南海县大沥镇泌冲人,幼名汝昌,字一鹗,又字特夫、征君。中国清代物理学家、学者、中国近代科学先驱。

科学和数学演绎契合得近乎完美，不仅真正体现出"数学是科学的语言"这一真谛，而且研制出中国的第一部摄影器和许多数学、天文仪器。他另辟科学之径，是解放思想的光辉典范。梁启超在其《中国近三百年学术史》一文中称"特夫（邹伯奇的字）自制摄影器，观其图说，以较近代日出口精之新器，诚朴可笑。然五十年前，无所承而独创，又岂可不谓豪杰之士耶？"这位"豪杰之士"做过的科学实验，其实比马克思赞誉的"实验科学的始祖"培根要多得多，从照相机、指南尺、七政仪到观象仪、望远镜、自鸣钟等不胜枚举。他从古人的片言只字中一边演绎一边实验，在数学、化学、物理、天文学、地图绘制等领域"荟萃中西之学而融会贯通"，开实验科学先河[1]。

三　康有为的实验证明

康有为探索科学发展的本质所在，认为科学的本质是可用实验证明。他说："今显微、千里之镜盛行，告以赤蚁若象，日星有环晕光点，则人信之"，因为"以镜易验也"。而如"学者告人吾以天天为家，以地地为身，以人类为吾百体，吾爱之周之，血气通焉，痛痒觉焉，人必以为荒诞大漫之不信，虽使舜、禹、仲尼证之，疑信参半焉"，因为"以学难验也"[2]。

四　梁启超的科学方法

在梁启超看来，推论与综合较归纳实验具有更为根本的方法论意义。梁启超在《格致学沿革考略》中把"格致学"同"形而上学"相对立，指出格致学方法上的特征是"藉实验而后得其真"。在这一时期，梁启超把以培根和笛卡尔为代表的经验主义和理性主义视为"格物"和"穷理"的不同的方法论，即从客体和主体的方面来理解科学方法。梁启超认为，世界万物之中的普遍公理（"大理"）存在于事物之间的相互联系之中，唯有"智慧"能呈现这个公理及其表现。在梁启超看来，推论与综合就较归纳实验具有更为根本的方法论意义。另外，可证实性是不可或缺的。所谓藉思

---

[1]　陈冰：《邹伯奇：中国近代科技先驱》，《晶报》2008年4月1日。
[2]　《康有为全集》第一集，上海：上海古籍出版社，1987，第184～186页。

想自由而来的真实可靠性,是建立在质疑基础上的科学知识的可实证性。梁启超在 1922 年所做的一次演讲中指出:"非科学的理解:是专靠很聪明,闭目瞑(冥)想,猝然领悟。"而科学的理解或科学的研究则是"凡事必由分析整理着手,非找到的确的证据不相信;非有彻底了解,不轻易讲;一个问题都可以还原;驳人家须要预备人家回驳;所以科学的研究不能笼统,对于前人所说的,非经过多少经验,不肯相信"[①]。在梁启超看来,独立思考、自由批判、善疑求证是科学发展的动力和保证,是科学精神的精髓。人家说什么我就信什么、说什么,只会妨碍科学发展,"求真智识"就是要尊重事实,不能信以为真,必须"要找得出证据"。

这一时期对西方文化的介绍规模大,科学传播的主体不再是外国传教士,而是中国知识分子。这一时期,岭南的科学技术观特别关注科学方法论的研究和运用。

第四节 近代岭南科学的哲学

一 康有为的科学的哲学

所谓科学的哲学,指的是用科学的方法来构建哲学体系。康有为引进西方实证科学的"实测",改造中国传统注经的"虚测",变革中国传统的思维方式。在此基础之上,撷取西方科学如进化论、以太说、细胞学说、天文学、物理学、考古学、化学等新成就,糅入中国传统的易变论、元气论、万物有灵论、元为本论、心为本论等,从而构建其博大的哲学体系,力图对宇宙及其发展予以科学的阐释。

康有为是揭示科学方法论的最早的思想家和实践者,看到了科学方法与思想之间的深层联系,并尝试科学方法建立其理论体系,用演绎法建立了《实理公法全书》的结构。《实理公法全书》从各个领域推导其变革理论,贯穿着康有为运用科学方法进行的创新。他在书前"凡例"中表达其实证思想:"书中凡用实测之理而与制度无关者仍不录,理涉渺茫,无从实测者更不录。"在开篇《实字

[①] 夏晓虹编《饮冰室合集·集外文》中册,北京:北京大学出版社,2005,第 906~907 页。

解》中，康有为介绍了三种科学方法：（1）"实测"之法。相当于实验方法，是格致家用以考明实理的方法。（2）"实论"之法。相当于归纳法，"如古时某教如何教人，则人之受教者如何；某国如何立法，则人之受治者如何。其功效高下，皆可列为表，而实考之"。（3）"虚实"之法。相当于演绎法，"如出自几何公理之法，则其理较实，出自人立之法，则其理较虚。又几何公理所出之法，称为必然之实，也称为永远之实。人立之法，称为两可之实"。

在康有为的哲学思想中，进化论是其基础。进化论就思想渊源包括两个方面：一是来源于"今文经学"的公羊三世说，二是渊于西方的进化论。梁启超曾说："先生之哲学，进化派哲学也。……以为文明世界，在于他日，日进而日盛。盖中国有创意言进化学者，以此为嚆矢焉。"[①]

二 梁启超的科学的宇宙论

在宇宙观方面，梁启超以"动力"说颠覆了古代宇宙观虚静的"本体"，进而以"动力因"取代"目的因"。将此宇宙论运用于历史领域，梁启超将"创造"与"竞争"视为历史进化的动力。

梁启超认为宇宙论主要关涉"宇宙万有，由何而来"的问题，针对该问题所所构建的宇宙图示是："合声、光、热、电、风、云、雨、露、雪，摩激鼓宕而成地球，曰动力；合地球与金、水、火、木、土、天王、海王暨无数小行星、无数彗星，绕日疾旋，互相吸引而成世界，曰动力；合此世界之日统行星与月，绕昴星而疾旋，凡得恒河沙数，成天河之星圈若星团、星林、星云、星气，互相吸气，互相吸引，而成一世界海，曰动力。"[②] "动力"被梁启超赋予本体论的意义，宇宙图景源于"动力"，宇宙间无不充斥着"动力"，宇宙的本质就是"动力"。假如无此动力，则世界、宇宙将不存在。"则无物无动力，无动力不本于百千万亿恒河沙数世界自然之公理，而电、热、声、光，尤所以通无量无边之动力以为功

---

① 梁启超：《饮冰室合集·专集》六《南海康先生传》。
② 梁启超：《饮冰室文集点校》，吴松等校，昆明：云南教育出版社，2001，第212页。

用。"① 在梁启超看来，大至恒河沙数世界，小至人身，更小至一滴水、一微尘，莫不有动力充斥其中。质而言之，动力作为自然界公理之"本体"，其"功用"表现为自然界之现象：电、热、声、光。

梁启超力本论的核心概念"动力"一词源于西方近代自然科学，他之所以能建构"动力"说，是"受到牛顿、康德、拉普拉斯星云学说的影响（主要归功于严复）"②。

三 孙中山的科学的哲学

孙中山认为唯有科学才是哲学思想发展的基础。孙中山将科学定义为："夫科学者，统系之学也，条理之学也。凡真知特识，必从科学而来，舍科学而外之所谓知识者，多非真知识也。"③ 在这里，孙中山把科学定义为系统化的、逻辑性的知识体系，即"统系之学也，条理之学也"，科学知识是真知识。孙中山所说的统系和条理，指有一定逻辑体系和科学推导而形成的学问④。所谓"真知特识"，是指知识的真理性必来自科学，也就是科学知识含有真理的成分。科学的客观真理特征，是指按客观世界的本来面貌来反映其本质及运动、变化和发展规律，科学研究必须从客观现实出发，离开客观真理性就不能称之为科学。在孙中山看来，科学不同于生活知识、经验知识。生活知识和经验知识虽然是对客观事物一定程度的正确认识，但它是零散的，不是系统知识，而科学则是依据在实践中所获得的丰富经验知识，运用一定思维形式和方法进行系统的整理、概括和总结，通过一系列的逻辑证明，而得出反映客观事物本质及其运动规律的系统知识。不具有理论系统性，以及零散的经验知识的汇集，都不能称之为科学。

关于科学的分类，孙中山把世界之学统称之为科学，并由自然科学和人事科学组成。孙中山指出："世界之学有两大类。其一曰

---

① 梁启超：《饮冰室文集点校》，吴松等校，昆明：云南教育出版社，2001，第212页。
② 张杰克：《梁启超的"力本论"思想研究》，中国知网博士论文库。
③ 《孙中山文集》，北京：团结出版社，1997，第824页。
④ 张汉静、郭贵春、邢润川：《论孙中山的科学技术观》，《自然辩证法研究》2003年第3期。

自然科学，其一曰人事科学。自然科学者，如天算、地文、地质、物理（声学、光学、电学、热力学等）、生物（动物、植物二学）、化学是也。人事科学者，如社会学、心理学、伦理学、政治学、法律学、经济学、历史学是也。"①

孙中山赞扬科学逻辑方法乃"诸学诸事之规则"，为"思想行为之门径"。他认为，西方文化之最大成就乃是科学技术，其次是民主精神和科学方法。这是孙中山思想发展之基础。

其一，他依据进化论、"以太说"、"星云说"、细胞（"生元"）说的观点，阐明世界的本源是物质，"世界万物皆由进化而成"②。孙中山接受西方的细胞学说，认为细胞是构成一切动植物的基本元子，是生命的最初起源；同时采纳孟子的良知良能说，认为细胞有知觉，具备认知能力。

其二，他运用科学（方法）进行哲学论证与建构。吸收了细胞学说、能量守恒与转化定律、达尔文的进化论等，作为唯物主义哲学和无神论的科学依据，尤其把进化论贯穿其哲学体系的各个方面，成为一条基本线索。

其三，以进化论为基础的历史发展辩证法。孙中山用达尔文进化论观察世界，将世界进化分为"物质进化之时期""物种进化之时期""人类进化之时期"。他的自然进化论，从星云气体到地球的形成，从地球的形成到生物的出现以及人类的产生，包含了无数的质变。同时，物质无限可分，物质形态也是可变的，元素之中"更有元素以成之"，元子之中"更有元子以成之"。这是自然进化论中的辩证法。基于此，孙中山勾画了人类社会进化的图景：历史潮流不断发展，不断进化，社会进化会"后来居上"，即"夫人类之进化，当然踵事增华，变本加厉，而后来居上也"③。

其四，以科学方法建立知行观。引进了"实践之科学""科学实验"等概念，把"科学家之试验"看作行动的重要门径，认为如要制订一个建设计划，"必当再经一度专门名家之调查，科学之实验之审定，乃可从事"④。他运用近代自然科学发展材料，论证

---

① 《孙中山文集》，北京：团结出版社，1997，第616页。
② 《孙中山选集》，上海：上海人民出版社，1981，第140页。
③ 《孙中山选集》，上海：上海人民出版社，1981，第160页。
④ 《孙中山选集》，上海：上海人民出版社，1981，第213页。

了行在先知在后,即科学理论来源于实践,故必须"以行而求知";同时,科学理论对实践起指导作用,因而必"因知以进行"。经科学的观察、科学的实验和科学的判断,从而得出科学的理论,这是孙中山的思想方法。

第五节 岭南功利主义科学观

一 功利主义科学观

功利主义指一种道德理论,即当一种行为对所有受该行为影响的人所产生的善(功利)至少与可供人们选择的替换行为一样多的时候,该行为才是道德上正当的。功利主义一词于 1781 年首次出现在边沁的一封书信中,直至 1802 年才正式进入公众领域。

功利主义的论证是建立在经验主义认识论的基础上的,这种经验主义认识论不同于为了追求某种绝对真理而诉诸人的天启理性的唯理论认识论。[①] 功利主义的认识论基础是:一切知识的取舍最后都要诉诸人的日常经验而不是诉诸人的理性或上帝。

功利主义应该被理解为"效用主义",而不是重利轻义。功利主义的科学观源于 17 世纪的弗兰西斯·培根。在默顿看来,17 世纪的那种功利主义在 19 世纪的实证主义信念中达到高峰,实证主义信念就是几乎对每一件事物都可以作科学研究。某种意义上,功利主义的科学观就是另一种形式的实证主义与科学主义。它主要从"工具理性"这个角度来理解科学,强调科学在社会各个领域的广泛应用。[②]

弗兰西斯·培根的科学功利主义建立在以下几个方面:(1)对古希腊人的科学观进行了批判。古希腊科学观认为,由于技艺是自然的永恒的内在形式,因而支配大自然是不可能的,人们应该遵循必然性法则,任何制造产品的努力都是一种狂妄的行为。古希腊人不关心科学的实际应用,而是热衷于自然哲学。(2)培根强调"知识就是力量",知识的基本目的是"增进人类财富"。(3)人类可以支配自然,科学是支配自然的工具。培根主张,驾驭自然现象

[①] 约翰·穆勒:《功利主义》,上海:上海人民出版社,2005,第 5 页。
[②] 孟建伟:《功利主义科学观及其缺陷》,《现代哲学》2000 年第 3 期。

第九章 科技观

的唯一途径是利用科学知识,而不是巫术的或占星术的仪式。那种神秘的操作不可能征服自然,我们必须研究自然现象、探寻自然规律和遵守或运用规律,从而造福于人类。他认为,"科学的真正的、合法的目标说来不外是这样:把新的发现和新的力量惠赠给人类生活"①,倡导科学知识在工业中的应用。培根认为,人对自然的控制是道德的至上命令。他所感兴趣的主要是工匠的技术和工业生产过程,被人们称为"工业科学的哲学家"。

最初,科学仅具有认识的价值,科学研究的目的是认识自然及其规律。培根提出科学功利主义思想之后,科学的实用价值得以确立,极大地推动了技术的发展。

英国皇家学会把科学的功利主义明确地写进它成立时的特许状中:"我们明白,再没有什么比提倡有用的技术和科学更能促进这样圆满的政治的实现了。通过周密的考察,我们发现有用的技术和科学是文明社会和自由政体的基础。……我们只有增加可以促进我国臣民的舒适、利润和健康有用的发明,才能有效地发展自然实验哲学,特别是其中因增进贸易有关的部分;这项工作最好由有资料研究此种学问的发明天才和有学问的人组成的一个团体来进行。他们将以此事作为自己的主要工作和研究内容,并组成为拥有一切正当特权和豁免权的正式学会。"②

功利主义科学观的显著特征是工具主义,即注重科学的工具价值、技术价值和功利价值,并从科学的效用来评价科学。

我们可以通过科学理性这一概念的解析来更好地认识科学功利主义。科学倡导理性精神,但在科学理性中,有理论理性和技术理性之分,前者试图以逻辑的方式认识世界,整理关于世界的零散知识;后者关注控制与改造世界的过程,相信同样的先决条件会产生同样的结果,并试图有意识地复现这些条件,以便按主体的需要获得预想的结果。科学、基础研究倾向于理论理性一极,而技术、应用与开发研究则包含更多的技术理性成分。概而言之,前者更多地追求终极价值,而后者表现出浓厚的功利主义的兴趣。③

---

① 培根:《新工具》,许宝骙译,北京:商务印书馆,1984,第58页。
② 周昌忠:《培根的科学技术社会理论》,《自然辩证法通讯》1996年第4期。
③ 刘大椿:《科学的功利主义与终极价值追求》,《江西财经大学学报》2002年第4期。

功利主义科学观将科学、技术与社会三者联系起来思考科学的动力、目标及其价值问题,强调科学的技术价值及其社会功能,这种价值导向使科学根植于社会,服务于人们的需求,为人类造福。

功利主义科学观也存在缺陷。它只从工具的角度来理解科学,忽视了科学活动本身的相对独立性及其自身的运行规律,忽视了科学活动本身的人文意义和人文价值。事实上,除了服务于社会、造福于人类这个宏大目标以外,科学还有其自身目标,如对知识和真理的追求。功利主义科学观的片面性在于,只是在科学的外部对科学作过于简单化的工具主义的理解,而看不到科学作为人类一项重要的认识活动、文化活动、精神活动或学术活动本身的动力、目的、意义和价值。

二 岭南是中国近代技术的重要发源地

近代岭南出现了一些杰出的技术专家。广东南海人詹天佑主持修建了由中国工程师主持的我国第一座近代铁桥,由他设计和领导修建的京张铁路,为举世公认的卓越的科技成就。广东肇庆人冯如成为中国第一位飞机设计师、第一位飞机制造家和第一位飞行家,被誉为"中国航空之父"。广东开平人谢泰设计了中国第一艘飞艇[1],广东开平人余馄和则制造了中国第一艘飞艇[2]。中国近代的航空事业,在岭南等地的飞行设计师和飞行家的努力下,与世界发展同步,有些甚至走在世界的前列。广东南海人邹伯奇独立自主地发明了照相机,广东绅士潘世荣于1842年雇用工匠,生产出中国第一艘轮船。在工业技术上,缫丝机、内燃机等机械的制造方面以及轻工业方面,岭南也走在全国的前面。岭南地区是中国近代技术的重要发源地。但是,在基础科学的研究方面,除邹伯奇在天文、数学、物理、地理方面有一定成绩外,其他知识分子几乎都无所建树。[3]

蔡海榕教授比较了吴域文化的科学理想主义与岭南文化的科学功利主义,他分析指出:吴越知识分子的贡献主要在基础科学和科学方法、科学精神方面,岭南知识分子的贡献多在实用技术和科学

---

[1] 严泽贤、黄世瑞:《岭南科学技术史》,广州:广东人民出版社,2002,第623页。
[2] 严泽贤、黄世瑞:《岭南科学技术史》,广州:广东人民出版社,2002,第638页。
[3] 蔡海榕:《中国近代科学中的理想主义与功利主义形成的地域文化因素》,《自然辩证法通讯》2005年第3期。

技术的政策方面；吴越知识分子更重视科学自身的建设，而岭南知识分子更重视科学的社会功能；吴越知识分子更重视科学的精神价值，岭南知识分子更重视科学的物质价值；吴越知识分子的科学观多是由实际从事科学研究的知识分子建立的，而岭南知识分子的科学观主要是由政治家建立的；吴越知识分子将科学自身视为目的，具有自由探索的纯科学倾向，岭南知识分子则更多将科学当作救亡图存的、进行社会变革和建设现代化国家的工具，具有明显功利化的倾向。从吴越和岭南知识分子对于中国近代科学文化影响的差别性上，在中国近代科学发展中，至少已经形成了两种不同的文化倾向，构成了中国近代科学理想主义和功利主义并存结构的雏形。从这一比较分析中，我们能看到岭南的科学功利主义的特征。

三　科技兴国论

将科学技术的发展与社会政治变革相结合是岭南知识分子和思想家、实业家、社会活动家、革命家的重要特点，也反映了岭南的科学功利主义倾向。

郑观应从与外国资本家进行商战的目的出发，主张培养具有科学和工艺学知识的专门人才。郑观应特别重视西学，提倡格致，注意新式人才的培养，并设计了一整套培养人才的制度和方法，在人的近代化和文化近代化方面进行了可贵的探索。郑观应曾从"道器""本末""体用"的哲学高度阐述了中学与西学、人才与国家兴衰之关系。他说："从来讲备边者必先利器，而既有利器，则必有用此利器之人。器者，末也；人者，本也。""今我苟欲发愤自强，必自留意人才始。"而且他较早地认识到国家富强与科学技术和人才培养之间的内在联系，认为"按古今中外各国，立教养之规，奏富强之效，原本首在学校"，主张考试分立两科，考试格致、化学、电学和天文、地理、医学、种植新法等门，录取对富强之道实际有用的人才。郑观应把兴办新式学校和培养科技工艺型的实用人才与国家富强联系起来，视学校和实用型人才为富强的根本，具有积极意义。[①]

容闳（1828—1912年），广东香山县南屏村（今珠海市南屏镇）

[①] 胡波：《郑观应与中国近代化》，《光明日报》2002年8月20日。

人。中国近代著名的教育家、外交家和社会活动家。容闳少年时在澳门一所外国教会学校学习。1847年，他随美国传教士布朗赴美留学，于1854年以优异成绩毕业于美国著名的耶鲁大学，是近代中国第一个毕业于资本主义国家的大学生。最早留学海外的容闳，从自己所受的西方教育中亲身体会到东西方文明的差异，感受到中国教育状况的落后，逐渐认识到科教救国的重要性，希望"以西方之学术，灌输于中国，使中国日趋于文明富强之境"①。

容闳主张，大力发展留学教育，并以西方现代教育为模式，创办新式学堂。容闳的教育救国思想把"造就一种品格高尚的人材"，看成近代中国教育的目标和任务，希望中国教育能培养出道德与知识并重、做人与为学并进的优秀人才。容闳认为，近代中国教育的历史使命是"藉西方文明之学术以改良东方文化"，使"老大帝国，一变而为少年新中国"即要用西方科学和教育来拯救危亡中的中国，使古老的中国在新时代变得更有生气。

容闳不但开了中国近代"教育救国"思潮的先河，更是近代"教育救国"论最坚决的先行者和实践者。容闳的教育实践活动，突破了"教育救国"的纯教育范畴，走向了"科教兴国"的宏观领域。容闳一生的"科教兴国"实践活动主要包括两个方面：一是觅"制器之器"，即至美购办机器，以为中国建设机器厂之设备，推动创办"江南制造局"，为农业文明下的中国创办了第一个近代工厂；二是培养"制器之人"，即通过组织长期的留学教育实践，培养中国一批新型的现代化人才②。

戊戌年间，以康有为、梁启超为代表的维新之士，即已开始从哲学价值论层面论述科学精神、科学知识、科学方法对于救治中国学术、中国文化、中国社会的重要性，对科学技术的社会功能和思想文化意义有高度的自觉。

康有为提出了"物质救国"思想。他认为，"物质之学是解决一切困难的基础"，只有物质之学完全发展才能解决中国社会的落后问题。"中国传统之教化方式，'皆有君子之行，而无铁路以通

---

① 容闳：《西学东渐记》，长沙：湖南人民出版社，1981。
② 黄晓东：《论容闳的科教思想及实践》，《苏州大学学报》（哲学社会科学版）2009年第1期。

远,无汽车以省人力'。所以'不从物质学措手,即用欧美民权、自由、立宪、公议之新说及一切法律、章程,亦不能成彼之政俗也'。"康有为坚信,物质之学是中国通向现代化的桥梁,"无物质之媒介桥航,有如绝流断港,不可至也"。

康有为将科学提升到救国兴邦的高度,认为"科学实为救国之第一事,宁百事不办,此必不可缺者也"①,强调变法离不开科学,他指出:"夫中国今日不变法日新不可,稍变而不尽变不可,尽变而不兴农工商矿之学不可,欲开农工商矿之学,非令士人通物理不可。"②康有为建立在科学基础上的治国之术的特点表现为以下方面:首先,他运用科学知识阐明变革道理,抨击"天不变道亦不变"的守旧思想不符合科学。其次,运用进化论确立了三世说:文明不断进步达到极致的就是太平世,即大同世。所谓"大同之世,远近大小如一,文教全备也"。再次,利用科学知识解释世界万物、人体以及智慧、精神的内在构造,并用以改造中国古代唯物主义中作为物质的客观存在的"气"概念。最后,根据物用科学观,分析中国生产方式的落后是经济衰弱的重要原因,提出要用科学发展生产。他认为,中国工业不发展,乃因机器制造和科学技术落后造成,而只有资本主义生产方式才能使自然科学为生产过程服务,他呼吁奖励工艺、新法、新书、新器、新学,强调普及科学。

梁启超运用现代生物学和天文地理学,论证变法理论。其"新民"理论具有科学理性,他认为必须用近代科学理性之光来"教拨以往数千年奴性之壁垒",使国民各有人格、享有人权,用近代西方新观念新学理来陶铸国民的精神,刷新"民智"。号召"新民"冲决封建网罗,以一种开放的科学的创造心灵去回应西方工业文明的冲击和挑战③。

孙中山则更加系统地提出了"科学救国论"和"科学启蒙论"的思想。早在1894年,孙中山在《上李鸿章书》中阐述了其"科技救国"理论,即"人能尽其才,地能尽其利,物能尽其用,货能

---

① 汤志钧:《康有为政论集》,北京:中华书局,1981,第575页。
② 《康有为全集》第三集,上海:上海古籍出版社,1992,第584页。
③ 段治文:《中国近现代科技思潮的兴起与变迁》,杭州:浙江大学出版社,2012,第49页。

畅其流"乃"富强之大径,治国之大本",而这四者之核心仍是科技。① 这一理论将科学技术的发展与三民主义紧紧联系在一起,把科学、教育、经济和政治作为整体,形成一个完整的社会发展的战略构想。在这一战略构想中,物质文明与心性文明的进步都是由科学决定的。孙中山确立了科学启蒙的道路,开启了一场新的革命,即把握世界潮流,追踪科学发展之大势,运用科学,深入阐释科学,改造国民心理,谋求以科学进行政治和哲学思想的启蒙,最终实现他"毕生学力尽瘁于斯"的三民主义。孙中山科学文化观之全部内涵最终是要为其政治理想服务。

---

① 段治文:《中国近现代科技思潮的兴起与变迁》,杭州:浙江大学出版社,2012,第 58~59 页。

第十章
人本观

"人本主义",即以人为本位的哲学。这一概念作为西方哲学的舶来品,指的是以科学理性反对盲目信仰,以现实人性反对宗教禁锢,以人的自由平等反对封建等级专制的哲学和社会思潮。由于人本主义强调尊重人的人格(自由、尊严等)和价值、关心人的疾苦和幸福,具有伦理原则和道德规范的意义,故又通称为"人道主义"。当代西方人本主义哲学转向为强调主体的哲学人类学流派,仍然属于与科学主义哲学思潮对垒的两大主要哲学阵营之一。在中国,也早有类似于"人本主义"的哲学观,它以"敬鬼神而远之"[①] 的入世理性、"以人为本"[②] 和"民惟邦本"[③] 的民本主义以及"人皆可以为尧舜"[④] 的积极进取的主体精神为典型形态,几乎贯穿于绵延数千年的中华文化的历史长河之中。岭南哲学以其独特性在中华哲学文化中呈现出岭南地域哲学文化的异彩,其中岭南哲学的人本观所高扬和凸显的主体精神,从古至今都在熠熠生辉和产生实际的效用。

第一节 人的地位的曲折反映

一 "粤人信鬼神"的背后

人类从原始神灵世界观中的第一次思想解放,其标志就是有了思考人与外物关系的哲学。人本主义哲学,其本质和基本立场,在

---

① 孔子:《论语·雍也》。
② 管子:《管子·霸言》。
③ 孔子:《尚书》。
④ 孟子:《孟子·告子下》。

于强调人的地位、人的价值和人的理性。从哲学的文化生态来分析，岭南哲学是岭南人对人与环境关系认识的抽象和升华。与中原地区相比，岭南在先秦以前被视为荒蛮瘴疠之地，披发、凿齿、文身是南粤先民的外部特征，表明当时在海洲水网的自然环境下，南粤先民对鱼龙水族的神灵崇拜。先秦以前的本土粤人"信鬼神"是不足为奇的，这与其他地区的原始崇拜情形相似。由于中原文明整体水平的发展先于岭南，古书对粤俗的记载使中原人在记忆中产生了思维定格，加上先秦以后南粤大地的确神多庙多，"粤人信鬼神"似乎是确信无疑、无可辩驳的了。岭南精神世界的哲学基础是先神后人，自然而然地变成符合逻辑的推理。不过，这种认识忽略了文化生态对影响因子的确切性的认定原则，只见表象而不具体分析实质，犯了似是而非的错误。

从影响哲学生成的文化生态因子分析，先秦以后，岭南的自然生态尤其是人口来源和结构发生了重大的变化。一方面，自然环境主要是岭南与岭北水陆交通的频繁和文化交往的密切，以及几大基围的筑建促使珠江三角洲的迅速形成，这里的中心区域已从瘴疠之地变成适宜人居之地，部分地区成为鱼米之乡。另一方面，从赵佗领兵统治南粤开始，就有大批的中原人从水陆两路进入岭南，早在宋代以前，就已形成了以中原人及其后裔为主的广府、潮汕、客家三大民系，而原住民则基本上被迁离或与新住民融合。岭南的三大民系的先祖不仅将中原文化带入岭南，在定居岭南后，又保留了唐宋以前的中原传统民俗和文化。如粤语白话就遗存了唐宋以前的古中原音，客家文化中就传承了诸多中原民俗。而意识形态历来为统治阶级所把持，在秦代以后的大一统的中国，几乎不存在游离于官方意识形态之外的"特区"，只不过有着强弱的差别而已。在唐宋以后的岭南文化的意识形态层面，尤其是在作为文化深层的哲学观念上，已经深受中原文化的影响，大同而小异，其异往往是缘于受当地民俗文化传统、社会环境和个人境遇等因素的影响所出现某些枝节变异而已，这些变异构成了与其他地域哲学观念不同的特色。

如果我们直指岭南人的信仰文化，并从中分析其哲学观，就可以看到，岭南人的"信鬼神"只是文化的表象，而实质却是以哲学人本观为底蕴的祖先崇拜和英雄崇拜，其文化的意蕴是人而不是神。

第十章　人本观

1. 岭南的自然崇拜

岭南以自然崇拜为主的神灵信仰，基本上是受中原文化影响的产物。文献的记载中，先秦岭南的神灵崇拜尚属原始的"互渗"思维的阶段，未发展到庙宇祭祀的水平。秦汉以后，不仅佛道宗教，而且自然神灵，从崇拜的对象到祭拜的方式，几乎都可说是从岭北传入，或与岭北相差无几，唯有北帝水神崇拜较内陆诸地为甚，却又与东南沿海相似。从佛道宗教和自然神灵的角度来看，与其他地域的文化相比，"粤人信鬼神"之说并不能成立。

在唐宋以后尤其是明清以后的岭南的确是庙堂林立，以"顺德祠堂南海庙"为代表。这从表面上看是神灵崇拜，但这些祠堂庙宇实际上大多数祭祀的却是祖先或英雄，而无论是祖先还是英雄，崇拜的都是人。岭南的信仰文化采取的是神灵崇拜的形式，而背后崇拜的却是人。上升到哲学观来分析，它仍属于人本观的倾向。

2. 岭南的祖先崇拜

岭南最典型的信仰文化现象，是遍地祠堂的祖先崇拜。正因为岭南人大多数为岭北迁移而来，往往按姓氏聚族而居。从岭北迁入岭南的姓氏众多，以从珠玑巷入粤的姓氏为例，几乎是百家姓各姓都有迁入。各姓族人以祠堂的传统方式纪念家乡故土、族姓祖先和始迁祖，凝聚族群力量。明代以前，朝廷只许可具有相当官职的家族建祠堂，明代以后，开了平民祭祀祖先的小祠堂之制，明儒湛若水、霍韬、庞嵩等，都对岭南小祠堂的制式进行了规范，庞嵩还在家乡南海弼唐兴建了"孝睦祠"，屈大均以此为岭南小宗祠的典范。一些族姓不仅家族有大宗祠，而且还有始祖祠，各分家族有家庙，官宦、学者和富商等名人还建个人的专祠。这些大小不一的祠堂，多得难以数计。以清末民初的南海县张槎堡（今佛山市禅城区张槎村）为例，仅在一个小村庄里，共有37座祠堂，密度惊人！[①]

3. 岭南的英雄崇拜

岭南信仰文化中的英雄崇拜，与祖先崇拜相联系或是其分支。这些英雄人物，都为本族、本地做出过杰出贡献，或者品德高尚，为岭南人世代所敬仰和传颂。例如隋代杰出的政治家、军事家冼夫人（522—602年），高凉郡（今广东省高州市）人，就是被当作神

---

① 戢斗勇：《历史长河中的张槎》，广州：岭南美术出版社，2015，第156页。

来崇拜的历史人物。她是倡行民族团结的越族首领，又是维护国家统一的巾帼英雄，这位集贤德与智勇、文治与武功于一身的"岭南圣母"，被尊为如同观音、妈祖那样的神圣，人们筑庙塑像，烧香磕头，顶礼膜拜，至今盛行不衰。广东省德庆县悦城镇水口的"龙母庙"，相传所祀奉的龙母也是人。她是秦朝温姓人氏，自小能预知祸福，且乐善好助，人称神女。她在西江边濯洗时偶拾到一大卵，孵出五只小动物，能为温氏捕鱼。长大后五物竟变成头角峥嵘、身皆鳞甲的五条真龙。温氏让他们施云播雨，保境安民。温氏去世后，人们敬温氏为龙母，设庙祭祀。

人本还是神本，是影响社会发展的意识形态问题。尤其是西方历史上的政教合一甚至神权至上的社会环境，决定了人本主义实际上就是鼓动宗教改革的哲学。许多西方思想家如费尔巴哈在名著《基督教的本质》中提出"上帝是人的类本质的异化"的人本主义命题，实际上就是针对神本主义而发出的对基督教神权禁锢的反叛和批判。中国春秋以后的历史上没有出现绝对的神权，中国文化的非宗教性决定了人本与神本的矛盾没有西方那样尖锐，因而反映在哲学观念上，孔子的"敬鬼神而远之"的入世精神是文化的主流。而岭南祠堂庙宇的兴盛，只是采用了"敬"的崇拜形式，崇拜的对象实际上是祖先、英雄，曲折地反映出人本而非神本的哲学观。透过表象看本质，文化的深处所隐喻的是哲学的人本观。

二 人与天地万物的关系

岭南哲学家是如何看待人与万物的关系呢？如果说祠堂庙宇是从信仰文化曲折地反映出岭南哲学的人本观，那么岭南哲学家们对人与天地万物的关系的论述，则是进入哲学的层面，与其他地域的哲人们同步同调，且自成一说，极大地丰富了中国的人学和哲学对人的认识。

1. 岭南哲学家对人的本质的认识

人本主义哲学流派强调人是哲学的出发点和归宿，揭示人的生命、本能、情感、意志等人的本真的、始源性的存在，从而探究人的本质和特征，为人学、哲学人本观奠定基石。苏格拉底的"认识你自己"，亚里士多德定义"人是政治的动物"，笛卡尔称"我思故我在"，黑格尔诉诸绝对精神诠释人的本质，而费尔巴哈张扬自然本性的人本主义。马克思主义人学观认为人的本质是社会关系的总和，并从实践性来不断丰富和发展人的本质，以人的自由解放为目的。

中国哲学家对人的本质的认识，主要是从"人禽之辨"来认识。孔子以人有"仁德"，孟子以人有"良知""良能"来认识人，荀子以能"群"、能"分""有辨"的社会性来阐述人的本质。东汉王充说："人，物也，万物之中有智慧者也。"① 人正因为有道德、有理性，才区别于动物而成为人。

岭南的先哲也是从道德和理性来认识人的本质。岭南先哲中首推一指的是禅宗六祖惠能，他虽然是在佛教的论阈阐释"佛性"，实际上却是超越了先前建立在宇宙实相基础上的心性论，以人的"本性自有般若之智"②，在人身上叫佛性，在草木瓦石上就叫法性，"即心即佛""即性即佛"，阐扬人间佛教，表达了对于人性、生活以及生命这些最有意义和价值的问题的终极关怀。

陈献章"长为岭南人，千载披心曲"③，是岭南哲学的代表。他的哲学名篇《禽兽说》，从心学的道德理性观将人与禽兽的区别说到了极致，堪称岭南哲学家对人的本质认识的典范。该文指出："人具七尺之躯，除了此心此理，便无可贵，浑是一包脓血里裹一大块骨头。饥能食，渴能饮，能着一幅，能行淫欲。贫贱而思富贵，富贵而贪权势，忿而争，忧而悲，穷则滥，乐则淫。凡百所谓，一信气血，老死而后已，则命之曰'禽兽'可也。"他还在《与马贞》信中说："神理为天地万物主本，长在不灭。人不知此，虚生浪死，与草木一耳。"他认为人心在本质上相同，"吾闻用世心，中外无异等"。

陈献章的衣钵继承者湛若水则在《心性图说》《雍语》等著作中，阐明了含具天理的"心之本体"作为人的本质。湛若水说："在心为理，处物为义"，而"仁其心之生理"。"性也者，心之生理也，心尽而性见矣""思也者，心之知觉也""心具生理，故谓之性。性触物而发，故谓之情。发而中正，故谓之真情，否则伪

---

① 王充：《论衡·辨祟》。
② 见《坛经》（法海录），曹溪原本。
③ 《陈献章集》（上、下册），北京：中华书局，1987，第299页。

矣。道也者，中正之理也。其情发于人伦日用，不失其中正焉，则道矣。故中正而天下之理得矣"。湛若水还从师传的诗中所说的"金针"，认定其师"以金针比心，此心人人各具"。认为人性的差异性是过与不及所致，"天性无不善，过不及之渐也。人性有至善，损益致中之化也"。人的"元心""真心""初心"是好心，只是因习而受染而蒙，"元心""真心""初心"与"习心"相互消长，那心学也就是要保养和扩充元心、真心、初心，不断地"煎销习心""习尽则元来"，人心即可升华为圣贤之心。

从陈湛哲学来看，岭南哲学家在人的本质问题上，与中原和其他地域的哲学家相比，不仅是中规中矩，而且突出了"心"的作用。

2. 岭南哲学家对人的地位的认识

人本主义源于人权与神权的矛盾对立的文化生态中，冲破神权的禁锢，确立人的地位。古希腊哲学家普罗泰戈拉说："人是万物的尺度，是存在者存在的尺度，也是不存在者不存在的尺度。"[1]这一命题被认为是人本主义的最早宣言。西方的人本主义，无论是人类学的还是人格学的，非理性的还是超理性的，实用主义的还是存在主义的，各学派均是以人为尺度，强调人在宇宙中的核心地位。现代西方人本主义不仅在人与神的关系，而且在人与自然的关系方面也体现出来，一切其他事物只是作为对象的存在，是一种彻底的人本主义。

中国哲学的人本主义则是人与万物有机统一的相对的人本主义。《易传》提出"天道""地道""人道"的"三才之道"，认为人是天地自然的产物，"有天地然后有万物，有万物然后有男女"[2]。老子认为"天人玄同"，"域中有四大"，"人居其一"[3]。庄子说："天地与我并生，万物与我为一。"[4] 孟子认为"天人相通"，知性知天。王充认为人"受命于天，禀气于元，与物无异"[5]。朱熹主张"天人一理"，而张载、王夫之都主张"天人一气"。但由于前面所阐

---

[1] 北京大学哲学系外国哲学史教研室：《西方哲学原著选读》上卷，北京：商务印书馆，1981，第549页。
[2] 《易·序卦》。
[3] 老子：《道德经》第二十五章。
[4] 庄子：《齐物论》上。
[5] 王充：《论衡·辨祟》。

第十章 人本观

述过的,人的本质为有道德和理性,故人是万物之灵。《孝经》引述孔子言"天地之性人为贵"。邵雍认为,"唯人兼乎万物,而为万物之灵",是"物之至者也"①。这就是指明人与万物是平等的,但人又有对万物的责任,在宇宙万物中处于既平等又尊贵的地位。

岭南哲学的人本观更强调人是自然界的一部分,人的主体地位是以自然界的存在为前提的。以白沙学为例,首先,陈献章认为:"元气塞天地,万古常周流。"人依赖于宇宙天地,"谁能天地外,别去觅乾坤?"② 其次,各种事物都有其独特的本性和地位,"万物各得性"③,"万物性各异"④,"一物具一用,神功不可猜","山有飞云水有溟"⑤,"草木自有性,湖山更乞灵","大鹏非斥鷃,斥鷃非大鹏。卑高各有适,大小不相能"⑥。再次,人与人的道德理性的本质相联系,人性在万物中具有独特的地位,"生生之机,运之无穷,无我无人无古今,塞乎天地之间,夷狄禽兽草木昆虫一体,唯吾命至沛乎盛哉"⑦,"吾之心正,天地之心亦正;吾心气顺,天地之心亦顺"⑧。与物性相比,人的性情是多变的,"在物有长性,水湿而火燥;在人无常情,所恶变所好"⑨。他认为万物是平等的,"江山都太极,花草亦平生"⑩,并用诗人的眼光看待人性和物性,"烟飞水宿自成群,物性何偿不似人。得意乾坤随上下,东风醉杀野塘春"⑪,"化化生生各自然"⑫。

湛若水在《樵语》中基于宇宙共同体的认识,提出"天地人一体""性气一体"论,将天、地、人贯通为"痛痒相关"的有机关联体。他批评"昧者不察",以自己与天地、与他人之间隔着

---

① 邵雍:《皇极经世·观物外篇》。
② 《中秋拨闷用旧韵》。
③ 陈献章:《春兴,追次后山韵》。
④ 陈献章:《顾别驾先生》。
⑤ 陈献章:《与世卿闲谈兼呈李宪副》。
⑥ 陈献章:《送郑巡检休官还莆》。
⑦ 陈献章:《古蒙州学记》。
⑧ 陈献章:《肇庆府城隍庙记》。
⑨ 陈献章:《送李世卿还嘉鱼》。
⑩ 陈献章:《病中咏梅》。
⑪ 陈献章:《题林良为朱都宪诚庵先生写林塘春晓图》。
⑫ 陈献章:《观物》。

319

"皮肤",就"因以起私"。他在《格物通》中也说:"天地万物本吾一体者也,是万物皆吾同得于天所与之气,故曰吾与。而民尤同吾得天地之正气于吾并生之中,乃为同类而至贵者,故曰同胞。"基于"天地之性人为贵"的儒家观念,他在《非老子》等文中反对老子的"圣人不仁,以百姓为刍狗"之说,认为这是"无人心""极残忍,惨刻少恩"的表现。

康有为持自然人性论,他在《大同书》中说:"人于元气中,但动物一种耳。"他承续孟子心学,认为"性者,人之灵明,禀受于天,有所自来,有所自去"。人之所以不是动物,是人有善端。因而人要"养性","苟能养之,终可以人人尽善"①。"人各分天地原质以为人",且"人各具一魂",均为"天地之精英","圣人不以天为主,而以人为主"②,因为"人为万物之先","超然贵于万物","可以参赞天地"③。他还从公羊三世说的社会进化论来讨论人性,认为人在据乱世时,与动物一样处于蒙昧状态而自然竞争;到了升平世,人性虽然有了发展,但不完善,社会的动乱和人性的丑恶交织;只有到了太平世,人性才能得以完善而达到道德的制高点。他还十分强调人有"人格""意志"和"自由"。梁启超也以人格为自由意志的主体,而动物仅仅是自然界的一部分,与外界之间不存在主体与客体的关系。人则不同于万物,不仅相对于社会和自然来说是主体,而且人是自己思想的主体。

岭南哲学注重在宇宙万物的相互联系中确立人的主体地位,这是岭南哲学文化生态所决定的主观对客观的正确反映。兼有沿海与山地的自然环境,尤其是珠江三角洲围河造地所形成的诸如桑园围、存院围、罗格围等,岭南人在与海河、山林的生存关系中体认到主客体的依存制约关系,并上升到哲学的高度来认识,促成了"以自然为宗"的陈湛心学并使之成为岭南哲学之脉。而康有为的自然人性论与进化论相结合,表明近代岭南哲学家已经不是抽象地谈论人的本质和地位,而且从人的历史演变来认识人的社会本质,从而更具现代意识,深化了中国人学,体现了中国哲学人本观的历史进程。

---

① 康有为:《孟子微》。
② 康有为:《康先生口说》。
③ 康有为:《礼运注》。

三　主体自重与客体敬畏

基于上述岭南先哲对人的本质和人的地位的认识，可以得出结论，岭南哲学的人本观有一个鲜明的特点，就是既主体自重，又敬畏客体。从宋代哲学的主题来看，程朱一派以"理"为主宰性的"天理"，基本上抹杀了人的主体性；而陆九渊则提出"心即理也""宇宙即吾心，吾心即宇宙"的命题，夸大了主体的作用。但明代岭南哲学的代表陈献章，以"心"为道、理之舍，"心"有道、理的品性，却又不完全取代道、理。这似乎走了一条中间的路线，实际上是消弭了宋代理学和心学的偏弊，从而赢得了开启明代心学的地位。

1. 主客双重的诗意表达

陈献章的"自然之学"深受老子道家思想的影响，"自然"有"自然而然，不假人为"的意蕴，是主体与客体地位和作用的双重认同。他从老子的"人法地，地法天，天法道，道法自然"[1]，发挥出自然生机的妙运无穷："宇宙内更有何事？天自信天，地自信地，吾自信吾，自动自静，自阖自闭，自舒自卷；甲不问乙供，乙不待甲赐；牛自为牛，马自为马；感于此，应于彼，发乎迩，见乎远。故得之者，天地与顺，日月与明，鬼神与福，万民与诚，百世与名，而无一物奸于其间。呜呼，大哉！"[2] "人与天地同体，四时以行，百物以生，若滞在一起，安能为造化之主耶？"[3] 因此，他说："乾坤未可轻微物，自在天机我不如"[4] "说到鸢飞鱼跃处，绝无人力有天机""谁会五行真动静，万古周流本自然"。他"总在乾坤形气内"，"肯与蜉蝣同幻化"。但是陈献章同时肯定人的主体精神，人不仅"与天地同体"，而且是天地之"心"，"一体乾坤是此心"[5]。他在《送李世卿还嘉鱼序》诗中，认为天地间生生之意畅然体现于人，人之灵乃"心"，"此心通塞往来之机，生生化化之妙，非见闻所及，将以待世卿深思而得之"。在陈献章那里，主体人不仅有能动性，还有超然性，《随笔》诗中的名言"身居万物

---

[1] 老子：《道德经》。
[2] 陈献章：《与时矩》。
[3] 陈献章：《与湛民泽》。
[4] 《陈献章集》（上、下册），北京：中华书局，1987，第566页。
[5] 《陈献章集》（上、下册），北京：中华书局，1987，第415页。

中，心在万物上",就是他的主客体关系的最好表述。

2. 主客双重的哲学体认

到了湛若水那里,陈献章的哲理诗意的表达发展成了方法论体系的建构。他的"随处体认天理",说明了事事物物都有主客体的交融互渗,主体可以通过自身的参与借助于所历的事事物物提升主体性,实现主体境界的升华。反过来说,脱离了事事物物,体认天理也就虚无着落。正因为湛若水重视"随处体认",被王阳明及其后学批评为重外而遗内,但这种批评却被湛若水反讥为重内而遗外。这两种方法论的争辩,实际上反映了论者的主客体关系之说,其中湛若水的"随处体认"更多地包含了对客体的重视。湛若水以人的身体为喻来说明"以宇宙为大而本心为近"观点的错误。他说:"今夫存乎人之身者,四肢与心均一体也,岂以心为近乎?四肢为大乎?故心痛则四肢皆病矣;四肢痛,则心亦病矣。无尺寸之肤不知,无尺寸之肤不爱也。无尺寸之肤不爱,则亦无尺寸之肤不养也。故手足痿痹皆谓之不仁。"[①] 他发挥儒家传统的"民胞物与"说:"天地民物一体者也,一体故亲。"[②] "今夫民物者,同得天之生,同受天之性者也。故遂生者,匪直遂彼之生,遂尔之生也;复性者,匪直复彼之性,复尔之性也。"[③]

主体自重和客体敬畏并存,是一种具有现代性的理性人本观。当代世界科学主义与人本主义的两军对垒,最为不可调和的就是泛科学主义和泛人道主义极端对立,而无论哪种极端理论都是有所偏颇的。中国传统文化中的理性的人本观,包括岭南哲学人本观,对于遏制泛科学主义和校正现代人本主义思潮中的极端性偏颇,具有启迪和借鉴的意义。

第二节 民本立场的不息坚守

一 民本文化的岭南生态

"人本"与"民本"的观念,在中国传统文化里是紧密联系在

---

① 湛若水:《樵语·授受第五》。
② 《亲民堂记》。
③ 湛若水:《赠新升宁国府太守屠君文厚之任序》。

第十章 人本观

一起的。中国传统哲学人本观和民本观，早在先秦时期就产生了，西周之初的周公就提出"敬德""保民"的思想，而最为精练的表述乃是"以人为本"和"民惟邦本"。也就是说，早在先秦时期，民本思想就与人本思想融会在一起，民本思想可说是儒家人本观的基石。孔子主张"富民""教民"，并以舜之言将"民"列为"民、食、丧、祭""四重"之首。孟子以"民为贵，社稷次之，君为轻"。荀子以君舟民水之喻，说明水可载舟亦可覆舟的道理。先秦诸子以降，"人本"和"民本"的观念不仅紧密结合，内涵交融，而且成为传统。岭南哲学人本观也是一样，尽管中原主流文化的人本民本观在岭南起主导作用，岭南还因独特的文化生态，使人本观更具"民本"色彩，从而富含岭南地域文化的特色。

1. 岭南民本观形成的自然生态环境

岭南"天高皇帝远"的自然生态，为哲学人本观民本特色的形成提供了客观的条件和需求。

首先，古代岭南自然条件恶劣，瘴疠病毒高发，蛇虫野兽横行，风暴水患肆虐，中原人往往谈之色变。岭南的老百姓是困苦的，不仅粮食不能自给，还时刻面临着自然灾害的威胁。因而舒缓民众的困苦，成为人本观的主题，这就促使人本观与民本观合二为一了。

其次，岭南是边陲之地，与内地相比，与占统治地位的主导文化容易产生滞后感、疏离感，成为民本文化的土壤。古代广东是少数民族聚集地区，这里经常发生官方所谓的"匪患"，历代官兵都十分凶残地镇压少数民族的反抗，老百姓大多不是痛恨官家，就是敬而远之或惹不起躲得起。

再次，岭南远离中原，被南岭山脉隔绝，成为官员贬谪之地。这些官员许多原本就是因为思想观念具有民本立场而得罪朝廷，发配岭南后不仅增进了自身的民本立场，还将这些具有"叛逆"的意识传播到岭南。

2. 岭南民本观形成的政治文化传统

岭南清官文化资源丰富的政治生态，为岭南哲学人本观民本特色的形成起着重要的推进作用。岭南的清官政治文化生态，是岭南民本文化生态的重要组成部分。岭南的文化生态影响着文人士子，促成了一系列具有岭南特色的民本观的形成。

赵佗（约公元前240—前137年），恒山郡真定县（今河北正定）人。西汉初期，赵佗在岭南建立南越国，是开拓岭南的功臣。他是南越国第一代统治者，公元前203年—前137年在位，号称"南越武王"或"南越武帝"。在其执政期间，赵佗以人为本，重视传入中原汉文化和先进生产技术，大力发展岭南生产，促进人民安居乐业，使岭南社会经济发展进入了新的历史时期。中国历史上许多赞颂赵佗的诗篇，表明了人民对他的崇敬和怀念。

杨孚（生卒年待考），字孝元，东汉时南海郡番禺县漱珠岗下渡头村（今广州市海珠区赤岗街道下渡村）人。是史载岭南地区晋身东汉朝廷要官的第一人，他以"贤良对策"入选，获授议郎之职，以直言敢谏而著称，屡屡向汉章帝提出特立独行的政见。后人曾有诗句赞他的直谏是："陈言论得失，抗疏有余烈。"① 东汉永元十二年（100年）天下大旱，颗粒无收，不法官吏仍在鱼肉百姓，使民生雪上加霜。汉和帝征询解救之策，左右均低头不语，生怕言多祸起。杨孚毅然上疏，力陈贪官污吏的不法行为和腐败现象在政治上的危害，指出"郡邑侵渔，不知纪极，货贿通于上下，治道衰矣"，呼吁"吏治必务廉平"，考核和选拔官吏要以廉为标准，并恳请和帝严惩贪官污吏，让百姓在灾年得以生息。杨孚整顿吏治的建议被和帝采纳，百姓更加爱戴这位为民请命的议郎，明代黄佐的《广州人物传》将他列入书中。

被誉为"岭南圣母"的冼太夫人，就是以廉治理岭南。她不仅在战场上身先士卒，管理上亲力亲为，而且在廉洁方面以身作则，率先垂范，从而在岭南百姓中树立起崇高的威望。梁、陈、隋三朝皇帝不仅对她进行多次封赠，而且还赏赐了许多贵重礼物。冼夫人并未将这些礼物作为私产，而是平时将这些珍贵的赐物藏于金箧里，分别设立专门的库房进行妥善保存。每逢年节大典之时，便将全部赐物陈于庭前，示以子孙，让大家观瞻。这不仅有教育后代的作用，也是一种财产公用的办法，甚至可以说是独创的官员财产向社会公示的制度和方式。冼太夫人对待自己的部族、亲属和儿孙，也是严格要求，从不徇私姑息。早在初嫁冯宝时，就要求自己的部族听从号令，遵守礼法。一次，在军事训练中，其十四岁侄儿冼耀

---

① 黄子高：《访汉杨议郎故址》。

第十章 人本观

迟到,依军规照打二十军棍。广州刺史欧阳纥谋反时,用金钱美女诱骗冼太夫人的儿子冯仆一同反叛,冯仆经不住铜臭与美色的诱惑有所动摇,故只被欧阳纥禁囚而未被撕票。冼夫人救出狱中的儿子后得知实情,立即忍痛割爱,将儿子冯仆抓捕交给朝廷处理。番禺的少数民族首领王仲宣起兵反隋,包围了广州城,冼夫人派孙子冯暄救援广州,王仲宣则派部将陈佛智阻挡冯暄的援兵。因冯暄与陈佛智是好朋友,就故意拖延,贻误军机。冼太夫人大怒,立即把冯暄抓入牢狱,改派另一个孙子冯盎去救援广州。儿子冯仆和孙子冯暄被治罪,均因冼太夫人平叛有功,朝廷给予封赏而赦免其罪。冼太夫人多次平叛,一方面是这些人反叛朝廷,另一方面也是因这些人均为鱼肉百姓的贪官污吏。高州刺史李迁仕不仅谋反,而且贪赃枉法,造成民不聊生,冼太夫人将其擒杀,完全是匡扶正义,为民除害。隋朝改广州为番州,朝廷除倚重谯国夫人坐镇岭南地区以外,再另派赵讷为番州总管。但赵讷贪财暴虐,激起番民多个部族纷起反叛和逃亡。谯国夫人派人到长安去见隋文帝,揭露了赵讷的罪状,列举其所贿财物,建言安抚部族。隋文帝下诏谯国夫人就近查处赵讷,治其死罪。并命谯国夫人斩杀赵讷后,随即招抚诸部族。将近80岁高龄的她以朝廷使者的名号,亲自用车盛载天子诏书,风尘仆仆地巡行岭南十多州郡,招抚宣慰逃亡、叛变的部族,宣扬文帝的圣德。所到的州郡,各族人民深为感动,都诚心归附隋朝,岭南各地复归平静。仁寿初年(602年)冼太夫人年逾八十,积劳成疾,鞠躬尽瘁,逝于海南巡视途中,朝廷谥号为"诚敬夫人"。

历史上第一个官居相位的岭南韶关人张九龄为唐朝"开元贤相"[①],为官耿直,张九龄虽有"曲江风度"之誉,但终被罢相而归,成了唐朝盛极而衰的象征。他在唐朝全盛时期就已觉察出社会弊端,开元末年,唐玄宗倦于理政,渐渐沉迷享乐,疏远贤人。在小人得志的凶险政情下,张九龄在主理朝政时,敢于向皇帝直言进谏,多次规劝玄宗居安思危,整顿朝纲。当玄宗受武惠妃之惑,欲废太子李瑛时,张九龄坚拒武惠妃的贿赂,并及时据理力争,从而粉碎了她危及太子的阴谋,平息了宫廷内乱,稳定了政局。他于唐开元四年(716年)在韶关老家奉母养病期间,主持开凿了大庾岭

---

① 《四库全书总目提要·曲江集》。

新路工程,为开发岭南,繁荣长江中下游经济和文化起了重要的作用。

宋增城人崔与之①,曾知广州和任太子侍讲,拜右丞相兼枢密使而不受,以观文殿大学士致仕。正如他晚年筑"菊坡"以励晚节,综观其为官四十七年,清正廉洁,生活俭朴。与之早年担任得州司法参军,粮仓破败漏雨无钱维修,他便拆下自己住房的砖瓦修补。他中年丧偶,虽官至显贵亦未再娶,更不蓄声妓。他也无良田遍沃野,广宅占通衢,而是鲜置产业,甚至儿子娶妇得苗田六百石为嫁妆,亦命女归还。仅买旧宅一区,并不曾增饰园地台榭,平日只静坐书室观书而已。守蜀时,"省费薄敛,公私裕如。将去,举羡余三十万络归之有司,以佐边用,一无私焉"。离蜀日,"四路制领举所尝却者(按指奇玉美锦)以献,有加焉,俗谓之大送,公推却愈力"。为广帅时,得月虞钱一万一千余络,米二千八百余石。事定,"悉归于官,一无所受"。晚年所得祠禄衣赐,亦悉辞不受。有人不解,问其故,崔与之答曰:"仕而食禄,犹惧素餐,今既佚我以老,而贪君之赐可乎?"闻者为之动容。崔与之持家有法,对子弟亲属管教尤严。他曾叮嘱其弟曰:"须是闭门守常,不得干预外事。"凡有亲故倚势欺人,必见斥绝,终身不齿。其姐尝为外甥求恩荫,崔与之拒之不予,道:"官之贤否,系民休戚,非可私相为赐。"他临终时,还吩咐其子弟不用僧尼,不许厚葬。

岭南清官的代表人物包拯(999—1062年),字希仁,庐州合肥(今安徽合肥市)人,北宋名臣。据《宋史·包拯传》记载,包公于1040年42岁时担任端州(肇庆)知府,三年后离任。州人送别时,他拒绝一切赠物。所乘官船在风和日丽中沿西江而下,不久就到了羚羊峡。这时,风云突变,乌云翻滚,浊浪排空。包公感到事有蹊跷,便查问家人缘由。随从书童忽然跪下:"大人,有一事我忘了禀告,离开端州之前,绅士徐乐天送给大人端砚一件,本以为这是读书人之间的小事,私下收了,放在船上。"包公一听,即令将砚取出,抛进江里。说也奇怪,砚一落江,顿时风平浪静,云开日出。后来在端砚下沉的地方隆起了一片沙洲,被称为"砚

---

① 崔与之(1158—1239年),字正子,一字正之,号菊坡,先世为汴京(今河南开封市)人,后徙居宁都、河源,至其父始定居广州增城,南宋名臣、诗人。

洲"。这就是著名的包公"不持一砚归"之说。

岭南另一位知名的清官是海瑞①。海瑞一生，经历了正德、嘉靖、隆庆、万历四朝。海瑞是明代著名的清官：一是清廉爱民。一生过着节俭的生活，甘于贫困，"不妄取一分一文，不妄用一分一文"②。他的政敌在他生前就曾暗访，结果发现海瑞的廉名属实。海瑞死时仍然清贫如洗，连他的政敌都于心不忍。二是严厉反贪，遏制豪强。任淳安知县时，就曾拒绝都御史过境巧取豪夺。总督之子路过淳安，恃势逞强，海瑞亦严惩不贷。三是刚直敢言。嘉靖四十五年二月一日，时任户部云南司主事的海瑞就进谏，批评嘉靖皇帝沉迷道教玄修而触犯"龙颜"。清官海瑞虽最终官居二品，但仕途坎坷，几上几下，故而有"海瑞罢官"的故事。但老百姓却拥戴清官海瑞，当他离开淳安调赴他任时，"百姓如失父母"③。离任巡抚应天十府时，"小民闻当去，号泣载道，家绘像祀之"④。海瑞去世前三日，"兵部送柴薪，多耗七钱，犹扣回"。及卒于官，"百姓奔相告，扶服悲号，若丧慈母"⑤。史称"素丝无染"，"综铨务而议主惩贪"⑥，"其清节为近古所罕有"⑦。

在《粤大记》《粤中纪闻》《粤东闻见录》等古籍中，记载了许多"正直""廉明"的清官。有诗人赞顺德人何淡"清夺粤江水"（张诩诗）；有民谣颂："南海簿，真不贪，百鸟凤，人中难。"而在番禺有"廉泉"，南海石门东偏村则有"贪泉"，直到清代淤积前，一直是岭南景点。"廉泉"和"贪泉"对应，时时诫人"莫贪"和"守廉"。

---

① 海瑞（1514—1587年），字汝贤，号刚峰，海南琼山（今海南海口市）人，明朝著名清官。
② 海瑞：《督抚条约》。
③ 黄秉石：《海忠介公传》，载陈义钟编校《海瑞集》，北京：中华书局，1962，第554页。
④ 《明史·海瑞传》。
⑤ 梁云龙：《海忠介公行状》，载陈义钟编校《海瑞集》，北京：中华书局，1962，第544页。
⑥ 梁云龙：《海忠介公传》。
⑦ 王国宪：《海忠介公年谱》，载陈义钟编校《海瑞集》，北京：中华书局，1962，第592页。

二 岭南哲学家的民本观

哲学作为哲学家对社会存在的反映,其反思和抽象不是凭空产生的,而是客观存在的反映,是受哲学文化生态影响的产物。岭南廉政文化的传统为岭南哲学人本观的形成和发展,提供了文化的土壤和生态环境。唐张九龄就明确地提出过"氓庶……国家之本"[1],并提出"四端八要"的勤政爱民治政方针,崇"王道"黜"霸道","以吏为先","耕桑为本",强调保民育人,主张省刑罚,薄征徭,反对穷兵黩武。宋代以后,岭南哲学家、思想家从民本的立场来为民请愿,形成了独具特色的"宽民、养民、救民、畏民、惜民、公民、新民"和"三民主义"的民本观,为中国人本主义思想增添了岭南文化的色彩。

1. 崔与之的"宽民"说

崔与之曾以"无以嗜欲杀身,无以货财杀子孙,无以政事杀民,无以学术杀天下后世"为座右铭[2]。他十分关心百姓疾苦,以民为本。在知扬州任上,恰逢浙东大饥,数千流民渡淮求活,崔与之命僚属在城南门外进行赈济,"籍口给钱米,民得无饥乱以死"。在赴四川出任知成都府、本路安抚使前向皇上辞行时,再次向宋理宗提出"广科拨以宽民力"的建议。即便到了临终前,他仍不忘减轻对百姓的剥削,绝笔写道:"东南民力竭矣,诸贤宽得一分,民受一分之赐。"崔与之的"宽民"说,对后人尤其是岭南学者影响极大。

2. 丘濬的"养民"说

丘濬(1421—1495年),字仲深,号琼台,琼山(今海南海口市琼山区)人。明代政治家、思想家。景泰年间进士及第,以撰写《大学衍义补》受到孝宗皇帝赞赏,后官至户部尚书兼武英殿大学士。他在《大学衍义补》开篇"总论朝廷之政"中指出:"人君之治,莫先于养民。""民之为民也,有备血气之躯,不可以无所养;有心知之性,不可以无所养;有用度之费,不可以无所养。一失其养,则无以为生矣。"因而说:"人君诚知民之真可畏,则必思所以

---

[1] 《唐书》卷一百二十六。
[2] 张其凡等辑录《宋丞相崔清献公全录》,广州:广东人民出版社,2008。

养之、安之，而不敢虐之、苦之，而使之至于困矣。夫然，则无禄之奉在人君者，岂不可长保哉。"这就把"养民"提高到了关乎统治者的安危的高度。而养民的方式，主要是把"理民之财"放到"为国理财"之上，关键在于解决土地问题和发展农业。

3. 陈献章的"救民"说

陈献章是一个布衣学者，颇有颜子之风，安贫乐道，自称："家贫不能日给"①，常在友人那里"承惠牲米"②。他了解社会，对老百姓的苦难有深切的同情。他说："贪官污吏侵渔百姓甚于盗贼，此辈不除，虽有良法美意，孰与行之？"③ 他写给赠米的友人诗曰："相逢不肯诉家贫，眼底斯人又姓陈。惭愧太仓分一斗，乾坤多少病饥人。"④ 他寄给黄叔仁的《悯雨》诗痛斥了天灾人祸、内外侵扰给百姓带来的苦难："去年无雨谷不登，今年雨多种欲死。农夫十室九不炊，天道何为乃如此！自从西贼来充斥，一十九年罢供亿。科征不停差役多，岁岁江边民荷戈。旧债未填新债续，里中今有逃亡屋。安能为汝上诉天，五风十雨无凶年！"还有诗句："千山多雨后，百姓苦饥时。"⑤ 正因为陈献章深知老百姓的疾苦，他提出了"救民"说。他虽身为布衣，却"断裾犹欲救苍生"⑥。他褒扬了"耻以俗吏自居"的新会知县丁积。丁积是江西宁都人，明成化十四年（1478年）进士，授新会知县，向陈献章执弟子礼。他鞠躬尽瘁，年仅四十一岁卒于任上。陈献章为其营葬，抚恤遗孤，并发起县民立丁侯祠，亲撰《丁知县庙记》，文中提出了"养民""救民"的思想。他引述丁知县的话说："守令之政在养民，坐视其困而不救，安在其养民也？""切于救民，急先务也"。陈献章希望有和谐的官民关系，在《复陶廉宪》的信中说："盖民之所好，好之；民之所恶，恶之。此得民之要道也。"并提出了"不知天道平分未，已觉人间一夜长"的朦胧的平均主义思想。

---

① 陈献章：《与宝安诸友》。
② 陈献章：《与黄别驾》。
③ 陈献章：《与刘方伯东山先生》。
④ 陈献章：《谢何秋官惠米追次陈后山韵》。
⑤ 陈献章：《题丁长官祠》。
⑥ 陈献章：《贺罗洗马韵》。

4. 湛若水的"畏民"说

湛若水从"宇宙一气"出发,提出"民物一体""君民一体",认为"宇宙一气也,君民一体也。故君为心,民为体,心与体一也"①。湛若水明确提出:"天下民庶实为邦本。"② 他发展了《尚书》的"天聪明自我民聪明,天明畏自我民明畏"的思想,在《圣学格物通》中专设《畏民》卷,详论了"畏民"说。他告诫"唯仁君,然后能畏民",因为"君之存亡,以民心之存亡也","得其心则得天下,失其心则失天下";"民心怨背""可畏之甚";"明君不畏万张之强敌,而畏不可见之民心!"他从对民的认识进入对公私之辩,"体万民而不私",以"大公之心便是天理"③,明确提出,"立大公以普天下"④。他明确指出伤民乃是"自残"⑤,因为"民之为盗,非天性也,饥寒迫之也。民之饥寒,非自致也,赋税迫之也",故"慈保惠怀,薄敛轻徭,亲民之谓也"⑥,多次提出"损上益下"说来说明"爱民""恤民""养民"的"仁君"之术。同时又说:"夫民可损也,不可过也。不损则国无所资,过则伤民矣,斟酌其当损之宜,顺天理合人心而有孚焉。上下俱足而敛不横,大吉而无咎也。"⑦

5. 海瑞的"惜民"说

海瑞之所以能够做到廉洁自律、抑制豪强,直言犯上,在于他具有中国传统的民本观。他要求每个官员都应当"知惜民财,知有国法"⑧。他在制止都御史鄢懋卿扰民的时候,义正词严地告诫:"方今民穷财尽,宽一分则民受一分之赐。"⑨他盛赞明太祖"视民如伤……毫发侵渔者加惨刑,数十年民得安生乐业,千载一时之盛

---

① 湛若水:《圣学格物通》卷十六《畏民上》。
② 湛若水:《甘泉文集》卷十九《乞上下一心同济圣治疏》。
③ 湛若水:《泉翁大全集》卷七十二《新泉问辩续录》。
④ 湛若水:《泉翁大全》卷三十六《再论圣学疏》。
⑤ 湛若水:《圣学格物通》卷九十四《蠲租》。
⑥ 湛若水:《圣学格物通》卷十七《畏民下》。
⑦ 湛若水:《圣学格物通》卷九十五《薄敛上》。
⑧ 海瑞:《督抚条约》。
⑨ 梁云龙:《海忠介公行状》,载陈义钟编校《海瑞集》,北京:中华书局,1962,第538页。

也"①，认为君主只要"民生利瘼一有所不闻"，则"其任为不称"②。他强调当官应当为民而不是为钱，如果"上下相率而为利，所苦者小民而已"③。他为官一任，造福一方，"力摧豪强，抚穷弱。贫民田入于富室者，率夺还之"④。他减免苛捐杂税，疏浚河渠，废除募兵制度，兴利除弊，救世济民，人们称道他"爱民如子，视钱如仇"⑤。

6. 康有为的"公民"说

康有为秉承中国传统的民本说，认为"民者，君之命也。……故民为本而君为末，此孔子第一大义"⑥。但他作为向西方学习的先进人士，他的民本观已有某些契约制、议会制民主的因素。康氏从"兼爱"的仁学出发，在《孟子微》中，以西方的"民主"诠释中国的"民本"，在《大同书》中，提出建立"无邦国，无帝王，人人相亲，人人平等，天下为公"的"大同"社会。他诠释《孟子》的"民贵君轻"为西方民主，说："今法、美、瑞士及南美各国皆行之，近于大同之世，天下为公，选贤与能也。孟子已早发明之。"在"天下为公"的大同社会里，"公政府立公民""人人皆公政府公民"，甚至人们已消除了国家的界限，成为"世界公民"。康有为的"公民"说，糅合了民本观与民主观，体现了中国政治哲学的转型和进步。

7. 梁启超的"新民"说

康有为的公民说直接影响了他的弟子梁启超。梁启超在《政治学大家伯伦知理之学说》一文中，把"有部民资格，而无国民资格"作为"祖国之大患"，呼吁"必先铸部民使成国民，然后国民之幸福乃可得言也"。梁启超不仅与康有为一样，有着十分鲜明的民主和民权意识，他作为近代变法启蒙文化的泰斗，其启蒙思想体系的核心是"新民说"。他继承和发展了儒家经典《大学》开篇第

---

① 陈义钟编校《海瑞集》，北京：中华书局，1962，第354页。
② 海瑞：《治安疏》。
③ 《兴革条例》。
④ 张廷玉等：《明史》卷二百二十六《海瑞传》，北京：中华书局，1974，第5931页。
⑤ 黄秉石纂《海忠介公传》，载陈义钟编校《海瑞集》，第551页。
⑥ 《春秋笔削大义微言考》。

一句"大学之道，在明明德，在亲民，在止于至善"，吸收西方启蒙学说，建立了一套完整的"新民说"启蒙思想的理论。梁启超指出了"新民"的必要性和紧迫性。他认为中国贫穷落后的根本原因在于国民素质低下，"苟有新民何患无新制度，无新政府，无新国家？""欲维新吾国，当先维新吾民"①。梁启超的"新民说"在近代启蒙思想中占据着最为重要的地位。就近代启蒙思潮而言，在梁启超的"新民说"这里，标志着"五四运动"前的启蒙思潮到达了巅峰。"新民说"启发了鲁迅等人积极地从事批判与改造国民性，也启发了陈独秀《新青年》的问世，成为"五四"新文化运动的先导。这就使中国传统的对"民"的认识，从文化和主体素质的方面，开启了由"民本"到"民主"的途径。

8. 孙中山的"三民主义"

孙中山思想的核心是民族、民权、民生的三民主义，作为中国民主革命的旗帜，引领和推动着整个国民革命的进程。他的"三民主义"，突出了一个"民"字，是中国传统文化的民本主义哲学的最高峰，也在他那个时代里对中国传统的民本观做了全面而深刻的革新和改造。

孙中山的早期革命思想集中体现于他在同盟会《民报》发刊词所提出的"驱除鞑虏，恢复中华，建立民国，平均地权"，概括为"民族、民权、民生"三大主义，简称"三民主义"。民族主义，就是通过推翻清朝政府的反动统治的民族革命，"光复我民族的国家"，实行民族平等。民权主义，即"建立民国"，就是实行推翻封建君主专制制度的政治革命，建立资产阶级民主共和国。民生主义，即"平均地权"，实现土地国有，耕者有其田。关于民族主义，他主张"中国民族自求解放""中国境内各民族一律平等"。关于民权主义，以"五权分立"为原则，"于间接民权之外，履行直接民权，即为国民者，不但有选举权，且兼有创制、复决、罢官诸权"。关于民生主义，其原则有二："一曰平均地权；二曰节制资本"，即由国家制定土地法及地价税法等，以防止"土地权之为少数人所操纵"。凡具有独占性质或规模过大之企业，"由国家经营管理之，使私有资本不能操纵国民之生计"。还规定取消一切不平等

---

① 《新民丛报章程》。

条约，实行中央及地方的"均权主义"，确定人民有集会、结社、言论、出版、居住、信仰之完全自由权，制定劳工法，改善劳动者之生活状况，确认男女平等之原则，助进女权之发展等。[①] 1938年，毛泽东在延安举行的纪念孙中山逝世13周年大会上指出：孙中山的伟大，"在于他的三民主义的纲领，统一战线的政策，艰苦奋斗的精神"。孙中山将他的"天下为公"的理念落实到政治和制度上，就是提倡"直接民权"和实施"五权宪法"。他认为"直接民权"是"最好之民权制度"。他在《中国国民党第一次全国代表大会宣言》中提出："近世各国所谓民权制度，往往为资产阶级所专有，适成为压迫平民之工具。若国民党之民权主义，则为一般平民所共有，非少数者所得而私也。"孙中山借鉴西方的"三权分立"民主制度，并在此基础之上另立考试权和监察权，形成"五权分立"，又称"五权宪法"。这就突破了原来"三权分立"制的基本政治框架，建构出一种新的政治体制。孙中山领导辛亥革命，推翻封建帝制，创立东方第一个民主共和国，命名为"中华民国"。

三 岭南民本观的历史追问

岭南不仅有民本的政治传统和丰厚的清官文化土壤，岭南的哲学家也提出了丰富而有特色的民本思想，从张九龄、崔与之到康、梁、孙的思想中，都贯穿着这一条主线，并以孙中山的"三民主义"为最好的概括。岭南有"以民为本"的文化传统，岭南人深知，得民与否，是政治成败的根本所在，从而以"民生至上"决定经济和管理决策，成为岭南社会文化的一大特色。岭南哲学民本观，一方面说明了岭南哲学中具有民本观的文化传统，另一方面也说明岭南哲学民本观达到了相当高的理论高度。岭南的哲学民本观，至今仍在发挥着积极作用。

1. 岭南民本观实现了文化转型

近代以前岭南哲学民本观是系统的，也是有特色的。虽然这些民本思想极具特色，也有一定的高度，但仍属于传统的"为民做主"的层次。海瑞的话较有代表性，他说："大抵君子之爱民也，

---

① 《孙中山选集》下卷，北京：人民出版社，1956，第525~531页。

犹父母之爱子也。吾所称者,率吾所虑思也。今父母之为其子,多有出于常情所虑思之外者矣。能出于常情所虑思之外以爱者,乃民之父母也。""吾为天下为民牧者,必视民为己子而私之,然后天下之生可遂也。"① 这种"为民做主"的传统民本观是儒家贤人政治的体现,也是儒家文化的基本情怀。

近代以来,岭南较早接受了西方文化的影响和民主革命的洗礼,传统的民本观开始了向现代民主观转型。康梁都极力鼓吹西方的民主制度,提出了"公民""国民"的观念和民权的制度设计。梁启超的"新民"说的本质就是要提升国民素质,是启蒙的思想和救亡的呼唤。而孙中山强调,过去是"代民作主",民国时代应"以民为主""让四万万人们当皇帝"。孙中山的"天下为公"的理念和"直接民权""五权宪法"的政治制度,凝聚了民主思想的精华,标志着中国传统的民本观向现代文明的民主的过渡和转变。

2. 岭南民本观有待科学转型

岭南民本观在近代率先实现了文化转型,但与整个中国传统民本观一样,尚需实现向现代民本观科学转型。要坚持人民主体地位,秉承和发扬岭南民本观的优良传统,把人民对美好生活的向往作为奋斗目标,依靠人民创造历史伟业。要多谋民生之利,多解民生之忧,促进社会公平正义,保证全体人民在共建共享发展中有更多获得感,不断促进人的全面发展,促进全体人民共同富裕。加强和创新社会治理,维护社会和谐稳定,确保国家长治久安、人民安居乐业。

第三节 自我意识的尽情表露

一 岭南主体精神的宣言

岭南的哲学人本观对自我意识的尽情表露,并不只是张扬个体的小我,也非主体自我的无限膨胀,而是突出了主体的自尊自信自强、发挥"本心"的自觉自得自为,达到主体的自主创新和理想的实现。正是岭南心学的本质规定,使心学成为岭南哲学乃至整个岭

---

① 海瑞:《政序三篇》,载贺复征辑《文章辨体汇集》卷三百一十二,《文渊阁四库全书》第1405册,台北:台湾商务印书馆,1986年,第735页。

南文化的精神支柱。岭南的主体哲学是十分宝贵的精神财富,至今仍熠熠生辉,发挥着重要的作用①。

1. 不假外求,唯在自心

惠能的思想之所以是岭南主体精神的宣言,在于他提出了禅宗以自悟为核心的心学理论和修为方法。

《坛经》记载了惠能关于"自心是佛""自性自度"的主体能动性思想。他说:"一切万法不离自性""本性自有般若之智""菩提般若之知,世人本自有之""佛是自性作,莫向身外求""令学道者顿悟菩提,令自本性顿悟""不悟,即是佛是众生,一念若悟,即众生是佛""自心顿现真如本性""言下便悟,即契本心"。他要人们"于初发心""若识本心,即是解脱"②。

惠能"即心即佛"的佛性观、"顿悟成佛"的修行观和"佛祖心中留"的主体意识等禅学理论,朴实而深刻,智慧而隽永,不仅在中国宗教史上具有崇高地位,而且渗透于宋明理学和其后的中华传统文化之中。惠能的禅宗心学,在学术上竖起了岭南文化的一面大旗,影响到此后的心学成为岭南文人的内在品质和传承文脉。其精神实质构成了岭南文化的内在品质。

2. 主动变通,革新创派

惠能的思想之所以是岭南主体精神的宣言,还在于他开创了岭南改革创新的文化。

惠能是禅宗六祖,在禅宗内部,以他为代表的"南宗"战胜了以神秀为代表的"北宗"。后人常视南北两宗的分歧为"顿悟"和"渐悟",实际上从理论上分析两派的共同处多于分歧。只是从宗派传承来看,南宗在荷泽一派的推动下,取代了原先北宗神秀一系的地位而成禅门正宗,发展出曹洞宗、临济宗、云门宗、法眼宗和沩仰宗,临济宗又衍出杨岐、黄龙两派。形成"一花开五叶"和"五家七宗"的强盛传承势态,南禅一派历千年而不衰,成了中国佛教的主脉。"五家七宗"不仅在中国内地繁盛发展,而且传入日本、朝鲜和东南亚地区,甚至远播澳大利亚和欧美多国。《坛经》

---

① 戢斗勇:《论岭南心学的主体性特征》,《佛山科学技术学院学报》(社会科学版)2016年第5期。
② 王维:《六祖能禅师碑铭》。

也被译成多国文字,流布五大洲,不仅在中国的历史和文化发展中具有重要的地位,对世界文化也产生重要的影响。

惠能的主体变通和创新的思想很多。对于佛教戒律,他依据客观情况变通而行。对于人们批评佛教离家修行有悖孝道,惠能提倡禅修要在世事上实践,也可以在家修行。惠能的变通,极大地缓解了在家与出家、入世与出世、佛教与世间之间的矛盾。对于修行的方法,惠能认为"佛性之理,非关文字",应当舍离文字义解,不立文字而直彻心源。虽然禅宗重视坐禅,却不一定要像达摩面壁静坐,解释"何名坐禅?此法门中,一切无碍,外于一切境界上念不起为坐,见本性不乱为禅。何名为禅定?外离相曰禅,内不乱曰定。外若著相,内心即乱,外若离相,内性不乱……外禅内定,故名禅定"[①]。正因为有这些变通和改革,惠能才能从"獦獠"樵夫而人成佛、语成经,禅宗也就能比需要高深文化的唯识、华严、三论诸宗等"贵族士大夫宗教",更能赢得平民百姓的喜爱和参与而成为"平民百姓的佛教",也更能体现大乘佛教的精神,佛教的中国化由此为标志得以完成。

二 从主体精神到主体哲学

虽然惠能早在唐代就强调了主体的自尊自强,但他只是站在宗教的立场,用人的自在佛性曲折地反映人的主体精神。在与他同时代的岭南人张九龄那里,也有一定的主体意识,如他对"心"十分重视,他的《感遇》十二首的第一首言"草木有本心,何求美人折"。但张九龄仍然没有达到从主体精神到主体哲学的飞跃。在岭南这一飞跃是在明代以后才逐步实现的。尤其是江门的白沙学派及其继承者增城的甘泉学派,前者开创了明代心学,后者则集明代心学之大成,从而使高扬主体精神的主体哲学成为岭南人本观的特色和岭南哲学的主流,并几乎贯穿于岭南明代以后的哲学和文化之中,而成为其传统和特色。

1. 陈献章的"自得""由我"论

陈献章哲学的来源是多源的,他的心学观主要来源于孟子、陆子,又有明显的道家倾向,也不可否认受到同为岭南人的惠能的影

---

① 见《坛经》(法海录),曹溪原本。

第十章 人本观

响。他在《龙山吟，走笔和陈冕》诗中记述了始兴龙山国恩寺和惠能"第一山人俗姓卢"的生平，明确提出"始知佛是西方我"，这正是惠能主体思想的主旨，只不过唐朝的惠能是宗教家，而明代的陈献章是哲学家，陈献章有可能从惠能那里将主体思想抽象成主体哲学。

　　从主体哲学而论，陈献章以"自然"为宗，以"自得"名学，以"静坐中养出端倪"为方。人的心学主体论，突出表现为对主体的"我"和"心"的重视，即对主观能力与主体作用的确认和张扬。他在《古蒙州学记》等多处，推崇孟子"人皆可以为尧舜""圣人与我同类者"之说。在《与湛民泽》的信中说："孟子见人便道性善，言必称尧舜，此以尧舜望人也。横渠见人便告以圣人之事，此以圣人望人也。吾意亦如是耳。"他接续了陆九渊的"贵疑"学风，并转引陆九渊的诗"自家主宰常精健，逐外精神徒损伤。寄语同游二三子，莫将言语坏天常"来表达自己的观点①。陈献章在《与张廷实主事》的信中说："古人不必尽贤于今，今人不必不如古"，即"勿轻自恕"。还说"圣人与人同，圣人与人异"。他强调主体的决定作用，"由我不由天""我大物小""鸢飞鱼跃，其机在我"。他在《论前辈言铢视轩冕尘视金玉》中，明确地发出豪言壮语："君子一心，万理完具。事物虽多，莫非在我。"他把社会弊病归于"多少人心弊弊中"②，主张洗心、磨心。他强调"天地我立，万化我出，而宇宙在我矣"③。"身居万物中，心在万物上"，"其观于天地，日月晦明，山川流峙，四时所以运行，万物所以化生，无非我之极而思握其枢机，端其御绥，行乎日用事物之中，以与之无穷"④。在《与林时矩》中说："宇宙内更有何事，天自信天，地自信地，吾自信吾；自动自静，自阖自辟，自舒自卷；甲不问乙供，乙不待甲赐；牛自为牛，马自为马；感于此，应于彼，发乎迩，见乎远。故得之者，天地与顺，日月与明，鬼神与福，万民与诚，百世与名，而无一物奸于其间。乌乎，大哉！"他提倡"丈夫庇四海"的胸怀，"谁谓匹夫微，而能动天地"⑤，而"口腹非

---

① 《重刻白沙先生全集后序》。
② 陈献章：《送薛廉宪江门》。
③ 陈献章：《与林郡博》。
④ 陈献章：《送张进士廷实还京序》。
⑤ 陈献章：《天人之际》。

所营"。"仁者故有矜，智士乃自全"①。陈献章"自得""由我"的心学，就是典型的主体哲学，开创了江门白沙学派，并开启了明代心学。

2. 湛若水的"自诚""立大"论

湛若水继承了陈献章开启的心学，明确地给出了心学的定义："圣人之学，心学也。如何谓心学？万事万物，莫非心也。"② 湛若水服膺陈师的"自然""自得"之学，他的心学本体论也是主张"天即理也，理即心也，自然也"③，且更强调了心学主体性特质，他提出"自诚"说。仕鸣问："诚自成。"曰："诚自我立也。"问："道自道。"曰："道自诚行也。""有其诚则有其人，无其诚则无其人。无其人则生理息，生理息则物我丧。哀哉！是故，诚也者，成也。一人已，合内外而性之者也。故时措之宜，唯尽性者能之。"④ 他主张"立大""我立"，甘于盘迫咎其病曰："吾欲去之，何道？"甘泉子曰："先立乎大本则自去矣。"问："何谓大本？"曰："在存天理。故曰：'好仁者无以尚之。'"⑤ "立大者日进，从小者日退。立大者大人，从小者小人。立大者心，从小者迹。心非外迹，一本皆得。"⑥ 湛若水对心学的创新主要在于提出了"随处体认天理"，揭示了人人都可通过主体自身的努力，在日常生活实践中达到境界的升华。为所有的人展示了涵养成圣的可能性，并非一些人的专利，而是万众的平等权利。湛若水是王阳明的好友，他创立的甘泉学派，不仅承续了白沙学派，而且使陈湛心学与阳明心学并立为明代心学的"双子座"。

3. 海瑞的"求其本心"论

海瑞青少年时期生活在民风淳朴的故乡海南琼山县，"嘉靖之际，篁篁挫隅，苞苴狎政，间有诛放，而器忌种易，终不可改。独海忠介公起海隅，处下位，而以身砥柱天下"⑦。正如邹元标所说，

---

① 《陈献章集》（上、下册），北京：中华书局，1987，第285页。
② 湛若水：《泗州两学讲章》。
③ 湛若水：《雍语·一理》。
④ 湛若水：《文集·樵语·一本第一》。
⑤ 湛若水：《文集·樵语·元气第七》。
⑥ 湛若水：《新论·立大章第五》。
⑦ 黄秉石：《海忠介公传》，载《海瑞集》，北京：中华书局，1962，第548页。

海瑞"其学宗陆子而直信本心"。海瑞提出"天地万物举而属之我一人之身",因此,学问不必外求,求其本心就足够了。天地间万物没有"出于心之外者"①。他也认为人人皆可成尧舜,说:"夫人生天地,有是耳目口鼻之形,付之以天地万物之性。天地以生物为心,生人之理尽生意也。天地间尽此生意,是故君子出而仕人,不负天与。性在是,道在是,人皆可为尧舜亦在于是。"② 海瑞的主体哲学,可以纳入岭南心学系统。

4. 康有为的"自主""有为"论

康有为具备超强的自我主体意识,他自称"南海圣人",小时候村里人就称其为"圣人为"。他一心想当"素王",这正是他号"长素"的用意。这种狂飙性情的文化生态,乃是从惠能而来的"人皆可以成佛"的自许和白沙以来的岭南心学传统。康有为曾指出:"白沙之后,广东多言心学。"③ 康有为以"电""以太""爱质""热力""吸摄力"等来阐释"不忍人之心",形成了他的糅合孟子心学与西方近代自然科学的博爱仁学,从哲学上康学也可纳入岭南心学系统。

从主体哲学理论上分析,康有为提倡"自主""有为"论。他从"生之谓性"出发,论证出"天地生人本来平等"④"盖人人皆天所生,无分贵贱,生命平等,人身平等""无所谓小人,而无所谓大人也""人人性善,文王亦不过性善,故文王与人平等相同……凡人亦可自立为圣人""人皆天所生也,同为天之子""人人皆天生,故不曰国民而曰天民;人人既是天生,则直隶于天,人人皆独立而平等,人人皆同胞而相亲如兄弟"⑤。与以往的岭南哲学家所不同的是,康有为的"自主""有为"的主体论,已经跨越了人性论的范畴,进入推动社会历史变革和发展的"外王"事业,由人性的"自主"推演出政治的"民主",由"有为"的志向开创出维新变法的历史变局,岭南哲学也真正走上了中国近代哲学的中心舞台。

---

① 《海瑞集》,北京:中华书局,1962,第393页。
② 《海瑞集》,北京:中华书局,1962,第318页。
③ 《康有为全集》第二集,上海:上海古籍出版社,1990,第540页。
④ 《康有为全集》第一集,上海:上海古籍出版社,1990,第181页。
⑤ 康有为:《孟子微·礼运注·中庸注》,北京:中华书局,1987。

5. 梁启超的"真我""自由"论

梁启超的哲学观也有明显的心学特征,他说:"境者,心造也。一切物境皆虚幻,唯心所造之境为真实""然则天下岂有物境哉?但有心境而已""盖言宇宙一切事物,其真有真无不可知,不过我见之为有故耳。若无我,则一切现象或竟不可得见,是与我相缘也。相缘故不能为绝对的存在,而只能为相对的存在也""思想者,事实之母也。欲建造何等之事实,必先养成何等之思想"①。他强调除却"心中之奴隶",做自己行动的主人,说"除心中的奴隶,""则人人可以为豪杰"。这些观点,是对孟子的"万物皆备于我"和岭南陈湛以来的心学传统的延续。

梁启超的主体哲学除了提出前已阐述的"新民"说外,他十分强调"真我"和"自由"。梁启超在晚年研究《庄子》时,提出"契合真我而不离现境"的内圣外王之道,"真我"就是"与道合一"的"我","吾侪可以不舍离现境而与此真我契合者,则大乘佛教所说是也。而庄子之学则近于大乘者也"。"契合真我者,内圣也;不离现境者,外王也"。② 梁启超的"真我"是有"自由"的独立人格和意志的。梁启超将生命与自由视为人的两大基本要素,"二者缺一,时乃非人"。他在《新民说·论权利思想》中将作为自由权利的精神视作"形而上"的存在,将肉体生命视为"形而下"的存在。他尤其是在《新民说·论自由》中详论了人的主体"自由"观。他说:"一身自由云者,我之自由也。"他还认为,奴隶性是妨碍新人格的建立的最大障碍,因而保持思想的自得与独立是思想解放的前提,"若有欲求其自由者乎,其必自除心中的奴隶始"③。人们只有把前人、世俗、境遇对"真我"的束缚"一层一层地打扫排除",才能获得精神思想上的独立与自由,才不会做古人、时俗、境遇的奴隶,思想解放才会彻底。正是有这种主体意识,他才摆脱了其师康有为保皇道路的羁绊,走上了民主革命的道路,成为中国近代启蒙思潮的领袖和现代新文化运动的先驱。

6. 孙中山的"心成""知难"论

孙中山从小就有"敢为天下先"的抱负。孙中山的人本观体现

---

① 梁启超:《国家思想变迁异同论》。
② 梁启超:《饮冰室合集·专集》四十,北京:中华书局,1989,第8页。
③ 《梁启超选集》,上海:上海人民出版社,1984,第157页。

在主体哲学方面，具有鲜明的主体实践的特征，是心力成就的行动的哲学。他的主体哲学主要反映在《孙文学说》即《建国方略》之《心理建设》中。

首先，孙中山把"心"看成事物的本源，他说："夫心也者，万事之本源也。"他虽然受到西方科学和哲学的影响，以"生元"为构成物质的基本要素，却又认为"生元有知"，并视"孟子所谓'良知良能'者非他，即生元之知、生元之能而已"。

其次，孙中山认为"心之为用大矣哉！"他把社会历史的变革和发展，看成了"心成"的结果。他说："夫国者人之积也，人者心之器也，而国事者一人群心理之现象也。是故政治之隆污，系乎人心之振靡。吾心信其可行，则移山填海之难，终有成功之日；吾心信其不可行，则反掌折枝之易，亦无收效之期也。""满清之颠覆者，此心成之也；民国之建设者，此心败之也。"他引用"攻心为上"的兵法，得出"是以建国之基，当发端于心理"的结论。

再次，基于对"心"之体和"心"之用的重要性分析，尤其是领导辛亥革命推翻帝制以及后来帝制的复辟，使孙中山反思王阳明的"知行合一"说，认为此实质仍是沿袭"知之非艰，行之惟艰"旧说之荼毒。他说："此阳明之说，虽为学者传诵一时，而究无补于世道人心也。"他提出应当毅然打破"知之非艰，行之惟艰"之迷信，从认识上树立"行之非艰，知之惟艰"之说。人作为主体，是理性的人，其行为由"知"所支配。只有主体"知"了，就如开悟明道，才能极大限度地发挥"心"之力，实现"推行革命之三民主义、五权宪法，而建设一世界最文明进步之中华民国"的目的。

三 岭南变迁的主体力量

从惠能到孙中山，岭南哲学人本观中贯穿着的一条红线，就是主体精神的张扬。这种传统不仅使岭南哲学具有了主体性强的特征，更重要的是它影响到岭南乃至整个中国的社会历史和文化。这是推动岭南历史文化变迁的重要的主体力量。

1. 岭南主体哲学的历史地位

虽然岭南地域有偏僻、落后的一面，但在历史上却起到过引领社会思潮、成为文化主流的作用，以唐代的惠能，明代的陈湛，近代的康梁、孙中山为杰出代表。如果说到思想文化对社会历史的引

领作用，岭南的主体哲学具有不可磨灭的贡献，享有十分重要的地位。惠能是禅宗六祖，他的《坛经》是唯一称"经"的中国僧人的著作，从而标志着佛教中国化的完成。他创立的禅宗南宗，是此后中国禅宗乃至佛教的主要流派，并广泛流传到世界各地。惠能以后的岭南先哲，大都受其熏陶，促成了明代白沙心学流派的形成。而陈献章不仅是岭南唯一入祀孔庙的大儒，由他开创并由湛若水集大成的白沙心学，与阳明心学并立，并实现了儒学的岭南化。此后的九江学派，康梁学派乃至孙中山等，都有明显的心学倾向。以康梁和孙中山为代表，一部中国近代史和现代史，岭南是大舞台，岭南哲学家是翘楚，是中国社会的思想和文化的引领者。

从岭南主体性哲学对其他文化形式的影响来看，岭南诗派、岭南画派、岭南音乐，以及岭南的文学、建筑、书法、舞蹈、雕塑和其他工艺等，基本的特征就是富有禅意，给人的心灵以本真的震撼和开悟似的启迪。而岭南的教育、体育、民俗等，更是受到岭南心学的影响。岭南文化特色和风格的发扬光大，从某种意义上说，无外乎心学、禅学的扬弃和传承。

2. 岭南主体精神的传承扬弃

继承和发扬岭南主体精神的优良传统，要扬弃岭南的非主体精神。过度张扬主体的作用，必然造成唯我独尊，盲目自大，故步自封，不善创新。对于这一点，梁启超在《清代学术概论》中就曾批评其师康有为的"纯任主观"，可引以为戒。他说："有为之为人也，万事纯任主观，自信力甚强，而持之甚毅。其对于客观事实，或竟蔑视，或必欲强之以从我。其在事业上有然，其在学问上有然，其所以自成家数崛起一时者以此，其所以不能立健实之基础者亦以此。"岭南人要继承和发扬自尊、自信、自强和自主创新的文化传统，防止和反对唯我独尊，故步自封的负面因素。深入挖掘优秀传统文化蕴含的思想观念、人文精神、道德规范，结合时代要求继承创新，让中华文化展现出永久魅力和时代风采。

第四节 实际利益的大胆追求

一 追求实利的主体价值

"追求实利"在哲学形态上分析，属于主体的价值取向。"义利"问题是中国传统哲学的核心范畴和争论的焦点。追逐实利,也是岭南哲学人本观的一大特征。岭南哲学人本观中包含丰富的重利思想,推动了岭南经济社会的进步和发展,也在全国产生十分重要的影响。

1. 义利之辩与人的价值

中国古代的义利(理欲)之辩,孔孟开始就已然是哲学的中心议题。儒家的观点基本上是从三方面来看待义利问题。

(1) 重义轻利。孔子认为:"君子喻于义,小人喻于利""君子谋道不谋食""忧道不忧贫"① "不义而富且贵,于我如浮云""见利思义""义然后取""志士仁人,无求生以害仁,有杀身以成仁""富而可求也,虽执鞭之士,吾亦为之。如不可求,从吾所好""富与贵,是人之所欲也,不以其道得之,不处也。贫与贱,是人之所恶也,不以其道得之,不去也"②。孟子也说:"非其道,则一箪食不可受于人。如其道,则舜受尧之天下,不以为泰。"③"非其义也,非其道也,禄之以天下,弗顾也;系马千驷,弗视也"④,甚至提出"舍生取义"⑤。董仲舒提出"重于义"⑥"君子笃于礼,薄于利"⑦"正其谊不谋其利,明其道不计其功"⑧。朱熹走向极端,提出"明天理,灭人欲"⑨。

(2) 先义后利。《国语》曰:"以义生利。"荀子说:"义与利,人所两有也"⑩"先义而后利者荣,先利而后义者辱"⑪,提出"以礼养欲""制定礼义以分之,以养人之欲,给人以求"⑫。

(3) 义利统一。李贽说:"夫欲正义,是利之也。若不谋利不

---

① 《论语·卫灵公》。
② 《论语·里仁》。
③ 《孟子·滕文公下》。
④ 《孟子·万章上》。
⑤ 孟子:《告子上》。
⑥ 《春秋繁露·身之养莫重于义》。
⑦ 《春秋繁露·王道》。
⑧ 《汉书·董仲舒传》。
⑨ 《朱子语类》卷十二。
⑩ 《荀子·大略》。
⑪ 《荀子·荣辱》。
⑫ 《荀子·礼论》。

正可矣。吾道苟明，则吾之功毕矣；若不计功，道又何时而可明也？"① 黄宗羲说"言仁义未尝不利"②，并针对宋儒的禁欲主义提出"人心本无所谓天理，天理正从人欲中见，人欲恰到好处，即天理也。向无人欲，则亦无天理之可言矣"③。王夫之说："义即理，利即欲""私欲之中，天理所寓"④"人欲之大公，即天理之至正矣"⑤"人欲之各得，即天理之大同；天理之大同，无人欲之或异"⑥。颜元更是明确地批判董仲舒，针锋相对地提出："正其谊以谋其利，明其道而计其功。"⑦

儒家义利、理欲之辩的观点，决定了中国传统的贤人治理的政治制度和价值倾向，即一切从人民的利益出发，以义为利，爱民利民。孔子曰："因民之所利而利之"⑧"何以聚人，曰财"⑨"君子不尽利以遗民"⑩。孟子提出"制民之产"的主张，"有恒产者有恒心"⑪。杨起元⑫强调"人心欲望"的"自然性"和"合理性"，主张学问求仁，不离日用。明清之际的唐甄也曾明确提出"藏富于民"，指出："立国之道无他，唯在于富。自古未有国贫而可以为国者。夫富在编户，不在府库。若编户空虚，虽府库之财积如山丘，实为贫国，不可以为国矣。"⑬ 魏源说："利于富民。"⑭ 李鸿章也说："臣唯古今国势，必先富而后能强，尤必富在民生，而国本乃

---

① 《藏书·德业儒臣后论》。
② 《南雷集·孟子师说》。
③ 《南雷集·与陈乾初论学书》。
④ 《四书训义》卷二十六。
⑤ 《四书训义》卷二中。
⑥ 《读四书大全说》卷四。
⑦ 《四书正误》卷一。
⑧ 《论语·尧曰》。
⑨ 《周易·系辞》。
⑩ 引自董仲舒《春秋繁露·度制》。
⑪ 《孟子·梁惠王上》。
⑫ 杨起元（1547—1599年），字贞复，号复所，明代广东省归善县塔子湖（今属惠州桥东）人。
⑬ 《潜书·存言》。
⑭ 魏源：《魏源集·军储篇》。

可益固。"① 何启②、胡礼垣③说:"求利乃人之本心""人之能利于己,必能利于人,不能利于己,必致累于世"④。"利于富民"是儒家仁爱哲学的体现,也是儒家治国的根本理念、途径和人生信条。

2. 岭南重利的文化生态

虽然岭南文化产生了惠能、陈献章、湛若水、康有为、梁启超和孙中山等历史巨人,他们的文化贡献使岭南文化早已成为社会主流文化的重要部分,但在人们的文化印象中,传统的岭南文化往往被视为"非正统、非规范性的世俗文化"⑤,具有"重商性"的文化内涵,或可称为"商业俗文化"⑥。这是由于岭南文化含具趋利文化本质,具有产生功利主义哲学的环境和土壤。

首先,岭南北有南岭阻隔,东南又濒海的地理环境,使岭南人对粮食和其他物品的需求必须通过贸易,善逐"渔盐之利"。尤其是岭南的涉海生存性,使岭南文化划分为环海的海岛文化、沿海的海岸文化、近海的河涌文化和远海的山区文化。从海洋作为对外的通道而言,广东沿海有我国自古以来重要的出海口,早就从事跨海对外贸易,广东的省府广州早在三国时就是海上丝绸之路的重要起点,在闭关锁国的清代,甚至是全国唯一的对外通商口岸。广东的滨海地域,也使广东成为华侨移民大省。这种文化生态,不仅使岭南较早地经历了欧风美雨而开阔了眼界,也容易养成务实求利的人生价值观以及商人的品格、眼光乃至习俗和其他生活方式。

其次,岭南由于偏僻的地理环境和古代文化的相对弱势,历来不受中原王朝的重视,在价值观上出现"远儒性",在职业上被迫或主动地以"做生意"为"出路",视商品经济和市场为如鱼得水,靠经商来养家糊口乃至发家致富。

再次,历史上岭南的官员和文人,为了解决岭南地方发展和百

---

① 《李文忠公全书·奏稿·试办织布局折》。
② 何启(1859—1914年),字迪之,号沃生,祖籍广东南海。清末民初香港著名基督徒、医生、律师、政治家、企业家和慈善家;香港首位获封爵士荣衔的华人。
③ 胡礼垣(1847—1916年),字荣懋,号翼南,晚号逍遥游客,广东三水人。近代思想家。
④ 何启、胡礼垣:《新政真诠》。
⑤ 李权时、李明华、韩强主编《岭南文化》,广州:广东人民出版社,1993,第21页。
⑥ 戢斗勇:《珠江三角洲文化形态论纲》,《佛山大学学报》1994年第5期。

姓的生计困难，不能不脚踏实地解决百姓穷困，注重实际利益。这些官员执政为民的言论以及文人为百姓利益的鼓与呼，不仅是岭南哲学民本观的内容，也是岭南人本观关于主体价值观的内容。

二　岭南重利的哲学表达

明代以后，与整个中国传统的价值哲学观一样，岭南哲学家、思想家也是从"义利""理欲""公私"等角度来阐发主体价值。岭南主体哲学价值观不尚虚谈，注重为一方百姓做实事、谋实利，是中国传统实学的一支劲旅，凸显出岭南人本哲学、主体哲学的特色。

1. 张九龄的"四端""八要"论

张九龄"在政治上他是一个典型的推崇黄老政治的保守者，但是在经济上他却被认为是个激进的兴利之臣"[①]。他的务实求利的思想集中反映在《上封事书》等篇章中，后来概括为"四端""八要"："凡今政要，略有四端，衣食本于农桑，礼义兴于学校，流亡出于不足，争讼由于无耻。故先王务其三时将以厚生也，修其五教以淳俗也"，"且浮逃客户，所在安辑；征镇人家，每事优恤；仓储唯实；赋役唯均；鳏寡抚存；盗贼禁止；邮驿无弊；奸讹不生，念兹八事，朕常屡想"[②]。张九龄提出了许多具体的求利措施，并因此而招来非议。例如《旧唐书》记载，他为了增加粮食产量，在北方传统产粟区推广种植水稻，被公卿百僚讥议而不得实施。宋朝北方推广水稻后竟然出现了多个类似江南的鱼米之乡，证明唐代的张九龄的确有远见卓识。而最让岭南人铭记的他开凿大庾岭，也是出于通塞谋利的考虑。张九龄在《开大庾岭路记》中描述，岭南的由海外贸易而来的"齿革羽毛之殷，鱼盐蜃蛤之利，上足以备府库之用，下足已赡江淮之求"，却由于庾岭的隔阻，"以载则曾不容轨，以运则负之以背"。开通大庾岭路，不仅利于商旅通行和南北交融，也能减轻百姓负担，造福人民。唐玄宗视张九龄为兴利之臣，感叹说："比以卿为儒学之士，不知有王佐之才，今日得卿当以经术济朕！"[③]

[①] 杨海燕：《岭南名相张九龄政治思想新论》，《肇庆学院学报》2006年第1期。
[②] 张九龄：《曲江集》，广州：广东人民出版社，1986。
[③] 《开元天宝遗事·七宝山座》。

2. 崔与之的"经济""医国"论

崔与之的诗词文章虽不论究理学家的"义利"陈词,却包含了注重事功并以此济世医国的思想。他在政治上主张改革、在军事上主张积极防御,尤其是注重"经济",以经济为救国济民的途径。例如他的多首诗都表达了这一思想,诗曰:"要为官择人,颇牧还禁中。胸藏经济方,医国收全功。世事俱尘土,唯有汗竹公。"① "万里修门道,谁传桂子来。好将真积力,为作太平媒。《大易》机缄露,《中庸》气脉回。须知经济学,元不堕秦灰。"② "坏证扶须力,危机发更难。胸中经济学,为国好加餐。"③ 崔与之曾批评汉文帝及其身边大臣"不学"无术,根本不懂狱刑钱谷,借古喻今地劝诫宋宁宗。他还赋诗勉励同僚勤于政事,为国建功,抵御外侮,收复国土。如"十二聚民行惠政,三千议狱谨刑书。最声煊赫流聪扩,圣诏今朝下玉除。……到得中流须砥柱,功名事业要双全"。"玉堂昨夜进麻草,延英趣对猩红袍。太平事业有所属,北卷燕蓟西临洮。扶持世极寿国脉,突兀一柱擎天牢"④。崔与之及其主体价值观直接影响了包括陈献章、湛若水等岭南哲学家,成为岭南哲学、心学的重要思想源头。

3. 陈献章的"率情""自由"论

陈献章"以自然为宗",追求的是"天命流行,真机活泼。水到渠成,鸢飞鱼跃"的境界。他的诗教以"率情"说为核心,强调的是人的个性的发挥。他在《澹斋先生挽诗序》中说:"诗之发,率情为之,是亦不可苟也已,不可伪也已。"在《夕惕斋诗集后序》中又说:"受朴于天,弗凿以人;察和于生,弗淫以习。故七情之发,发而为诗,虽匹夫匹妇,胸中自有全经,此风雅之渊源也。而诗家者流,矜奇眩能,迷失本真,乃至旬锻月炼,以求知于世,尚可谓之诗乎?"在《次王半山诗韵跋》说:"须将道理就自己性情上发出,不可作议论说去。离了诗之本体,便是宋头巾也。"这些虽然是论述诗歌创作,但白沙哲学寓于诗教,"率情"说是"以自然为宗"在主体哲学中的贯彻。

---

① 崔与之:《答李侍郎诗》。
② 崔与之:《送魏秘书赴召诗》。
③ 崔与之:《送夔门丁帅赴召诗》。
④ 崔与之:《寿李参政壁诗》。

从陈献章的名作《禽兽说》《论前辈言铢视轩冕尘视金玉》等看，陈献章并不是绝对地排斥名利，而是在与道义的比较中，相对地将名利视为铢尘。他说："夫子谓：'不义而富且贵，于我如浮云。'谓薄不义也，非薄富贵也。孟子谓：'舜视弃天下如敝屣。'亦谓重爱亲也，非谓轻天下也。"陈献章认为只能讲"淡"利，而不能完全"禁"利，一切要顺应自然。他在《与周用中兄弟》信中说："天地自然之利，人得而取之，何分彼我？"他视黄金为瓦砾，却知道世情是"仕者必期通，隐者必期高""一为利所驱，取便世争先""富贵何忻忻，贫贱何戚戚！一为利所驱至死不得息""势利可能驱我辈""庶免物欲牵""滔滔终夜心，四海皆名利""东西岭表非无事，经济术中怕有心""仁义几回惊阔论，利名何处不通津"[1]，并不决然否定名利。在《诫子弟》一文中，明确阐发了学有用之术的思想，反映出陈献章重视实用、实效的务实精神。他说："里中有弹丝为业者。琴瑟，雅乐也，彼以之教人而获利，既可鄙矣，传予其子，托琴而衣食，由是琴益微而家益困，展转岁月，几不能生。里人贱之，耻与为伍，遂亡士夫之名。"即便是琴瑟雅乐，也应当随应时势环境，教琴为业和操琴为生是不相同的，把握不好，尤其是技艺不精，就会变成无人问津的"屠龙之术"。陈献章认为人"俯仰宇宙间"，应当顶天立地。他呼唤着除去对人的束缚，"今古一杯真率酒，乾坤几个自由身！"[2] 他提出的"自由"虽还未成为政治学意义上的范畴，但从哲学上分析，乃是对主体权益、价值的觉醒，包含了朦胧的启蒙意识。

4. 湛若水的"利济天下"论

湛若水秉承往圣的"义利"观，认为"利心亡而后可以进道。义利之间，毫发耳，一出一入，奚啻千里！能审义利之辨，思过半矣"[3]。以"义利"是在一念之初就有的区别君子和小人的分水岭，强调"人欲肆而天理灭"[4]。湛若水又肯定了人的欲望是人性的内容，说："男女饮食，其欲乎？凡欲皆性也。"[5] 他不否认"诸欲同

---

[1] 《七律·陈冕来游白沙，至仰船江遇石尤风，舟覆》。
[2] 陈献章：《题应宪副真率卷》。
[3] 湛若水：《新论·性情章第十一》。
[4] 湛若水：《泉翁二业合一训序》。
[5] 湛若水：《语录》。

根而异发"① 的观点，认为，一旦义利得到统一，则"德泽至于利济天下，功及生民，上下与天地同流"②。

5. *海瑞的"利国""利民"论*

海瑞不仅不讳言利，甚至主张兴利。他说："有天下，讳言利，不可能也""圣贤不计利害，义理之周，自得于利害之尽"③。海瑞在谈到兴利时，十分强调"利国"与"利民"的统一，他说："圣王之治利天下，国之利裕如也。夫利天下，言民也。利国之道于利民得之。言利者可以外求为哉！"他认为"力财在民"，必须重视生产性和商业性的劳作，奖励耕织。他说："纵商贾、佣工、场圃、夫脚，嗣往兴来，莫非王道，莫非孔门事业。"④ 因而他主张恤民、利民，轻徭薄赋，不能"纵欲不恤其民"。"以此利民，道尽天下，亦以利君，道尽国家""天下有利而能无出于民者乎""竭其源而欲流之长焉，拙于谋利者也。足民之外，更无理财之方，国治而天下平，不易之道也"⑤……海瑞的民本观，也是他的主体价值论。

6. *朱次琦的"经世""敦行"论*

朱次琦建"礼山草堂"，"以经世救民为归"，向学生提出"敦行孝悌，崇尚气节，变化气质，检点威仪"四点要求。朱次琦反对汉学和宋学的门户之见，认为以考据训诂为特征的汉学和八股科举，是清朝禁锢人才之学，提倡读书"五学"即谓经学、史学、掌故之学、性理之学、辞章之学。此五者，前贤略有涉及，而朱次琦重提之且颇多论述，其意在通过挖掘"五学"中的经世致用因素。朱次琦提出，"读书者何也？读书以明理，明理以处事，先以自治其身心，随而应天下国家之用"⑥。"吾今为二三子告，蕲之于古之实学而已。学孔子之学，无汉学、无宋学也；修身读书，此其实也。"⑦ 先生论学，重微言大义，尤重躬行实践。乡居讲学期间，关怀国事，治堤修堰，兴修祖严训子弟，靡不竭力。

---

① 湛若水：《樵语·克艰第九》。
② 湛若水：《斗山书堂讲章》。
③ 《海瑞集》，北京：中华书局，1962，第493～494页。
④ 《海瑞集》，北京：中华书局，1962，第442页。
⑤ 《海瑞集》，北京：中华书局，1962，第493页。
⑥ 《朱九江先生年谱》。
⑦ 简朝亮：《朱九江先生集》卷首，续修四库全书本。

7. 郑观应的"商战救国"论

郑观应，具有从传统商人到近代商人、从传统知识分子到近代思想家的转变历程，集思想家和实业家于一身。他的主要著作《盛世危言》，全面反映了其维新启蒙的思想体系，在中国近代思想史上具有十分重要的地位。

由于郑观应掌握了英语且从事洋务、买办，后自办实业，开阔的眼界促使他更善于思考中国的前途命运，大胆提出君主立宪思想，矛头直指数千年高度专制的封建皇权；提出"商战救国"论，以"商"为国家的"元气"和根本，振聋发聩地宣称"习兵战不如习商战，"①"欲制西人以自强，莫如振兴商务"，要与资本主义强国"决胜于商战"②。郑观应的"商战救国"论，是爱国主义与功利主义的结合，突破了中国几千年来重本抑末、重农轻商传统经济思想的束缚，并以商业竞争为突破口，全方位地发展资本主义经济。

8. 康有为的"求乐利生"论

康有为也受到了"商战"思想的影响，在《上清帝第二书》中，明确向皇帝提出"以商立国"之策。百日维新期间，又上《为商务不兴，民贫财匮，请立商政以开利源而杜漏卮折》（即《戊戌奏稿》中的《条陈商务折》），进一步提出具体实施的措施。

康有为不仅仅是从商战来追求现实的利益，还从人性的根本上提出了"重利求乐"的思考。他认为人"受天命之自然"，人们应当"顺天性"③。他说："孔子之道，本诸身，人身本有好货、好色、好乐之欲，圣人不禁，但欲其推以同人。盖孔孟之学在仁，故推之而弥广；朱子之学在义，故敛之而愈啬，而民情实不能绝也。"④ 康有为批评朱子的禁欲，"故孟子之言性，如禹之治水，专主浚瀹疏排而利导之；……若宋贤之言理性，则本于佛氏绝欲之说，并不留贾让之游堤以留余地，于是河日涨而堤日高，甚至水底高于平地，而河决无

---

① 郑观应：《盛世危言·商战上》，《郑观应集》上册，上海：上海人民出版社，1982，第586页。
② 郑观应：《盛世危言·商战上》，《郑观应集》上册，上海：上海人民出版社，1982，第591页。
③ 康有为：《礼运注》。
④ 康有为：《孟子微》，北京：中华书局，1987，第101页。

日矣"。① 康氏认为对人欲不能像程朱学派那样遏制,"不能禁而去之,只有因而行之"②,提出了"一切政教,无非力求乐利生人之事"。③ 他明确指出,人类的进化就是破除"九界"之苦,"去苦求乐"。梁启超称康有为是"主乐"派的哲学。康有为源于对《孟子》的"与民同乐"说,他的"欲"和"乐"是"与民同欲""与民同乐",强调要"使民有欲"④。康有为基于自然人性论而对理学禁欲主义的批判以及"遂民所欲"的人欲观,说明了其"求乐利生"的主体价值观既是中国传统民本观的延续,又有近代民主观的因素。

9. 梁启超的"利群""尽性"论

梁启超在继承和发展孟子人性论的基础上,吸收英国功利主义哲学家边沁对幸福的看法⑤,尤其看重西方的功利主义在承认个人私利的同时,也要顾及社会、群体的利益。在梁启超看来,人们不必讳言"利","夫利己者,人之性也"⑥。但人的利己之性最终要受人的良心良知的引导,以达到既利己又利人,达到"故多数人共谋其私而大公出"的理想境界。这就是"为群之利"⑦。

怎样才能做到既利己又利群呢?梁启超提出"尽性主义"的主张。他说:"这尽性主义,是要把各人的天赋良能发挥到十分圆满""这便是个人自立的第一义,也是国家生存的第一义""今日第一要紧的是,人人抱定这尽性主义"。他强调彻底解放思想,尊重个人的人格自由、民主权利和"天赋良能","其最要之者,不可不求一国中生利人多,分利人少"⑧,是人人劳作(生利),共同获利(分利)。这不仅是强国之道。也是个人价值实现的途径和标志,即"思想着实解放,意志着实磨炼,学问着实培养,抱定尽性主义,求个彻底的自我实现"⑨。

---

① 康有为:《孟子微》,北京:中华书局,1987,第42页。
② 康有为:《春秋董氏学》。
③ 康有为:《大同书》,上海:上海古籍出版社,1956,第41~42页。
④ 康有为:《礼运注》。
⑤ 梁启超:《饮冰室合集》,北京:中华书局,1989,第31~32页。
⑥ 梁启超:《论立法权》。
⑦ 梁启超:《饮冰室合集》,北京:中华书局,1989,第13页。
⑧ 《梁启超全集》第二册,北京:北京出版社,1999,第697~698页。
⑨ 梁启超:《饮冰室合集》,北京:中华书局,1989,第34页。

10. 孙中山的"民生动力"论

孙中山先生是从社会进化的历史观来看待经济利益的。他说:"民生就是社会一切活动中的原动力。因为民生不遂,所以社会的文明不能发达,经济组织不能改良,和道德退步,以及发生种种不平的事情。"①"民生主义"是孙中山"三民主义"的基础和核心,是"天下为公"的具体体现。

孙中山的民生主义,以平均地权和节制资本为两大核心问题。基本内容包括人民群众生活的方方面面。孙中山说:"建设之首要在民生。故对于全国人民之衣食住行四大需要,政府当与人民协力,共谋农业之发展,以足民食;共谋织造之发展,以裕民衣;建筑大计划之各式屋舍,以乐民居;修治道路、运河,以利民行。"②辛亥革命之后,孙中山先生亲自主持制定的《国民政府建国大纲》第十一条规定:"土地之岁收,地价之增益,公地之生产,山林川泽之息,矿产水力之利,皆为地方政府之所有,而用以经营地方人民之事业,及育幼、养老、济贫、救灾、医病与夫种种公共之需。"孙中山不仅是一个职业革命家,而且是民国经济建设的伟大设计师和热心规划者,具有十分丰富的国家建设和管理思想。他认为,要振兴中华,就必须改变中国落后的经济状况,花大力气开发中国的资源,发展中国的实业,以此为"今后中国存亡的关键"。在他撰写的《建国方略》等著作中,提出了改造和建设中国的宏伟计划,包括许多我们现在已经完成或正在建设的项目,如最早提出在三峡建坝的设想;修建10万英里(约16万千米)的铁路,以五大铁路系统把中国的沿海、内地和边疆连接起来,包括"火车进西藏"的设想;在上海一带建设中国东方大港的计划等。

三 逐利文化的辩证思索

1. 引发实学和启蒙思潮

从哲学上分析,由于独特的文化生态而生成的岭南务实求利的文化,引发了传统实学和启蒙思潮的兴起,而其本身又是实学和启蒙思潮的劲旅。陈献章不仅开启了明代心学,其本于自然、潇洒性

---

① 《孙中山选集》下册,北京:人民出版社,2011,第832页。
② 《孙中山选集》下册,北京:人民出版社,2011,第624页。

情之风，影响到有明一代李贽、"三袁"、汤显祖、徐渭等以"情"为中心的文艺解放思潮，成为反理学思潮的重要一脉。而哲学上颇负盛名的王艮泰州学派从人之性情上论道，也是来源于陈献章的率性真情说。湛若水的"随处体认天理"被王阳明批判为"逐外遗内"，却是实学的滥觞。朱次琦先生打破清代乾嘉学派占据统治地位的局面，开创了思想界新风，乃是清代实学的代表，因而作为再传弟子的梁启超，把朱次琦先生视为中国旧学的一个句号。钱穆先生在《朱九江学述》中也评价说："稚圭有意提倡一种新学，实乃为旧学之殿也。"郑观应作为中国"睁眼看世界的"先进人物，是近代启蒙思潮的先驱和代表。他的《盛世危言》，不仅全面反映了他的维新启蒙思想体系，还风靡全国思想界，曾影响了康有为、梁启超、孙中山等。而康有为、梁启超、孙中山，则更是站在近代维新变法和民主革命的高山之巅，直接影响、引领了中国现代史，他们的思想至今仍在发挥影响和作用。

2. 利益驱动的哲学反思

岭南务实求利的主体价值观是一柄双刃剑。一旦太过于务实求利，价值的导向则必然会引导人们走向眼光短浅、唯利是图的歧途。岭南人一方面要继承和发扬岭南哲学中务实求利的主体价值观，另一方面又要防止和克服唯利是图、目光短浅的价值偏向。要继承和发扬岭南哲学中务实求利的主体价值观，共同致力于全面提升社会主义物质文明、政治文明、精神文明、社会文明、生态文明，致力于把我国建成富强民主文明和谐美丽的社会主义现代化强国。

第十一章
宗教观

岭南哲学之宗教观,既是岭南哲学家、思想家对宗教的认识和观念,也是岭南宗教哲学和神学哲学①,其经典形态包括富含宗教精神性的儒家哲学以及道教哲学和佛教哲学,是岭南哲学的有机组成部分;其现代形态则以马克思主义为主导,对传统宗教哲学与西方宗教哲学批判继承。在古代中国,儒、道、佛三教是中国人的主流信仰,历代统治者往往三教并弘,三教间互相争论而又互相融合,推动了中国古典哲学与宗教的发展。在比较宗教意义上,就其与西方"religion"一词对应的主要内涵而言,宗教是因人对神的信仰和崇拜而建立起来的,故人神关系是宗教哲学和神学哲学探讨的核心问题。而宗教观在某种意义上就会分为有神论(含多神论)与无神论。

第一节 先秦时期岭南原始宗教与民间信仰

一 图腾信仰与自然神灵观

和其他地区一样,史前岭南宗教起源于图腾崇拜和万物有灵论。岭南大地自古就有先民在此生息、繁衍。相对于中原地区的文明"中国",岭南地处南岭之南、南临南海,乃南疆边陲一夷狄,直到唐代惠能六祖生活的时代,岭南仍被视为化外之地、瘴疠之乡、流放之所。古越族(百越)、黎(俚)族、瑶族、畲族等是这块土地的原著民而以越族为主体。特殊的地理环境和生存环境造就了岭南文

---

① 宗教哲学是站在现代宗教学和哲学学术研究立场而展开的,至于神学哲学则指历史上各种宗教家的神学和信仰的立场,两者是有区别的。但在叙述历史时,可能笼统称之为宗教观或宗教哲学。

化（包括宗教信仰）不同于中原文明的风格，内陆农业（狩猎）文化与沿海渔猎文化并存，而尤以海上交通和内河水运的水事众著称。《淮南子·原道训》称："九嶷之南，陆事寡而水事众，于是人民断发文身，以象鳞虫。"庄子《逍遥游》亦云："越人断发文身。"文身即一种图腾崇拜，用于趋利避害。《说文解字·虫部》中"南蛮，蛇种"，代表了中原文化对越人奉蛇为祖先和崇拜蛇图腾的认知。南越人和东南沿海地区百越先民一样，信奉海洋神灵。① 珠海高栏岛宝镜湾岩刻画反映出南越先民敬海、祭海与舟楫相依的滨海生活。在春秋战国时期，岭南地区的南越与楚文化多有交流。至秦始皇平定百越，及赵佗建南越国，奉行和辑百越政策，中原人口南迁形成移民，南北风俗、信仰共存交融于岭南，越汉民族也逐渐融合。使用汉字，中原文化包括儒家思想、道家道教信仰，也自此南传至岭南。

二 俗鬼尚巫

肇庆考古发掘的一个母系氏族公共墓地，葬氏流行屈肢葬（将死者四肢缚起来），反映出先民对死者（鬼）的恐惧和灵魂不灭的信仰。曲江"石峡文化"墓葬出现二次葬，有使死者死后与家人团聚的用意，丰富的随葬品同样体现出岭南先民对鬼魂世界的信仰。《史记·封禅书》称："越人俗鬼，而其祠皆见鬼……乃令越巫立越祝祠，安台无坛，亦祠天神上帝百鬼，而以鸡卜。上信之，越祠鸡卜始用。"《汉书·郊祀志》有同样记载，而以"粤"称替换"越"称。俗鬼，指信奉鬼神为普遍民俗。行卜是一种试图获得神灵启示的活动，而巫术进一步试图控制神灵以求对己有利。岭南长期偏离中原文化，中央政府的政治和文化影响力有限，逐渐形成民众偏重生活和实用的性格。

第二节 岭南哲学宗教观之经典形态及其理论特色

一 儒学在岭南的传播发展与江门心学对儒学岭南化的完成

广东境内大量出土文物表明，先秦时期，礼乐制度随中原文

---

① 唐宋以后，随着造船技术和海洋活动的增加，对海神的崇拜也日趋活跃和普遍。

化、楚文化等先进岭北文化的南传在岭南地区已逐渐流行。至汉代，汉武帝平定南越后，岭南完全融入汉帝国版图。在思想文化领域，罢黜百家，独尊儒术，导致经学繁荣。苍梧广信（今广西梧州）"三陈"即陈钦、陈元和陈坚为当时著名经学家，颇有建树。在"三陈"之后的百余年，苍梧广信又崛起名震当世的"四士"即士燮、士壹、士䵋、士武，四人皆为太守，学有所成。这些当时一流的学者在岭南地区进行学术活动，为儒家礼义教化的正统信仰在岭南的确立奠定了基础。而锡光、任延等在任交州太守任内"教导民夷，渐以礼义……岭南华风，始于二守焉"①。

唐宋时期，岭南儒学在与佛教、道教的相争相融中进一步发展。唐玄宗时曾官至宰相的张九龄，以岭南人在事功方面取得成就可说是"岭海千年第一人"。他主持开凿大庾岭（大梅关），被丘濬赞为："兹路既开，然后五岭以南之人才出矣，财货通矣，中朝之声教日逮矣，暇陬之风俗日变矣。公之功于是为大。"② 张九龄还擅诗文，风格被称为"张曲江体"，后世岭南学人奉之为诗祖。他在思想上信奉今文经学的有神论，而又务实应变。晚唐春秋学大家刘轲《三传指要》其学术特色也是三家兼采、儒释兼综。唐代儒家思想代表人物韩愈也曾三次结缘岭南，尤其是第三次因谏迎佛骨被贬为潮州刺史，其间大兴乡校，推行儒家教化，有力地促进了粤东文化发展。余靖是一位安内攘外的名臣，他主张事在人为，不相信祥瑞论，反对求神拜佛。贬居岭南的苏轼、李纲，都是主张儒释道三教兼容并蓄的。

被称为"有明一代文臣之宗"的丘濬，著有《大学衍义补》，强调经世致用，发挥儒家的内圣外王思想。东莞人陈建撰有《学蔀通辨》，是程朱而非陆王，批评禅宗而主张实学。"白沙心学"真正完成了儒学岭南化，并在中国思想史、哲学史上占有一席之地。

宋明儒学区别于汉唐经学，在经历了禅佛教洗礼后，以弘扬"四书学"为标志回归先秦儒学，其中程颐朱熹一系的理学成为官方儒学。理学家们普遍以辟佛老、卫（孔孟之）道为己任，将圣贤经传天理化，对主张明心见性的南宗禅的批评尤为激烈，在成德成

---

① 《后汉书·任延传》。
② 《唐丞相张文献公开凿大庾岭碑阴记》。

第十一章 宗教观

圣等方面提出了一系列新的规范,体现了传统中原(北方)威权、理性文化的特征。明初的岭南学术文化完全是官方程朱理学的天下,直至陈献章创建白沙心学,融合了岭南禅文化和楚(道家)文化,将天理收归人的本心,以人心的觉悟和自得为天理,而不以圣贤经传的是非为是非,苟不求之吾心,"六经一糟粕耳!"① 这对于明代学术文化主流由理学转向心学起了决定性的作用。

陈献章志在"撤百氏之藩篱,启六经之关键"②。他曾明确表达对朱子理学的不满:"吾尝恶其太严也,使著于见闻者不睹其真,而徒与我哓哓也。"③ 他认定:"往古来今几圣贤,都从心上契心传。"④ 其《古蒙州学记》云:"仁,人心也。充是心也,足以保四海;不能充之,不足以保妻子。可不思乎?……由斯道也,希贤亦贤,希圣亦圣,希天亦天。立吾诚以往,无不可也。此先王之所以为教也。舍是而训诂已焉,汉以来陋也。舍是而辞章已焉,隋唐以来又陋也。舍是而科第之文已焉,唐始滥觞,宋不能改,而波荡于元,至今又陋之余也。夫士何学?学以变化气习,求至乎圣人而后已也。"⑤ 陈献章认为程朱官学已沦落为陋学或俗学,离圣学远矣。在他看来,圣学就是心学:"仲尼、颜子之乐,此心也;周子、程子,此心也;吾子亦此心也。得其心,乐不远矣。"⑥ 故"此心自太古,何必生唐虞?此道苟能明,何必多读书?"⑦ 白沙心学是要人从外在的循理回归内在本心,在本心下功夫求自得,从而带来理学向心学的转向。如果说禅宗是佛教的教外别传,以心印心,客观上对重视经教的佛教形成革命性的冲击,那么白沙心学也是儒学和圣学的教外别传,以心印心,客观上对重视经教的经学和程朱理学形成革命性的冲击。

陈献章"自得之学"有其鲜明的岭南特色也即其禅学特色。陈

---

① 《道学传序》。
② 陈献章:《湖山雅趣赋》,载《陈献章集》,北京:中华书局,1987,第275页。
③ 陈献章:《复张东白内翰》,载《陈献章集》,北京:中华书局,1987,第131页。
④ 陈献章:《次韵张廷实读伊洛渊源录》,载《陈献章集》,北京:中华书局,1987,第645页。
⑤ 《陈献章集》,北京:中华书局,1987,第28页。
⑥ 《陈献章集》,北京:中华书局,1987,第47~48页。
⑦ 陈献章:《赠羊长史,寄辽东贺黄门钦》,载《陈献章集》,北京:中华书局,1987,第294页。

献章提出:"山林朝市一也,死生常变一也,富贵贫贱、夷狄患难一也,而无以动其心,是名曰'自得'。"① 在这里,"夷狄"的开放地域观和华夷观最是关键,涉及对禅佛教和岭南地方性文化的认知和评价。对于自得之学被讥讽为禅学,陈献章并不惧怕:"由来须一静,亦足破群疑。敢避逃禅谤,全彰作圣基。"② 他还主张重疑和觉悟:"前辈谓'学贵知疑',小疑则小进,大疑则大进。疑者,觉悟之机也。一番觉悟,一番长进。……凡学皆然,不止学诗。即此便是科级,学者须循次而进,渐到至处耳。"③ 又说:"人争一个觉,才觉便我大而物小,物尽而我无尽。"④ "学无难易,在人自觉耳。才觉退便是进也,才觉病便是药也。眼前朋友可以论学者几人?其失在于不自觉耳。"⑤ 这里的"觉悟""觉""自觉",其实同样在说"自得"。当他以疑、觉说"得"时,其学与禅也就浑然一体了。

在明代,有不少批评者斥白沙学为禅学,这并不奇怪。有宋一代,民族危机深重,反映到知识界,儒家的"华夷之辩"成为政治正确的头等大事,士人虽出入佛老,但言论鲜有不辟佛的,流风所及,至明代,儒门正统派批评其论敌最常用的手法仍是说某是禅。而"朱陆之辩"在程朱理学获得官方正统地位后,门户之见使攻击陆九渊心学者也讥白沙心学为禅学。清代四库馆臣早有"大抵皆门户相轧之见"的定评。而陈荣捷先生在分析陈献章的主静说时也客观地指出:"夫主静为宋代理学家之共同趋向,其受佛家与道家之影响,无可讳言。然而儒者却少有肯承认之者。儒学之能于十一世纪复兴而蓬勃,大放光彩者,正在其能采纳古代之阴阳、道家之自然,与佛学之禅定,熔于一炉,以为其新材料之故。"⑥ 其实,今天我们跳出"华夷之辩"藩篱,正视禅佛教已是中国传统文化有机组成部分,同时也摒弃儒家思想为正统的"门户之见"。

---

① 阮榕龄:《编次陈白沙先生年谱》,载《陈献章集》附录二《前揭》,北京:中华书局,1987,第825页。在《明儒学案》卷五《赠彭惠安别言》中,无"夷狄患难"四字,代之以"威武"。
② 陈献章:《偶题》,载《陈献章集》,北京:中华书局,1987,第986页。
③ 陈献章:《与张廷实主事》,载《陈献章集》,北京:中华书局,1987,第165页。
④ 陈献章:《与林时矩》,载《陈献章集》,北京:中华书局,1987,第243页。
⑤ 陈献章:《与湛民泽》,载《陈献章集》,北京:中华书局,1987,第191页。
⑥ 陈荣捷:《白沙之动的哲学与创作》,载《王阳明与禅》,台北:台湾学生书局,1984,第69页。

第十一章 宗教观

陈献章从不避讳禅佛教。其诗语如禅语，如"乾坤许我具只眼，名利真谁破两关"①"濂洛诸公传不远，风流衣钵共团蒲"② 之类。在他看来，禅修悟道重视启疑情，陈献章看着便如"学贵知疑"古训一般。陈献章对于禅佛教持大胆的拿来主义。这源于他并不认同将儒佛之辩拉扯上华夷之辩。有诗曰："化日熙熙春荡荡，华夷何处不同天。"③ 朱维铮分析利玛窦到达王学大本营江西传教时意外地受到善待，其重要原因是"王门诸派共同具有的宽容异教异学的心态"④。无疑白沙学在这一点上已率先进达。陈献章"自得"的诗中便有许多近禅、"佞佛"语。陈献章认为主静的禅学对治疗时人忙于功名利禄具有对症下药的积极功用，不必讳疾忌医。在一个重整合融通而非重论辩分别的时代，过分强调华夷（儒佛）之辩与固守门户之见恰恰有碍于心灵的自由解放和学术进步，白沙之学因应时代精神而崛起，其转变学风和开时代新风的意义恰在于超越儒佛之辩，虽然陈献章出于自我保护需要在名词上仍有沿用官方儒学套语，但实际上，其自得之学将诗与禅完全打通、合一了。在救心救世、针砭时弊的功用上，诗禅、儒佛既有共鸣，则可一并拿来主义。陈献章禅学修养如此之高，其诗学与禅学水乳交融难分彼此，或可称为禅儒，即有高深禅法的儒者，这也许是禅学烂熟时代的产物，陈献章"自得之学"独领风骚。明以前已出现众多的儒禅，即调和儒释高唱儒释一致的禅师，如传下虎溪三笑佳话的庐山慧远、自号中庸子的智圆、有"一代孝僧"和"明教"禅师之称的契嵩等。影响宋明理学至深的"寻孔颜乐处"的话头就是禅师黄龙晦堂心向周子提出，周子有得后再传于二程的。陈献章"自得之学"上承孔孟，中接周子、大程子，固然已参透"孔颜乐处"⑤，

---

① 陈献章：《次韵吴献臣明府》，载《陈献章集》，北京：中华书局，1987，第465页。
② 陈献章：《得贺黄门克恭书》，载《陈献章集》，北京：中华书局，1987，第450页。
③ 陈献章：《木犀·其五》，载《陈献章集》，北京：中华书局，1987，第588页。
④ 朱维铮：《走出中世纪》增订本，上海：复旦大学出版社，2007，第79页。
⑤ 屈大均《陈文恭集序》："王青萝云：'白沙非禅者也。白沙初学于吴康斋而未有得。及坐春阳之台，乃恍然有得于孔、颜之所以为乐。其学盖本诸心，其功则得于静，似禅而非禅者也。'"见《陈献章集》，北京：中华书局，1987，第921页。

或可以"禅儒"称之。当代学人完全没必要忌讳白沙心学的禅学特色,禅学、心学早已没有意识形态的异端色彩,都只是具有岭南特色的古典思想资源而已。

惠能立足岭南地域文化,一闻佛法(《金刚经》)顿悟无论南人北人,人人皆具佛性,成佛之道在于自觉、顿悟,客观上体现了岭南人的文化自觉和文化诉求。陈献章十年闭关静坐,终悟"自得之学""百粤为邹鲁"[①],确实能体现出陈献章作为岭南人的文化自信。两人的学术文化成就或思想贡献,都源于他们立足于岭南人的生存处境和文化心理,在华夷之辩中处于弱势一方,因而能借助或禅学,或心学,一致地主张开放的地域观和平等的人性观,一致地淡化华夷之辩的立场,实际上是赞成一种更加开放、包容的一元论的普世价值。在中国思想史上,惠能南宗禅完成中国佛教史上最重要变革(使佛教从寺院走向民间从僧人走向居士),陈献章的自得之学直接导演了中国儒学史上心学学派的完成和流行。儒佛两家内部最重大的变革都发动于岭南大地,不能不归功于岭南文化的受容性、包容性和开放性。

湛若水是白沙弟子中学术成就最高者,是白沙心学的重要传人,其"随处体认天理"的核心哲学理念同样是将圣学、经学的钥匙交给人心。湛若水《春秋正传》自序云:"《春秋》者,圣人之心、天之道也,而可以易言乎哉!然则圣人之心则固不可见乎?夫子曰吾志在《春秋》,圣人之心存乎义,圣心之义存乎事,《春秋》之事存乎传。……夫《春秋》者,鲁史之文而列国之报也。乃谓圣人拘拘焉某字褒、某字贬,非圣人之心也。"在这里,湛若水将圣人之心与天之道等,显示出心本论的心学家立场。湛若水提出:欲明经学之义,有赖传之事实(史学),而事之实否应求(决)之于心(心学)!这是将经学奠基于史学而又决之于心学的立场。不过,湛若水主张"要内外本末心事合一,乃是孔孟正脉"[②]。这种合一说持调和朱陆的立场,对佛老的立场也异于陈献章而持公开批评的意见。

---

① 白沙弟子张诩撰《行状》,称白沙出生时,"有占象者言:中星见浙闽,分视古河洛。百粤为邹鲁,符昔贤所说。"张诩撰《白沙先生墓表》又言:"天旋地转,今浙闽为天地之中,然则我百粤其邹鲁欤!"

② 湛若水:《大科训规》。

二 惠能南宗禅回归心性的顿教特色

岭南文化早期，相对于中原文化，是夷狄与中国的关系。观春秋三传，连楚国都是夷狄，何况岭南？岭南文化的崛起除了中原文化通过儒家官僚们在岭南的持续教化，尤其是张九龄开通大庾岭使得南北交通更加便利之外，还得益于海上丝绸之路与佛教禅宗的传播。这是岭南文化发展独有的两轮：陆路交通接受北方中原和中央文化的向南辐射，海上交通接受外来文化的影响，包括印度禅佛教、伊斯兰教和基督教都先后通过海路登陆广州然后进一步北上影响中原文化。

如果说陆上丝绸之路即佛教传播中土之路，那么海上丝绸之路却是禅宗传播中土之路。

史书记载，汉代岭南的徐闻与合浦港是海上丝绸之路的重要港口，天竺（印度）与大秦（东罗马）也都经海路派使臣来中国。至魏晋南北朝，广州港与海外诸国的交通日益频繁。南海商路带来了域外宗教在岭南的传播。前文提到，交州在汉魏之际曾是岭南学术文化中心，也是中外文化交流中心，佛教在此也传播开来，并诞生了中国人所著的第一部佛教文化著作——《理惑论》。《理惑论》主张儒释互通，佛道与五经不但不相违背而且互相一致，提出"汉地未必为天中也"，否定中国为地之中央说，也就否定了华夷之辩，以宽容、开放的眼光接纳并尊崇外来宗教。三国时吴国高僧康僧会也出自交趾。广州在魏晋时超过交趾，也因此成为佛教传播的重镇，大量西来梵僧在广州传教、译经。据梁《高僧传》载，昙摩耶舍及其弟子法度在广州10多年，推广小乘佛教。尤其是与鸠摩罗什、玄奘齐名的真谛在华弘法23年，晚年居广州，译出经文80部、324卷。广州还是海路密宗东传中国之门户和初地，唐开元天宝年间金刚智和不空在广州传法弘密，翻译出《金刚顶经》等大量密宗经典。

梁武帝时，菩提达摩经海路到达广州，使广州成为禅宗来华初地，达摩后来被尊为东土禅宗初祖。100多年后，唐代新州人惠能创立南宗禅，使岭南在中国禅宗史上大放异彩，这也是岭南第一个具有全国影响的文化成果。《坛经·行由品第一》记载禅宗五祖弘忍与惠能的对话："祖言：'汝是岭南人，又是獦獠，若为堪作佛？'

惠能曰：'人虽有南北，佛性本无南北，獦獠身与和尚不同，佛性有何差别？'"弘忍的问话显然代表了中原文化立场，而惠能的回答打破对南北地域及民族（汉族与少数民族）差异，既符合佛性（禅佛教义理），又体现了岭南人的文化自觉！佛、法、僧是佛教三宝，惠能《坛经·忏悔品第六》教人："皈依自性三宝。佛者，觉也；法者，正也；僧者，净也。"这体现了禅宗与佛教的典型区别，主张佛法不外求，否认佛、佛性、佛法、净土的外在客观性，把它们收归于人的心性，不在众生之外求佛，不在平常心外求佛性，不在此世之外求出世，不重佛经，也不重僧教，开后世呵佛骂祖禅风之门，这种修持方法又被称为禅宗顿门。惠能在《坛经·行由品第一》开宗明义所示"法要"即"菩提自性，本来清净，但用此心，直了成佛"，惠能的南宗禅主张明心见性、顿悟成佛，信佛不必出家，修行不必住庙，是一种平民禅、方便禅，体现了历史进步，对于佛教以及早期禅具有革命性意义。禅与佛教同源，创始人都是释迦牟尼，禅法并不仅是小乘佛教的禅定，更是以"拈花微笑"为源头的"佛语心宗"，强调不立文字、心心相印，是为教外别传。自菩提达摩来华，中国禅宗的发展过程就是佛教中国化的过程，惠能南宗禅，与庄子和孟子心学尤为契合，这一特质使禅宗在唐代佛教各大宗派中影响最大，以至唐以后佛教寺院十之八九皆为禅寺，僧人多为禅师。

中国禅宗在惠能身后"一花开五叶"，演化为五家七宗，即临济宗、曹洞宗、沩仰宗、云门宗、法眼宗等五家，加上由临济宗分出的黄龙派和杨岐派，合称为七宗。其中由文偃禅师在云门山创建的云门一宗在南汉、宋时独盛于岭南。云门宗风险峻而简洁高古，其中云门三句（涵盖乾坤，截断众流，随波逐浪）和一字关最具代表，但根本思想却是佛法不离人伦日用。文偃说法常道"总在这里"，又说："除却着衣吃饭，屙屎送尿，更有什么事？无端起得如许多般妄想作什么。"

宋代除云门宗兴盛外，南华寺的临济宗在重辩住持时也高僧云集，重辩还是东坡居士贬居岭南时的方外之交。被流放梅州的大慧宗杲也属于临济宗，有《正法眼藏》《大慧书》等传世，对当时流行的棒喝禅、文字禅、默照禅都有所纠正，提倡回归以"即心是佛，无心是道"为妙悟极则的看话禅。宋以后，岭南佛教和禅宗衰落，但晚明至明末清初，自憨山德清中兴曹溪、重振岭南佛教之后，又逢易代之际，岭南佛教一时大师辈出，如道独、道丘、道忞、天然、今无、澹归、大汕、剩人、成鹫等，个个都是当时响当当的人物。但有清一代，岭南佛教彻底衰落了。

三 从神仙道到性命双修的内丹道

道教是中国土生土长的宗教，是在万物有灵论的各种信仰基础上，以神仙说为中心，以长生不老为主要目的的一种多神论宗教。逐渐形成符箓与丹道（或称金丹）两大教派，前者以正一教（天师道）为代表，后者以葛洪神仙道和全真道为代表。从道术来看，主要来源于古代原始部落的图腾崇拜与自然神论，神仙方术，巫术，道教符箓派偏重道术。从道（仙）学来看，主要来源于老庄学（《道德经》《南华经》）、邹衍的阴阳五行说及《易经》，道教的丹道派偏重道学。

葛洪生前两次到广东，特别是第二次到广东，是举家南迁[1]，定居"岭南第一山"罗浮山，并于罗浮山修道终老[2]。是神仙道教（外丹道）的代表人物，是道教南传第一人[3]，被奉为岭南道教祖师。

葛洪在罗浮山建置了"四庵"，即都虚、孤青、白鹤、酥醪，其中都虚观最为著名，后更名"冲虚观"，相沿至今，是岭南道教的中心，罗浮山也成为岭南道教的祖庭。

《抱朴子·内篇》"金丹篇"记载了葛洪金丹派的师承关系，左慈（元放）得之于神人，然后依次传给葛洪的祖父葛玄（仙翁）、葛洪的师父郑隐，再到葛洪。但实际上，早在东汉末年，魏伯阳将《周易》（汉易）、《黄帝内经》与老庄、神仙法术思想汇通，作《周易参同契》，被后人视为万古丹经王，奠定了道教丹道派的理论基础。不仅外丹，且对唐以后内丹兴盛发挥关键作用。但魏伯阳的著作在当时并无影响，直至五代后蜀的彭晓为之作注才流

---

[1] 以葛洪举家迁居罗浮山为主题的画作"稚川移居图"，自宋以来，出自名家之手的就有数十幅之多，如李公麟、王蒙、唐伯虎等。

[2] 《晋书》载："（洪）以年老，欲炼丹以祈遐寿，闻交阯出丹，求为勾漏令。帝以洪资高，不许。洪曰：'非欲为荣，以有丹耳。'帝从之。洪遂将子侄俱行。至广州，刺史邓岳留不听去，洪乃止罗浮山炼丹。"

[3] 有史可考的岭南道教第一人是东晋南海太守鲍靓，《晋书》称他学兼内外，其师承，一云阴长生，一云左慈。但开创岭南道教并在中国道教史上占据重要地位的是葛洪，故称葛洪为"岭南道教第一人"。

传开来；其生平事迹也未见于正史，而首见于葛洪的《神仙传》。葛洪的《抱朴子·内篇》总结了战国以来神仙家的理论，论证了神仙实有，人可学致的观念，基本确立了道教神仙理论体系，又继承魏伯阳炼丹理论，集魏晋炼丹术之大成，记载了大量古代丹经和丹法。葛洪被称为神仙道的代表人物，又是家喻户晓的炼丹家，大凡名山，往往都有葛洪炼丹的传说。

道教丹道派的问题意识是：人由阴阳二气交感生；如果一个人元气保养得好，损伤较少，损伤后又有方法可以补救，就可以长生不老，得成神仙。五谷、药石对人元气大有补益，但最上品的药，莫过于金丹。道教真正体现在理论上、认知上的独特性并提供独特价值的，是它借宇宙论建构起来的丹道学说与神仙论，即养生学或人体生命科学。道教以追求长生不老成为神仙为教旨，在人成仙（长寿）何以可能又通过什么途径得以实现的探索过程中，积累了大量人体生命科学资料。葛洪的神仙道及其炼丹理论与实践，在今天仍有其现代价值。

葛洪身后，由葛洪之子侄葛望、葛世和从孙葛巢甫以及徒弟黄野人、滕升、乐玄真、安海君、任延庆、徐灵期等道士，形成罗浮山道团，继续传播葛洪的神仙道和炼丹术术，推动着岭南道教的传播和发展。

外丹道的发展并不顺利。更因唐朝诸多皇帝服外丹中毒而死，炼丹术日趋没落，追求"性命双修"的内丹术开始兴盛。一般认为，罗浮山道士苏玄（元）朗是推动道教丹道派由外转向内的关键人物。《罗浮山志汇编》载："隋苏玄（元）朗者，不知何许人，尝学道于句曲，得司命真秘，遂成地仙。生于晋太康时，隋开皇中来居罗浮，年已三百余岁矣。居青霞谷修炼大丹，自号青霞子，作《太清石壁记》及所授《茅君歌》，又发明太易丹道，为《宝藏论》。弟子从游者闻朱真人服芝得仙，竞论灵芝春青夏赤秋白冬黑，唯黄芝独产于嵩高，远不可得。元朗笑曰：'灵芝在汝八景中，盖向黄房求诸？谚云：天地之先，无根灵草，一意制度，产成至宝。此之谓也。'乃著《旨道篇》示之，自此道徒始知内丹矣。"① 内丹

---

① 宋广业：《罗浮山志汇编》卷四《藏外道书》，第19~144页。但道教系统一般认为，唐、五代钟离权、吕洞宾的钟吕金丹道才是内丹派的必奉经典。

道认为，人既是天地宇宙生化的产物，人自身的禀赋便是完全而自足的。人无须假求外物以自坚固，而只需调动、引发体内本有的成分、因素，使之协和、完善起来，就可以修成仙道。倾注于通过练精化气、练气化神、练神还虚的内炼功夫。内丹学由探求宇宙生化奥秘，转向探求人身作为一生命体的奥秘，找出逆炼归元而成仙长生之道。

北宋神宗时，张伯端著《悟真篇》，以禅道融合为特色，继承钟吕金丹的性命双修说，但主先命后性，又将陈抟《无极图》的内丹思想加以阐发，自成一家，与魏伯阳《参同契》同被道教推为正宗，是内丹学史上又一经典，并形成金丹派南宗，而从张伯端经石泰、薛道光到陈楠、白玉蟾被称为南宗五祖。陈楠、白玉蟾都是南宋时岭南人。陈楠为广东博罗人，在罗浮山冲虚古观修道，著有《翠虚篇》；海南琼山人白玉蟾为其弟子。可见，到南宋时，罗浮山成为丹道派南宗的重要道场，白玉蟾成为南宗集大成者，著有《海琼白真人集》。他把内丹与禅融合，"升堂"说法而有《语录》。《海琼传道集》载有其"丹法参同十九诀"。白玉蟾又兼修神霄雷法，主张"内炼成丹，外用成法"，法即指雷法符咒之术。金丹派南宗在白玉蟾之前单传居家，至白玉蟾广收弟子，形成教团，后人为区别于北方全真道而称白玉蟾的教团为金丹"南派"。至元代李道纯、黄公望、陈致虚，南北宗合流，并在明代被官方称为与正一教相对的全真道。

第三节　岭南哲学宗教观之近代化

一　从利玛窦、马礼逊的广东传教到孙中山的宗教观

唐宋时期，随海上丝路到广东的蕃客传来伊斯兰教。后来定居广州、肇庆的，多是回族穆斯林。伊斯兰教信众民族性较强，传来中国后与中国哲学和思想文化传统较少冲突，影响也就不大。

基督教来华传播最早两次，一次在唐代，被称为景教，另一次在元代，被称为也里可温教，其中有2名传教士由广州登陆中国。第三次来华发生在明末清初，经由海路在广东登陆，并逐渐取得成功，影响巨大。1541年，西班牙耶稣会士方济各·沙勿略在今江

门上川岛登陆。此后,葡萄牙人获准在澳租地、贸易,传教士接踵而来,澳门成为对华传教基地。至意大利耶稣会士罗明坚,终于获准在中国内地——肇庆——传教,建中国内地首座教堂——仙花寺。这些早期传教士逐渐认识到使用中国语言及融会中国文化习俗的"文化传教"(以传播西方科技和学术思想为主要形式)才是正确方向,至利玛窦,在肇庆、韶州近十五年时间里形成"以儒释耶,以耶补儒"思想,鼓吹耶儒合流论,说汉语、穿儒服,其促进中西文化交流和西学东渐的活动取得成功,逐渐获得朝廷和士大夫信任,被允许自由传教。中国文化的西传,也肇端于来粤的传教士,沙勿略、罗明坚、利玛窦等。岭南人对基督教(天主教)如同早年佛教一样持开放态度。上川岛、澳门、肇庆、韶关、广州等地的民众乃至士大夫、官员,在与传教士的交往中开阔了视野,其中有不少人还信了教,成为外来传教士的有力帮手。天主教传教活动在康熙末年因罗马教廷挑起礼仪之争,引起对儒家文化中敬天、法祖和祭孔诸活动是否具有宗教(异教)属性的争论。如果认为"儒教不是一个正式的宗教,只是一个学派,是为了齐家治国而设立的",传教士就可以接受儒教与天主教并立,士大夫就可以既属于儒家学派又成为基督教徒。但罗马教廷不准中国信徒祭祖祭孔,这个做法遭到康熙的反感,最后在雍正年间完全禁止澳门之外的传教活动,直至鸦片战争爆发才重新获得传教权,而香港因在战后割让给英国,迅速替代澳门成为中西文化交流的中心。居于香港的维新派思想家们,如何启、胡礼垣等,对基督教传教士的活动持前所未有的肯定态度,他们的洋教观本质上体现了一种向西方先进文明中寻求真理、探索救国方案的努力。他们赞扬:"义学之设,多由教门;洋文之学,始于教门;劝善之文,派自教门;格物之编,译自教门,凡此皆增长见识,开人智慧者也。"[1] 他们对基督教与传统儒家教化的矛盾持调和立场,认为:"同是好善之心,何容争执?共为性功之事,正宜相亲。德不孤必有邻,故善待教门者,又相资之道也。"[2]

---

[1] 何启、胡礼垣:《新政安行》,《胡翼南先生全集》卷十二,收入沈龙云主编《中国近代史料丛刊》,台湾文海出版社,第700页。

[2] 何启、胡礼垣:《新政安行》,《胡翼南先生全集》卷十二,收入沈龙云主编《中国近代史料丛刊》,台湾文海出版社,第778页。

第十一章 宗教观

为摆脱"洋教"色彩,中国基督教很早就追求自立自养自传(三自)和本色化运动,早在1873年,浸信会华人牧师陈梦南在广州潮音街创立华人宣道堂,开华人教会自立的先河。在20世纪初"非基督教运动"当中,广东教会人士更自觉建立中国化教会的必要,从而产生基督教公会组织。这些充分反映了广东人的独立性精神较强。

孙中山早年通过传教士和教会学校接触和吸纳西方文化,基督教成为孙中山迈入广阔的西方文化领域的一扇门户。1878年,他十二岁由广东翠亨村乘轮船赴美国檀香山求学,其间热烈追求西方科学知识和基督教信仰,并于1883年在香港求学时受洗。受洗不仅是一种宗教皈依,更代表孙中山倾向于对西方先进文明的认从,对中国传统宗教的鬼神观念则持强烈反对立场,直至临终都没有改变基督徒身份,声明"我本是基督徒,与魔鬼奋斗四十余年,尔等亦要如是奋斗,更当信上帝"[①]。当20世纪20年代初全国一些大中城市掀起反基督教风潮时,他明确表示:"予亦反对现在反基督教之理论。"不过,他认为革命和政治重于宗教,而宗教富于道德,故又可以教补政。他认为"耶稣之理为舍己救人,革命之理为舍己救国,其牺牲小我,谋求大众福利之精神,原属一致"[②]。他临终前对徐谦说:"耶稣是革命家,我也是一样。"[③] 他认为自己救国救民的心志和耶稣救世的宗旨相同。孙中山心中所崇仰的更多的是耶稣的人格精神,而不是圣父、圣子、圣灵三位一体的基督教神学,所以他常称自己"不属于教堂的基督教徒,而是属于耶稣的基督徒"。他还对比了宗教与科学,认为,"科学的知识,不服从迷信,对于一件事,须用观察和试验的方法,过细去研究,屡次研究不错,始认定为知识。宗教的感觉,专是服从古人的经验,古人所说过的话,不管他是对不对,总是服从,所以说是迷信。就宗教和科学比较起来,科学自然较优"[④]。他既认识到宗教的不足,亦重视

---

① 《孙中山轶事集》,上海三民公司编印,1926,第170页。
② 王宠惠:《追怀国父述略》,转引自陈建明《孙中山与基督教》,载《孙中山研究论丛》,1987。
③ 《教务杂志》1931年,台北:台大出版中心、基督教与中国研究中心影印,2012,第90页。
④ 《孙中山全集》第八卷,北京:中华书局,1986,第316页。

宗教的社会功能。《三民主义·民族主义》第一讲就把宗教与血统、生活、语言、风俗习惯并称为民族形成的五大自然力,指出,"大凡人类奉拜相同的神或信仰相同的祖宗,也可结合成一个民族。宗教在造成民族的力量中,也很雄大。像阿剌伯和犹太国已经亡了许久,但是阿剌伯人和犹太人,至今还是存在。他们国家虽亡,而民族之所以能够存在的道理,就是因为各有各的宗教"①。奉行宗教信仰自由、政教分立,五教大同。孙中山把西方资产阶级革命的核心价值观"自由、平等、博爱"归结于基督教信仰,并进一步创立三民主义学说,以主义信仰代替宗教信仰,给中国传统哲学宗教观带来革命性的变革,是中国历史上最富现代性的一种哲学宗教观。孙中山认为:"宗教之所以能够感化人的道理,便是在他们有一种主义,令人信仰。普通人如果信仰了主义,便深入刻骨,便能够为主义去死。因为这个原因,传教的人往往为本教奋斗,牺牲生命亦所不辞。所以宗教的势力,比政治的势力还要更大。我们国民党要革命的道理,是要改革中国政治,实行三民主义和五权宪法。我们的这种主义,比宗教的主义还要切实。因为宗教的主义,是讲将来的事和在世界以外的事;我们的政治主义,是讲现在的事和人类有切肤之痛的事。"②孙中山一生都在不断地探索和追求宗教的意义及其功能。在个人信仰方面,他从无知,到皈依耶稣,再到怀疑基督教,再到重新认识宗教,贯穿其信仰始终的是耶稣的救世精神。在政治思想方面,他始终认定宗教的道德建设作用可以补政治之不及,主张政教分立,宗教自由。他一度羡慕宗教宣传的威力,但在晚年则认为政治的主义如三民主义不仅可以达到宗教的威力,而且比宗教的主义更有吸引力,可见孙中山对耶稣救世精神保持着理想主义的信仰,对基督教义和宗教的功能则持了实用主义和理性主义的态度。

二 康有为的儒教构思与陈焕章的孔教会

面对鸦片战争之后清帝国的衰落,以康有为为首的维新变法人士主要关注于政治制度层面的变革,但也高度重视宗教改革。他在

---

① 《孙中山全集》第九卷,北京:中华书局,1986,第187~188页。
② 《孙中山全集》第八卷,北京:中华书局,1986,第567页。

戊戌变法期间向光绪帝上奏折《请尊孔圣为孔教，立教部、教会，以孔子纪年，而废淫祀折》，就是把西方文明的发达归功于一神的基督宗教，以中国人多神的宗教信仰为落后，应该向先进的西方一神教学习，对中国的教化体系予以彻底改造，主张创立孔教会，立孔教为国教，尊孔子为教主，以孔子诞辰为纪年。戊戌变法失败特别是中华民国成立后，康有为进一步提出"孔子立天下义，立宗族义，而今则纯为国民义"，试图把传统的礼教（意识形态）改造为个体的国民信仰，可以说体现了传统儒生（儒家学者）因应社会制度转型后的自我拯救。无奈新文化运动以来，打倒孔家店、废除吃人的礼教成为社会主流思潮，儒家学说、孔教信仰被视为保守落后的象征而受到奚落乃至被无情抛弃。此外，康有为作为最后的今文经学大师，托古改制，写下了《新学伪经考》《孔子改制考》《春秋董氏学》《春秋笔削大义微言考》等，从内部瓦解了经学，标志经学时代和旧学的终结。

陈焕章（1880—1933年），字重远，广东高要人，清末民初思想家。1912年在上海模仿基督教建制创立"孔教会"，任总干事，康有为任会长，以孔子为教祖，古来虽无孔教之名，却有孔教之实，力图将儒家宗教化，志在"以讲习学问为体，以救济社会为用，宗祀孔子以配上帝，诵读经传以学圣人"。1913年出版《孔教会杂志》，任总编辑，宣传孔教。同年被聘为袁世凯总统府顾问，与严复、梁启超等联名致书参众两院，请定孔教为国教，并准许信仰自由。1923年在京创立"孔教大学"，任校长。曾赴日内瓦筹备世界宗教和平大会，被推举为世界宗教和平大会副会长。1930年在香港设"孔教学院"，自任院长。著有《孔教论》，提出"孔教者中国之灵魂也，孔教存则国存，孔教昌则国昌。统中国之历史，亦不过孔教之历史"。

三 道教的星斗信仰与养生思想

李明彻（1751—1832年），字大纲，又字飞云，号青来，广东番禺人。清代天文学家。少年在罗浮山冲虚古观学道，曾到澳门学习西洋科技，创建广州纯阳观，在观内建有朝斗台，是广州地区现存最古的天文观象台，撰有《寰天图说》，是将道教传统的星斗信仰与西方天文学相结合的典范，体现了岭南宗教的开放性。郑观应是广东实业救国的著名实业家,又信仰道教,整理了大量道教丹鼎派经籍,并挖掘其养生理论的丰富资源,还有意"大启文明,合各教为一教",是道教近代化的有益尝试。他曾回忆自己求道的心路历程:"原拟仙道成学佛,佛道成再穷究天主、耶稣、回教之理,道通各教、法力无边之后,即商前辈高真,会同奏请上帝施恩饬行。讵知福德浅薄,经商因好义而被累,挂误功名,身羁一载。当差因公忠而招忌,排挤出外,东奔西驰。求道欲成人成己,屡次护师入室,均无效果。学法欲除暴以安良,迭遭狡徒诓骗,业经破产,室人交谪,子丧家贫。是访道行善数十年来,备尝艰苦。……然向道之心百折不回,一息尚存,此志不容稍懈。"①

四 民国时期的岭南宗教与宗教哲学

近代以来动荡不安的社会局势和接连发生的社会政治运动对宗教形成巨大的冲击,特别是庙产兴学运动、新文化运动、非宗教(基督教)运动等事件,对宗教生存构成了严重的威胁,迫使各宗教努力自求革新,以图适应社会。革新的结果是,各宗教加强了与世俗社会的联系,积极参与文化、教育、医疗、慈善等社会事业,对广东现代化进程产生了积极影响。

梁启超曾谓近代佛学为"应用佛学",其特征为更加关注人生社会,调和西学。面对救亡图存的时局,梁启超视心学为佛学,提倡心学,呼唤佛教,强调宗教精神,指出:"唯心哲学亦宗教之类也","历史上英雄豪杰能成大业轰轰一世者,殆有宗教思想之人物多"②。民国时期,太虚、虚云在岭南倡导佛教改革以适应大变革中的社会。1933年太虚在广东潮州创办岭东佛学院,不同于传统的佛教丛林教育,带有现代院校教育的性质。虚云在广东提出"农禅并重,工禅并重"的思想,争取佛教自身的生存,对佛教后来的发展及人间佛教思想的发展产生重要影响。

民国时期,在宗教学研究方面,梁启超的中国佛教史研究和谢扶雅的宗教哲学取得了令人瞩目的成就。梁启超晚年对中国佛教史

---

① 武曦:《郑观应与道教关系及其"道器"观》,《江西社会科学》1991年第6期。
② 梁启超:《论宗教家与哲学家之长短得失》,载《梁启超哲学思想论文选》,北京:北京大学出版社,1984,第138页。

有开拓性研究，成果汇编为《佛学研究十八篇》，第一次对佛教在中国的流传与发展做了系统考察，对南北佛教的不同特征，佛教最初输入年代和输入地等问题都有独特见解，特别是其关于佛教最初传入中国，"非由陆而由海，其最初根据地，不在京洛而在江淮"的论断引起学术界的高度重视。谢扶雅是岭南民国时期在宗教哲学思想和神学思想领域最富研究成果的学者和基督徒，先后在岭南大学、中山大学、广州华侨大学任教，1949年移居香港后又先后任教于崇基学院、香港浸会学院，著有《宗教哲学》《基督教纲要》《基督教与现代思想》《基督教与中国思想》等。

第四节 岭南哲学宗教观之特色与现代性

一 对外来宗教的开放性与拿来主义

岭南特殊的地理位置，决定了岭南哲学一方面通过陆路接受中原宗教和思想文化的辐射，另一方面，通过海上交通成为外来宗教（包括印度佛教、禅宗、密宗、伊斯兰教、天主教和基督新教等）和思想文化进入内陆的第一站，无论内陆还是海外，岭南人都不拒斥，奉行拿来主义，并不热衷于争个谁高谁低，因此之故，汉唐以来的岭南海路逐渐发达，故在宗教观上也往往能得风气之先。惠能南宗禅的创立以及孙中山三民主义学说的形成，便是这种开放与拿来主义结出的两大果实。

二 对多元信仰的兼容性与实用主义

岭南宗教因远离政治中心，对民间多元信仰有更强的包容性。岭南哲学具有实用主义的明显特征，其宗教观也打上了很强的实用主义烙印。

三 岭南宗教与现代性

在广东，佛教、道教、伊斯兰教、天主教和基督新教五大宗教齐全。当代中国的宗教政策是保护"正常宗教活动"。宗教的现代性集中体现在宗教的社会功能上，五大宗教都存在各自的现代转向，而民间信仰与民间宗教往往体现更多的现代性。从社会整合功能看，民间信仰与民间宗教要比制度化宗教更有助于形成个体对共同体的认同感和归属感，形成凝聚力。从社会控制功能看，宗教能运用信仰、情感、仪式等手段，尤其是运用教规戒律来约束人们的行为，不比世俗的道德控制差。就心理调节功能言，宗教为现代社会中的个体提供了释放内心焦虑和恐惧、缓解压力的空间，从而使人获得心灵慰藉，消弭消极情绪，达到内心安宁。就社会文化交往功能言，信仰的纽带把教徒紧紧联系在一起，使他们彼此认同，感觉彼此属于同一群体，因而产生归属感和亲近感。就其精神批判功能言，能使宗教徒从日常生活的尘嚣和世俗琐事的嘈杂中超脱出来，抵制各种极端世俗主义和庸俗主义。宗教信条产生于几千年前，许多难免与现代社会格格不入，但通过对某些教条做出新的解释，可以使之适应现代社会，甚至促进现代化的发展。某些传统宗教形式可能会在现代社会衰落，但宗教作为人的终极关怀，能满足人的精神需求，能以新的形式对现代化发挥自己的影响。

岭南宗教的现代性除了表现在上述社会功能的发挥上，和岭南哲学与宗教传统也有极大的关联。如葛洪的金鼎派丹道和中医学是屠呦呦团队获得 2015 年世界诺贝尔生理学或医学奖的重要思想启示；惠能禅学在当今社会各阶层普受欢迎，表现出极强的生命力和现代性。宗教是岭南文化的重要组成部分，宗教无论是作为文化软实力，还是作为社会力量，都有着重要的文化战略意义。

第十二章
社会历史观

社会历史观是关于人类社会的起源、本质和发展规律总的看法和根本观点的理论体系，是文明时代的产物。社会历史观是哲学世界观的重要组成部分。研究岭南哲学的社会历史观，对于认识社会历史的内在联系和规律性，具有重要意义。

第一节 社会发展的观点

一 天命神学史观

随着社会生产的发展，人类的思维能力逐步提高，形成一些社会历史的初步观念，并试图说明社会产生和发展的历史。中国由奴隶制向封建制的转变，发生于公元前8世纪至3世纪的春秋战国时期。这是中国历史上思想文化空前繁荣的时期。中国原始社会的天命神学史观，就是从原始宗教神话中脱胎而来的。它发端于夏代，经过商代的初步总结和周代的系统发展，逐步形成以天命说、君权神授说和宗法道德说等为核心的神学唯心主义理论形态。岭南大地也无不渗透着这种神学唯心主义思想。

南海神庙铜鼓传说是君权神授说在岭南地区的典型代表。南海神庙大小铜鼓传说[1]，描述了南海神与唐朝岭南节度使郑续、高州太守林霭，以及明朝浔州太守之间展开心智较量的过程，它揭示了封建社会"人""神"交往的基本形态，是中国古代神权社会与皇权社会在岭南地区交织统治的典型范例。中国自商朝后弥漫着浓厚神秘的神权统治色彩，将三皇五帝"生为人杰，死为鬼雄"的神权

---

[1] 吴智文等《广府平安习俗》，广州：广东人民出版社，2013。

统治推崇致极。进入封建社会后,封建统治者更将"三元五帝""城隍""关帝"等神灵不断神化。当然,神权不能独立乃至凌驾于皇权之上,而是受皇权所左右、为皇权所服务的。有了"君权神授"这顶皇冠,皇帝就不仅仅靠世俗暴力统治了,还可以通过神权对"反贼"进行思想意识的"预防",来让民众"自然信服"。天人感应的神学宗旨是赤裸裸的维护皇权、维护封建专制统治理论,触犯神,也就是触犯人。高州太守、浔州太守均属岭南节度使管辖,他们既怕触犯"南海神",更怕触犯岭南节度使。南海神之所以成为节制中国南方的幸运之神,无疑是中国封建统治者长期奉行神权与皇权交织统治的产物。

葛洪的"道本儒末"思想。为岭南文化的开发做出了重要贡献的葛洪在《抱朴子·内篇》里反复强调道本儒末。葛洪认为:"道者,儒之本也。儒者,道之末也。"这个观点可以说是葛洪从济世转向遁世的标志。在这里,葛洪精心构筑起一个宗教唯心主义的思想体系。他吸收了先秦思想家,并根据道教思想的需要作了诠释,以为己用。在这个本体论的基础上,葛洪推出了其宗教思想的最高目标——"道","道者涵乾括坤,其本无名。论其元,则影响犹为有焉;论其有,则万物尚为无焉"[1],"道无量可计,无形可见,无声可听,而却为声之声,为响之响,为形之形","凡言道者,上自二仪,下逮万物,莫不由之",道还能"内以治身,外以为国,能令七政遵度二气告和……"[2]。要探求这样一个宇宙的最高本体和宗教目标,前代的仙人却没有遗下一级登仙的天梯,葛洪则自创了一套看似复杂实却简单的方法,即"守一存真,乃能通神"[3]。他认为,"守一"只能通神,尚无法长生不老,要达到长生不老还必须辅以外功。可是,这金丹外功,没使他长生世上。

陈献章的"心道合一"思想与"天人合一"观。宋明时代所有的思想家都以儒、释、道三家文化的融合作为共同的文化选择。陈献章是明代理学向心学转变的实际完成者。在他的心学思想中有一个显著特色就是"心道合一"思想,突出了"人"的个体精神

---

[1] 葛洪:《抱朴子·内篇·道意》。
[2] 葛洪:《抱朴子·内篇·明本》。
[3] 葛洪:《抱朴子·内篇·地真》。

自由境界，实现心道和谐一致，人与万物和谐统一。在陈献章的思维系统中，除了对孟子、陆九渊和朱熹的思想借鉴以外，对心和道的探究主要继承了儒家对"天人合一"的传统理解，但是陈献章却用"心道合一"的思想形式来表达"天人合一"理论体系。"天人一理通，感应良可畏。千载陨石书，春秋所以示。客星犯帝座，他夜因无事。谁谓匹夫微，而能动天地。"① 这首诗很明显地表达了宇宙间的混然同气，天人一理，天理与人的关系是二者能够相感应的。

二 社会发展史观

1859年达尔文的《物种起源》一书出版以来，对西方思想界产生了巨大影响。随着西方进化论思想传入中国，对中国的政治思想产生了极大冲击，康有为、梁启超和孙中山等都把进化论作为政治活动的理论武器。他们结合西方先进的进化论思想，对社会历史的发展提出了自己的构想。但由于其世界观和方法论的局限，他们的社会发展史观无不烙上时代的烙印。

1. 康有为的进化史观

（1）"三世说"进化史观。康有为作为戊戌变法的精神领袖，在发挥今文经学"公羊三世说"的基础上，融合西方进化论等先进思想，提出了他的"三世说"进化史观。

康有为认为传统的《春秋公羊传》中隐含了"三世"的思想，即"所见世""所闻世"和"所传闻之世"，他将这三世巧妙地与《礼记·礼运》中所说的"大同""小康"，以及《周易》中的变易观融合起来，提出"所传闻世托据乱，所闻世托升平，所见世托太平"。他说："据乱则内其国，君主专制世也；升平则立宪法，定君民之权之世也；太平则民主，平等大同之世也。"② 人类社会的发展是按照由"据乱世"而"升平世"，由"升平世"而"太平世"的顺序依次进化的，即由君主专制进至君主立宪，再由君主立宪进至民主共和。他还进一步指出，无论是"据乱世""升平世"，还

---

① 《陈献章集》，北京：中华书局，1987，第288页。
② 康有为：《康有为政论集·答南北美洲诸华商论中国只可行立宪不可行革命书》，汤志钧编，北京：中华书局，1981，第476页。

是"太平世",每一世又可以细分为"三世",即"据乱世"中也有"升平世""太平世";而"太平世"中也有"据乱世""升平世"。每一小世又可以继续划分为"三世",依此类推,可以细分为无量世。这样,无限多个"小世"就构成了人类社会发展的历史。

(2)"求乐免苦"是历史进化的动力。康有为认为由"据乱世—升平世(小康)—太平世(大同)的发展,是人类社会历史进化的普遍规律。但由于受眼界和学识的影响,仅限于用西方资产阶级人性论和传统儒家思想,来阐释他对人类社会历史发展的认识,还无法从辩证唯物主义和历史唯物主义的高度来给予解释和说明历史进化的动力问题。康有为认为"去苦求乐"是人的"本性"。他说:"故普天之下,有生之徒,皆以求乐免苦而已,无他道矣。其有迂其途,假其道,曲折以赴,行苦而不厌者,亦以求乐而已。虽人之性有不同乎,而可断断言之曰:人道无求苦去乐者也。"① 正是这种"求乐免苦"的欲望追求推动着历史不断地由低到高,由野蛮到文明的逐级进化。他说:"其乐之益进无量,其苦之益觉亦无量,二者交觉而日益思为求乐免苦之计,是为进化。"② 在他看来,历史进化的过程,就是人们"去苦求乐"的过程,历史进化的最高点就是"大同社会"。康有为还认为,人的本性都有"不忍之心——"仁"。"不忍之心"是"一切根、一切源"。历史的进化正是这种"不忍之心"不断扩充的结果。这是用儒家仁爱思想解释历史进化的深层原因,是一种历史唯心论的观点。

康有为的"三世"说主张社会历史是循序渐进,不能躐等,而这种进化又是和平性质的,没有冲突。康有为进化史观是为维新派改良路线服务的。

2. 梁启超的进化史观

(1)"三世六别"说。梁启超和康有为一样,认为宇宙万物都是进化的结果,并把进化论从自然领域运用到社会历史领域。梁启超把康有为的公羊三世说即据乱世、升平世、太平世解析为更为具

---

① 康有为:《大同书·入世界观众苦》,周振甫、方渊校点,北京:中华书局,1956,第6~7页。
② 康有为:《大同书·去苦界至极乐》,周振甫、方渊校点,北京:中华书局,1956,第293页。

体丰富的"三世六别"说。他说:"治天下者有三世:一曰多君为政之世,二曰一君为政之世,三曰民为政之世。多君世之别又有二,一曰酋长之世,二曰封建及世卿之世;一君世之别又有二,一曰君主之世,二曰君民共主之世。民政世之别亦有二:一曰有总统之世,二曰无总统之世。多君者,据乱世之政也;一君者,升平世之政也;民者,太平世之政也。此三世六别者,与地球始有人类以来之年限,有相关之理。未及其世,不能躐之;既及其世,不能阏之。"① 他的学说是对康有为"三世说"的进一步具体化和有益补充。他明确界定了"据乱世""升平世""太平世"的性质和内涵,指出"据乱世"是"多君为政之世","升平世"是"一君为政之世","太平世"是"民为政之世",而且还将每一世进一步细分为两个不同的阶段。在梁启超看来,"三世六别"是人类历史发展的必然规律。他还预言,"太平世"是历史发展的必然趋势,中国也不能例外,将来要进入"太平世"。

(2)"竞争是进化之母"。梁启超用进化论生存竞争的学说对人类社会历史发展进化的内在原因和动力进行了深入分析和研究。梁启超说:"竞争是进化之母,此义殆既成铁案矣。"② 还说"物竞天择,优胜劣败"是历史上各个民族或个人都无法逃脱的天演公例,人类历史就是种族竞争、优胜劣败的历史,进化与竞争相倚,竞争为社会、民族进步的原动力。他还进一步总结到,近代西方之所以进步神速,"皆竞争之明效也"。在他看来,竞争是一切事物发展的动力,也是历史进化的动力;有了竞争,生物界、人类社会和文明才能不断发展,永不停滞。

梁启超的进化史观与康有为的进化史观一样都是为维新派改良路线服务的。梁启超原是追随康有为的,拥护和宣传"三世"说和平渐变,到1902年他的思想发生了较大的变化,提出"革也者,天演界中不可逃避之公例"。他大力倡导破坏主义,其根本目的在于消除社会弊病。梁启超所主张的破坏主义,实质而言是一种社会改良主义。

---

① 梁启超:《饮冰室合集·论君政民政相嬗之理》文集之二,北京:中华书局,1989,第7页。
② 梁启超:《饮冰室合集·新民说》专集之四,北京:中华书局,1989,第56页。

3. 孙中山的进化史观

(1)"四时期"论。孙中山表明自达尔文一书出版后,则进化之学使世界思想为之一变。他认为,进化不仅是生物发展的规律,而且也是宇宙、自然界、人类社会发展的规律。他根据当时自然科学的成就,认为世界进化可以分为物质进化时期、物种进化时期、人类进化时期等三个不同的发展阶段。孙中山承认人类进化与自然界一样具有必然性和规律性,是不依人的意志而转移的。孙中山依据西学思想把人类历史的发展划分为四个时期:"第一个时期,是人同兽争,不是用权,是用气力。第二个时期,是人同天争,是用神权。第三个时期,是人同人争,国同国争,是用君权。到了现在的第四个时期,国内相争,人民同君主相争。"① 孙中山力图从社会本身出发来证明人类历史的不断进化,从而否定了上帝的神创说。同时为人类进一步争取社会制度由气力到神权再到君权最后到民权阶段标注了合法性。并从达尔文的"适者生存、优胜劣汰"思想里推演出中国社会制度当适、当优、当强,中国人才会由此适、优、强,中国才会获得生存权。

(2)民生是社会进化的原动力。孙中山指出,民生就是"人民的生活",就是"社会的生存、国民的生计、群众的生命"②。他还说:"民生就是政治中心,就是经济的中心和种种历史活动的中心。"③ "人类求解决生存问题,才是社会进化的定律,才是历史的重心。"④ "民生问题才可说是社会进化的原动力。"⑤ 只有解决民生问题,才能消除社会斗争,人类才能最终摆脱痛苦。他还指出:"社会之所以有进化,是由于社会上大多数的经济利益相调和,不是由于社会上大多数的经济利益有冲突。社会上大多数的经济利益相调和,就是为大多数谋利益。大多数有利益,社会才有进步。"⑥ 孙中山强调人类社会进化必须遵循互助原则,而反对阶级战争。孙中山承认人类社会在一定时期有阶级存在,但他认为社会历史的发

---

① 《孙中山全集》(第九卷),北京:中华书局,1985,第261页。
② 《孙中山选集·民生主义》,北京:人民出版社,1956,第802页。
③ 《孙中山选集·民生主义》,北京:人民出版社,1956,第825页。
④ 《孙中山选集·民生主义》,北京:人民出版社,1956,第812页。
⑤ 《孙中山选集·民生主义》,北京:人民出版社,1956,第818页。
⑥ 《孙中山选集·民生主义》,北京:人民出版社,1956,第826页。

展,不是在于阶级斗争,而是在于阶级调和;只有阶级调和,人类互助,才能推动历史的发展。1919年五四运动后,中国人民的反帝反封建斗争进入新的历史阶段,孙中山社会进化思想也有相应变化。重新肯定斗争、革命是社会进化的动力。社会进化必须依靠"群力"革命、社会进化都不是一个人的事,要"合大家力量"去进行。

孙中山的进化史观既反对了神创说,又反对了历史倒退论和历史循环论,不仅为反对改良主义,倡导民主革命,推翻封建专制,建立民主共和国提供了理论依据,而且对推动中国社会进步起到了积极作用。

第二节 社会理想模式

一 古代理想社会

春秋战国到秦汉之际是中国古代社会制度发生剧烈变动的时期,在这样一个新制度产生的分娩阵痛时期,产生出各种各样关于理想社会的设计。主要有农家的"并耕而食"的理想社会和儒家的"大同社会"等。

(一)儒家的"大同社会"

中国古代的理想社会观源远流长,早在春秋战国时代(公元前500年左右)以孔子为代表的儒家学派就已经提出"大同"社会观。"大同"社会观在我国历史上有着深远的影响。《礼记·礼运》:"大道之行也,天下为公,选贤与能,讲信修睦,故人不独亲其亲,不独子其子;使老有所终,壮有所用,幼有所长,矜(同"鳏")寡、孤独、废疾者皆有所养;男有分,女有归。货,恶(厌恶)其弃于地也,不必藏于己,力,恶其不出于身也,不必为己。是故谋闭而不兴,盗窃乱贼而不作。故外户而不闭,是谓大同。"这就是孔子的理想社会,他描绘了一个不分彼此,各得其所,没有争斗的和谐社会。这种"天下为公""选贤举能"的社会,是儒家学者津津乐道的理想社会,他们称之为"大同之世"。儒家大同的理想社会是没有私有制,人人为社会劳动而不是"为己";老弱病残受到社会的照顾,儿童由社会教养,一切有劳动能 力的人都有机会充分发挥自己的才能;没有特权和世袭制,一切担任公职的人员都由群众推选;社会秩序安定,夜不闭户,道不拾遗;对外"讲信修睦",邻国友好往来,没有战争和国际阴谋。

(二)农家"并耕而食"的理想社会

这种社会模式是人人劳动,没有剥削;社会生产基本上以自给自足的农业为主,但存在若干独立的手工业,并进行着农业和手工业产品之间的交换,交换按等价原则进行,没有商业欺诈;不存在脑力劳动和体力劳动之间的分工,不存在专业的脑力劳动者,连君主也和人民"并耕而食"。农家的这种理想,实质上是农民小生产者对自己落后的经济地位的理想化。

二 近代空想社会主义思潮

中国近代思想发展史表明,绝大多数思想家几乎都以大同理想为归宿。主要代表有康有为资产阶级维新派的大同社会主义和孙中山资产阶级革命派的民生主义。他们的思想是时代的产物,具有时代的局限性。

(一)康有为的大同社会主义

康有为设想未来的大同社会是一种以生产资料公有制为基础、没有剥削的社会。生产力高度发达,人们物质文化生活水平很高。国界消灭,全世界统一于一个"公政府"之下,没有战急。政治上实行资产阶级民主共和国制度,没有贵贱等级。男女完全平等,家庭已消灭,不存在父权、夫权压迫。康有为的大同社会主义思想发展及其内容如下。

1. "公理":大同思想的萌芽

资产阶级改良派后期的代表康有为,提出了关于未来理想社会的设想——大同思想。康有为大同思想的形成,大体上可以划分为三个阶段,即撰写《人类公理》《康子内外篇》《实理公法全书》等早期著作为大同思想的萌生期,著《礼运注》和在万木草堂讲学"口说"为大同思想的发展、成熟期,及以《大同书》为标志的完成期。康有为在上述三部著作中已经提到了"天下为一家"的理想,提出了"自主之权""益于人道""平等""兴爱除恶"等原则;并在君臣、夫妇、父母子女、长幼、朋友等关系上,以及社会生活的其他方面,构思出体现上述原则的各种设想。此为康有为大同思想业已萌生的代表之作。

2. 《礼运注》

1891年春，康有为在广州开办长兴学舍。此后一直到1898年戊戌变法失败、万木草堂遭封禁而停办，康有为在广州办学前后共为8年。趋于明确化和成熟的大同思想，在这一时期康有为所写的《礼运注》以及有关讲学中有较多的体现。据梁启超介绍，康有为的大同思想可分为四方面：（1）原理。即提出大同思想所依据的原理或指导思想："博爱""主乐""进化"三大主义。（2）世界的理想。即提出大同世界的政治、家庭、社会制度。在政治制度方面，康有为设想全世界设一总政府，各地设分政府，体现人民自治的精神；总、分政府均由立法院和行政院组成；政府均由"人民公举"选任；总政府与分政府的关系类似联邦制，各有宪法，但联邦的宪法是原则性的；废除军队、但仍有警察。在家庭制度方面，康有为提出：夫妇之间应有结婚与离婚的充分自由，但严禁一夫多妻和一妻多夫；子女出生后，即由政府的育婴院赡养，以后并由政府负教育之责，这样每个人一出生便为公民。在社会制度上，则有所有制、就业与生产、教育及生老病养社会化、法界的理想、理想与现实之调和及其进步之次第等六大设想。

3. 《大同书》中的理想蓝图

《大同书》是康有为历时二十年完成的一部巨著，在其个人一生的所有著述中具有标志性的意义。它对未来大同世界的经济、政治制度以及社会生活中基本规范、原则等做了全面构思。其一，在经济制度方面。废除私有制，实行公有制。在农业上，"举天下之田地皆为公有，人无得私有而买卖之"①；在工业上，"天下之工必尽归于公，凡百公大小之制造厂、铁路、轮船皆归焉，不许有独人之私业矣"②。在商业上，"不得有私产之商，举全地之商业皆归公政府商部统之"③。在分配上，实行工资制。其二，在政治制度方面。大同世界"无帝王、君长、亦无统领""无贵族、贱族之别，人人平等"④。所有的社会成员在政治上一律平等。其三，其他制

---

① 康有为：《大同书》，郑州：中州古籍出版社，1998，第240页。
② 康有为：《大同书》，郑州：中州古籍出版社，1998，第235—236页。
③ 康有为：《大同书》，郑州：中州古籍出版社，1998，第236页。
④ 康有为：《大同书》，郑州：中州古籍出版社，1998，第123页。

度方面。除了经济制度和政治制度之外，康有为对大同世界社会生活的其他方面也做了具体的规划。其中，有关妇女解放和婚姻、家庭问题上的设想尤其突出。如《女子升平独立之制》则有十一条之多。其最终目的是要构建一个没有阶级、一切平等的大同世界。康有为的大同社会主义是一种理想的、空想的社会主义。

(二) 孙中山的民生社会主义

孙中山秉持"天下为公"，追求"世界大同"。孙中山的大同理想主要内容是：土地国有，大企业国营，但生产资料私有制仍然存在，资本家和雇佣劳动者两个阶级继续存在；生产力高度发展，人们生活普遍改善；国家举办教育、文化、医疗保健等公共福利事业，供公民享用。孙中山认为，世界大同不仅是他民族主义的最高理想，也是三民主义的最高理想。孙中山民生社会主义的主要内容如下。

1. "民族"学说

孙中山倡导的民族平等是全方位的，是社会生活各个领域中的平等。(1) 政治平等。他在倡导"民族革命"时，就萌生了各民族在政治上一律平等的思想。中华民国建立之后，孙中山更为强调各民族在政治上的平等地位和平等权利。(2) 经济平等。孙中山对于国内少数民族地区的经济建设极为重视，把它看作是整个国家经济建设的一部分，认为它不仅具有经济意义，而且具有重要的军事政治意义。在《实业计划》中，孙中山更为重视少数民族地区的铁路建设，他所拟定的中央铁路系统、东北铁路系统、西北铁路系统、高原铁路系统及西南铁路系统，将使整个少民族地区铁路纵横交错，四通八达，连接祖国各地。(3) 文化平等。孙中山对于各民族之间文化上的平等权利，也特别关心。他指出，全体青少年、儿童和成人，不分民族，都应有接受教育的平等权利和平等机会。他要求汉族和其他先进的地区，去帮助少数民族发展教育事业，以使少数民族文化上的平等权利真正得以实现。(4) 宗教平等。民族问题和宗教问题是密切相联的，孙中山不仅申言信教自由，信教和不信教的国民一律平等，而且强调各宗教一律平等。孙中山所倡导的民族平等，其内涵十分丰富，是政治、经济、文化、宗教各个方面平等的有机统一和总合。

2. "民生"学说

孙中山民生主义的主要内容：(1) 平均地权。孙中山民生主义所规定的"耕者有其田","平均地权"以及实现土地国有化的思想中,蕴涵了中国最突出的要实现现代化所必须解决的问题。(2)节制资本与振兴实业。贫富不均,两极分化是孙中山在图谋国家富强过程中最为担心的事情。从一开始他就提出要"一面图国家富强,一面当防资本家垄断之流弊。"而"节制资本"就是其解决的办法。(3)发展教育。"法定男子五六岁入小学堂,以后由国家教之养之,至二十岁为止,视为中国国民之一种权利。学校之中备各种学问,务令学成以后可独立为一国民,可有参政、自由、平等诸权。二十以后,自食其力,幸者为望人、为富翁,可不须他人之照顾。"① 这是一个非常清晰的发展教育保民生、通过教育提升民生的思路。孙中山关于发展教育的种种设想虽然没有真正实现,但其中孕育着的现代化因素却不能被忽视。

3. "民权"学说

在推翻清朝统治和反对北洋军阀的斗争中,孙中山是一个坚决的革命者,但在社会经济领域,孙中山则不赞成革命,也不赞成"阶级斗争"。他主张调和,认为"社会之所以有进化,是由于社会上大多数的经济(利益)相调和,不是由于社会上大多数的经济利益相冲突"。孙中山对阶级斗争的理解存在着片面性。在提倡"调和"的同时,孙中山还提倡"互助"。他说:"物种以竞争为原则,人类则以互助为原则。社会国家者,互助之体也;道德仁义者,互助之用也。"孙中山的时代,中国还处在帝国主义、封建主义压迫下,自然地,他的"调和""互助"理论只能是空想,是不可能实现的。

三 科学社会主义在岭南的传播

科学社会主义理论是关于无产阶级实现自身及全人类解放的科学理论。辛亥革命后,广东新会县外海人陈振飞②在国内率先把《共产党宣言》翻译成中文在广州《民生日报》发表。经过五四爱国运动,岭南思想界出现一个明显特点,就是有相当一部分人在否定封建主义的同时,也怀疑以至放弃资产阶级共和国的方案,转而

---

① 《孙中山全集(第二卷)》,北京:中华书局,1982,第323页。
② 陈振飞,广东新会县外海人,出生于19世纪70年代到80年代,曾留学日本。

向往社会主义,认为"社会主义是现时和将来的人类共同的思想"。科学社会主义开始成为新思潮的主流。

(一) 科学社会主义在岭南的早期传播

1848年2月,马克思、恩格斯撰写的《共产党宣言》在伦敦发表,标志着科学社会主义的问世,它第一次系统而完整地阐述了科学社会主义理论,揭示了资本主义必然灭亡、共产主义必然胜利的客观规律。它阐明了无产阶级推翻资产阶级建立社会主义和共产主义的伟大历史使命。它对世界无产阶级革命尤其对中国无产阶级革命和社会主义建设产生了重大影响。1912年,广州的《民生日报》分七次刊出署名陈振飞的"译论"——《绅士和平民阶级之争斗》,全部共4800字。这是《共产党宣言》第一部分的译文(今天中译文的标题是《资产者与无产者》)。《民生日报》以宣传孙中山的民生主义为宗旨,创刊于1912年5月4日,1913年11月10日被封禁。陈振飞还在《民生日报》发表过两篇有关社会主义的"译件":《社会主义之定义》(1912年9月3日、4日)与《万国社会党大会史略》(1912年9月6日、11日)。其中《万国社会党大会史略》也提及马克思和《共产党宣言》。陈振飞无疑是在中国翻译介绍社会主义学说的传播先驱。在陈振飞之前,梁启超、朱执信等人曾在自己的文章中介绍过《共产党宣言》的一些内容,但都不是真正的译本。陈振飞的译文是中国内地最早的《共产党宣言》选译本,它为促使中国把《共产党宣言》的基本思想、原理与中国革命和建设的具体实践相结合,无疑具有重要意义。

(二) 社会主义思潮在岭南的全面兴起

五四运动以前,在广东对马克思主义的介绍是少而零散的。孙中山、梁启超、朱执信等都是较早接触马克思学说的。孙中山认为民生主义就是社会主义,并在他的著作和讲演中多次阐述。梁启超则是中国第一个用文字介绍马克思及其学说的中国人。1902年10月16日,梁启超在《新民丛报》上发表《进化论革命者颉德致学说》,对马克思作了简要介绍。1905—1906年,朱执信先后在同盟会机关报——《民报》上发表《德意志社会革命家小传》《论社会革命当与政治革命并行》等文章,比较详细地介绍了马克思、恩格斯的学说以及他们的活动。五四运动时期,在广东系统地介绍马克思主义的是杨匏安。杨匏安(1896—1931年)是广东香山县南屏镇北山村（今属珠海市）人，早年留学日本，接触过各种流派的思潮、学说。1919年11月11日至12月4日发表《马克思主义》一文。它与李大钊的著名文章《我的马克思主义观》下半篇几乎同时问世。这是岭南地区最早系统地传播马克思主义的文章，也是研究马克思主义在中国传播情况的一篇珍贵文献。① 这一时期，苏兆征、澎湃、李春涛、谭平山、谭植棠、陈公博，以及陈独秀、李大钊等，以《新青年》等作为马克思主义在岭南传播的渠道，宣传科学社会主义的思想。1919年，谭平山与傅斯年、罗家伦等成立新潮社，创办《新潮》杂志。1919年5月，他在《新潮》上发表了《"德漠克拉西"之四面谈》一文，介绍了马克思、恩格斯的科学巨著《资本论》和《共产党宣言》的十大要领，热情地宣传社会主义新思想，并详细介绍了德国社会民主党党纲。1920年3月，谭平山、谭植棠和陈公博在上海创办《政衡》杂志，公开评论时政，针砭时弊。对马克思主义、俄国十月革命等著文评论，探索中国今后所应追求的道路。1920年夏，谭平山、谭植棠和陈公博等人从北京大学毕业回到广州。8月，他们发起成立广州社会主义青年团。10月，创办《广东群报》，用以宣传新文化、新民主主义运动。很快在谭平山等人的努力下，其周围吸引了一些受新思想影响的知识分子如阮啸仙、刘尔崧、周其鉴、杨匏安等，初步形成了一个活动中心，社会主义思潮在岭南的全面兴起。

新文化运动是中国近代史上一次空前的思想解放运动。它高举民主与科学的旗帜，对封建专制制度和封建思想文化进行了一次猛烈的扫荡，促进了中国人民特别是知识青年的觉醒，为马克思主义在中国的传播创造了条件，也为中国共产党的诞生做了思想准备。

第三节　社会改革思潮

一　早期社会改良主义

近代岭南早期的改良思想家群体中，郑观应和黄遵宪等具有典型性。他们都较早提出过比较系统的带有资本主义色彩的社会改良

---

① 李坚、曾庆榴：《记华南地区最早的马克思主义宣传者杨匏安烈士》，《中山大学学报》，1981年第3期。

方案。由于他们的政治生涯不同,其思想的社会影响也有区别。这些思想家都成为中国近代改良运动的前驱。

(一) 郑观应的改良主义思想

1894年,体现郑观应成熟而完整维新体系的《盛世危言》一书出版。该书贯穿着"富强救国"的主题,对政治、经济、文化诸方面的改革提出了一系列的方案,给甲午战败以后沮丧、迷茫的晚清末世开出了一帖拯危于安的良药。郑观应在自序中说:"乃知其治乱之源,富强之本,不尽在船坚炮利,而在议院上下同心,教养得法。兴学校,广书院,重技艺,别考课,使人尽其才。"要国强必须发展教育,培养新式人才,"延聘名师,广开艺院"。"艺院日多,书物日备,制造日广,国势日强"。在经济方面,郑观应提出了著名的"商战"理论。他主张"西人以商为战,……彼既以商来,我亦当以商往"。既然"我之商一日不兴,由彼之贪谋亦一日不辍"。只有以商立国,以工翼商,"欲制西人以自强,莫如振兴商务"。郑观应主张收回关税自主权,认为"其定税之权操诸本国,虽至大之国不能制小国之轻重,虽至小之国不致受大国之挠阻"。他主张实行保护关税政策,以促进中国民族工商业和对外贸易的发展。郑观应还提出了一系列与之配套的内政改革,主张广办报纸,以使下隐可以上达,并对大小官员起舆论监督作用,以劝善惩恶,兴利除弊。该书一出,朝野震动,各界人士纷纷争阅,求书者络绎不绝,以致一印再印仍不敷需求,甚至科场考试也常以书中所谈时务为题目。该书思想不仅影响了当时的思想界,而且惠及后世,据说康有为、孙中山即颇受该书影响。

(二) 黄遵宪的改良主义思想

黄遵宪(1848—1905年),广东嘉应州(今广东梅州市)人。外交家、政治家、教育家,被誉为"近代中国走向世界第一人"。1877年,黄遵宪得时贤的推荐,随何如璋出使日本,开始了长达十几年的外交生涯。正是在居外期间,黄遵宪形成了君主立宪的改良思想。从1877年至1894年,黄遵宪任驻外使馆官员达17年之久。其间,他不但能在自己职权范围内尽力从事一些有益于中国人民及维护国家主权的工作,而且十分注意考察资本主义国家的政治、经济、军事和文化教育制度等。通过考察,他得出了西方国家由"变法"而图强的结论。黄遵宪以英国的君主立宪政体为主要模式，同时亦参考日本、美国的体制，开始构思他认为适合中国国情的改良主义方案，其基本内容是："取租税讼狱警察之权，分之于四方百姓。取学校武备交通之权，归之中央政府，尽废今之督抚藩臬等官，以分道为地方大吏。其职在行政而不许议政。上自朝廷，下至府县，咸议民选议院为出治之所，而将二十一行省份划为五大部，各设总督，其体制如澳洲加拿大总督，中央政府权如英主。共统辖本国五大部，如德意志之统率日耳曼全部，如合众国统领之统辖美利坚联邦。"① 1894年，在亲身感受了西方资本主义的新思想、新事物、新知识之后，黄遵宪回到了阔别多年的祖国。当时中国正处于生死存亡的边缘。黄遵宪义无反顾地投身于改良变法的运动中。他的君主立宪理论与实践对后来的整个康梁维新运动等具有影响作用。

二　维新变法思想

19世纪末叶，伴随着戊戌变法运动的兴起和发展，中国出现了颇有声势的维新思潮。这一思潮波及相当多的省份，而岭南堪称其主要发源地之一，岭南维新派则是此思潮的一批最重要的代表。

（一）康有为改良主义社会学说

康有为认为，中国传统社会的变革，必须从文化、政治、经济三个方面进行，文化方面要废除科举，创办各类新式学校，政治方面要建立三权分立的君主立宪制政体，经济方面要发展工商业和农业，建立社会强大的经济基础。社会变革的最终目的是建立一个公平、公正、合理的大同社会。梁启超在政治上、思想上一直是康有为的得力助手，一生追随康有为进行改良维新活动。在当时的历史背景下，君主立宪和民主共和是中国可供选择的两条出路，而康梁的改革对中国的近代化有重要的意义。维新变法失败后，梁启超积极宣传民主共和思想，尽管孙中山是最早提出"革命"，但在思想和舆论上，梁启超也做了大量的工作。许多人都是在梁启超的影响下走上革命的道路，发起护国运动反对袁世凯的蔡锷，是梁启超的爱徒，其护国运动也是梁启超策划的。

---

① 光绪二十八年五月《黄遵宪致饮冰室主人书》。

(二) 百日维新运动

康有为和梁启超把近代岭南的改良主义思想推进了一大步,并把改良思想付诸实践,发动了百日维新运动。戊戌变法,又称百日维新、维新变法、维新运动,是晚清时期以康有为、梁启超为代表的维新派人士通过光绪帝进行倡导学习西方,提倡科学文化,改革政治、教育制度,发展农、工、商业等的资产阶级改良运动。戊戌变法从1898年6月11日开始实施。1898年9月21日慈禧太后等发动戊戌政变,光绪帝被囚,康有为、梁启超分别逃往法国、日本,谭嗣同等戊戌六君子被杀,历时103天的变法失败。戊戌变法是一次具有爱国救亡意义的变法维新运动,是中国近代史上一次重要的政治改革,也是一次思想启蒙运动,促进了思想解放,对社会进步和思想文化的发展,促进中国近代社会的进步起了重要推动作用。戊戌变法失败后,资产阶级民主革命思想开始高涨,成为辛亥革命的前奏。五四运动爆发后,地处中外连接节点的岭南广泛吸纳西方的学说和思潮,形成了新文化运动,一批早期的革命党人和学者广泛宣传西方资本主义国家的政治文化,呼吁实施民主革命和建立共和制度,建立资本主义国家,由此,资产阶级民主革命思想逐步取代改良主义思想,在岭南持续发展,最后导致了辛亥革命的爆发。

(三) 资产阶级民主革命思想的传播和发展

百日维新运动失败后,资产阶级革命派思想的发展形成了近代岭南思想文化发展的第三个阶段,其中的代表人物是孙中山和朱执信,他们的学说为资产阶级旧民主主义革命奠定了理论基础并最终导致了辛亥革命的爆发。民主革命运动在岭南的产生发展,与岭南近代思想文化的发展有着密切联系。在资产阶级民主革命思想传播和发展的过程中,孙中山是杰出代表,同时他又是中国民主革命伟大先行者。孙中山系统接受了西方科学文化知识和资产阶级民主主义思想教育,对西方先进的思想文化和制度文化有深刻的认识。孙中山早期也是抱着用西方先进科学技术和社会制度改造旧中国的想法,直到他1894年上书李鸿章失败后,才走上了武装反清的民主革命道路。多次发动武装起义,直至辛亥革命武昌起义枪声打响,推翻了统治中国长达两千多年的封建王朝,成为中国近代历史发展的一个重要里程碑。

主要参考文献

《马克思恩格斯全集》,北京:人民出版社,1975。
《孙中山全集》,北京:中华书局,2006。
《毛泽东选集》(第1~4卷),北京:人民出版社,1991。
《邓小平文选》(第1~3卷),北京:人民出版社,1994。
习近平:《谈治国理政》,北京:外文出版社,2014。
任继愈主编《中国哲学史》,北京:人民出版社,1973。
冯友兰:《中国哲学史》,重庆:重庆出版社,2009。
张岱年:《中国哲学史》,北京:中国大百科全书出版社,2014。
肖萐父、李锦全编《中国哲学史》,北京:人民出版社,1982。
杨国荣编《中国哲学史》,北京:中国人民大学出版社,2012。
北京大学哲学系中国哲学教研室:《中国哲学史》,北京:北京大学出版社,2003。
惠能:《坛经》,北京:中华书局,2007。
葛洪著,王明校释《抱朴子内篇校释》,北京:中华书局,1985。
陈献章著,孙通海点校《陈献章集》,北京:中华书局,1987。
叶春及:《石洞集》,清文渊阁四库全书版。
屈大均:《广东新语》,北京:中华书局,1985。
罗天尺:《五山志林》,广州:广东人民出版社,2006。
黄宗羲著,沈芝盈点校《明儒学案》,北京:中华书局,2008。
康有为著,姜义华、张荣华编校《康有为全集》(第七集),北京:中国人民大学出版社,2007。
梁启超著,张品兴主编《梁启超全集》,北京:北京出版社,1999。
李锦全、吴熙钊、冯达文编著《岭南思想史》,广州:广东人民出版社,1993。
李锦全:《岭南学术与流派》,载《中华文化通志·岭南文化志》,

上海：上海人民出版社，1998。

冯达文：《中国哲学的本源——本体论》，广州：广东人民出版社，2001。

刘宗贤：《陆王心学研究》，济南：山东人民出版社，1997。

闵家胤：《进化的多元性——系统哲学的新体系》，北京：中国社会科学出版社，1999。

马洪林：《康有为评传》，南京：南京大学出版社，2011。

蒋广学、何卫东：《梁启超评传》，南京：南京大学出版社，2011。

李权时、李明华、韩强主编《岭南文化》，广州：广东人民出版社，2010。

钟贤培主编《康有为研究》，广州：广东高等教育出版社，1988。

陈乃刚编《岭南文化》，上海：同济大学出版社，1990。

严泽贤、黄世瑞：《岭南科学技术史》，广州：广东人民出版社，2002。

段治文：《中国近现代科技思潮的兴起与变迁》，杭州：浙江大学出版社，2012。

周松芳：《民国味道：岭南饮食的黄金时代》，广州：南方日报出版社，2012。

曾楚楠、叶汉钟：《潮州工夫茶话》，广州：暨南大学出版社，2011。

北京师范大学伦理学与道德教育研究所编《伦理学经典著作选读》，北京：北京师范大学出版社，2010。

周松芳：《民国味道：岭南饮食的黄金时代》，广州：南方日报出版社，2012。

曾楚楠、叶汉钟：《潮州工夫茶话》，广州：暨南大学出版社，2011。

方志钦、蒋祖缘主编《广东通史》，广州：广东高等教育出版社，1996。

雷雨田、马建钊等：《广东宗教简史》，上海：上海文艺出版总社，2007。

赵春晨主编《岭南宗教历史文化研究》，天津：天津古籍出版社，2002。

彭明：《从空想到科学——中国社会主义思想发展的历史考察》，北京：中国人民大学出版社，1991。

张瑞生、刘修水、李西彦：《社会历史观的发展和比较》，西安：陕西人民出版社，1989。

丁宝兰：《岭南历代思想家评传》，广州：广东人民出版社，1985。

辛冠洁、丁健生、蒙登进：《中国近代哲学家评传》（上下册），济南：齐鲁书社，1982。

黄明同：《明代心学宗师陈献章》，广州：广东人民出版社，2005。

刘中国、黄晓东：《近代中国留学生之父容闳》，广州：广东人民出版社，2005。

宋德华：《近代思想启蒙先锋康有为》，广州：广东人民出版社，2005。

谢放：《跨世纪文化巨人梁启超》，广州：广东人民出版社，2005。

张磊、张苹：《民主革命的先行者孙中山》，广州：广东人民出版社，2005。

张瑞生、刘修水、李西彦：《社会历史观的发展比较研究》，西安：陕西人民出版社，1989。

梁明捷：《岭南古典园林风格研究》，博士学位论文，华南理工大学，2013。

王丽英：《道教南传及其影响》，博士学位论文，华中师范大学，2004。

万俊：《禅宗与岭南文化的适应性研究》，硕士学位论文，华南理工大学，2015。

胡燕娟：《陈白沙"学宗自然"哲学思想研究》，硕士学位论文，华南理工大学，2010。

杨翔宇：《朱次琦学术思想研究》，硕士学位论文，华东师范大学，2005。

李文远：《中国近代进化史观研究》，博士学位论文，黑龙江大学，2011。

商聚德：《白沙之学的主体精神》，《河北职工大学学报》2001年第1期。

李德顺：《关于我们的价值哲学研究》，《吉首大学学报》2006年第2期。

胡同庆：《佛教的避苦求乐思想》，《道德与文明》1986年第3期。

韩强：《精神心理文化与岭南人的价值支柱》（上），《岭南文史》2008 年第 1 期。

程潮：《陈白沙处士生活的成因及其处士哲学》，《嘉应大学学报》（社会科学版）1995 年第 4 期。

潘立勇、郭小蕾：《"逍遥复逍遥，白云如我闲"——陈白沙"自然之乐"的休闲境界》，《浙江大学学报》（人文社会科学版）2006 年第 5 期。

胡孚深：《葛洪的哲学思想概说》，《孔子研究》1988 年第 4 期。

赖井洋：《论余靖哲学及其思想特质》，《山东理工大学学报》（社会科学版）2012 年第 3 期。

王镝非：《简论余靖的哲学思想》，《韶关大学学报》（社会科学版）2000 年第 6 期。

辛朝毅：《陈白沙哲学认识论的特征及其内在结构》，《社会科学家》1990 年第 6 期。

辛朝毅：《陈白沙哲学思想述评》，《岭南文史》1984 年第 2 期。

孟淑媛：《湛若水体用混一修养功夫的思想理路》，《王学研究》2013 年第 2 期。

朱光甫：《郑观应哲学思想简论》，《湘潭大学学报》（社会科学版）1986 年第 2 期。

吴晓蓉：《康有为哲学思想探析》，《人民论坛》2010 年第 35 期。

李平：《梁启超哲学思想四题》，《安徽师范大学学报》（人文社会科学版）2002 年第 1 期。

万发云：《略论梁启超的哲学思想》，《华南师范大学学报》（社会科学版）1983 年第 1 期。

颜文强：《孙中山知行认识观与毛泽东实践认识论比较研究》，《聊城大学学报》（社会科学版）2013 年第 5 期。

张汉静、葛振国：《论孙中山的知行观》，《晋阳学刊》2004 年第 4 期。

兰克明：《浅谈孙中山的哲学认识论》，《天津师院学报》1981 年第 6 期。

徐顺教：《试论伟大的革命家孙中山的知行观》，《社会科学》1981 年第 5 期。

余秉颐：《孙中山的知行观》，《安徽行政学院学报》2011 年第 5 期。

施保国：《中国传统文化对马克思主义中国化的功能主义意义》，《嘉应学院学报》2013年第4期。

王炜：《民国广州公园建设与市民休闲生活空间变迁》，《科教导刊》，2013年第4期。

温卓涛：《试论粤菜的特点与养生文化的关系》，《神州民俗》2011年第156期。

孔令宏、曹仁海：《道家、道教的生态美》，《自然辩证法通讯》2009年第4期。

吴重庆：《岭南地理与道教传播》，《学术研究》1998年第1期。

王丽英：《道教与岭南饮食文化》，《中国宗教》2005年第12期。

王丽英：《岭南人生死观的道教意味》，《中国道教》2005年第3期。

韩凤鸣：《从自然生命到自在创造》，《绿叶》2008年第12期。

刘艳芬：《试论中国佛教自然观所蕴涵的生态审美智慧》，《河南大学学报》（社会科学版）2010年第4期。

周广福：《浅析惠能的佛性论》，《科技信息》2009年第30期。

张晶：《陈献章哲学与其诗歌美学的逻辑联系》，《中国文化研究》（秋之卷）2010年第3期。

刘长安：《"天理"与"自然"：湛甘泉陈白沙新论》，《中国哲学史》2013年第1期。

姜振寰：《新中国技术观的演进及研究中的几个问题》，《自然科学史研究》2002年第2期。

胡欣宇、郭万金：《〈诗经〉中的车制与技术观》，《科学技术哲学研究》2014年第2期。

蔡海榕：《中国近代科学中的理想主义与功利主义形成的地域文化因素》，《自然辩证法通讯》2005年第3期。

孟建伟：《功利主义科学观及其缺陷》，《现代哲学》2000年第3期。

周昌忠：《培根的科学技术社会理论》，《自然辩证法通讯》1996年第4期。

刘大椿：《科学的功利主义与终极价值追求》，《江西财经大学学报》2002年第4期。

张汉静、郭贵春、邢润川：《论孙中山的科学技术观》，《自然辩证法研究》2003 年第 3 期。

黄晓东：《论容闳的科教思想及实践》，《苏州大学学报》（哲学社会科学版）2009 年第 1 期。

戢斗勇：《论岭南心学的主体性特征》，《佛山科学技术学院学报》（社会科学版）2016 年第 5 期。

杨翔宇：《千秋新学开南海　百世名儒仰九江——晚清鸿儒朱次琦学术思想初探》，《新乡师范高等专科学校学报》2004 年第 1 期。

邓芬：《南海鸿儒朱次琦》，《广东史志》1995 年第 3 期。

丁宝兰：《简论朱次琦》，《中山大学学报》（社会科学版）1983 年第 4 期。

沈潜：《容闳现代化思想发展述论》，《湖北师范学院学报》（哲学社会科学版）2008 年第 6 期。

李晓明：《容闳政治思想述评》，《湖北师范学院学报》1988 年第 4 期。

马伟胜、赵品华：《容闳强国思想与实践探析》，《长春工程学院学报》（社会科学版）2010 年第 3 期。

李克建：《"天下"与"一统"：认识中国古代国家观的基本维度》，《广西民族大学学报》（哲学社会科学版）2015 年第 4 期。

张礼恒：《论胡礼垣的大同思想》，《江苏社会科学》2008 年第 1 期。

王楠：《洪秀全与康有为大同思想比较研究》，《黑龙江史志》2013 年第 21 期。

黄延敏、操申斌：《洪秀全与康有为大同思想之比较》，《重庆教育学院学报》2006 年第 1 期。

冯素芹、赵廷斌：《康有为孙中山大同思想比较》，《湖南人文科技学院学报》2004 年第 4 期。

王金崇：《梁启超和孙中山进化史观思想比较》，《燕山大学学报》（哲学社会科学版）2010 年第 3 期。

王小华：《康有为社会组织整合思想探微》，《重庆科技学院学报》（社会科学版）2008 年第 10 期。

颜文强：《孙中山民生史观与毛泽东唯物史观比较研究》，《重庆理工大学学报》（社会科学版）2011 年第 12 期。

主要参考文献

方平:《论清末梁启超的国家思想》,《华东师范大学学报》(哲学社会科学版) 1999 年第 1 期。

张放:《试析梁启超的国家主义思想》,《理论界》2014 年第 5 期。

张衍前:《梁启超孙中山的近代国家思想比较研究》,《理论学刊》1998 年第 2 期。

张衍前:《论梁启超的近代国家观》,《理论学刊》1996 年第 2 期。

李军科:《论梁启超的国家观》,《五邑大学学报》(社会科学版) 2012 年第 1 期。

刘珊珊:《清末梁启超"国家"概念的演变》,《历史档案》2012 年第 3 期。

韩剑锋、刘佳、陈立康:《孙中山的政治思想探析》,《四川职业技术学院学报》2014 年第 2 期。

韩剑锋、夏蕾:《孙中山人民观述论》,《清远职业技术学院学报》2015 年第 6 期。

段建海:《论梁启超的历史观》,《理论导刊》2001 年第 2 期。

李宝红:《梁启超英雄观辨》,《湖北大学学报》(哲学社会科学版) 1997 年第 2 期。

李平:《梁启超哲学思想四题》,《安徽师范大学学报》(人文社会科学版) 2002 年第 1 期。

肖建杰:《毛泽东与孙中山群众观之比较》,《毛泽东思想研究》2004 年第 2 期。

刘浩:《中国共产党群众观演进历程研究》,《党史文苑》2014 年第 1 期。

向鑫:《群众观演变发展的三维考察》,《中共云南省委党校学报》2014 年第 4 期。

李峰:《试析梁启超的"英雄史观"》,《浙江学刊》1997 年第 1 期。

高文倩:《我国核心价值观的演变及当代社会主义核心价值观的构建》,《产业与科技论坛》2017 年第 14 期。

张应凯:《从康有为看中国由传统儒家价值观向近代人道主义价值观的转变》,《湖北教育学院学报》1998 年第 2 期。

张应凯:《从康有为两种人格价值观看近代启蒙人格价值观的冲突与困惑》,《湘潭大学学报》(哲学社会科学版) 2013 年第 2 期。

张应凯:《论康有为与近代儒家人格价值观的转化》,《理论月刊》

2003 年第 9 期。

孙焕焕、赵亚锋、崔清妍：《试论梁启超新民思想对培育公民社会主义核心价值观的启示》，《赤峰学院学报》（汉文哲学社会科学版）2016 年第 1 期。

梁巨芬：《梁启超的家庭教育思想对培育和践行社会主义核心价值观的启示研究》，《社科纵横》2015 年第 7 期。

楚绪磊：《论梁启超的公德观及其现代意义》，《常熟理工学院学报》（哲学社会科学）2010 年第 9 期。

陈才俊：《基督宗教与孙中山之"自由、平等、博爱"观》，《暨南学报》（哲学社会科学版）2012 年第 12 期。

陈崇武：《孙中山和毛泽东的"自由、平等、博爱"观》，《探索与争鸣》1989 年第 4 期。

王逊：《孙中山价值论思想初探》，《怀化师专学报》（哲社版）1986 年第 2 期。

刘晓宝：《新文化潮起与中国共产党的创建》，《中共创建史研究》2016 年。

雷家桓：《近代资产阶级政党观念在中国的传播》，《史学集刊》1985 年第 4 期。

刘本斌：《论民国初年梁启超的政党思想》，《辽宁行政学院学报》2009 年第 4 期。

黄源辛、孔娟：《试析梁启超的政党观》，《世纪桥》2010 年第 13 期。

陈宇翔：《民元以前梁启超的党会活动与政党主张述论》，《湖南师范大学学报》（社会科学版）2007 年第 6 期。

刘格、张力学、胡万霞：《梁启超的政党思想及其探索历程》，《兰台世界》2014 年第 34 期。

姜洁晶：《近代中国政党产生探源》，《安徽教育学院学报》2005 年第 1 期。

杨德山、掌艳：《中国早期政党涵义略论》，《北京行政学院学报》2000 年第 2 期。

宋月红：《中国近代政党创建及孙中山政党思想起源探析》，《史学月刊》1998 年第 3 期。

吕雅范：《论孙中山的政党思想》，《中央社会主义学院学报》2005 年第 2 期。

夏舒洋：《孙中山政党思想探析》，《新乡学院学报》（社会科学版）2010年第6期。
曲新勇：《从站起来、富起来到强起来的伟大实践看中国共产党的理论创新》，《红旗文稿》2018年2月27日。
吕雅范：《孙中山政党思想的演进》，《光明日报》2003年12月23日。
胡波：《郑观应与中国近代化》，《光明日报》2002年8月20日。
中国社会科学院邓小平理论和"三个代表"重要思想研究中心：《孙中山思想的现代价值》，《光明日报》2006年11月13日。
李长莉：《增长与公平：梁启超与孙中山社会经济理念之比较》，据近代中国研究：http://jds.cass.cn。
谭家健：《中国古代认识论视频教程》，www.mba518.com。
杨曾文：《论惠能的识心见性思想》，www.360doc.cn。
温金玉：《惠能禅学思想研究》，www.folou.com。
柳爽：《中国古代社会的大同理想》，http://scugsu.scu.edu.cn。

后　记

　　岭南文化是我国优秀文化的重要组成部分。新中国成立以来特别是在党的十一届三中全会后，岭南文化的研究进入了一个新的阶段，取得了很大成就。但是，对岭南文化的综合性的研究、理论性的研究相对薄弱，在已出版的多批大型岭南文化丛书中综合性、学术性、理论性的成果比较少，基于此，我们组织广州地区专家学者研究和编著了《岭南哲学概论》。它是广州市哲学社会科学规划课题题目同名研究成果。研究工作中，坚持以马克思主义理论为指导，坚持高举中国特色社会主义伟大旗帜，坚持传承与创新并重，创新发展哲学社会科学，擦亮广州岭南历史文化名城品牌，推动岭南文化与其他优秀文化互动发展，与时俱进弘扬岭南文化，为实现"两个一百年"奋斗目标、实现中华民族伟大复兴的中国梦提供强大的思想理论支撑。

　　全书共分十二章，参与编写人员为：李权时、黄明同、龙霞、贾云平、李仁武、刘俊荣、韩丹、温朝霞、李书耘、曾欢、戢斗勇、邢益海、杨长明。

　　李权时为本书主编，负责全书的框架设计、写作大纲和修改统稿，并撰写了第一章。

　　在研究、编纂过程中，学习、参考和援引了有关政策文件，尤其是专家学者的研究成果，在此特向有关专家和学者表示衷心感谢！由于水平所限，书中肯定有不当之处，恳请有关专家和广大读者对本书提出宝贵意见，使之不断完善。

李权时　于广州

2018 年 5 月

图书在版编目(CIP)数据

岭南哲学概论/李权时主编. -- 北京：社会科学文献出版社, 2019.12
（羊城学术文库）
ISBN 978-7-5201-5347-8

Ⅰ.①岭… Ⅱ.①李… Ⅲ.①哲学-研究-广东 Ⅳ.①B2

中国版本图书馆 CIP 数据核字（2019）第 171797 号

·羊城学术文库·
岭南哲学概论

主　　编／李权时

出 版 人／谢寿光
责任编辑／张建中
文稿编辑／李　东

出　　版／社会科学文献出版社·社会政法分社（010）59367156
　　　　　地址：北京市北三环中路甲29号院华龙大厦　邮编：100029
　　　　　网址：www.ssap.com.cn
发　　行／市场营销中心（010）59367081　59367083
印　　装／三河市尚艺印装有限公司
规　　格／开本：787mm×1092mm　1/16
　　　　　印　张：25.75　字　数：402千字
版　　次／2019年12月第1版　2019年12月第1次印刷
书　　号／ISBN 978-7-5201-5347-8
定　　价／128.00元

本书如有印装质量问题，请与读者服务中心（010-59367028）联系

▲ 版权所有 翻印必究